教育部人文社会科学重点研究基地项目成果
（项目名称：百年清史研究学术史，项目批准号：11JJD770002）

百年清史研究史

黄兴涛　夏明方　杨念群　主编

历史地理卷

胡　恒　朱江琳　著

中国人民大学出版社
·北京·

总　序

清史研究早在清王朝存在之时就已经开始。即便从清朝灭亡算起，以整个朝代为时间范围的清史研究也已有一百多年。2012 年上半年，为纪念辛亥革命推翻清朝统治、结束帝制一百周年，中国人民大学清史研究所精心筹划主办了“清帝逊位与民国肇建”国际学术研讨会，自觉从“清史”与“民国史”的转换视角着眼，聚焦和探究那一特定时期的复杂历史内容。这次国际学术会议取得了圆满成功，达到了预期效果。会议期间，学者们纷纷表示，清史研究已然进入一个新的时间节点，应该对百年以来的既有研究进行系统的梳理和深度的总结，在此基础上再开始新的航程、扬帆远行。对此，专职人员较多的清史研究所自当责无旁贷。

思考并确立这一学术史课题，得到了国家清史纂修工程的推动。2002 年，经国家批准，戴逸先生领衔主持的国家清史纂修工程正式启动，至 2012 年已开展十年。展望未来，也需要对以往的清史研究进行一番整体的回顾。于是，2012 年年底，在戴逸、李文海两位先生的指导下，清史研究所特别在京郊召开了一次全所会议，专门研讨这一问题，确定将“百年清史研究史”作为教育部人文社会科学重点研究基地下一阶段的重大项目来展开集体攻关，并按领域筹划分工，分别安排各领域的学术骨干来承担编撰任务。

大家商定，“百年清史研究史”的撰述，旨在较为系统地勾勒、梳理百年以来清史研究的基本线索，揭示其突出的问题意识和主要关切，总结其研究成绩，尽量有别于以往那些通行的研究“综述”，避免单纯罗列和一般性概述清史研究成果，力图归纳和提炼出政治、经济、社会、思想文化等清史研究领域中的若干重要进展、关注焦点和特色问题，围绕这些进展、焦点和问题对以往研究的特点及得失展开分析，并尝试寻找出某些具有共识的研究范式来进行反思，从而为今后清史研究的开展提供有益的借鉴。经过多年的努力，如今总算有了结果。

全书共分十卷，包括导论卷、政治史卷、经济史卷、社会史卷、思想文化史卷、中外关系史卷、边疆民族卷、历史地理卷、文献档案卷、海外研究卷。各卷因内容有别，故在掌握和运用体例方面会有所不同。特别值得一提的是海外研究卷的设置，我们特别邀请了国外清史研究名家森正夫、岸本美绪、狭间直树、岩井茂树、罗威廉、巴斯蒂、钟鸣旦、萨莫伊洛夫、杉山清彦、金成修、巴德妮、何娜来专门撰写，体现出真正的国际性交流与研究视野。在这里，我们要郑重地对他们，以及各卷的编撰者，表示由衷的感谢。此外，本书的出版得到了国家出版基金的资助，这也是应该表示感谢的。

清史研究向为显学，学术成果异常丰富，对其百年历程进行全面系统的总结存在相当难度。我们秉承对前辈学者的崇敬之心和对学术的虔敬态度，努力进行此种学术史的探索，实在深感忐忑。限于视野、学力和时间的不足，分析、总结难免存在疏漏、缺失和不当之处，敬请同道学人不吝指正。

中国人民大学清史研究所

2020 年 4 月

目　录

导　论

第一节　舆地学传统的传承与《清史稿·地理志》的初步总结

清人以考据学著称，其中地理考据占据了相当核心的位置。地理考据不仅有对清代以前地理问题的考察，而且包括了对清代地理状况的著录与描述，诞生了清代地理学史上的诸多名著，如《大清一统志》《乾隆府厅州县图志》《皇朝地理志》等，都从属于“本朝史”的研究。这些文献跨越清代的不同时期，虽然仍以内地十八省区域为主，但也兼顾到了边疆地域。嘉、道以后新兴起的西北舆地学又掀起一股研究边疆的热潮，这构成了清亡以后清史地理研究的基础。与传统地理学一样，清史地理研究对清代地理状况的著录与描述虽然门类繁多、著作宏富，但大体仍附属于史部，不具备独立的地位，对地理现象的认知还多局限于描述与复原，少有涉及变化的原因。

传统沿革地理学向现代学术意义上的历史地理学的研究转向大体从清末就开始了。宣统元年（1909）八月十五日，中国近代著名地理学家、地理教育家张相文与同好白毓崑等在天津第一蒙养院成立了“中国地学会”，张相文任会长，白毓崑任编辑部长，这是中国最早的有组织的地理学学术团体。次年，为发展中国地学，“广招同志，共矢研求”，以中国地学会的名义创办出版了会刊《地学杂志》。此后，一系列地学类学会、杂志相继成立、创办，推动了传统地理学向现代地理学的转变，而对清代地理状况的研究也逐渐在这一大的学科转型背景下发生了转变。这种转变在当时是非常缓慢的，这是由于传统地理学的研究范式仍然保持着顽强的生命力，地理考据仍然在研究中占据着支配地位，加上清史作为一门断代史，对它的研究仍然处于起步阶段，与对先秦、秦汉等时段的研究相比较为落后，清史地理研究当然就更少有人研究了。

对于1912—1928年的清史地理研究而言，最重大的事件莫过于《清史稿·地理志》的编纂。由于中国有易代修史的传统，进入民国后不久，为清朝编纂一部正史就被提上日程，“地理志”作为二十四史中十六部设置过的志书目录，当然无可争议地名列其中，这就成为民国初年对清史地理研究进行系统总结的契机。

民国三年（1914）九月开清史馆，同月二十八日由袁世凯下达《征书命令》。① 十月十六日，为纂修《地理志》，特征集各省、府、县图志：“敬启者：本馆现正纂办《地理志》，亟需各省通志，各府县志，以及各县近年所编之乡土志。又各省全省地图，各府各县分图，以资参考。相应敬求贵巡按使，都统转饬各道县知事，迅将所有舆图、乡志，克期送省，由贵巡按使检同贵省之省图、省志，一并送馆。”②

清史馆初立，馆长赵尔巽大肆延揽人才，清末地理名家杨守敬被聘为名誉纂修。杨氏致函推荐其门人熊会贞襄助修史事宜，称“若以《清史·地理志》属之，必能胜任”③。然而，熊会贞仅被聘为名誉协修，实际负责总纂《地理志》的是秦树声。秦树声，生于咸丰十一年（1861），卒于民国十五年（1926），异名宥衡、宥横、右衡等④，《地理志》稿本中较常自题“秦宥衡纂”。秦氏颇负才气，曾自题“四壁图书生葬我，千秋孤寄冷看人”⑤，是固始桐城派传人，清史馆馆员组成的一个重要特点就

---

① 大总统袁世凯特颁征书命令//许师慎. 有关清史稿编印经过及各方意见汇编：上册. 台北：“中华民国”史料研究中心，1979：4.

② 清史馆征集各省、府、县图志通告//许师慎. 有关清史稿编印经过及各方意见汇编：上册. 台北：“中华民国”史料研究中心，1979：9.

③ 杨世灿. 杨守敬学术年谱. 武汉：湖北人民出版社，2004：287.

④ 故宫清代档案权威人名数据. [2020-12-16]. http://archive.ihp.sinica.edu.tw/ttsweb/html_name/search.php.

⑤ 任企幸. 固始秦宥横先生事略//国家图书馆分馆. 中华历史人物别传集：第76册. 北京：线装书局，2003：581.

是以桐城古文派为主。

根据朱师辙所著《清史述闻》及台北故宫博物院所藏《地理志》稿本，目前可知《地理志》初稿编纂者有19位，分任二十五篇的编纂，见表导论-1：

表导论-1 《清史稿·地理志》各篇初稿编纂者一览

序号	篇目	初稿编纂者	序号	篇目	初稿编纂者
1	直隶	秦树声	15	湖南	左霈、唐恩溥
2	奉天	韩朴存	16	四川	胡嗣芬
3	吉林	韩朴存	17	福建	唐恩溥
4	黑龙江	韩朴存	18	台湾	/
5	江苏	张尔田	19	广东	唐恩溥
6	安徽	吴广霈	20	广西	唐恩溥、张书云
7	山西	田应璜	21	云南	袁嘉谷
8	山东	骆成昌	22	贵州	吴士鉴
9	河南	秦树声	23	新疆	吴士鉴
10	陕西	吴怀清	24	内蒙古	吴廷燮
11	甘肃	李岳瑞	25	外蒙古	吴廷燮
12	浙江	金兆丰	26	青海	/
13	江西	蓝钰	27	西藏	吴燕绍
14	湖北	张仲炘	28	察哈尔	/

初稿完成后，交予秦树声总纂。秦树声用力十年，史载其“晨入暮归，烈风坚冰，十年无间”，“欲自成一书”①，不仅清代之地理变迁自当写入，举凡历代沿革及与地理相关之史事亦皆列入其中，故所编甚繁。然而，就历代《地理志》的体例而言，很少有这种复杂的写法，即使常被称为繁杂的清国史馆编纂的《皇朝地理志》在沿革方面也没有秦树声修订稿这么复杂。另外，就篇幅而言，修订稿也很难和《清史稿》相配套，从中华书局点校本《清史稿》来看，依据初稿简单删并而成的

① 任企幸. 固始秦宥横先生事略//国家图书馆分馆. 中华历史人物别传集：第76册. 北京：线装书局，2003：584.

《地理志》已占两册之多，若俱按秦树声第一次修订之繁本，则其篇幅大概要有六七册之多，故朱师辙称其“不合正史《地理志》之用”① 是有道理的。秦树声第一次修订稿因过于繁杂，故史馆之人提出了较多意见，秦树声据此加以“缩编”，改为简本，简本与繁本相比，删去了对清代之前沿革部分的追溯，同时对河流的写法也有一定的省略。不过虽为简本，但实有改繁为简者，亦有改简为繁者，故大体而言，仍显繁杂，缩编的幅度不大，故朱师辙曾言“若以入正史，简本尚嫌其繁，未合于正史体裁也”②，此言不虚。改繁为简，过程反复，又历数年，仍未完成，而秦氏却溘然长辞，时在1926年，终年66岁。秦树声的去世使《地理志》的编纂群龙无首，陷于停顿。而此时赵尔巽身体虚弱，自感时日无多，急于刊行《清史稿》。时三期方始，史馆“议归总结”③，王树枏调任《地理志》总纂。留给王树枏的时间只有短短的两年，1928年《清史稿》已全部刊印出版了。

摆在王树枏面前的《地理志》是一份耗费十多年精力编纂但仍未成型的“散篇杂章”。初稿的纂修自是仓促，而秦树声接连两次的修订稿均不完整，但又自成体例，与初稿并不一致，有的省份还未开始修订，有的省份还未完成修订，无法用初稿弥补。相比之下，初稿基本是全的，体例虽有不合，但相差不远。王树枏只有一个选择，如朱师辙所述，主要从初稿中选择可用者作为修正的工作本。从底本原稿与各省初稿简单比对来看，虽朱氏所言与事实大致不差，但王树枏修正稿之工作本并不全来自初稿，而是多略有差异，其中内外蒙古部分与初稿差别较大，而与《皇朝地理志》蒙古定稿较为接近，河南部分与秦树声繁本、简本皆有较大不同，山东部分似更接近秦树声繁本。王树枏所用工作本之来源除各省初稿外，是否也包括秦树声修订后的繁本、简本，甚至部分《皇朝地理志》，仍有待进一步探究。

《地理志》刊印后，总体而言，批评多于肯定。批评主要集中在内容的错误上，尤其是年代、地名、用字错误，不胜枚举，但涉及政治立场的较少，大概只有寥寥三处：其一是广西浔州府桂平县下“咸丰金田

① 朱师辙. 清史述闻. 上海：上海书店出版社，2009：25.
② 同①.
③ 同①.

之役实肇乱于此”句；其二是台湾省条“清顺治十八年，海寇郑成功逐荷兰人据之，伪置承天府”，此句实际是袭自《嘉庆重修一统志》台湾府建置沿革的写法，一字未改；其三是台湾省条“康熙二十二年，讨平之”之句，略失“史家公正之笔调”，故20世纪70年代台湾“国防研究院”所修《清史》即将“讨平之”改为“平定之”。但可以推知，此并非史家有意为之，因为此事在福建省条底本原稿中的写法是“康熙二十三年，海岛荡平，以其地置台湾府”，底本中“荡”字已被删去，足见王树枏修正《地理志》时非常注意持论之公允。

《地理志》错漏之甚，大概已无可争议。仅《清史稿校注》地理志部分即出校3 124条①，再加上众多考订文章②，其错误率是相当惊人的。至于为什么经过十多年的编纂仍存在如此多的错误，除了常说的成于众手、成书仓促、校勘不精等，还有《地理志》本身的特殊原因：

第一，秦树声过早去世使得《地理志》的编纂事倍功半。从1914年清史馆成立到1928年《清史稿》全部刊印出版，《地理志》随《清史稿》的编纂经历了整整15年的时间。这其中1914—1916年为初稿纂修时期，1916—1926年为秦树声总纂时期，1926—1928年为王树枏修正、《地理志》付印时期。从刊本《地理志》的形成及来源来看，它实际上只经历了初稿纂修和王树枏修正短短四五年时间，秦树声长达十年的总纂努力在《地理志》刊本中根本没有得到太多体现。

第二，编纂未从资料长编做起，未能充分利用文献。清国史馆在编纂《皇朝地理志》时编纂过部分资料长编③，清史馆的《地理志》未吸收这一长处。对于档案、实录等较可信史料，《地理志》亦未充分利用。从保留下来的《新疆略例》来看，它所用的材料主要是方志、地图和边疆史地著作，而对于档案、实录未曾充分利用。对于清国史馆纂修的《皇朝地理志》等也未能充分吸收。④ 这些资料当时都保存在清史馆，

---

① 张玉兴. 评《清史稿校注》. 清史研究，2003 (1).

② 刘铮云《〈清史稿·地理志〉府厅州县职官缺分繁简订误》校正府州厅县缺分、等第失误1 486条，参见：刘铮云.《清史稿·地理志》府州厅县职官缺分繁简订误. “中央研究院”历史语言研究所集刊，1994，65 (3)。胡恒修正巡检司一项记载失误111处，参见：胡恒.《清史稿·地理志》巡检司项校正. 中国历史地理论丛，2009 (3)。

③ 台北故宫博物院藏清史馆档案，编号205000685—205000699，共15册。

④ 华林甫. 关于《皇朝地理志》的几点初步研究. 故宫学术季刊（台北），2007，24 (3).

在修志之初就有人建议将光、宣之际进呈本《皇朝地理志》作为纂修《地理志》的参考。但让人感到不可思议的是，《地理志》的编纂者似乎对清国史馆纂修的《皇朝地理志》不屑一顾，如吴士鉴《新疆略例》就称“国史馆所纂《地理志》，大误有二：一为汉金满县（唐时置县，汉安得有此名），一以巴楚州隶疏勒府（查官书档案，实属莎车），此古今沿革之舛谬者，其余小疵，毋庸胪举，今修此志，弃置勿用”①。不仅如此，吴氏还曾与缪荃孙通信写道：“与馆中同事论国史地理志八谬，原稿录呈大教，其实甚为浅近，然此浅近者亦不能不详言之，深恐以误传误，将来无从修改”②，“于国史旧地志，检阅数省，谬误百出，摘其要者为八谬，示诸同人……国史原志不但体例不一也，且有大谬不然者”，连同馆之人都认为吴氏指责“太过”③。吴氏对清国史馆《皇朝地理志》的批评可能影响到其他编纂者，如田应璜山西部分呈稿中就常常批注《皇朝地理志》的错误之处。但值得注意的是，王树枏在最后修正《地理志》时可能利用了《皇朝地理志》，清史馆《借书收据簿》记载民国十六年（1927）十二月廿七日王树枏借阅《皇朝地理志》之内外蒙古、青海、台湾、西藏等册，共12本④，但与清史馆所藏《皇朝地理志》相比，真寥寥无几也。

第三，编纂之初没有统一体例，故而做了很多无用功。初稿大致仿《明史·地理志》而作，然体例却屡不统一。交秦树声总纂后，他又大肆其力于明代之前政区沿革及较次等级山川水系的叙述，还兼写史事及考证，以至《地理志》的编纂不仅顾及有清一代的沿革，而且对于前代的地理状况也需要精细考订。这一方面耗费了大量的精力，另一方面也使《地理志》的篇幅过于庞杂。到了二期以后，史馆同人才发现秦树声繁稿不合正史地理志之用，以至于不得不将过去数年大力增补的前代沿革内容删去，直到秦树声去世前，繁、简两稿均未完成。王树枏新任总纂，不得不以较完整之各人初稿开始修正。这一状况根源于没有在编纂之初制定较统一、严格的体例，以至不断变换写法，做了大量无

① 台北故宫博物院藏清史馆档案，编号205000677.《新疆略例》为现存《地理志》稿本中唯一一份交代《地理志》写作规范的“略例”。

② 缪荃孙，等. 艺风堂友朋书札：上册. 上海：上海古籍出版社，1981：463.

③ 同②458.

④ 台北故宫博物院藏清史馆档案，编号81600001.

用功。

《清史稿》的刊印，标志着民国清史馆“网罗史料，以成一代之史”使命的终结。《清史稿·地理志》虽成于众手，质量难尽如人意，但毕竟对有清一代的地理资料做了整理、排比，采辑宏富，兼征集地方咨送材料，至今仍是研究清史必备的参考书之一。即使新修《清史·地理志》在体例设计及数据准确性上较前者有了质的提高，《清史稿·地理志》仍可与之并行不悖，如《旧五代史·郡县志》《新五代史·职方考》《元史·地理志》《新元史·地理志》等例，断无废弃之理由。必须明确的是，清史馆的价值与《清史稿》的贡献是两个完全不同的概念。后者的贡献全部反映于刊印的《清史稿》356卷中，而前者的价值则要大得多，不仅包括已刊印的356卷《清史稿》，还包括修史过程中形成的各类至今仍具有学术价值的稿本。特别是《清史稿》刊印仓促、选择不善，使得《清史稿》刊印时所选底稿未必是各种稿件中最优的，所以《清史稿》未刊稿本仍具有相当的学术价值。

在纂修《清史稿·地理志》的同时，对于清代地理的研究已同步展开，这一时期研究边疆问题的文章较多，特别是近代失地与边界问题，由于在民国时期即是热点，故而不能不回溯至清代去探讨这些问题的由来（参见后文）。对于清代舆图的影印、出版与研究等也有很大进展。但大体来说，这一时期的清史地理研究成果还不太多，且基本延续了传统沿革地理学的研究方法，以考订、校补为主。

第二节　集大成之作：《中国历史地图集·清时期》

从新中国成立一直到改革开放之初，作为推动清史地理研究的主轴之一，疆域史研究受到了政治因素的较大影响。尽管如此，清史地理研究仍然在边界及疆域问题、气候研究、河道变迁、动植物研究等多个领域取得了一系列成就。

这一时期清史地理研究最重要的成果当数《中国历史地图集》第八册《清时期》，虽然此书正式出版于1987年，但编绘此书的主要工作是在之前完成的，且在1974年已印行了内部本，成为清史地理研究的标志性成果与集大成之作，并在此基础上推动了关于“历史上的中国”概念的深入讨论，形成了谭其骧先生对“历史上的中国”范围的经典界定，得到学界的广泛认可，成为中国历史地理学迄今为止最重要的理论贡献之一。《中国历史地图集》第八册《清时期》的编绘也为改革开放以来清史地理研究的全面繁荣奠定了坚实的基础。

这一册共收图40幅，除了卷首的《中华人民共和国全图》1幅外，收录《清时期全图》2幅（标准年份分别是1820年和1908年，反映了清朝全盛时期和清末之疆域、政区、山川、聚落的基本面貌），分幅图26幅（按照省份排列，标准年份为1820年，其中台湾省反映的是1894年台湾被割让给日本之前的政区设置状况），扩大图5幅，插图6幅，书前有清图组编例说明，书后附有地名索引。

该册图集因要覆盖清朝的各个区域，故而实际上相当于对清朝的疆域、政区、河流、城市、山峰、海岸线等均做了一番全面考察，为学界提供了一个清朝的基本地理架构，事实上成为改革开放前后清史地理研究的一次系统性总结，在清史地理研究史上具有标志性的意义。

由于政治运动，编绘《中国历史地图集》经历过一番曲折，葛剑雄在《悠悠长水：谭其骧前传》与《悠悠长水：谭其骧后传》中详细介绍了相关情况。具体到清时期的图组，谭其骧先生就曾在1973年的审图会议上说：“‘文革’前历史图画了十一年，只画到明朝，没有画清朝，因为怕，怕与当前存在的边界问题关系太密切。”① 在1969年编绘工作重新启动以后，当时决定先做清时期的地图，主要原因有当时“中苏对峙，‘反帝反修’的需要，同时清图已完成的基础也比较好”②，当时也认识到绘制清时期的地图困难是比较多的，谭其骧先生曾说：“要把地名在地图上正确标出，还必须查阅历史记载。现在这方面的困难是很大的，特别是新疆、西藏，过去这些地名的边界是没有条约的，要确定位置，更需要历史资料。目前在西藏有不少藏文资料，有的留存在佛经里，要从中找出资料，困难是相当大的。”③

---

① 葛剑雄. 悠悠长水：谭其骧后传. 上海：华东师范大学出版社，2000：119.

② 同①82.

③ 同①83-84.

清时期的地图是由各单位协作完成的，复旦大学承担了内地部分，“中央民族学院负责东北，南京大学北方，民族所西北，近代史所王忠同志搞西藏，云南大学云南两广，海疆归复旦。复旦负责汇总，并派人参加民院、民所、近代史所的编绘工作”①。在1973—1974年的审图会议对诸多涉及边界的问题进行讨论后，第八册以中华地图学会的名义于1974年底印出了八开本的内部本，并在1975年下半年实际发行。

内部本流通以后，陆续又发现了一些问题。1981年谭其骧先生起草了一份修改方案，其中关于清代部分的修订，主要是增加了1908年这幅《清时期全图》：

> 内部发行本原为一幅，以1820年（嘉庆二十五年）为准，下距鸦片战争二十年。其时一统封建王朝疆域尚基本完整，东北、西北尚用军府制度，未建省府州县。现拟增画一幅以1908年（光绪三十四年）为准的清末全图。其时列强特别是沙俄已通过签订多次不平等条约侵占了大片中国领土；奉天、吉林、黑龙江、新疆已建立省府州县；台湾建省后为日本侵占。图上应加画历次被占领土的界线，并注明年代。此后，又经历一些曲折，终于在1988年12月正式公开出版了第八册。②

《中国历史地图集》在中国历史地理学科发展史上的里程碑意义毋庸讳言。侯仁之盛赞：“这是我国历史地理发展史上的一项重大成就，是对于历史悠久的传统特色的一个巨大发展。应该指出，这在同类地图的制作中，也是举世无双的。”③ 蔡美彪将《中国历史地图集》的学术特点概括为：（1）中国第一部包括了整个中国历史疆域的地图总集；（2）秦汉以下各时期的地图，《中国历史地图集》都选择政权较为稳定、文献记载也较为详明的年份作为标准年代，所绘疆域均以此年的状况为据；（3）不仅在广度上包括了整个中国的历史领域，而且在纵深方面有所发展，超越了前人；（4）注意考察了历代水系的变迁，在地图上显示

---

① 葛剑雄. 悠悠长水：谭其骧后传. 上海：华东师范大学出版社，2000：120.

② 同①146-147.

③ 侯仁之. 近年来我国历史地理学发展的主要趋势. 地理学报，1983（2）：174.

了新的学术成果。①《中国历史地图集》出版至今，经受住了时间检验，成为新中国成立后文科领域最重要的代表作之一。

《中国历史地图集》第八册《清时期》反映了清朝疆域与政区稳定时期（1820 年）和清末（1908 年）疆域的状况及变化，标绘了直隶、江苏、安徽、山西、山东、河南、陕西、甘肃、浙江、江西、湖北、湖南、四川、福建、广东、广西、云南、贵州十八省区及其总督、巡抚驻所与所属部分府厅州县，同时对盛京、吉林、黑龙江、伊犁、乌里雅苏台等将军辖区，以及西藏、西宁办事大臣辖区和内蒙古的政区、山川、聚落做了全面的揭示，同时绘出了府界。可以说，这一册是对 20 世纪 80 年代中期及其以前清史地理研究的全面总结。同时，《中国历史地图集》编纂的理论基础是谭其骧对“历史上的中国”之范围的界定，这正是 18 世纪以后、1840 年以前的清朝范围，也就是说，第八册所编绘的主体图幅一定程度上正起着《中国历史地图集》全 8 册的框架性作用。

编绘《中国历史地图集》的过程中积累了丰富的考证研究成果，除了《〈中国历史地图集〉释文・东北卷》被整理并公开出版以外②，大部分未加整理，但其中一些绘图副产品陆续以其他学术成果的形式推出，参与编绘的人员也多在清史地理领域撰写新著，其潜在的学术价值是极其深远的。

第三节　20 世纪 80 年代以降多领域、多面向的繁荣局面

改革开放以来，随着政治氛围的宽松和经济上的发展，学术研究趋于繁荣，无论对于历史学还是对于地理学来说均是如此，在各个分支领域所取得的成就可谓精彩纷呈，这些变化也同样影响着历史地理学的发展③，包

① 蔡美彪. 历史地理学的巨大成果——《中国历史地图集》评介. 历史研究，1984（6）.

② 张锡彤，王锺翰，贾敬颜，等.《中国历史地图集》释文・东北卷. 北京：中央民族学院出版社，1988.

③ 关于 1978—2008 年 30 年间历史地理学研究的变化，参见：侯甬坚. 1978～2008：历史地理学研究的学术评论. 史学月刊，2009（4）。

括清史地理研究。1978 年以来清史地理研究的整个局面与之前有了很大不同。这一变化可以说既与整个学术环境的转变息息相关，也与清史学科在改革开放以来迅速成长为断代史研究的热点直接相关。

第一，文献资料的整理取得了飞速进步。1981 年，中央下达《关于整理我国古籍的指示》，古籍整理从此进入一个新阶段。据第 33 届全国古籍出版社社长年会上全国古籍整理出版规划领导小组原组长柳斌杰的发言，据不完全统计，新中国成立以来，整理出版的古籍图书已达 3.6 万种左右。① 一系列与清代有关的地理文献如《大清一统志》《读史方舆纪要》等或重新影印，或有了较好的整理本，一大批与清史地理研究有关的地方志被影印出版。进入 21 世纪以来，大批大型数据库的建设为研究的深入奠定了资料基础。值得一提的还包括海外中文古籍的共享，这使得史料的阅读呈现出“远读”模式，当代人获取史料的便利程度可以说是空前的。

第二，跨学科研究方法逐渐渗入。历史地理研究与各个学科的关系都比较密切。改革开放以来，随着史学界对学科方法的探索与突破，可以看到清史地理研究逐渐受到社会史、人类学、计量史学、环境史、历史地理信息系统（Geographic Information System，简称 GIS）等新领域和新技术的影响，探讨领域逐步扩大，研究方法逐渐多元，形成了丰富多彩的格局。对于清史地理研究来说，资料留存的精细程度超过了前代，这就意味着议题选择的自由程度得到了提高，不太会受到“巧妇难为无米之炊”的困扰，对于理论和方法的介入程度也具有了更高的可能性，这也意味着清史地理领域与自然科学、社会科学具有更强的接轨基础。如果细致观察清史地理研究成果的发表园地，可以看到除了历史地理学的专业杂志——《中国历史地理论丛》和《历史地理》辑刊（2019 年改为《历史地理研究》期刊）及历史学、地理学的杂志外，社会史、环境史等领域的杂志也时常刊登历史地理学的研究成果，这就充分说明了这一研究领域所具有的广阔发展空间为各种理论和方法的实践提供了“试验田”。

第三，清史研究作为相对较晚发展起来的断代史研究逐渐兴盛，并成为历史研究中较为繁荣的一个断代史研究，自然也带动了对史学研究的舞台——地理的关注。20 世纪 80 年代以降，在疆域与政区研究、地

---

① 数量质量大幅提升　我国古籍整理出版迈上新台阶. 中华读书报，2018－09－05.

理志书与舆图、城市与人口地理、边疆与民族地理等分支领域，清史地理研究得以快速发展。但与其他断代史地理研究相比，清史地理研究依然较为薄弱，以至到90年代初邹逸麟、吴松弟两位教授仍在积极呼吁加强对明、清和民国时期地理的研究。① 进入21世纪以后，随着国家清史纂修工程的进行，一批与地理相关的重要项目被列入其中，如“地理志”“人口志”“生态环境志”“图录・舆图卷”等，同时关于清史的系统性史料被逐步整理出版，逐渐兴起的数据库中清史资料占据很大比重，这些都带动了清史地理研究繁荣局面的出现。清史地理研究在各个分支学科领域不断取得进步，不仅以往少有人关注的课题不断被填补空白，而且在资料使用的范围上、解读的精细程度上也获得了推进。另外，学科队伍逐渐壮大。在近年来的历史地理学学术年会上，与清史有关的选题越来越多，甚至有超越其他断代史之势。整体来说，历史地理学的研究时段在不断下移，清代则是增长幅度最大的时段之一。

2000年以后，国家对历史地理学这门学科的重视程度也很高。在教育部人文社会科学重点研究基地中，以历史地理学为主攻方向的就有复旦大学历史地理研究中心和陕西师范大学西北历史环境与经济社会发展研究中心（2011年由“研究中心”改为“研究院”）两家，且两大基地的研究人员中不少偏重于清代部分。国家社科基金项目、教育部基金项目中，每年历史地理项目和清史项目都占据了不小的份额，两者的交叉也成为受到较多欢迎的选题方向。历史地理学具有就重大项目进行长期科研攻关的传统，所以往往能够诞生标志性的研究成果，在教育部人文社科奖的评选中历史地理学的表现比较突出。在学术评价愈来愈偏重个人化的时代，历史地理学正不断凸显着这一学科的独特价值与特殊影响力。

但毋庸讳言，清史地理研究依然面临着一些发展中的严峻挑战，这其中既有历史地理学学科整体面临的学科特性消解、地理学色彩渐淡、大团队多学科协同研究缺乏、国际交流不足、域外地理研究刚刚起步等共性问题，也有清史地理研究这一领域理论思维薄弱、研究碎片化明显、学科对话与争鸣缺失等突出问题。

历史地理学自诞生之日起，就是一门极为扎实的学问，这构成了这

① 邹逸麟，吴松弟. 重视历史地理学在经济建设中的作用. 求是，1993 (7).

门学科最大的特点。但优点之中往往也存在一些隐忧，它可能会有意或无意地忽略对理论和方法的借鉴与吸收，自觉不自觉地将其视作“空论”。在20世纪80年代以后，无论是地理学还是历史学，应该说理论和方法都是日新月异，对于跨学科融合也极为提倡，几无禁区，对学科的反思亦在不断进行。历史地理学从整体而言，尽管有一些回应和反思，但不得不说与历史学或地理学的其他分支领域相比，大体仍然延续了旧有的学科特色和基本面貌，这使得做出大量扎实个案构成一种学科发展的路径依赖，尚难以不断提出关系整个历史学或地理学的大问题，削弱了这一学科提出与解决重大问题的潜力和可能性。清朝距离今天较近，史料丰富，各类理论和方法均有实验的空间与可能，清史地理研究理应在保持考证精详这一学科特色之外，更加注重对理论和方法的借鉴与吸收，既要回到地理学这一学科，也要回到通史或断代史的脉络中寻求研究问题的终极意义。

至于碎片化的研究，这是目前史学研究的共性问题，学界对此看法不一，有赞赏者，亦有大声呼吁改变者。历史地理学中这类问题当然也很突出，越到晚近，个案研究可能越多。个案研究足以填补一个又一个空白。当然总体而言，学界并不认为研究问题的大小与研究价值有直接对应关系，亦不认为解决具体问题就不重要，但我们在研究中也必须要常常反思：个案的累积是否必然使得对重大问题的回应能力提高？尤其在过去的40年，无数新的具体研究的精细化程度空前推进，但对于历史地理学的整体理解是否具有根本的颠覆作用？对研究空白的填补是否必然构成学术价值存在的依据？个案研究的终极意义何在？一种具有方向感的扎实考证如何建立？当更多学者将研究精力集中于各专门领域研究之时，缺少学科“元问题”的指引，学科之间的争鸣与对话就愈来愈困难，学科的影响力也很难得到充分发挥。

当然这些问题的存在，一方面的确影响了清史地理研究对清史学科的辐射力与引领力，降低了学科应有的影响力，但另一方面也预示着这一学科未来新的突破的可能。地理是历史的舞台，清史地理研究理应成为清史研究必备的地理视角，从而与清史研究相伴。可以想见，随着清史研究作为断代史研究的继续繁荣，清史地理研究必将持续发展。

按照华林甫对“清史地理”的界定，“它是研究有清一代各种地理状况的专门学问，应包括两方面内容：一是断代地理研究，指历史地理学研究清代的部分；二是指历史地理研究牵涉到清朝的部分。前者是清史地理的核心内容，后者也是必不可少的组成部分"①。本书分专题对百年清史研究史中的历史地理部分进行回顾，其中主要包括两个方面，即清史研究中与历史地理有关的论著，以及通代或跨断代史研究中涉及清代部分的论著。对百年清史地理研究的回顾和总结，将是进一步从事清史地理研究的基础与前提，有利于学界准确掌握清史地理研究已取得的成绩。

百年来，学界研究"清史地理"的成果十分丰富、涉猎范围较广。笔者通过对这百年来相关研究成果的系统收集、爬梳整理，现已初步汇编出《辛亥革命以来清史地理研究论著索引》。本书以此为起点，从中选出学界探讨热烈的若干专题进行归纳与整理，包括清朝疆域变迁、政区地理、人口分布与移民史、清人地理文献、舆图，以及海岸线、黄河河道变迁与动植物分布、清史数据库与历史地理信息系统等专题，统计学界研究成果，归纳阶段性进展及其特征，然后就其研究主体内容进行论述与评价。对于学界已有不少高质量研究回顾与评述的领域，则涉及较少或从简。因此，本书并不是对清史地理所有专题的全面回顾，而是选择了若干有限的专题内容。从时间上讲，所覆盖的研究论述范围主要基于清朝灭亡百年的尺度，即1912—2013年，间或补充了个别2014—2020年的成果；从地理范围上讲，所覆盖的研究论著以内地（大陆）为主，也包括了港、澳、台的部分成果。因时间、精力有限，该卷对于研究成果的梳理必定有较多遗漏，评述也有不周之处，敬请方家指正！

需要指出的是，以往关于清史或历史地理及各专题的学术索引、学术评论为数不少，重要的有《中国史研究动态》《清史研究》上刊登的历年清史研究综述，《中国史研究动态》上刊登的历年历史地理研究综述，以及各杂志所登载的专题研究回顾，本书均有所参考并从中获得了诸多线索和启迪，特此说明并致以谢意。

---

① 华林甫．近两年清史地理研究点评．清史研究，2008（2）：148.

第一章 “历史上的中国”概念的确立与清朝疆域变迁研究

第一节 “历史上的中国”概念的确立

每一个国家在历史长河中，它的疆域范围总有一个动态发展、变化的过程。现代民族国家建立以后，普遍面临着如何书写自身历史的问题。现代民族国家通常都具有明确的国界，可是这一现代以国际法明确的疆域范围往往与历史上国家变动不居的疆域无法吻合。因此，每一个民族国家在建立自身历史的叙事模式上，都要首先界定什么是本国史，什么范围内的历史才是自身的历史。

中国当然也不例外，而且由于历史悠久所带来的疆域变动非常之大，进入近代以来，又由于西方列强的入侵，领土被不断割让，所以如何界定“历史上的中国”的范围就成为书写中国史中的一个非常棘手的问题。

辛亥革命以来，学界对“历史上的中国疆域”的认识散见于中国疆域史的研究中，但少有专文论述。新中国成立以后，在编写中国史时，首先就遇到了什么是“历史上的中国疆域”的问题。当时一大批历史学家介入到对这一重大问题的讨论中。当时的历史学家主要持两种观点：一种观点以历代中原王朝的版图为历史上的中国疆域，如孙祚民在1961年就提出“以我国历史上历代王朝的疆域为历代国土的范围，因王朝统治的范围不同而历代国土有所变更伸缩”①；另一种观点以中华人民共和国的领土为范围，由此上溯到有历史以来这片土地上所有民族的活动，如何兹全在1959年提出“既然中国历史是今天中华人民共和国国境线以内今天和历史上各族人民的历史，那么，当我们说到中国时，它的范围就不应该只是历史上当时在中原地带立国的王朝，而且还应当包括当时是在中原王朝疆域以外而今天却是中华人民共和国国境以内的各族和各地区。匈奴、契丹、女真、蒙古在当时虽然不属于汉宋王朝，但他们活动的地区，却是在今天中华人民共和国领土以内，他们的历史是中国历史的一部分。今天我们讲中国史，应该把他们看成中国历史上存在过的一些国家，他们和当时王朝的对立和战争，只是中国历史上一些国家间的对立和战争，而不是外国或外族入侵中国”②。

关于“历史上的中国疆域”的讨论，实际上又与我国自古以来就是一个统一的多民族国家的提法分不开。如果承认中国自古以来就是一个统一的多民族国家的历史，那么学者在研究中就势必要从中原王朝的历史中解脱出来，转而接纳当时中原王朝周边的少数民族政权，将之纳入一个新的中国史叙事中。但它的逻辑中同样存在几个缺陷：如果承认中国自古以来就是一个统一的多民族国家，那么就不可避免地要将走向民族融合作为中国史解释的归宿，不如此，则无以证明中华民国乃至中华人民共和国的现状，也势必将历史上存在过的对立、冲突当成民族融合的另一种形式，而倾向于将其解释为一个向中原王朝和汉族文化靠拢、被接纳的历史进程；同时，为了证明少数民族政权与中原王朝不是分离的而是一体的，也不得不寻找少数民族与中原王朝紧密联系的证据，譬如藩属、册封或者其他形式的关系，但这样一来，就难免陷入历史的单线解释中而不得不面临史实上的不断挑战。

以中华人民共和国的疆域作为“历史上的中国”的范围，尽管从现实角度而言是一种回溯历史的选择，但事实上，如果按照二战后各民族国家独立的现状，那么为了避免历史上盘根错节的纠纷，将当时的国界

① 孙祚民. 中国古代史中有关祖国疆域和少数民族的问题. 文汇报，1961-11-04.

② 何兹全. 中国古代史教学中存在的一个问题. 光明日报，1959-07-05. 同时参见：白寿彝. 论历史上祖国国土问题的处理. 光明日报，1951-05-05；萧超然. 读《论历史上诸国国土问题的处理》以后. 光明日报，1951-05-19；翦伯赞. 关于处理中国史上的民族关系问题. 中央民族学院学报，1979（Z1）. 翦伯赞的文章初稿写成于1960年，1962年修订。

作为历史上国家疆域的范围就是一种理性的选择。不过它同样存在逻辑的两难问题：在这一历史上中国疆域的框架下，如何将 1840 年以来中国逐渐失去的边疆土地纳入其中，形成一个可被接受的解释链，是一个极其重大的挑战；中国历史疆域的变动不居与这一范围的明确性之间构成了一对冲突。

正因为这两种解释自身存在的缺陷，关于历史上的中国与中国历代疆域，学界就不得不寻求更为妥帖的解释体系。

经过长达 30 余年的激烈讨论，到 20 世纪 80 年代末 90 年代初，学界形成了两种新的代表性观点：第一种观点以我国历史时期统一多民族国家管辖范围为历史版图，杨建新[①]、周伟洲[②]、张博泉等[③]均持这种观点；第二种观点以鸦片战争之前的清朝版图为中国历史上的疆域范围，由谭其骧提出。

谭其骧关于“历史上的中国和中国历代疆域”的认识是在 1981 年 5 月下旬召开的“中国民族关系史研究学术座谈会”上应翁独健的邀请而发表的，这是因为谭其骧一直在主持编纂《中国历史地图集》。编纂历史地图集，首先要解决的问题便是如何界定历史上的中国范围：“怎样划定各个历史时期的中国的范围的；也就是说，对历史上同时存在的许多国家地区和民族，你们是如何区别中外的？哪些算中国，哪些不算，标准是什么？”[④] 对此的界定不具有伸缩性，必须以明确的色块和界线将这一范围清晰地界定出来。谭其骧明确地提出，“中国”一词的含义不是固定不变的，而是随着时间的演变而变化、发展的，以之表示我国领土主权管辖范围的这一观念，是在鸦片战争之后几十年才逐渐形成的；他强调，我们不能拿古人心目中的中国作为中国的范围，也不能拿今天的中国范围来限定历史上的中国范围，确定历史上的中国范围之唯一标准，即几千年历史发展所自然形成的中国；他进而认为，18 世纪之后、1840 年之前的中国范围是几千年来历史发展自然形成的中国，

---

① 杨建新. 沙俄最早侵占的中国领土和历史上中国的疆域问题//中国社会科学院近代史研究所中俄关系史研究室，兰州大学历史系. 中俄关系史论文集. 兰州：甘肃人民出版社，1979.

② 周伟洲. 历史上的中国及其疆域、民族问题. 云南社会科学，1989（2）.

③ 张博泉，魏存成. 东北古代民族·考古与疆域. 长春：吉林大学出版社，1998：491，498.

④ 谭其骧. 历史上的中国和中国历代疆域. 中国边疆史地研究导报，1988（3）：1.

这就是“历史上的中国”。[①] 谭其骧提出的“鸦片战争之前说”立刻引起了参会者的极大重视和高度评价，后来得到了刘宏煊[②]、马大正[③]、成崇德[④]、马曼丽[⑤]、于逢春[⑥]、李大龙[⑦]等中国边疆史地研究者的支持、肯定和进一步的补充、完善。今天，将鸦片战争之前的清朝版图作为历史上中国的疆域范围成为中国学界的主流观点。

谭其骧对“历史上的中国”概念的界定构成了今天历史地理、民族史研究的基础，也是历史地理学为中国人文社会科学做出的最重要的理论贡献之一。葛剑雄指出，“《图集》所确立的有关历史上的中国的观念以及中原王朝、边疆政权、非汉族政权、地方政权、自治地区之间关系的原则，对于中国史、民族史、中外关系史、中国历史政区地理等学科的研究都具有指导意义”[⑧]。根据中国期刊全文数据库可知，“历史上的中国和中国历代疆域”等关键词，从1991年该提法正式发表后，在期刊中被引用的次数迅速增加，2008年以后每年都被引用100～300多次，2018年被引用的次数最多，达317次，足以显示这一理论的影响力。

近年来学界对这一概念做了一些新的探索，葛剑雄曾谈道：“他的上述说法在理论上存在着局限性，在实际上也存在着无法调和的矛盾：一方面，从秦朝最多300多万平方公里的疆域发展到清朝极盛时期1 300多万平方公里的疆域，并不能一概称之为‘自然形成’。……至于一定要强调边疆或少数民族地区与中原王朝的联系，有些事例不仅显得牵强，并且也与前面对台湾与大陆关系的论述自相矛盾。”[⑨] 围绕边疆民族政权归属的问题，也有一些新的提法，“多数学者对将中国历史疆域范围用某一时期的版图固定化的做法提出了异议，而更强调当时中

① 谭其骧．历史上的中国和中国历代疆域．中国边疆史地研究导报，1988 (3).
② 刘宏煊．中国疆域史．武汉：武汉出版社，1995：4.
③ 马大正．中国边疆经略史．郑州：中州古籍出版社，2000：前言.
④ 成崇德．18世纪的中国与世界：边疆民族卷．沈阳：辽海出版社，1999：17-21.
⑤ 马曼丽．中国西北边疆发展史研究．哈尔滨：黑龙江教育出版社，2001：上编.
⑥ 于逢春．论中国疆域最终奠定的时空坐标．中国边疆史地研究，2006 (1).
⑦ 李大龙．试论中国疆域形成和发展的分期与特点．中国边疆史地研究，2011 (3).
⑧ 葛剑雄．中国历史疆域的再现——评《中国历史地图集》．读书，1990 (5)：5.
⑨ 葛剑雄．地图上的中国与历史上的中国疆域——读《中国历史地图集·前言》、《历史上的中国和中国历代疆域》感言．河南大学学报（社会科学版），2012 (5)：8.

原王朝对边疆民族地区的行政管辖对确定我国历史疆域范围的重要性”，“主张以不同时期的实际版图范围来界定当时中国的疆域范围”①。

第二节　清代疆域的大一统研究

清代疆域奠定了中华民国与中华人民共和国的疆域架构，要解释清楚今天中国的疆域是怎样形成的，就必须回到清代。因此，清代疆域的形成不仅关乎历史，也关乎当下，更与政治紧密相关。学界对此投入了极大的热情，即使在政治运动频繁的年代受到一定的干扰，关于疆域的研究也始终在进行着，并一度成为清史地理研究的重心。百年来的清代疆域形成研究，大致经历了 20 世纪前半叶的萌芽期、20 世纪 50 年代至 70 年代末 80 年代初的初步发展期、20 世纪 80 年代初以来的较快发展期这三个阶段。

清末一直到民国时期日益严重的边疆危机，激发了我国有识之士对边疆形势的关注，也迎来了百年来国人研究中国疆域史的热潮，这一领域研究的兴盛带有显著的政治与国际背景。20 世纪前半叶，中国疆域通史、近代疆域沿革史、近代丧地史、近代边界变迁史著述相继问世，成果非常丰富，其中多概述了清前期疆域形成过程和清兴盛时疆域版图，其中作为背景性的宏观概述与中俄边界划定之考证性研究占据主要部分，精细的研究还不是很多。这一时期主要对清前期疆域形成过程与清兴盛时疆域版图做出了概述，尤其对《中俄尼布楚条约》《中俄布连斯奇界约》《中俄恰克图界约》之签订过程与中俄边界的划定过程进行了较为详细而深入的考证，对清代疆域的奠定多持肯定态度，但同时因清前期疆域的形成研究多作为近代失地研究的背景性知识而予以概述，故专题研究还不是很多。较具代表性的论著有谢彬著《中国丧地史》一书，其中云：“中国开疆拓土，以汉唐元清四代，最称极盛……而愚此篇只举清季盛时版图者，则有两大理由：其一，民国承继之版图，直接于清季最后所有，今犹毫无变更；其二，今之汉满蒙回藏各部，实际统

① 刘清涛. 60 年来中国历史疆域问题研究. 中国边疆史地研究，2009 (3)：73.

一，实完成于清代，元于回藏，不过羁縻而已。清以女真部落，奋起满洲，入关以后，明祚遂移。中经顺治、康熙、雍正、乾隆四朝，力征经营，疆宇日辟，统计盛时幅员，东亚细亚、中亚细亚两部，固属完全领有；即西亚细亚、南亚细亚大部分，亦皆藩邦罗列；领海所及，更骎骎乎东临太平洋，西瞰印度洋焉。”① 唐守常著《中国土地丧失史》一书第二章“近世我国极盛时代之版图”，略述清代在我国历代王朝疆域史上的地位、清代开拓疆土的过程以及清极盛时的版图，还列表统计了清代本国各部（总计 40 002 651 方里）、属国各部（总计 47 353 722 方里）的领土面积。② 华企云著《中国边疆》一书所述清代疆域以陆疆为限③，他的另一部书《中国边疆问题十讲》第二章亦详述近世我国极盛时代之版图。④ 夏威著《中国疆域拓展史》一书第六章“近世疆域——清”，略述了清初到乾隆朝的疆域拓展过程。⑤ 另外，葛绥成编著《中国近代边疆沿革考》一书，从清初经营我国东北、北部、西北、帕米尔、西南、南部地区版图及清盛时的领海讲起，基本反映了清前期的边疆范围和边界情况。⑥ 顾颉刚等著《中国疆域沿革史》，也概述了清朝统一疆土的过程。⑦ 东北大学《中国边疆史》（讲义本），总述并对比了清全盛时和清末的疆域。⑧ 这些研究总体来说梳理了清前期疆域扩展与大一统格局的形成过程。

20 世纪 50 年代到 70 年代末 80 年代初，学界主要是对我国边疆领土史实进行考辨，尤其对近代沙俄所侵占的中国领土研究较多。这些成果叙述了清朝统一我国边疆领土的过程、对其管辖情况以及外族入侵我国边疆领土之过程，证明边疆失地原属于我国领土的历史真相，带有深厚的时代烙印，可谓是当时国际形势与国际关系背景下的特定产物。但

---

① 谢彬. 中国丧地史. 上海：中华书局，1925：6－7.

② 唐守常. 中国土地丧失史. 上海：大东书局，1929.

③ 华企云. 中国边疆. 南京：新亚细亚学会，1932：自序，凡例.

④ 华企云. 中国边疆问题十讲//《边疆边务文献初编》编委会. 边疆边务资料初编：中国边疆概述：第 1 册. 北京：中央编译出版社，2011.

⑤ 夏威. 中国疆域拓展史. [出版地不详]：文化供应社，1941：77－91.

⑥ 葛绥成. 中国近代边疆沿革考. 上海：中华书局，1934.

⑦ 顾颉刚，史念海. 中国疆域沿革史. 长沙：商务印书馆，1938.

⑧ 东北大学. 中国边疆史. 讲义本（收入：《边疆边务文献初编》编委会. 边疆边务资料初编：中国边疆概述：第 2 册. 北京：中央编译出版社，2011）.

不得不说的是，这一时期整理了大量涉及边疆的资料，对历史上含混不清的边界线的形成过程做了大量扎实的工作，这些工作有的虽以内部资料的形式流传，但取得的成就是很大的，也为改革开放后疆域研究热潮的形成打下了坚实基础。

20世纪80年代初以来的清代疆域形成研究逐渐系统化、深入化，个案研究与整体研究并重，国家导向与个人兴趣相结合，使得这一领域有了根本性的改观。1983年，中国社会科学院中国边疆史地研究中心成立。其后不久，该中心先后主办了《中国边疆史地研究报告》（1987—1994年）、《中国边疆史地研究通报》（1995年第1辑、1998年第2辑），二刊虽为内部发行，仅供交流之用，但登载之有关中国疆域史或边界史的研究论文皆为20世纪八九十年代这一领域的杰出成果。1988年，该中心主办的《中国边疆史地研究导报》正式发行，后更名为《中国边疆史地研究》（季刊）定期出版，这为促进我国边疆史地研究的发展及学者们的交流提供了有力平台。1987年，谭其骧主编的《中国历史地图集》第八册《清时期》一书面向国内外发行，书中较为准确地绘制出清嘉庆二十五年（1820）全国疆域总图，这是以历史地图的形式形象地展现清盛时疆域的经典成果，成为各类学术著作、教材、文章中表现清朝疆域的主要底图来源，也成为国家有关部门审查与清代相关历史地图的基本依据。① 谭氏主编的《简明中国历史地图集》之“《清时期全图（一）》说”，颇为凝练地概述了清代疆域的逐渐扩展过程。②

进入21世纪以来，边疆研究更趋兴盛，研究精度日益提高，既有对清代疆域形成的全面性研究，也有大量具体、深入、细致的专题考察，无论是研究成果的数量还是研究成果的质量，都有了较大的提高；对资料的利用也不限于传统的《清实录》等，还发掘了大量一手档案材料；不仅利用中文文献，而且广泛收集了世界各国与之相关的外文信息；不仅从历史学角度来谈边界的形成过程，而且更自觉地与国际法等领域的学者展开日益紧密的交流。1999年，戴逸主编“18世纪的中国与世界”系列丛书，其中由成崇德执笔写作的《18世纪的中国与世界：边疆民族卷》较为全面地梳理了清代疆域的形成过程，并客观地概括出

---

① 谭其骧. 中国历史地图集：第8册 清时期. 北京：中国地图出版社，1987.

② 谭其骧. 简明中国历史地图集. 北京：中国地图出版社，1991.

清代“开拓”疆土的不同模式和划定疆界的各种途径，反映了清朝为完成国家大一统所做出的不懈努力，是对清前期疆域形成过程进行系统研究的突出成果。① 其后，马大正主编《中国边疆经略史》一书，其“清朝边疆部分”也对清代疆域形成过程有较为全面的梳理。此外，成崇德主编“清代疆域形成研究”系列丛书，分别从舆图绘制、驿传、北部边疆卡伦等不同视角探讨了清代疆域形成问题。②

以下对各个区域疆域与边界形成研究做一概述。需要说明的是，疆域研究中往往对历史事件的梳理与对具体边界形成的考察兼而有之，但边疆民族在本书所属丛书中另有专书梳理，故而我们在此侧重概述从地理角度进行的考察，特别是边界形成研究方面。

（一）东北方向

康熙二十八年（1689）《中俄尼布楚条约》正式划定了中俄东段边界，康熙五十八年（1719）穆克登查边明确了中朝边界，至此，清前期东北疆域管辖范围和边境走向基本确定。

从整体而言，从20世纪初到70年代初，学界长期关注《中俄尼布楚条约》与中俄东段疆界划定问题。此后，穆克登查边与中朝边界划定研究始有所展开，大致在20世纪90年代初引起学界较多关注，21世纪以后进展较为迅速，方法上也取得了突破性进展。

20世纪上半叶，金毓黻《历史上之东北疆域》、谷中乔《我国东北疆域变迁考》，20世纪80年代初张博泉等编著《东北历代疆域史》，21世纪初张碧波著《中国东北疆域研究》、辛培林等主编《黑龙江疆域历史与现状问题研究》、李治亭主编《东北通史》、佟冬主编《中国东北史》第四、五卷等均有涉及清代东北疆域变迁的内容。③

---

① 成崇德. 18世纪的中国与世界：边疆民族卷. 沈阳：辽海出版社，1999.

② 这套系列丛书包括：孙喆. 康雍乾时期舆图绘制与疆域形成研究. 北京：中国人民大学出版社，2003；刘文鹏. 清代驿传及其与疆域形成关系之研究. 北京：中国人民大学出版社，2004；宝音朝克图. 清代北部边疆卡伦研究. 北京：中国人民大学出版社，2005。

③ 金毓黻. 历史上之东北疆域. 边疆研究季刊，1940（1）；谷中乔. 我国东北疆域变迁考. 东北，1941（2）；张博泉，苏金源，董玉瑛. 东北历代疆域史. 长春：吉林人民出版社，1981；张碧波. 中国东北疆域研究. 哈尔滨：黑龙江人民出版社，2006；辛培林，王敬荣. 黑龙江疆域历史与现状问题研究. 哈尔滨：黑龙江人民出版社，2006；李治亭. 东北通史. 郑州：中州古籍出版社，2003；丛佩远. 中国东北史（修订版）：第4卷. 佟冬，主编. 长春：吉林文史出版社，2006；栾凡，敬知本，田阳，等. 中国东北史（修订版）：第5卷. 佟冬，主编. 杨旸，霍燎原，分册主编. 长春：吉林文史出版社，2006.

1689年《中俄尼布楚条约》所划定的边界一直是研究热点。《中俄尼布楚条约》正式划定了中俄东段边界，两国以额尔古纳河、格尔必齐河为界，再由格尔必齐河源沿外兴安岭往东至海，岭南属于中国，岭北属于沙俄，乌第河和外兴安岭之间待议，从法律上肯定了黑龙江、乌苏里江流域包括库页岛在内的广大地区都属于中国领土，在我国历史上具有重大意义。清末民初，在东北边疆危机日益严重的背景下，学界开始对《中俄尼布楚条约》所涉疆界问题进行研究。20世纪上半叶的中国疆域史、中俄国界问题研究论著中，几乎无一例外回避不了《中俄尼布楚条约》的划界问题。新中国成立后，受当时中苏关系的影响，中俄边界问题研究在大陆成为禁区，不过台湾地区不乏杰出成果。20世纪70年代到80年代初，中苏关系恶化，国内学人主要从沙俄侵华史角度，对沙俄侵略东北史与《中俄尼布楚条约》签订过程做出论述，成果颇多。20世纪80年代后期以来，开始出现对《中俄尼布楚条约》划定的中俄东段疆界的专门研究。

应该说，关于《中俄尼布楚条约》划定中俄东段疆界的考证性成果，大致理清了中俄东段边界的划定情况，考订出界点的具体位置，但在乌第河和外兴安岭之间待议区域及其相关界点之认识上学者们观点尚不一致。步平《中俄东部边界的历史考察》一文，针对国内外一些人士认为中国历史上没有国境概念的提法，论证了《中俄尼布楚条约》“作为十七世纪边界线的合理的法律依据，是当之无愧的、名副其实的”①。史华通过对《黑龙江外纪》所载巡边路径之辨正，考察并分析了《中俄尼布楚条约》规定界线存在的问题。② 张宗海简要介绍了《中俄尼布楚条约》《中俄恰克图界约》规定的中俄最初边界及其特点。③ 刘远图所著《早期中俄东段边界研究》一书，是研究清初中俄东段边界问题的专著。④ 该书大量使用中外档案和舆图史料，对《中俄尼布楚条约》划定的边界线及界点提出了独到看法。

学界在《中俄尼布楚条约》划界的三个问题上争议较大：（1）额尔

① 步平．中俄东部边界的历史考察．学习与探索，1983（6）：127．

② 史华．《黑龙江外纪》巡边路径辨正．大陆杂志（台北），1991，83（2）．

③ 张宗海．试论中俄最初边界的形成及特点．学习与探索，1992（3）．

④ 刘远图．早期中俄东段边界研究．北京：中国社会科学出版社，1993．另外参见：刘远图．从中俄双方古地图看界河格尔必齐河的位置．中国边疆史地研究报告，1991（1/2）。

古纳河两国边界起点问题。① 刘远图认为，额尔古纳河两国边界起点在莫里勒克河口，此后到康熙五十一年（1712）又南移到根河的库克多博，直到《中俄布连斯奇界约》签订后才上溯到阿巴该图。② 吕一燃认为，《中俄尼布楚条约》是以整条额尔古纳河为界，而不是以莫里勒克河口为边界起点；针对刘氏的论据，他指出清政府巡边亦是以整条河为边界，而不是巡查到莫里勒克河口或根河口。③（2）乌第河待议区域。关于这一区域，诸家说法不一。④ 葛绥成认为，"南自乌第河，北迄兴安，此中间一段地暂行存放……此种见解，似甚恰当……翁文灏所谓'中俄国界，实为朱格地尔（Djukder），而非朱格朱尔（Djugdiue）之说'，似稍有不妥。……（外兴安岭。——引者按）北支叫朱格朱尔岭，南支叫做朱格地尔"⑤。《中国历史地图集》第八册《清时期》之《清时期全图（一）》所绘待议区域在乌第河以南、外兴安岭北侧。刘远图提出，待议区域包括乌第河南北两侧与外兴安岭之间。⑥ 吕一燃对刘氏观点进行了反驳，认为北界确实在乌第河。⑦（3）"格尔必齐河"的所指。在黑龙江上游有两条格尔必齐河，一为格尔必齐河，一为阿玛扎尔河（清代曾被称为大格尔必齐河）。俄国学者认为《中俄尼布楚条约》中所说的"格尔必齐河"是指后者，中国曾移动过边界；薛虹利用《吉林九河图》、满文《黑龙江流域图》等舆图资料对此进行了考证，重申格尔必齐河不是阿玛扎尔河。⑧ 杨丽婷、侯杨方通过爬梳清代舆图资料，发现传教士在编绘《皇舆全览图》时，错误地把格尔必齐河标注在大格尔必齐河的东边，而此后的舆图资料陈陈相因，这是造成后世误解的关键原因。⑨

学者们在《中俄尼布楚条约》划定界点上存在诸多争议，与对《中

① 关于学界的不同认识，参见：刘远图. 早期中俄东段边界研究. 北京：中国社会科学出版社，1993：25－27。

② 刘远图. 早期中俄东段边界研究. 北京：中国社会科学出版社，1993：25－46.

③ 吕一燃. 关于早期中俄东段边界的几个问题. 中国边疆史地研究，1995（4）.

④ 同②115－118.

⑤ 葛绥成. 中国近代边疆沿革考. 上海：中华书局，1934：17－18.

⑥ 同②162.

⑦ 同③.

⑧ 薛虹. 彩绘满文黑龙江地图和格尔必齐河的位置. 清史研究，1993（4）.

⑨ 杨丽婷，侯杨方. 名与实：格尔必齐河位置之争的起源. 清史研究，2015（3）.

俄尼布楚条约》文本的不同理解有关。该条约有拉丁文、满文和俄文三种原始文本，学者们引用的文献来源亦不同，多非出自原始文本，故理解有出入在所难免。据李学智研究，截至 20 世纪 80 年代末，“尚未见有史家们曾将《尼布楚条约》的三种文字，对照审核三种文字记录之内容是否完全相同者。因此，至今能见之讨论中俄关系书籍、论文中，往往因引证《尼布楚条约》约文的来源不同，遂导致约文内容之互异”①。有学者指出：“条约的文本问题是一个非同小可的问题，不注意文本，研究可能误入歧途。”② 此外，加强对舆图资料特别是对满文地图、外文地图的利用，能够提供文献所不能说明的有力证据，《吉林九河图》、满文《黑龙江流域图》的发掘与利用，就为解决边界走向问题起到了关键性作用。对《皇舆全览图》的解读和利用，也可以为澄清《中俄尼布楚条约》关于中俄东界走向提供非常直观的证据。对此后外文地图上关于中国东北疆域与边界走向的记录，学界也有待加强关注。

此外，日本学者吉田金一和增田忠雄长期对《中俄尼布楚条约》进行研究，颇有造诣。吉田氏毕生研究中俄关系，1933 年毕业论文题目为《十七世纪的中俄关系》。20 世纪 70 年代，他在台湾找到与尼布楚谈判有密切关系的重要地图《吉林九河图》，并发表《郎谈〈吉林九河图〉和尼布楚条约》一文③，从而揭示了 1710 年康熙《皇舆全览图》在大、小格尔必齐河标注名上的错误；之后，他又撰写了有关《中俄尼布楚条约》和中俄边界的多篇文章，他的研究对苏联学者在中俄东段边界问题上的一些错误观点进行了指正。1984 年，吉田氏著《俄国侵略东方与尼布楚条约》一书出版，全书 60 万字左右，可谓是他一生研究的结晶。增田忠雄早在 20 世纪 40 年代就已出版《满洲国境问题》一书，较为系统地论述了中国东北地区与俄国边界的形成过程。此外，他还发表了《关于尼布楚条约划定的边界》一文来论述这个问题。④

---

① 李学智. 检讨中、俄尼布楚条约（上）. 大陆杂志（台北），1990，81（5）：1. 另外参见：李学智. 检讨中、俄尼布楚条约（下）. 大陆杂志（台北），1990，81（6）。

② 刘远图. 早期中俄东段边界研究. 北京：中国社会科学出版社，1993：247.

③ 吉田金一. 郎談の吉林九河図とネルチンスク条約. 東洋學報，1980，62（1/2）.

④ 增田忠雄. 关于尼布楚条约划定的边界. 史林，1941，26（1）. 以上关于两位先生的简介和研究内容，参见：步平. 吉田金一先生与日本的中俄边界史研究. 中国边疆史地研究，1990（4）。

表 1-1　20 世纪七八十年代沙俄侵略东北史与《中俄尼布楚条约》研究论文不完全统计

序号	篇名	作者名	出版项
1	《驳谎言制造者——关于中苏边界的若干问题》	史宇新	《历史研究》1974 年第 1 期
2	《"新土地的开发者"，还是入侵中国的强盗?》	谭其骧 田如康	《历史研究》1974 年第 1 期
3	《清入关前对东北的统一——驳苏修篡改中俄东段边界史的谎言》	纪平	《历史研究》1975 年第 2 期
4	《历史真相不容歪曲——关于〈中俄尼布楚条约〉的几个问题》	钟锷	《历史研究》1975 年第 2 期
5	《雅克萨战争是中国抗击沙俄侵略的正义战争——驳苏修歪曲雅克萨战争性质的谬论》	群哲	《历史研究》1975 年第 4 期
6	《柳条边的历史和苏修的谬论》	纪实	《历史研究》1975 年第 3 期
7	《中俄〈瑷珲条约〉与苏修霸权逻辑》	钟锷	《历史研究》1976 年第 4 期
8	《〈尼布楚条约〉从法律上确定了中俄东段边界》	岩沙	《学习》1976 年第 12 期
9	《我国历史上对黑龙江流域的管辖和其他》	佟柱臣	《文物》1976 年第 7 期
10	《中俄〈尼布楚条约〉和清政府的巡边制度》	李士良 干志耿	《北方论丛》1978 年第 1 期
11	《老沙皇独占东北野心的大暴露——一九〇〇至一九〇三年沙俄胁迫清政府订约出卖东北主权的经过》	丁名楠	《社会科学战线》1978 年第 4 期

12	《贝加尔湖以东地区的历史真相》	周维衍 施一揆	《复旦学报》（社会科学版）1980 年增刊（历史地理专辑）
13	《论沙俄向西伯利亚的扩张及其性质》	礼长林	《史学集刊》1982 年第 1 期
14	《中俄第一次接触——尼布楚条约》	陈瑜	《史苑》（台北）1983 年 1 月
15	《清帝国东北边界形成的若干问题》	（苏）齐赫文斯基	孙进己、冯永谦、冯季昌编：《东北历史地理论著汇编》第 5 册《清代》，沈阳：辽宁省社会科学院历史研究所，东北民族历史考古资料信息研究会，1986
16	《十七世纪沙俄对中国疆域的侵吞》		原文出处未知，后收入《台湾地区清史论文汇编（1945—2005）》第 44 册《政治军事》

康熙五十一年（1712）穆克登查边立碑，确立中朝边界，这一事件又与清末中朝划界及“间岛问题”联系在一起，成为中朝边界史研究无法绕开的重要问题。清末以来，在中朝边界纠纷不断及两国勘界争议较大的背景下，学界对清季中朝勘界及“间岛问题”一度较为关注。不过，新中国成立初期，由于中朝两国两党之间的特殊关系，国内的中朝边界研究几乎处于空白状态。直到 20 世纪 70 年代初，台湾始有学者对中朝边界史有所研究。20 世纪 90 年代以来，大陆学界对中朝边界史的研究逐渐兴起，出版了多部系统研究中朝边界史的著作，包括研究穆克登碑问题的专著。①

① 陈慧．穆克登碑问题研究——清代中朝图们江界务考证．北京：中央编译出版社，2011．

学界关键性的争论在于穆克登碑的位置，对此存在两种截然不同的观点：张存武、杨昭全认为，穆克登碑立于长白山天池东南麓。① 徐德源认为，穆克登碑本立于小白山山顶，但被朝鲜人擅自移到长白山主峰东南麓。② 马孟龙将穆克登查边与《皇舆全览图》的编绘联系起来，结合舆图资料，确认了穆克登碑的初立位置在小白山。③ 陈慧认为，穆克登碑立于小白山东南麓，此后至少挪移了两次（或三次），直到失踪。④

李花子近年来在穆克登碑及中朝边界史上的新研究令人瞩目，发掘了康熙年间朝鲜方面留下的古舆图资料及李朝关于这次划界的原始记录。更加重要的是，李花子对穆克登碑及其所涉区域进行了实地踏查，找到了当年划界遗留的一些标志物，并与中国和朝鲜双方的历史文献特别是古舆图一一勘合，故在此问题上取得了突出成绩。⑤ 她确认界碑没有被移动过，确实在长白山天池东南麓，"移碑说"是不成立的。⑥ 不过，最近又有学者在韩国古地图及史料中发现了相反的资料，结合中方的满文奏折，重新认为穆克登碑最初确实立于小白山分水岭上。⑦ 可见，穆克登碑初立位置仍然需要继续探讨：一是因为中方康熙时期直接档册保存不多，故而对朝方各类相互矛盾的舆图和史料如何疏通、如何解释，特别是对反面证据的解释，都需要做进一步

① 张存武. 清代中韩边务问题探源. "中央研究院"近代史研究所集刊，1971（2）；杨昭全. 清代穆克登查边及中朝两次勘界. 社会科学战线，1991（3）.

② 徐德源. 长白山东南地区石堆土堆筑设的真相. 中国边疆史地研究，1996（2）；徐德源. 穆克登碑的性质及其凿立地点与位移述考——近世中朝边界争议的焦点. 中国边疆史地研究，1997（1）.

③ 马孟龙. 穆克登查边与《皇舆全览图》编绘——兼对穆克登"审视碑"初立位置的考辨. 中国边疆史地研究，2009（3）.

④ 陈慧. 穆克登碑问题研究——清代中朝图们江界务考证. 北京：中央编译出版社，2011：172－176.

⑤ 关于实地考察的情形，《中国国家地理》2017 年第 4 期《图们江上的三段故事》中有很生动、细致的描述。

⑥ 李花子. 康熙年间中朝查界交涉与长白山定界//余太山，李锦绣. 欧亚学刊：第 5 辑. 北京：中华书局，2005；李花子. 康熙年间穆克登立碑位置再探. 社会科学辑刊，2011（6）. 她的一系列关于清初中朝划界的研究，集中收录在《明清时期中朝边界史研究》（北京：知识产权出版社，2011）和《清代中朝边界史探研——结合实地踏查的研究》（广州：中山大学出版社，2019）两书中。

⑦ 李少鹏. 康熙时期穆克登碑初立位置新证. 中国边疆史地研究，2019（4）.

的思考；二是需要继续考察穆克登碑所确立位置附近的地理环境，尽管目前由于国际形势，实地考察仍面临困难；三是注意中方资料中非汉文资料的挖掘。如果穆克登碑的确被人为移动过，也需要寻找相关方面的直接证据。

关于穆克登碑的性质，有审视碑、定界碑两种不同的认识。① 清人吴禄贞、今人徐德源等认为，穆克登所立之碑为审视碑，非定界碑；而张存武、杨昭全认为，穆克登查边是为划界、定界，所立之碑实际是界碑或定界碑；刁书仁等认为，该碑不单是查边所立之审视碑，同时也起到定界作用，是定界碑。韩国学者亦认为该碑为定界碑。② 陈慧认为，该碑“本为审视而立，起到的却是标示着既定界河鸭绿江和图们江正源的作用，进而标示了鸭、图界河发源地之间短短的一段边界线……如何称呼穆克登所立石碑并不是问题的关键，重要的是如何准确理解该碑所包含的真正内涵和意义”③。应该说，目前学界多认为穆克登碑带有定界性质。

（二）北部方向

康熙二十九年（1690）清军在乌兰布通大败噶尔丹，次年康熙帝主持多伦会盟，将外蒙古各部按旗分编，正式纳入管辖领土。雍正五年（1727）签订《中俄布连斯奇界约》和《中俄恰克图界约》，始定我国外蒙古与沙俄边界，从沙宾达巴哈起，向东经恰克图到额尔古纳河为界。

辛亥革命以来中国疆域史、中俄边界史研究成果中，有很多论述了清初统一外蒙古的过程及中俄北段边界的划定情形。清末民初受外蒙古问题影响，国内陆续有外蒙古问题研究论著问世。这些成果多从追溯蒙古史入手，概述了清朝对蒙古地区的统一及有效管辖情况，较为详细地论述了17世纪以来沙俄对我国蒙古地区的侵略过程及雍正五年（1727）《中俄布连斯奇界约》《中俄恰克图界约》签订和中俄中段边界的划定情况。21世纪初，赵云田主编《北疆通史》一书④有专章论述清朝统一内

---

① 关于学界的两种不同观点，陈慧著《穆克登碑问题研究——清代中朝图们江界务考证》一书中有概述，详见该书第180～181页。

② 陈慧. 穆克登碑问题研究——清代中朝图们江界务考证. 北京：中央编译出版社，2011：180.

③ 同②181.

④ 赵云田. 北疆通史. 郑州：中州古籍出版社，2003.

外蒙古的过程。

此外，20 世纪 80 年代，开始有学者对清代经营唐努乌梁海始末做出研究。[①] 90 年代以后，樊明方撰文论述了中国历代政府对唐努乌梁海的管辖，证明了其自古以来就属于我国领土的史实。[②] 他又撰文评述《中俄布连斯奇界约》划定的唐努乌梁海北境中俄国界情况，认为结合当时的中俄形势，可知该条约虽使中国“损失了古尔必达巴哈外侧额尔沟河源地区，以及沙宾达巴哈以北、汉腾格尔河以南、阿巴坎河以东等地，然而萨彦岭以南、唐努山以北的唐努乌梁海盆地还是保持住了”，认为该条约“还算是一个平等条约”[③]。马长泉、张春梅指出，《中俄恰克图界约》及其子约对边界的划分突破了《中俄尼布楚条约》以自然环境为标志物的做法，加入了以卡伦、鄂博为因素的人工标志。[④] 马长泉还比较了《中俄尼布楚条约》《中俄恰克图界约》所体现的划界原则：平等互谅、搁置争议、依自然走势、互信管理、人口属地归附、内容综合性。[⑤]

(三) 西北方向

清代经过康熙、雍正、乾隆三朝之努力，到乾隆时最终平定了准噶尔和回部叛乱，统一了西北边疆地区。

李之勤利用舆图等文献史料，对清代西北边界演变过程及相关重要地物名称、位置进行考证，指出《中国历史地图集》第八册《清时期》所绘《新疆》图中边疆河流、湖泊、山脉和卡伦的定位存在九处不妥。[⑥] 马曼丽主编《中国西北边疆发展史研究》一书，其中编论述秦汉到近代的中国西北边疆发展变迁史，进而分析了近代西北边疆变迁原

① 樊保良. 清政府经营乌梁海始末. 西北史地，1983 (2).

② 樊明方. 中国历代政府对唐努乌梁海的管辖. 中国边疆史地研究报告，1992 (1/2)；樊明方. 清朝对唐努乌梁海地区的管辖. 中国边疆史地研究，1996 (2).

③ 樊明方.《布连斯奇界约》与唐努乌梁海北境中俄国界的确定. 中国边疆史地研究，1995 (2)：56.

④ 马长泉，张春梅.《恰克图条约》及其子约所涉北疆卡伦问题. 内蒙古师范大学学报 (哲学社会科学版)，2016 (1).

⑤ 马长泉. 康熙、雍正两朝中俄划界原则探析——以《尼布楚条约》、《恰克图条约》为中心. 中国边疆史地研究，2015 (2).

⑥ 李之勤. 关于清代边疆某些河流、湖泊、山脉和卡伦的定位问题——读《中国历史地图集》第八册. 西北史地，1980 (创刊号).

因，并探讨了清朝统一西北边疆后，对疆界的勘定、所设行政管辖区以及巡边防务措施等，以此说明当时我国西北边疆范围已经确定，指出当时中国西北边界大体可分三段，与俄交界的是沙宾达巴哈到额尔齐斯河段，双方各自边界是明确的，直到 19 世纪上半叶沙俄蚕食和入侵我国西北地区始发生变化。①

(四) 西南方向

康熙五十九年（1720）驱准保藏。雍正五年（1727）实行驻藏大臣制度。乾隆十六年（1751）正式授予七世达赖参与管理西藏事务的权力，从而在西藏建立起政教合一的管理体制。乾隆五十七年（1792）击退廓尔喀入侵后，次年划定中国与尼泊尔等国的边界。

清末民初，在西藏问题日益复杂、严重的背景下，国人研究西藏问题的论著相继问世，具有代表性的有谢彬《西藏问题》、华企云《西藏问题》、白眉初《西藏始末纪要》等②，这些论著主要从“西藏”这个名称的由来谈起，追溯西藏历史沿革，概述清朝统一、经营西藏的过程，证明其为我国领土的史实。

20 世纪 50 年代末以来，针对西方国家提出“西藏不是中国的”“西藏是一个独立的国家”等违背西藏史实的言论，中国学者纷纷撰文，进行西藏领土主权考辨，这方面的成果有魏千志《西藏自古就是中国神圣领土不可分割的一部分》③、丁名楠等《帝国主义侵略中国领土西藏的罪恶历史》④、李绍明《老沙皇侵略我国西藏的罪行是掩盖不住的》⑤，另外还有贾东海翻译的《西藏是中国领土的一部分》⑥。这些成果虽然标题带有鲜明的时代特色，但均是依据文献资料来证明西藏是中国领土的史实。

20 世纪 70 年代以来，研究更趋细化，已不再仅仅探讨西藏是中国领土这一史实本身，而是深入到中国西藏政策、经营西藏情况等诸多方

---

① 马曼丽. 中国西北边疆发展史研究. 哈尔滨：黑龙江教育出版社，2001.

② 谢彬. 西藏问题. 上海：商务印书馆，1926；华企云. 西藏问题. 上海：大东书局，1930；白眉初. 西藏始末纪要. 北平：建设图书馆，1930.

③ 魏千志. 西藏自古就是中国神圣领土不可分割的一部分. 史学月刊，1959 (6).

④ 丁名楠，张振鹍. 帝国主义侵略中国领土西藏的罪恶历史. 历史研究，1959 (5).

⑤ 李绍明. 老沙皇侵略我国西藏的罪行是掩盖不住的. 历史研究，1977 (1).

⑥ Б. Л. 古列维奇. 西藏是中国领土的一部分. 贾东海，译. 西藏研究，1984 (2).

面，相关成果有陈叔明《清代经营西藏之研究》①、陈又新《清朝前期经营西藏之研究》②、张哲诚《青海和硕特蒙古对西藏之经营》③、卢秀璋《论元明清历代王朝对西藏的有效统辖和治理——兼斥达赖集团等在西藏地方与祖国关系问题上的谬论》④、格桑达吉等《西藏地区历史地理沿革述略》⑤ 等。这些成果以充分的论据证明了西藏为我国领土，属于我国主权管辖范围的史实。关于边界走向，黄盛璋为西藏边界研究的拓荒者。继其后，房建昌对西藏边界做出更深、更细的研究，并初步绘制出乾隆朝所划中国与尼泊尔等国的边界，并标示出所设鄂博处之今地名。当然，对清朝西藏边界线的具体走向及其变化情况，以及临边聚落的研究，仍有进一步提升的空间。特别是对藏南地区的边界走向、藏语地名聚落的研究，仍有很大开拓空间。⑥

（五）海疆部分

钓鱼岛将在下一节失地部分详述。关于南海诸岛部分，目前涉及的争论主要集中在清末李准巡海、更路簿及地图、东沙岛等问题上。

第一，广东水师提督李准于宣统年间巡视西沙群岛是中国对南海进行实际行政管辖的重要事件。问题的关键是此次巡视事件残留的《李准日记》曾以《李准巡海记》之名于清末《地学杂志》及相关报纸发表⑦，但这部日记全本仍有待访寻。此外，关于李准的生平特别是担任水师提督期间的贡献也多有研究。

第二，光绪三十三年（1907），东沙岛为日本商人西泽吉次占据，中方曾进行了交涉。张建斌依据端方档案，细致还原了清廷对东沙岛

① 陈叔明. 清代经营西藏之研究. “中国文化学院”民族与华侨研究所硕士学位论文，1978.

② 陈又新. 清朝前期经营西藏之研究. 台湾师范大学历史学研究所博士学位论文，1998.

③ 张哲诚. 青海和硕特蒙古对西藏之经营. 中国边政（台北），1990，112.

④ 卢秀璋. 论元明清历代王朝对西藏的有效统辖和治理——兼斥达赖集团等在西藏地方与祖国关系问题上的谬论. 上海社会科学院学术季刊，2000（4）.

⑤ 格桑达吉，喜饶尼玛. 西藏地区历史地理沿革述略. 中国边疆史地研究，1994（4）.

⑥ 中国1∶100万的地图上，藏南地区原公开表示的地名为9个，2017年《中华人民共和国民政部关于增补藏南地区公开使用地名（第一批）的公告》发布，增加公开使用地名6个。此外，学界还根据舆图等资料恢复了其他部分藏南地区地名，但这一研究仍有待加强，特别是对清代资料的收集与辨析，参见：郝晓光，廖小韵，王阳，等. 中国地图藏南地名的表示. 测绘科学，2017（5）；刘东琴. 藏南地区历史地图地名表达研究. 测绘科学，2019（6）。

⑦ 王炳毅.《李准日记》记载南海巡弋壮举. 文史春秋，2009（12）.

的调查取证情况①；郭渊则对晚清政府的海洋主张特别是实施行政治理、军事巡缉、求索图志、重新命名等进行了较为全面的梳理。②

第三，更路簿抄本记录了我国沿海渔民前往西沙、南沙海域的情况，表明了中国在南海享有的历史性权利。20 世纪 70 年代，在文物调查时，更路簿被发现，此后迅速引起研究人员的重视，韩振华、何纪生等贡献较大。各类更路簿不断被发现，并成为清代南海诸岛史研究的热点之一。③

第四，中外文文献中的南海诸岛资料挖掘、整理与研究，如中国古地图中的南海诸岛，早已有学者关注，如吴凤斌以《大清中外天下全图》等舆图资料研究了南海诸岛的绘法。④ 外文资料中对南海诸岛的记载长期受到学者关注，韩振华编写的《南海诸岛史地考证论集》中就注意到葡萄牙等外国地图关于西沙群岛的记录，并做了深入辨析⑤；李孝聪对菲律宾 2014 年地图展中将 1734 年西班牙编制的《菲律宾群岛水道与地理图》上出现的“Panacot”浅滩认定是黄岩岛的观点提出了有力的驳斥。⑥ 此类成果得益于世界各地古地图资料的数字化与共享，有力地增强了中国对南海诸岛历史性权利的证据效力。2013 年南海问题升温后，南海研究成为热点，相关历史文献的挖掘、整理与研究方兴未艾。

海疆研究过去多关注东南，特别是钓鱼岛、南海诸岛。但其实在清代前期，东北亦有漫长的海岸线，学界对此关注不多，近年来有所改善。今图们江入海口以北、俄罗斯滨海边疆区哈桑以东的日本海海域在清代被称作“南海”，谭其骧主编《中国历史地图集》第八册《清时期》已标注了这一海域名称，聂有财利用《珲春副都统衙门档》等史料证明了这是满族先民世代生息并长期戍守的区域，清代珲春八旗官兵对所辖

① 张建斌. 端方与东沙岛交涉——兼补《西沙岛东沙岛成案汇编》之不足. 中国边疆史地研究，2017（2）.

② 郭渊. 晚清政府的海洋主张与对南海权益的维护. 中国边疆史地研究，2007（3）.

③ 关于更路簿的研究，参见：刘义杰.《更路簿》研究综述. 南海学刊，2017（1）；王崇敏，阎根齐，刘亮.《更路簿》发现和研究 40 年. 中国史研究动态，2018（6）；温小平. 更路簿研究的历史、现状及未来展望. 南海学刊，2019（2）。

④ 吴凤斌. 明清地图记载中南海诸岛主权问题的研究. 南洋问题，1984（4）. 比较集中反映南海诸岛古旧地图的成果，参见：国家图书馆中国边疆文献研究中心. 南海诸岛图籍录：古代卷. 北京：国家图书馆出版社，2016。

⑤ 韩振华. 南海诸岛史地考证论集. 北京：中华书局，1981.

⑥ 李孝聪. 从古地图看黄岩岛的归属——对菲律宾 2014 年地图展的反驳. 南京大学学报（哲学·人文科学·社会科学），2015（4）.

南海进行过长期巡查，巡查至光绪元年（1875）彻底画上句号。[①] 王立新依据满、汉文档案资料，针对聂有财对部分文献的理解与之商榷，对巡查人员、时间、路线进行了订正。[②]

第三节 近代失地、边界及相关问题研究

18世纪中叶清朝疆域版图达到极盛，但近代以来国贫民弱，签订了一系列不平等条约，构成了近代以来的民族痛史，疆域不断内缩，并最终形成今天中华人民共和国的版图。这些边疆失地问题绝大部分延续到了民国乃至中华人民共和国成立后，对当代中国与邻国的边界谈判及国际关系有着直接影响。这一屈辱的历史构成了解读近代以来历史叙事中“革命史视角”的重要一环，构成了中国人对近代历史最深刻的“历史记忆”之一。

近代失地研究兴起于清末民初。在内忧外患的压力下，国内的近代失地与边界研究迅速兴起，大体于20世纪30年代初达到第一次高峰。到20世纪40年代，已出版多部较为系统、深入地探讨近代失地问题的著作，对中俄国界、帕米尔、西藏、中缅边界的专题研究成果也很丰硕。20世纪40年代末到五六十年代为研究低潮期，受国际环境及中外关系影响，我国大陆学界对近代失地问题的专门研究成果甚少，主要开展了帝国主义侵华史及区域边疆史研究，颇具代表性的著作有丁名楠等著《帝国主义侵华史》[③]、刘大年等著《台湾历史概述》[④]，以及余绳武主编《沙俄侵华史》[⑤]、《沙俄侵略中国西北边疆史》等[⑥]，这些著作阐

① 聂有财. 清代珲春巡查南海问题初探. 清史研究，2015（4）.

② 王立新. 也谈清代吉林的南海巡查. 清史研究，2016（3）.

③ 丁名楠，余绳武，张振鹍，等. 帝国主义侵华史：第1卷. 北京：人民出版社，1961；丁名楠，张振鹍，赵明杰，等. 帝国主义侵华史：第2卷. 北京：人民出版社，1986.

④ 刘大年，丁名楠，余绳武. 台湾历史概述. 北京：三联书店，1956.

⑤ 中国科学院近代史研究所. 沙俄侵华史：第1卷. 北京：人民出版社，1976；中国社会科学院近代史研究所. 沙俄侵华史：第2卷. 北京：人民出版社，1978；中国社会科学院近代史研究所. 沙俄侵华史：第3卷. 北京：人民出版社，1981；中国社会科学院近代史研究所. 沙俄侵华史：第4卷. 北京：人民出版社，1990.

⑥ 《沙俄侵略中国西北边疆史》编写组. 沙俄侵略中国西北边疆史. 北京：人民出版社，1979.

述了近代以来列强侵略中国边疆地区的过程，证明了这一区域原属于我国领土的史实，具有鲜明的时代特征，基本反映了当时的政治立场和学界观点，但对近代失地问题的探讨尚待深入。相较而言，这一时期我国台湾学界近代失地与边界研究有一些突出成绩，典型成果有程发轫所著《中俄国界图考》。[①] 20 世纪七八十年代学术环境恢复正常，近代失地与边界研究取得了令人欣喜的成果，不仅绘制出清盛时、清末全国总图，还先后出版了多部中国疆域变迁史综合性著作；同时，和近代失地与边界问题相关的专题研究逐渐深入，成果相继问世，如中国科学院地理研究所编《边界历史地理研究论丛》、尤中著《中国西南边疆变迁史》、李之勤著《西北史地研究》、樊明方著《唐努乌梁海》、杨昭全等著《中朝边界史》，皆为开辟区域边疆史或边界史研究的力作。[②] 此外，20 世纪 90 年代以来海疆问题（尤其是钓鱼岛问题）日益引发关注，研究成果增多。与此同时，清到民国时期的边界交涉文献、研究论著的整理成果和文史数据库不断问世，这为研究的进一步开展奠定了资料基础。

表 1-2 近代失地与边界问题研究硕士、博士学位论文不完全统计

单位：篇

类别＼时段	20 世纪 90 年代	21 世纪	总计
“间岛问题”研究	/	1	1
英国侵略新疆史研究	/	1	1
英国侵略西藏史研究	/	1	1
中越边界研究	/	1	1
中缅边界研究	1	/	1
钓鱼岛研究	/	3	3
总计	1	7	8

说明：为了避免重复，已经出版的硕士、博士学位论文不纳入本表统计范围。

① 程发轫. 中俄国界图考. 台北：“蒙藏委员会”，1969.

② 中国科学院地理研究所. 边界历史地理研究论丛. 内部资料. 1980；尤中. 中国西南边疆变迁史. 昆明：云南教育出版社，1987；李之勤. 西北史地研究. 郑州：中州古籍出版社，1994；樊明方. 唐努乌梁海. 台北：“蒙藏委员会”，1996；杨昭全，孙玉梅. 中朝边界史. 长春：吉林文史出版社，1993.

表 1-3　近代失地与边界问题研究论文不完全统计

单位：篇

类别＼时段	1912—1919年	1920—1929年	1930—1939年	1940—1949年	1950—1959年	1960—1969年	1970—1979年	1980—1989年	1990—1999年	2000年以来	总计
近代失地总论研究	/	/	7	/	/	/	1	/	1	3	12
“间岛问题”与中朝边界史研究	4	1	/	/	/	/	2	1	4	7	19
中俄边界总论研究	1	2	/	1	1	/	/	/	/	1	6
东北失地与边界研究	5	2	6	1	1	1	18	12	12	5	63
外蒙古始末研究	1	/	2	/	/	1	4	5	5	2	20
西北失地与边界研究	2	2	2	/	/	1	8	18	18	20	71
西南失地与边界研究	10	4	26	3	4	2	1	21	34	27	132
近代东南失地研究	2	2	2	/	6	1	3	7	10	23	56
总计	25	13	45	5	12	6	37	64	84	88	379

表 1-4　近代失地与边界问题研究著作不完全统计

单位：部

类别＼时段	1912—1919 年	1920—1929 年	1930—1939 年	1940—1949 年	1950—1959 年	1960—1969 年	1970—1979 年	1980—1989 年	1990—1999 年	2000 年以来	总计
中国疆域变迁史研究	1	/	4	4	/	/	/	1	4	8	22
近代疆界变迁史研究	/	2	2	/	/	/	/	/	1	1	6
中朝边界史研究	/	/	/	/	/	/	/	/	1	2	3
沙俄侵华割地史总论研究	/	/	/	/	/	1	5	/	/	/	6
东北失地与边界研究	/	/	/	/	1	1	1	1	2	5	11
外蒙古始末研究	1	1	1	/	/	/	2	1	2	2	10
西北疆域史研究	/	1	2	1	/	/	1	1	2	2	10
西南失地与边界研究	/	/	11	1	1	/	2	3	2	5	25
东南失地研究	/	/	/	1	2	1	/	2	9	16	31
近代失地与边界问题资料整理	/	/	1	/	1	/	1	/	4	/	7
总计	2	4	21	7	5	3	12	9	27	41	131

说明：以上三表中数据系据《辛亥革命以来清史地理研究论著索引（1911—2013）》统计而成，此索引未刊，挂一漏万在所难免。各表中“/”表示“无”。以下各表统计数据除另有说明，均据该工具书，不另注明。

(一) 全国失地与边界研究总论

民国伊始，学界已展开了近代失地与边界总体性研究，到 20 世纪 30 年代末 40 年代初研究成果颇丰，其中既有中国疆域沿革史论著，也有中国丧地史或疆界变迁史论著。这些成果主要对近代以来各界约或每次勘界失地的范围、边界走向变化及界点位置有较为详细的论述，考证性强，多附有图表，经世致用特征明显。从其研究区域来看，陆疆较海疆更受学界关注，被探讨得更多。新中国成立到 20 世纪 70 年代的近代失地与边界总体性研究成果少见。20 世纪 80 年代后期以来，近代失地与边界研究逐渐走向细化、深入，多学科交叉态势明显。

就时间分布而言，这一领域的研究成果较为集中地分布于 20 世纪初到 30 年代、20 世纪 80 年代后期以来这两个时段，而 20 世纪 40—80 年代成果较少。这些成果的立足点或研究重心不同：或者着重于近代边界变迁研究；或者是对中国丧地史的研究；或者立足于边疆问题，对近代以来外族入侵所致我国的疆域变迁进行较为详细的考证；或者是对清代疆域变迁的复原；或者叙述宽泛意义上的中国疆域变迁史。

就中国疆域变迁的总体性研究而言，民国初，鉴于近代以来我国“境界变迁之重要，而乃无一专书”①，苏演存编《中国境界变迁大势考》一书，填补了我国近代边疆失地与边界变迁研究的空白。此书主要内容分为十编，先叙述中外交界地域及其山川形势，后按列强侵略、划割我国边疆的顺序，分区域逐一详述中国近代边界变迁史；书中不仅征引资料丰富，而且提倡“地理之学，非图不明”之思想，另附有边疆地图一册，总计数十幅图，为国人按图而索、了解边疆变迁提供了很大便利。② 谢彬著《中国丧地史》、唐守常著《中国土地丧失史》③，二书不仅研究主题相近，而且内容和框架也颇为一致，在梳理我国疆域发展演变史后，重点介绍近代以来我国领土之丧失、藩属之丧失、港口租借及势力范围之划定情况，并列表统计签订《中俄尼布楚条约》以来中国与俄、英、法、日等国签订条约所失之国土面积，尤其谢氏之著还有专章

---

① 苏演存. 中国境界变迁大势考. 上海：商务印书馆，1915：序言. 另外参见：苏演存. 中国境界变迁大势考. 再版. 上海：商务印书馆，1916：另附图一册。

② 苏演存. 中国境界变迁大势考. 上海：商务印书馆，1915：凡例 2.

③ 谢彬. 中国丧地史. 上海：中华书局，1925；唐守常. 中国土地丧失史. 上海：大东书局，1929.

叙述“领海的丧失”，文末附表中亦包括领土和领海面积。白眉初《边疆失地史略》概述了清代失地情况，对每次划界之界线、界点都有详细说明。① 贾逸君编著《中国国耻地理》，全书十万余字，分为十章，逐一论述我国近代以来的租借地、割让地、不割让地、占领地、独立地、遗失地、外国行政地、满洲问题、蒙古问题、西藏问题，史论结合，颇为系统地介绍了近代我国边疆变迁情况。② 傅连森著《外族侵略中国史》是一部贯通式的著作，分为古代、近代、民国三大编，在“近代编”中又按列强侵略我国的顺序，依次阐述俄、英、法、日等国对我国边疆的觊觎、侵略以及领土侵占的情况。③ 华企云著《中国边疆》④，被誉为20世纪30年代“较全面地论述中国边疆问题的第一本专著”⑤，书中对近代以来的疆域变迁考证较详，不过仅探讨了陆疆，而没有叙及海疆。葛绥成编著《中国近代边疆沿革考》，是一部专门考证近代俄、英、法、日等国侵略中国以来，中国与各国交涉签约、划割领土和疆界变迁的著作。⑥ 书中不但征引资料翔实、考证严密，对诸多边界点位置提出了独到见解，而且图文结合，基本上每论述一界约，其后都绘有地图，形象而深入地阐述了各界约失地情况；另外，还附有失地表及同地异名表，近代边疆变迁一目了然。葛氏之著学术性与可读性兼备，可谓是这一时期中国近代失地与边界划分研究的优秀作品，为后来者继续深入考证相关界点问题奠定了坚实基础。另有东北大学《中国边疆史》（讲义本），是研究近代失地问题的一部厚重之作。此书多达400余页，立足于民国时期的边疆，试图追溯其形成史，在总述并对比清全盛时和清末疆域后，将我国近代疆域变迁分为北及东北方面（自图们江至沙宾达巴哈岭）、西北方面（自沙宾达巴哈岭至穆斯塔格山口）、南及西南方面（自穆斯塔格山口至北仑河口）、东及东南方面，分别叙述各边疆地区失地、

① 白眉初. 边疆失地史略. 地学杂志，1932（1）；1932（2）.

② 贾逸君. 中国国耻地理. [出版地不详]：文化学社，1930.

③ 傅连森. 外族侵略中国史. 上海：商务印书馆，1931.

④ 华企云. 中国边疆. 南京：新亚细亚学会，1932.

⑤ 马大正，刘逖. 20世纪的中国边疆研究——一门发展中的边缘学科的演进历程. 哈尔滨：黑龙江教育出版社，1997：76.

⑥ 葛绥成. 中国近代边疆沿革考. 上海：中华书局，1934.

界点方位，考证详细。①

此外，20 世纪以来的中国疆域变迁史著作均有一定篇幅论述近代失地与边界问题，如顾颉刚、史念海合著《中国疆域沿革史》，童书业著《中国疆域沿革略》，夏威著《中国疆域拓展史》，刘宏煊著《中国疆域史》，葛剑雄著《中国历代疆域的变迁》《疆域与人口》，张植荣著《中国边疆与民族问题》，林荣贵主编《中国古代疆域史》（下卷），马大正主编《中国边疆经略史》，等等。② 吕一燃主编之《中国近代边界史》是新中国成立以来第一部系统、全面、深入地研究中国近代边界史的杰出著作，可谓是凝聚了百年来近代边界研究成果的结晶，是近代边界史研究中最具代表性的成果。③

值得一提的还有谭其骧主编的《中国历史地图集》第八册《清时期》，以二千一百万分之一的比例尺，较为准确地绘制出清嘉庆二十五年（1820）、光绪三十四年（1908）疆域全图，稍做对比即可明了近代失地区域范围；图册之末还附有《清季列强侵占地区图（部分）》，包括近代以来香港九龙、江东六十四屯划割范围以及澳门、威海卫、胶澳、旅大、广州湾租借地范围及其界线。而谭氏主编《简明中国历史地图集》之"《清时期全图（二）》说"，简明扼要地概述了 19 世纪中叶以后我国边疆领土丧失与边界划定、沿海港湾被强租的情况。④

（二）各区域失地与边界研究专论

除了这些总体性研究之外，边疆各个区域皆有长期深耕于近代失地与边界研究者，成果汗牛充栋，此处我们仅择取较为重要者予以介绍，尚难免挂一漏万。

---

① 东北大学. 中国边疆史. 讲义本（收入：《边疆边务文献初编》编委会. 边疆边务资料初编：中国边疆概述：第 2 册. 北京：中央编译出版社，2011）.

② 童书业. 中国疆域沿革略. 上海：开明书店，1946；刘宏煊. 中国疆域史. 武汉：武汉出版社，1995；葛剑雄. 中国历代疆域的变迁. 北京：商务印书馆，1997；葛剑雄. 疆域与人口. 上海：复旦大学出版社，2010；张植荣. 中国边疆与民族问题. 北京：北京大学出版社，2005；林荣贵. 中国古代疆域史：下卷. 哈尔滨：黑龙江教育出版社，2007.

③ 吕一燃. 中国近代边界史. 成都：四川人民出版社，2007.

④ 谭其骧. 中国历史地图集：第 8 册　清时期. 北京：中国地图出版社，1987：5－6，64－65；谭其骧. 简明中国历史地图集. 北京：中国地图出版社，1991：67－68.

1. 中朝边界争论研究

近代以来，围绕中朝边界的争论主要有两项：一是“间岛问题”，二是晚清中朝勘界及界约问题。

清末“间岛案”的发生以及随之而来的“间岛交涉”，使得国人开始调查和研究延吉地区中朝边界问题。其中，较为重要的成果有吴禄贞编纂之《延吉边务报告》、匡熙民《延吉厅领土问题之解决》①、宋教仁著《间岛问题》②、易庵等著《间岛问题》③ 等，用坚实的证据证明了“间岛”属于中国领土及日本人刻意制造“间岛问题”的企图。宋氏文中的精辟论断尤其影响极大，对我国围绕“间岛问题”与日本的交涉也产生了重要影响。辛亥革命以后，对相关问题的研究继续进行，渐有研究成果刊出，所见有《间岛问题之过去及将来》④、《间岛交涉之原委》⑤、《间岛交涉的旧历史》⑥、《间岛地方之史的考察》⑦ 等文。

此后很长一段时间内，由于国际形势的变化，学界对“间岛问题”少有研究，直到20世纪90年代才进行了集中探讨，现今成果颇多，有关俊鹏《略论“间岛问题”》⑧、崇实《历史上以图们江为东段边界的考察——驳日帝蓄意制造的“间岛”谬说》⑨、董丹《图们江地区国际

① 吴禄贞. 延吉边务报告. 铅印本. [出版地不详]：吉林官书刷印局，1908. 匡熙民. 延吉厅领土问题之解决. 铅印本. [出版地不详]：[出版单位不详]，1909. 1986年延边大学李东赫对此二书进行了整理，将二书合订成一册，收入李澍田主编的“长白丛书”（初集），由吉林文史出版社出版。

② 宋教仁. 间岛问题. 上海：中国图书公司，1908. 按：“由中国图书公司发行的初版没有署名作者。后由张烺校对在《地学杂志》（第15年第4号）发表。张烺说：‘是书宋氏成于前清光绪三十四年，韩熙隆元年，日本明治四十一年。脱稿时，沪上某书肆会印行之。’”（松本英纪. 宋教仁和间岛问题. 卞崇道，译//中华书局编辑部. 纪念辛亥革命七十周年学术讨论会论文集：下. 北京：中华书局，1983：2559注①）

③ 易庵，等. 间岛问题. 光绪戊申年七月铅印本（收入：《边疆边务文献初编》编委会. 边疆边务资料初编：东北及北部边疆：第4册. 北京：中央编译出版社，2011）.

④ 尤其伟. 间岛问题之过去及将来. 学生杂志，1917，4（9）.

⑤ 佚名. 间岛交涉之原委. 东方杂志，1916，13（1）.

⑥ 佚名. 间岛交涉的旧历史. 东方杂志，1916，13（2）.

⑦ 百濑弘. 间岛地方之史的考察. 樊哲民，译. 黑白半月刊，1934，2（4）.

⑧ 关俊鹏. 略论“间岛问题”. 辽宁师范大学学报（社会科学版），1993（3）.

⑨ 崇实. 历史上以图们江为东段边界的考察——驳日帝蓄意制造的“间岛”谬说. 社会科学战线，1993（6）.

交涉的历史回顾》①、孙春日《清末中朝日"间岛问题"交涉之原委》②、严亚明《"间岛"交涉与清政府外交形象的转变》③、衣保中等《"间岛问题"的历史真相及中日交涉的历史经验》④、姜龙范《日本介入"间岛问题"的战略构想探讨——以日本建立"统监府间岛派出所"前的阴谋活动为中心》⑤、李花子《大韩帝国时期（公元1897—1910年）的疆域观与间岛政策的出台》⑥、倪屹《"间岛问题"研究》⑦、姜宏伟《论1907—1909年中日关于"间岛问题"交涉》⑧ 等。值得一提的是，这一阶段的研究更能从整个东亚视角来考量"间岛问题"，所发掘的资料也不再限于中文，而是包括了外文资料，与国外学界的对话也逐渐增多。尚需说明的是，日、韩学者研究"间岛问题"的成果非常丰富，这方面前人也有相关介绍。⑨

关于晚清中朝边界，20世纪70年代初，台湾学者张存武《清季中韩边务问题探源》和《清韩陆防政策及其实施——清季中韩界务纠纷的再解释》二文，是较早且较全面地论述清代中朝界务问题之作。张存武在系统论述清末勘界经过，包括勘界原因、划界过程、双方分歧的基础上，分析并追溯边界问题的起源，即康熙年间打牲乌拉总管穆克登查边情形，最后认为韩国之北向开拓传统是中韩边界问题的根本原因。⑩ 以

---

① 董丹. 图们江地区国际交涉的历史回顾. 黑龙江社会科学，1996（3）.

② 孙春日. 清末中朝日"间岛问题"交涉之原委. 中国边疆史地研究，2002（4）.

③ 严亚明. "间岛"交涉与清政府外交形象的转变. 青海社会科学，2000（3）.

④ 衣保中，刘洁. "间岛问题"的历史真相及中日交涉的历史经验. 史学月刊，2005（7）.

⑤ 姜龙范. 日本介入"间岛问题"的战略构想探讨——以日本建立"统监府间岛派出所"前的阴谋活动为中心. 延边大学学报（社会科学版），1999（1）.

⑥ 李花子. 大韩帝国时期（公元1897—1910年）的疆域观与间岛政策的出台//《中国社会科学院历史研究所学刊》编委会. 中国社会科学院历史研究所学刊：第7集. 北京：商务印书馆，2011.

⑦ 倪屹. "间岛问题"研究. 延边大学博士学位论文，2013.

⑧ 姜宏伟. 论1907—1909年中日关于"间岛问题"交涉. 东北师范大学硕士学位论文，2013.

⑨ 关于日、韩学者的"间岛问题"研究情况，参见：华立. 日本所藏"间岛史料"及其研究现状. 中国边疆史地研究，1990（5）；杨立新. 中韩界务论著概述//刁书仁. 中朝关系史研究论文集. 长春：吉林文史出版社，1995。

⑩ 张存武. 清代中韩边务问题探源. "中央研究院"近代史研究所集刊，1971（2）；张存武. 清韩陆防政策及其实施——清季中韩界务纠纷的再解释. "中央研究院"近代史研究所集刊，1972（3下）.

上二文的发表填补了国内学界中韩界务系统研究的空白。1993 年，杨昭全等集 30 年精力而成《中朝边界史》一书，是新中国成立以来第一部系统论述中朝边界变迁史的专著，全书综合利用中朝史料和中外研究成果，分三个部分阐述了中朝两国边界沿革史，首先探讨远古到清初中朝疆界沿革，然后考订中朝边界鸭绿江、图们江及其发源地长白山地理问题，着重考察清代以来中朝界务之争及交涉过程，包括清初中朝边界争议、穆克登两次查边与中朝两次勘界及其后的中朝边界状况，指出“华、夏、金、汤、固、河、山、带、砺、长”十座界碑为 1887 年中朝第二次勘界后所立，书中还有专章论述中朝边界鸭绿江、图们江的历史地理问题，书末特别介绍了近年外国学者关于中朝边界沿革及界务交涉之论著，为了解国外的中朝边界研究情况提供了极大便利，更为国内、外学界展开对话提供了可能。① 此外，杨昭全等还编有近百万字的《中朝边界沿革及界务交涉史料汇编》，为推动中朝边界史的研究奠定了坚实的资料基础。②

21 世纪以来，李花子研究中朝边界的一系列成果新意迭出。《清朝与朝鲜关系史研究——以越境交涉为中心》一书，系围绕中朝两国越境垦民而展开的边界、边务交涉之研究论著。③《明清时期中朝边界史研究》一书，充分利用中朝史料，对清代中朝划界过程、界线走向及争议，包括中朝两国定界和勘界内幕均有详究，尤其在穆克登错定图们江源与朝鲜移设堆栅位置问题、光绪乙酉及丁亥勘界问题上得出了一系列新的结论。④《清代中朝边界史探研——结合实地踏查的研究》一书，对 1905—1909 年日本调查“间岛”领土归属的内幕以及中日围绕“满洲六案”讨价还价的经过有详细介绍。⑤

正如李花子在总结中韩学界关于“间岛问题”的研究时所指出的，韩国学者在有关“间岛”归属权的观点上受“被害意识”困扰，对于历

---

① 杨昭全，孙玉梅. 中朝边界史. 长春：吉林文史出版社，1993.

② 杨昭全，孙玉梅. 中朝边界沿革及界务交涉史料汇编. 长春：吉林文史出版社，1994.

③ 李花子. 清朝与朝鲜关系史研究——以越境交涉为中心. 香港：香港亚洲出版社，2006.

④ 李花子. 明清时期中朝边界史研究. 北京：知识产权出版社，2011.

⑤ 李花子. 清代中朝边界史探研——结合实地踏查的研究. 广州：中山大学出版社，2019.

史事实要么视而不见，要么所持态度严重失之偏颇，中方学者的观点基本符合历史事实，但也受单方面史料的限制而有一些错误意识。① 避免民族主义立场的影响，回到历史事实本身，按照史学规范平等、公正地辨析各方史料，仍是研究包括“间岛问题”在内的中朝边界史的不二法门。

2. 近代中俄划界与失地研究

19 世纪中期以来，沙俄通过一系列不平等条约，割占了我国东北、西北边疆 150 多万平方公里的领土。中俄国界从清朝鼎盛时东起外兴安岭、西到巴尔喀什湖折而西南到中亚浩罕国的整个北部边疆大致轮廓，内缩到从图们江口、黑龙江经阿巴该图、恰克图、沙宾达巴哈到乌孜别里山口。

关于中俄边界的总体性研究早在清末即已开始，其中著名的成果有王锡祺辑《中俄交界记》②、钱恂著《中俄界约斠注》③、施绍常著《中俄国际约注》④ 等，尤其是邹代钧所作《中俄界记——叙恰克图以东》⑤，详述了从康熙二十八年至光绪十二年（1689—1886）中俄国界的具体走向及其演变，对后来的中俄国界研究影响很大。

民国时期，学界渐有中俄国界研究论文刊出，这些论文对近代以来的中俄划界做出了较为详细、深刻的考证。1915 年曾庆锡发表《中俄划界蹙地考》一文，逐一介绍签订《中俄尼布楚条约》以来，中俄两国签订各条约所划定的边界线走向、界点变更以及失地情况。⑥ 1920 年《地学杂志》第五期之卷首专门附有《六十二年五月十六日前东北蹙地图》。⑦ 1923 年《外交公报》上刊载的《中俄界务沿革纪略》，详述了中

---

① 李花子. 中韩两国有关“间岛问题”的研究思路及存在的问题//中国朝鲜史研究会，延边大学朝鲜·韩国历史研究所. 朝鲜·韩国历史研究：第 12 辑. 延吉：延边大学出版社，2012.

② 王锡祺. 中俄交界记. 小方壶斋舆地丛钞本（收入：《边疆边务文献初编》委员会. 边疆边务资料初编：西北边务：第 1 册. 北京：中央文献出版社，2011).

③ 钱恂. 中俄界约斠注. 上海：上海古籍书店，1894（收入：甘肃省古籍文献整理编译中心. 西北史地文献：第 3 卷. 兰州：兰州古籍出版社，1990).

④ 施绍常. 中俄国际约注. 上海：商务印书馆，1942.

⑤ 邹代钧. 中俄界记——叙恰克图以东. 地学杂志，1913（1). 邹代钧. 中俄界记：第四章. 地学杂志，1913（4)；1913（6)；1913（8)；1913（9).

⑥ 曾庆锡. 中俄划界蹙地考. 地学杂志，1915（12).

⑦ 六十二年五月十六日前东北蹙地图. 地学杂志，1920（5).

俄签订条约过程中的界务交涉情况。[①] 1928 年翁文灏《中俄国界史地考》一文，全面论述了沙俄东侵以来，我国东、北、西各段边界的划定及失地情况，对每次界约的边界界点、失地范围介绍甚详。[②] 1948 年郭林凤将中俄国界从东到西分为九段，分别叙述并考证各段边界近代的划定时间。[③]

20 世纪 50—60 年代主要是台湾学人对中俄疆界的研究，成果不多。所见有 1953 年周西村《中俄疆界的变迁》，叙述中俄签订各条约以来我国东北、北部、西北所丧失领土，以及边界的内缩过程。[④] 1969 年出版的程发轫《中俄国界图考》一书，是对中俄国界做出系统研究的杰出成果。该书主要内容分为东北区界约、北区界约、西北区界约、中俄界约牌博表、中俄国界地图等五篇，按沙俄侵略过程和中俄签定界约的先后次序，详述康熙二十八年至宣统三年（1689—1911）中俄边界的变化情况。程发轫在书中大量征引历史文献，并充分比勘前人成果，逐一考证条约规定的中俄国界走向、界碑与封堆位置，对各界点、牌博做出了明显较前人更为精深的考辨和准确定位。不仅如此，书中还附有地名表和界图，地名表中列有界点的各种异名、方位以及经纬度，方便对照；界图从东到西共绘出 11 幅，均为百万分之一的比例，可拼成一巨幅总图，另附有帕米尔图 1 幅，将中俄国界及其演变过程清晰地呈现出来。[⑤]

近代东北划界与失地问题 近代以来我国的边疆失地数东北最多。1858 年《中俄瑷珲条约》、1860 年《中俄北京条约》签订后，黑龙江以北、外兴安岭以南、乌苏里江以东包括库页岛在内的 100 多万平方公里领土丧失，黑龙江、乌苏里江也从我国内河变为中俄界河，由此形成了今天中俄东北边界之基本走向。清末，吴大澂所撰《吉林勘界记》兼有

① 中俄界务沿革纪略. 外交公报，1923（25）.

② 翁文灏. 中俄国界史地考. 地学杂志，1928（1/2）.

③ 郭林凤. 中俄国界考. “中央”日报（台北），1948-01-15（收入：包遵彭，吴相湘，李定一. 中国近代史论丛：第 2 辑第 7 册 边疆. 台北：正中书局，1977）.

④ 周西村. 中俄疆界的变迁. 大陆杂志（台北），1953，6（9）.

⑤ 程发轫. 中俄国界图考. 台北：“蒙藏委员会”，1969.

对近代东北疆界变迁的回顾。① 民国初年，缪学贤《吉林图附记》概述了从康熙二十八年（1689）《中俄尼布楚条约》划定中俄边界到光绪十二年（1886）吴大澂与俄勘定珲春东界的过程。② 杨耀垲《吉林旧界变迁纪要》简述了沙俄东侵以来我国东北失地及吉林旧界的变迁情况。③

近代以来中俄东段划界的专门研究成果中，既有对划界过程的整体探讨，也有对《中俄瑷珲条约》《中俄北京条约》划定边界及界碑位移、清末重勘边界的研究。赵中孚《清季中俄东三省界务交涉》，充分利用中俄档案，论述了咸丰末年中俄东段边界重划事件以及此后两次重勘边界事件，不过该书着重于界务交涉以及勘界过程的研究。④ 沈咸恒评论了咸丰十年（1860）、光绪十二年（1886）中俄划定东北图们江口国界的过程，从中窥探出沙俄企图获取我国东北角数百公里海岸线及良港之目的。⑤ 陆钦墀对《中俄瑷珲条约》《中俄北京条约》交涉过程和东北边界改变的历史事实做出了详细论述。⑥ 值得一提的是，1988 年 8 月到 9 月"中苏东段边界研究"课题组考察了乌苏里江口至图们江口界段，摸清了 1861 年所划定之此段边界的具体走向，查明了界碑和边界记号的位置与遗留情况，在很大程度上弥补了文献记载的不足。⑦ 刘远图撰文考察"耶"字界碑之位置及不断被俄偷移的现象，并探讨了与此密切相关的清末民国时期的黑瞎子岛问题。他在另一篇文章中详述了黑瞎子岛的历史沿革，包括清政府对黑瞎子岛的管理以及光绪十二年（1886）到 1929 年被沙俄占领的历史过程。⑧ 为纪念 2005 年 6 月中俄东段国界

---

① 吴大澂. 吉林勘界记. 小方壶斋舆地丛钞本（收入：《边疆边务文献初编》委员会. 边疆边务资料初编：东北及北疆边务：第 2 册. 北京：中央编译出版社，2011）.

② 缪学贤. 吉林图附记. 地学杂志，1914（1）.

③ 杨耀垲. 吉林旧界变迁纪要. 东方杂志，1917（7）.

④ 赵中孚. 清季中俄东三省界务交涉. 台北："中央研究院"近代史研究所，1970.

⑤ 沈咸恒. 论中国东北角海岸线及图们江口问题. 中国边政（台北），1978，61；1978，62.

⑥ 陆钦墀. 1858 年和 1860 年东北边界的改变. 史学集刊，1991（2）.

⑦ 刘远图. 中苏东段边界乌苏里江至图们江口界段考察记要. 中国边疆史地研究导报，1988（4）.

⑧ 刘远图. 关于历史上中俄边界"耶"字界牌的考察. 社会科学战线，1994（5）；刘远图. 清政府对黑瞎子岛的管理与"耶"字界牌问题研究//邢玉林. 中国边疆研究通报. 乌鲁木齐：新疆人民出版社，1995.

划界问题得以解决，姜长斌著《中俄国界东段的演变》[①] 一书，进一步分时段详述了中俄东段国界的演变过程。[②]

光绪十二年（1886）中俄签订《珲春东界约》，清廷收回被沙俄强占的黑顶子等地方，纠正“错”立的“土”字界牌，争得图们江出海航行权。以往学人将此归功于吴大澂，对其大加肯定和称赞。然而，李德山通过细查，认为最先发现中俄东部边界珲春至图们江口段存在严重问题的是李金镛，而非吴大澂。[③] 另外，吕一燃专门研究 1896—1918 年沙俄强占拉哈苏苏及中俄的一系列交涉。[④]

此外，沙俄侵占江东六十四屯和沙俄、日本划割库页岛这两个问题也多为学人留意。朱林撰文仔细回顾江东六十四屯问题的来龙去脉，还在文末附有研究该问题的珍贵材料。[⑤] 20 世纪 60—70 年代，学界研究江东六十四屯的论文有董万仑《“江东六十四屯”和老沙皇的侵华暴行——驳苏修为老沙皇侵华罪行的无耻辩护》、张旋如等《帝俄出兵侵占东北与血洗海兰泡和江东六十四屯——〈义和团运动史〉的一节》、薛衔天《江东六十四屯惨案研究》、刘邦厚《关于“海兰泡大屠杀”的几个史实问题——评马洛泽莫夫的〈俄国的远东政策〉》等[⑥]，较为一致地阐述了沙俄违背条约规定，侵占江东六十四屯、血洗海兰泡的过程，揭露了沙俄所犯罪行和苏联捏造历史的谎言。关于库页岛问题，许基午撰文详述了 1850 年沙俄侵占库页岛到 1905 年日俄战争后两国划割

---

① 姜长斌. 中俄国界东段的演变. 北京：中央文献出版社，2007.

② 关于俄罗斯学者对中俄东段边界的研究，参见：宿丰林. 俄罗斯学者关于中俄东段边界形成史研究概述（上）. 西伯利亚研究，2005（3）；宿丰林. 俄罗斯学者关于中俄东段边界形成史研究概述（下）. 西伯利亚研究，2005（4）；宿丰林. 关于中俄东段边界形成史问题的再探讨——兼评俄罗斯学者的“新观点”. 俄罗斯学刊，2011（3）；玛丽卡·图库缅诺. 关于中俄东段国界争论的历史文献研究. 上海交通大学硕士学位论文，2011。

③ 李德山. 李金镛与 1886 年中俄珲春勘界. 中国边疆史地研究导报，1990（5）.

④ 吕一燃. 俄国强占拉哈苏苏与中俄交涉. 中国边疆史地研究，1994（1）.

⑤ 朱林. 收复江东六十四屯议. 国防月刊，1947，3（4）（收入：包遵彭，吴相湘，李定一. 中国近代史论丛：第 2 辑第 7 册 边疆. 台北：正中书局，1977）.

⑥ 董万仑. “江东六十四屯”和老沙皇的侵华暴行——驳苏修为老沙皇侵华罪行的无耻辩护. 文史哲，1976（1）；张旋如，黎光. 帝俄出兵侵占东北与血洗海兰泡和江东六十四屯——《义和团运动史》的一节. 社会科学战线，1978（1）；薛衔天. 江东六十四屯惨案研究. 近代史研究，1981（1）；刘邦厚. 关于“海兰泡大屠杀”的几个史实问题——评马洛泽莫夫的《俄国的远东政策》. 北方文物，1983（1）.

库页岛的始末。[①] 陶元珍《库页岛的法律地位》[②]，叙述了明成祖永乐时库页岛已属我国领土的事实，指出日本窃取库页岛及光绪元年（1875）日俄互换千岛和库页岛是非法的，中国对库页岛的法律主权证据充足。耿良《库页岛的地理发现》、薛虹《库页岛在历史上的归属问题》二文，亦揭示了库页岛自古属于我国领土，近代以来为沙俄侵占的历史事实。[③]

唐努乌梁海问题 樊保良初步探讨了清政府经营唐努乌梁海地区的始末[④]，丁慰慈《唐努乌梁海》在追溯了清朝对唐努乌梁海地区的有效管理和统治后，详述了19世纪中叶以来这一地区在沙俄的步步侵略活动下最终被其占领的事实。[⑤] 樊明方对唐努乌梁海地区的研究较为系统、深入，他的著作《唐努乌梁海》以历史时期唐努乌梁海地区的主权归属问题为主线，详细介绍了这一地区从唐代到民国时期的历史沿革，重点探讨了清政府对唐努乌梁海地区的有效管辖情况，并详细考证了中俄所签条约中唐努乌梁海地区失地、边界的具体走向及其演变实情[⑥]，受到学界的高度评价，吕一燃认为此书"第一次全面而系统地阐述唐努乌梁海的历史"[⑦]。与此同时，樊氏该书中的主要研究成果也相继发表，其中一文介绍了1864年《中俄勘分西北界约记》和1869年《中俄乌里雅苏台界约》中，唐努乌梁海西部中俄边界完全划定、阿穆哈河地区被划割给沙俄的情况。[⑧] 另一文专门介绍了19世纪60年代以后沙俄通过各种手段对唐努乌梁海盆地的渗透。[⑨] 樊氏又将自己多年苦心收集的相

---

① 许基午. 库页岛概观. 地学杂志，1936（4）.

② 陶元珍. 库页岛的法律地位. 新中国评论（台北），1954，6（6）. 后选择文章开头部分收入：包遵彭，吴相湘，李定一. 中国近代史论丛：第2辑第7册 边疆. 台北：正中书局，1977。

③ 耿良. 库页岛的地理发现. 学习与探索，1979（2）；薛虹. 库页岛在历史上的归属问题. 历史研究，1981（5）.

④ 樊保良. 清政府经营乌梁海始末. 西北史地，1983（2）.

⑤ 丁慰慈. 唐努乌梁海. 中国边政（台北），1989，105.

⑥ 樊明方. 唐努乌梁海. 台北："蒙藏委员会"，1996；樊明方. 唐努乌梁海历史研究. 北京：中国社会科学出版社，2004.

⑦ 吕一燃. 中国边疆地区史的一部力作——评樊明方著《唐努乌梁海》. 中国边疆史地研究，1997（2）：117.

⑧ 樊明方. 19世纪60年代唐努乌梁海西部中俄边界的划定与阿穆哈河地区割归俄国. 中国边疆史地研究，1997（1）.

⑨ 樊明方. 19世纪60年代以后俄国对唐努乌梁海盆地的渗透. 中国边疆史地研究，1998（1）.

关文献资料汇编成《唐努乌梁海历史资料汇编》①，以裨学界利用。

3. 近代西北划界与失地研究

我国近代以来的边疆失地与边界划分，无疑以西北地区最为纷繁复杂。从中俄所签各界约来看，大致可分为两大系统：一为咸丰十年（1860）《中俄北京条约》，后经同治三年（1864）《中俄勘分西北界约记》及其三个勘界子约，共计将40多万平方公里的中国领土划入俄境；另一为光绪七年（1881）《中俄伊犁条约》，后经光绪八年至十年（1882—1884）的五个勘界子约，又将7万多平方公里的中国领土划入俄境。

学界对近代西北失地与边界问题的专题研究始于清末，宣统元年（1909）王树枏著《新疆国界图志》，总计八卷，可谓是第一部系统探讨新疆边界的专门成果。民国初年，以“新疆”为选题的文章，如苏莘《论新疆边务》、谢彬《旅新观察谈》、吟秋《俄人东侵记始》等，均叙及清代新疆的疆域沿革以及边界演变。② 1927年出版的小册子《新疆问题》之“边防问题”一节，简述了这一地区近代以来与俄交涉、划界条约及领土丧失的情况。③ 华企云编著《新疆问题》一书第三编“从外交关系上观察新疆”，分别探讨伊犁问题、新疆历次勘界与失地的经过及帕米尔问题。④ 曾问吾著《中国经营西域史》一书第六章“新疆之界务”，系统介绍了签订《中俄北京条约》《中俄伊犁条约》以来，各界约所规定我国西北边疆从沙宾达巴哈起，沿逆时针方向经帕米尔地区一直到喀喇昆仑山地区的失地与边界演变情况，进而对三段边疆的地理形势发表了深入见解。⑤ 刘伯奎《新疆伊犁外交问题研究》在叙述伊犁地理沿革及其形势后，论述了伊犁交涉的全过程，包括伊犁问题之由来、沙俄占领伊犁及其交涉、崇厚昏庸误国、曾纪泽挽回成约等。⑥

20世纪七八十年代，学界主要展开了以“沙俄侵略西北史”为选

---

① 樊明方. 唐努乌梁海历史资料汇编. 西安：西北大学出版社，1999.

② 苏莘. 论新疆边务. 地学杂志，1913（6）；谢彬. 旅新观察谈. 地学杂志，1922（6）；1922（7）；吟秋. 俄人东侵记始. 清华周刊，1919，175；1919，177.

③ 国民外交丛书社. 新疆问题. 上海：中华书局，1927.

④ 华企云. 新疆问题. 上海：大东书局，1931.

⑤ 曾问吾. 中国经营西域史. 上海：商务印书馆，1936.

⑥ 刘伯奎. 新疆伊犁外交问题研究. 重庆：独立出版社，1943.

题的研究。典型成果有余绳武等《中俄〈北京条约〉订立前沙俄对中国西北的侵略》①、刘振明《沙俄侵占伊犁和我国收复伊犁的斗争》②、辛黎《沙俄出兵侵占我国伊犁的原因——驳新沙皇的“防止”论》③、韩敏《我国西北边界变迁的历史真相》④、郑绍钦《清代沙俄侵吞中国西北边陲史实考》⑤、梁克明《沙俄吞并我国领土新疆迷梦的破产》⑥ 等。以上诸文阐述了鸦片战争以来沙俄侵略我国西北边疆、割占西北领土的过程与西北边界变迁的历史真相，揭露出20世纪六七十年代苏联篡改历史，并在我国边疆地区制造民族分裂的阴谋。1979年，由西北大学、兰州大学、甘肃师范大学等五家单位集体编著的《沙俄侵略中国西北边疆史》一书，全面叙述了17世纪到20世纪初这300年间，沙俄主要通过军事、政治和经济等各种手段，对我国西北边疆的侵略过程，以及通过签约划界割占我国领土的情况。⑦ 另外，吕一燃还撰文论述了辛亥革命时期沙俄对新疆的侵略。⑧ 20世纪90年代，李之勤论文集《西北史地研究》第八编“中俄边界条约和边疆变迁研究”，收录其先后发表的多篇关于清代新疆边界沿革问题的研究论文，深入研究了《中俄北京条约》《中俄伊犁条约》及其后五个勘界子约中的边界线划定及其走向、演变。⑨

19世纪60年代，沙俄为侵占中国领土寻找借口，将伊犁索伦营的一些常驻卡伦指为清朝边界。针对此说，吕一燃《伊犁索伦营卡伦的变

① 余绳武，徐曰彪，刘存宽，等. 中俄《北京条约》订立前沙俄对中国西北的侵略. 近代史研究，1979（2）.

② 刘振明. 沙俄侵占伊犁和我国收复伊犁的斗争//佚名. 新疆历史论文集. 乌鲁木齐：新疆人民出版社，1977.

③ 辛黎. 沙俄出兵侵占我国伊犁的原因——驳新沙皇的“防止”论. 新疆大学学报（社会科学版），1977（1）.

④ 韩敏. 我国西北边界变迁的历史真相//佚名. 新疆历史论文集. 乌鲁木齐：新疆人民出版社，1977.

⑤ 郑绍钦. 清代沙俄侵吞中国西北边陲史实考. 世界历史，1982（1）.

⑥ 梁克明. 沙俄吞并我国领土新疆迷梦的破产. 南京大学学报（哲学·社会科学版），1981（2）.

⑦ 《沙俄侵略中国西北边疆史》编写组. 沙俄侵略中国西北边疆史. 北京：人民出版社，1979.

⑧ 吕一燃. 辛亥革命时期俄国对新疆的侵略. 西北史地，1988（4）.

⑨ 李之勤. 西北史地研究. 郑州：中州古籍出版社，1994.

迁》、李之勤《揭批新老沙皇的“常设卡伦划界论”》等，通过详述清代各种卡伦的性质、作用及西北卡伦的分布、变迁情况，证明卡伦与国界无关，清政府实则管辖着常驻卡伦以外广阔的固有领土，卡伦直到沙俄割占中国西北大片领土后才变为边界哨所。① 樊明方专门论述了19世纪60年代中俄西段边界的划定过程及我国西北边疆领土丧失情况。② 李之勤《略论〈中俄伊犁条约〉关于西疆分界的条款》，通过比较《中俄伊犁条约》与此前崇厚所签但清政府未承认的《中俄交收伊犁条约》中有关边界的条文，指出《中俄伊犁条约》在我国伊犁之北、中、南段都做了修改，减少了中国的领土损失，是有利于中国的，不能因该条约是一个不平等条约而抹杀曾纪泽的贡献；但曾氏提出以“现管界”进行勘定，因中、俄双方对“现管界”之理解不同，各从有利于己方来考虑，导致后来的勘界过程中我国实际控制线从《中俄勘分西北界约记》规定的“天山之顶”移到天山南脉的别迭里山口一带，损失了更多领土。③

光绪八年（1882）签订的《中俄伊犁界约》，作为《中俄伊犁条约》的五个勘界子约之一，该约导致了伊犁地区上万平方公里领土被俄割占。李之勤《略论1882年的〈中俄伊犁界约〉》在对比该约与《中俄勘分西北界约记》《中俄伊犁条约》后，指出了其所规定的失地实况及带来的严重后果，揭露了此次勘界过程中沙俄的贪婪和狡诈，批评了清朝勘界官员长顺的愚昧无知和清政府的不辨是非。④ 李氏《格登碑、格登山与中俄划界问题》结合舆图等文献史料进行分析，认为1864年《中俄勘分西北界约记》并未把格登碑、格登山划入俄境，纠正了清末以来一些著作如钱恂《中俄界约斠注》、邹代钧《中俄界记》中的错误观点，故

---

① 吕一燃．伊犁索伦营卡伦的变迁．中国边疆史地研究报告，1992（3/4）；李之勤．揭批新老沙皇的“常设卡伦划界论”//西北史地研究．郑州：中州古籍出版社，1994；李之勤．《中俄阿巴哈依图界约》中的“旧有卡伦”//邢玉林．中国边疆研究通报．乌鲁木齐：新疆人民出版社，1995．另有周学军、刘焕峰的《中俄勘分西北边界与科布多西路八卡伦的两次内迁》［西域研究，2003（3）］探讨了同治三年（1864）、光绪九年（1883）中俄勘界带来的科布多西路卡伦的两次内迁。

② 樊明方．19世纪60年代中俄西段边界的划定．历史档案，2007（2）．

③ 李之勤．略论《中俄伊犁条约》关于西疆分界的条款//西北史地研究．郑州：中州古籍出版社，1994．

④ 李之勤．略论1882年的《中俄伊犁界约》//西北史地研究．郑州：中州古籍出版社，1994．

1882 年长顺与沙俄签订的《中俄伊犁界约》索回包括格登山在内的领土是不符合史实的，事实上该约又使中国多丧失了一些领土。①

《中俄喀什噶尔界约》、《中俄塔尔巴哈台西南界约》以及《中俄续勘喀什噶尔界约》，同为《中俄伊犁条约》的子约，亦使我国丧失了不少领土。20 世纪 80 年代初，沈传经、苏北海等分别撰文探讨沙俄如何利用《中俄续勘喀什噶尔界约》，强割我国新疆喀什噶尔西北大片领土的史实，苏氏之文中还进一步分析了沙俄如何违背《中俄续勘喀什噶尔界约》，以武力侵占萨雷阔勒岭以西中国两万多平方公里的帕米尔地区的史实。② 其后，李之勤亦撰文指出《中俄喀什噶尔界约》违背了《中俄勘分西北界约记》所定的中俄分界标志和边界走向，非法割占了从纳林哈勒哈河到别迭里之间、天山正脊分水岭以南的大片中国领土。③ 李氏的另一篇文章论述了光绪九年（1883）沙俄利用勘界的机会违约割占朗库勒谷地和强“借”巴尔鲁克山地区等中国领土的史实。④ 蒋学熙撰文叙述了阿拉山口于光绪九年（1883）正式划为中俄边界的过程。⑤

清末民初霍尔果斯河改道，使得中俄界务纠纷又起，最终两国于 1915 年签订《中俄沿霍尔果斯河划界议定书》，中国西段边界线再次被改动。吕一燃通过对这一问题的系统研究，认为沙俄最终获得了因河流改道而变成河洲的中国土地，在利用河水方面也大有利于沙俄而不利于中国，该议定书仍是中国丧失领土主权的不平等条约。⑥

除了文字史料，舆图史料的整理利用对边疆问题研究亦很有帮助。李之勤研究了王彦威、王亮父子编辑的《清季外交史料》中所附之《清光绪九年勘定俄国借地界图》，认为该图实为“同治年间塔城军民在科

---

① 李之勤. 格登碑、格登山与中俄划界问题//西北史地研究. 郑州：中州古籍出版社，1994.

② 沈传经. 评《中俄续勘喀什噶尔界约》. 新疆大学学报（社会科学版），1980（3）；苏北海. 一八八四年《中俄续勘喀什噶尔界约》的签订及其勘界问题. 新疆师范大学学报（社会科学版），1983（2）.

③ 李之勤. 略论《中俄喀什噶尔界约》//西北史地研究. 郑州：中州古籍出版社，1994.

④ 李之勤. 论《中俄塔尔巴哈台西南界约》//西北史地研究. 郑州：中州古籍出版社，1994.

⑤ 蒋学熙. 新疆阿拉山口的历史沿革. 中国边疆史地研究导报，1990（3）.

⑥ 吕一燃. 中俄霍尔果斯河界务研究——从《伊犁条约》到《沿霍尔果斯河划界议定书》. 近代史研究，1990（5）.

布多借住地界图”，绘制时间应在光绪九年（1883）之后。① 陈维新结合台北故宫博物院所藏原中华民国外交部所存舆图文献和档案史料，系统研究了清末民初中俄西北边界问题，取得了显著成绩。②

帕米尔问题 清末民初，在帕米尔地区被英、俄私分的背景下，帕米尔问题成为西北失地研究的重点，民国初年傅角今《帕米尔应为中国领土说——它是我国西北国防门户》、陶懋立《帕米尔形势及中俄英分界述略》、祁延霈《帕米尔史地考》、倪志书《帕米尔与帕米尔问题》等文，在阐述帕米尔地区的自然地理状况、历史沿革的基础上，较为详细地论述了帕米尔问题的前因后果，包括英、俄私分帕米尔，中国与其交涉经过以及划界情况。③ 毕庆昌专文介绍中国边疆之两大瓯脱地，即帕米尔与江心坡问题，包括英、俄两国私自瓜分帕米尔和英国强占江心坡的过程，并提出了将来的对策。④ 这一时段学界的研究阐述了帕米尔问题产生的经过并复原了历史真相。

20 世纪 70—80 年代，受苏联制造谎言、发表歪曲帕米尔历史的言论激发，我国学界主要进行了沙俄侵略帕米尔地区过程以及帕米尔地区领土史实考证。肖之兴《葱岭上的乾隆纪功碑》，介绍了乾隆纪功碑的情况。⑤ 关玲玲详述了光绪十七年至二十一年（1891—1895）许景澄与沙俄针对帕米尔进行交涉的过程。⑥ 郑史《沙俄武装侵占我国帕米尔地区的历史真相》、马曼丽《俄国派往帕米尔的“侦察队”》、马汝珩《英俄帝国主义侵略新疆的历史供状——读〈马继业在喀什噶尔〉》、何马

---

① 李之勤.《清光绪九年勘定俄国借地界图》实为同治年间塔城军民在科布多借住地界图//西北史地研究. 郑州：中州古籍出版社，1994.

② 陈维新. 中俄两国霍尔果斯河界图解密. 故宫文物月刊（台北），2008，304；陈维新. 同、光年间中俄伊犁边界交涉探讨——以中俄订定之条约及界图为例//台北故宫博物院. “空间新思维——历史舆图学国际学术研讨会”论文集. 会议自印本. 2008；陈维新. 失落的疆域——清季西北边界变迁条约舆图特展. 李天鸣，林天人，主编. 台北：故宫博物院，2010.

③ 傅角今. 帕米尔应为中国领土说——它是我国西北国防门户. 国防新报，1924（17）（收入：包遵彭，吴相湘，李定一. 中国近代史论丛：第 2 辑第 7 册 边疆. 台北：正中书局，1977）；陶懋立. 帕米尔形势及中俄英分界述略. 地学杂志，1914（3）；祁延霈. 帕米尔史地考. 清华周刊，1932，37（9/10）；倪志书. 帕米尔与帕米尔问题. 新亚细亚，1934，8（1）.

④ 毕庆昌. 中国边疆之两大瓯脱地——帕米尔与江心坡. 民立学生，1931（1）.

⑤ 肖之兴. 葱岭上的乾隆纪功碑. 历史研究，1977（6）.

⑥ 关玲玲. 许景澄与帕米尔交涉（一八九一——一八九五）. 食货月刊，1978，8（2）.

《苏霸最近在帕米尔的行动说明了什么》等文[1]，用丰富的史料论证了帕米尔地区自古属于中国领土，19 世纪中后期以来才逐渐被沙俄侵占的历史真相。甘肃师范大学历史系编《帕米尔资料汇编》一书，用翔实的资料证明帕米尔地区为我国固有领土的事实；不仅如此，书中还对 19 世纪后期沙俄侵占该地区后，中俄划界谈判、英俄私自瓜分、清政府抗议交涉、当地人民反侵略斗争等逐一进行了详述。[2] 另外，亦有学者专门研究阿古柏叛乱与英、俄侵略我国西北边疆的历史真相。[3] 刘存宽《中苏帕米尔争议的历史背景》一文指出，中苏帕米尔争议的根源是沙俄对我国领土的侵略，解决领土、边界争议的唯一依据是 1884 年签订的《中俄续勘喀什噶尔界约》。[4] 刘存宽的另一篇文章指出，19 世纪到 20 世纪初沙俄对新疆的地理考察是其蚕食和武装侵略该地区的前奏。[5] 黄盛璋撰文详细阐述了我国历史时期发现、记载以及管辖帕米尔地区之过程，证明帕米尔在历史上是隶属于我国的，在清代为我国西北疆域的一部分也是明确的，直到清末才被沙俄侵占。[6]

20 世纪 90 年代以来，学界注重根据帕米尔交涉和复杂的国际形势来分析该问题的真相与历史过程。苏北海撰文系统阐述了帕米尔的历史问题。[7] 吕一燃引用大量中外史料论述清政府统一帕米尔地区后对该地的管辖及防务，证明了帕米尔属于清朝领土的事实。[8] 另外，纪大椿所译、美国学者约翰·W. 加弗（John W. Garver）著《帕米尔山区的中

---

① 郑史. 沙俄武装侵占我国帕米尔地区的历史真相. 历史研究，1977（6）；马曼丽. 俄国派往帕米尔的“侦察队”. 西北史地，1982（1）；马汝珩. 英俄帝国主义侵略新疆的历史供状——读《马继业在喀什噶尔》. 新疆社会科学，1981（1）；何马. 苏霸最近在帕米尔的行动说明了什么. 西北史地，1982（1）.

② 甘肃师范大学历史系. 帕米尔资料汇编. 内部参考. 兰州：甘肃师范大学历史系，1978.

③ 相关成果有：施钟进. 论阿古柏反动政权的覆灭//佚名. 新疆历史论文集. 乌鲁木齐：新疆人民出版社，1977；陶文钊. 沙俄侵略者与阿古柏. 近代史研究，1979（2）；梁俊艳. 英国与阿古柏政权关系研究. 西域研究，2004（3）；樊明方，孟泽锦. 阿古柏入侵时期英国对中国新疆地区的侵略. 西域研究，2010（3）。

④ 刘存宽. 中苏帕米尔争议的历史背景. 社会科学战线，1982（3）.

⑤ 刘存宽. 十九世纪和二十世纪初俄国对新疆的地理考察. 社会科学战线，1993（2）.

⑥ 黄盛璋. 我国历史上的帕米尔. 新疆社会科学，1982（2）.

⑦ 苏北海. 关于帕米尔的历史问题. 中国历史地理论丛，1996（3）.

⑧ 吕一燃. 清政府对帕米尔地区的管辖. 食货月刊，1992（5）.

苏领土争端》（“The Sino-Soviet Territorial Dispute in the Pamir Mountains Region”），论述了帕米尔地区中苏领土争端的发展、演变过程。① 吕一燃等探讨了帕米尔古今名称、范围和含义。② 苏北海则对强加在帕米尔地区的英、俄地名，包括山峰和山口做出考证，证明这些地名是英、俄两国瓜分帕米尔地区留下的痕迹，是非法命名的，也是英、俄两国野蛮罪行的历史标记。③ 21 世纪初，许建英著《近代英国和中国新疆（1840—1911）》一书，其中第七章对英国侵占中属坎巨提、与沙俄一并私分帕米尔地区的过程进行了详细探讨。④ 纪宗安与李强合写的关于帕米尔问题的一系列文章，详述了 19 世纪中后期以来英、俄在帕米尔、坎巨提的复杂斗争过程。⑤

值得一提的是，对关涉帕米尔等西北边疆的新资料的发掘取得了很大成绩。20 世纪 30 年代，杨奋武所译日本学者之作《中国在帕米尔及坎巨提主权缩减之一段史料》，主要叙述光绪十七年（1891）以来中、俄、英三国在帕米尔问题上的交涉和中国在帕米尔、坎巨提的主权丧失过程。⑥ 丁则良翻译英国人杨哈斯班（Francis E. Younghusband）于 1890 年写的《帕米尔游记》（*To The Pamirs 1890*），涉及帕米尔地区之自然、人文等多方面的内容，有助于了解清末的帕米尔形势。⑦ 20 世纪 90 年代，李之勤撰文介绍沙克都林扎布的《南疆勘界日记图说》，认

---

① 约翰·W. 加弗. 帕米尔山区的中苏领土争端. 纪大椿，译. 王嘉琳，校. 中国边疆史地研究导报，1989（4）.

② 余绳组，吕一燃. “帕米尔”和“八帕”的含义及其由来. 油印本（收入：吕一燃. 中国近代边界史：上. 成都：四川人民出版社，2007）；吕一燃. 关于“帕米尔”地区的古今名称、范围和含义//中国北部边疆史研究. 哈尔滨：黑龙江教育出版社，1998.

③ 苏北海. 强加在帕米尔地区的俄英帝国主义地名考//西域历史地理. 乌鲁木齐：新疆大学出版社，1988.

④ 许建英. 近代英国和中国新疆（1840—1911）. 哈尔滨：黑龙江教育出版社，2004. 另外参见：许建英. 关于帕米尔交涉的几个问题. 中国社会科学院研究生院学报，2003（5）；许建英，陈柱. 清政府对英国侵占洪扎的交涉及有关问题的解决. 社会科学研究，2013（5）。

⑤ 纪宗安，李强. 19 世纪英国对帕米尔的几次查勘及影响. 新疆大学学报（社会科学版），2004（2）；纪宗安，李强. 1865 年～1892 年间英俄在帕米尔的角逐. 暨南学报（人文科学与哲学社会科学），2004（4）；李强，纪宗安. 十九世纪中后期清政府对帕米尔的政策. 西域研究，2004（3）；纪宗安，李强. 中英两属坎巨提. 新疆大学学报（哲学·人文社会科学版），2005（1）. 按：坎巨提名称说法不一，或为坎巨堤，其他名称，不一一指出。

⑥ 中国在帕米尔及坎巨提主权缩减之一段史料. 杨奋武，译. 时事月报，1930，3（2）.

⑦ 杨哈斯班. 帕米尔游记. 丁则良，译. 禹贡半月刊，1936，5（8/9）.

为这是一部记录1882年《中俄喀什噶尔界约》和1884年《中俄续勘喀什噶尔界约》之勘界过程的珍贵史料，对研究清末界务交涉及相关问题极具参考价值。① 杜春和整理了1882年到1884年中俄勘订西北边界文件。② 何星亮对其偶然获得的清代勘分中俄西北边界大臣的察合台、满、汉等五件文书进行了细致、深入的研究，指出这是研究中俄《科塔界约》谈判经过的重要史料。③ 宋嗣喜译《十八世纪俄国炮兵大尉新疆见闻录》，亦是揭示沙俄早期侵华的重要史料。④

中国失地数字的追踪 近代以来，沙俄通过《中俄瑷珲条约》、《中俄北京条约》和《中俄勘分西北界约记》等不平等条约先后割占了中国150多万平方公里的领土，被写入中小学历史课本，成为一种"常识"。可是，这一"常识"是如何形成的却少有人知晓。

对沙俄侵占中国领土面积的估计，较早的有清末传教士李提摩太(Timothy Richard)《中国失地失人失财论》："西北边地，为俄国陆续侵占者，可方六千里。此失地也，而知之者百无一人也。"⑤ 此处"方六千里"，其计量单位应是"英里"，约合今1.6万平方公里，显然严重偏小。此外，清末如曹廷杰所撰《东北边防辑要》《东三省舆地图说》，等只言"割让甚巨"，没有具体的面积数字。

据目前所知，较早对各条约失地面积进行计算的是邹代钧《中俄界记》一书："《瑷珲条约》割失黑龙江以北、外兴安岭及乌得河以南之地，约二百四十万方里。《北京条约》割失黑龙江下流以南，乌苏里江、

① 李之勤. 略论沙克都林扎布的《南疆勘界日记图说》//西北史地研究. 郑州：中州古籍出版社，1994.

② 中俄勘订西北边界文件（1882年～1884年）. 杜春和，整理. 中国边疆史地研究报告，1991（1/2）.

③ 何星亮. 清代钦命勘分中俄科塔边界大臣的一件汉文文书. 中国边政（台北），1995，128；何星亮. 清代钦命勘分中俄科塔边界大臣的满文和汉、塔文两件文书译. 中国边政（台北），1996，131；何星亮. 清代钦命勘分中俄科塔边界大臣的两件哈萨克文文书译注. 中国边政（台北），1997，135；何星亮. 清代勘分中俄边界大臣的一件满文文书研究. 民族研究，1998（5）；何星亮. 清代勘分中俄边界大臣的一件哈萨克察哈台文文书研究. 内陸アジア言語の研究，1997（7）；何星亮. 边界与民族——清代勘分中俄西北边界大臣的察合台、满、汉五件文书研究. 北京：中国社会科学出版社，1998.

④ 伊·温科夫斯基. 十八世纪俄国炮兵大尉新疆见闻录. 宋嗣喜，译. 哈尔滨：黑龙江教育出版社，1999.

⑤ 谭嗣同. 谭嗣同全集：上册. 北京：中华书局，1981：226-227.

珲春河、图们江以东至海之地，约计一百三十万方里。合瑷珲、北京两次条约割失之地，共计约三百七十万方里，大于今日东三省，殆损失全国国土十分之一。”① 此处说的“方里”是中国传统计量单位，亦被称作“中国里”，则《中俄瑷珲条约》失地约合今74万平方公里，《中俄北京条约》约合今40万平方公里。所述《中俄北京条约》割让面积与今天所知一致，而《中俄瑷珲条约》割地面积较今日通常说法稍多。

民国时期涉及中俄交涉史的书中大多有对失地面积的论述，不过多论述的是东北失地，对于西北失地则较少提及。关于《中俄瑷珲条约》《中俄北京条约》失地面积众说纷纭，大致形成了四种说法：

第一，沿用邹代钧关于《中俄瑷珲条约》《中俄北京条约》失地面积数字，即《中俄瑷珲条约》失地面积约240万方里、《中俄北京条约》失地面积约130万方里。1915年曾庆锡《中俄界记蹙地考》：“咸丰八年瑷珲界约，自额尔古纳河口起，沿黑龙江顺流而下，至乌苏里江相会处，又划失外兴安岭以南黑龙江北岸之地，约二百四十万方里。……迨十年，北京界约……所失约百三十万方里。合前计三百七十万方里。殆损全国疆土十分之一焉。……同治界约所失何止百万方里也。……统计多至百六十万方里。”② 《中俄瑷珲条约》《中俄北京条约》失地面积数字与邹氏同，《中俄勘分西北界约记》则云失160万方里，合今49.4平方公里。类似的还有1925年谢彬的《中国丧地史》第九章“中俄划界痛史”、1948年1月15日《中央日报》发表的郭麟凤之《中俄边界考》。③ 新中国成立前夕国民党的机关报《中央日报》仍然采用邹代钧的数字，充分说明民国时期关于近代失地面积的研究陈陈相因、缺少突破。

第二，沿用邹氏数字，略加调整、补充。1915年苏演存编纂《中国境界变迁大势考》第三编第二章“划界失地考”之“黑龙江以北及乌苏里江以东至海之地”条：“（《中俄瑷珲条约》《中俄北京条约》。——引者按）计先后割失共约三百八十万方里，大于今日东三省之全面积，

---

① 邹代钧. 中俄界记. 曾寅，校订//近代中国史料丛刊：第1辑第116册. 影印本. 台北：文海出版社，1967：12-13. 邹代钧此书最初于宣统三年（1911）由湖北武昌亚新地学社印行。

② 曾庆锡. 中俄界记蹙地考. 地学杂志，1915（12）：20-21.

③ 此文收入：包遵彭，吴相湘，李定一. 中国近代史论丛：第2辑第7册 边疆. 台北：正中书局，1977。

殆失全国国土十分之一。”① “阿尔泰诺尔乌梁海二旗及唐努乌梁海十佐领之地”条：“均自塔约割去，考其所失之地，东西二千余里，南北一千八百余里，面积凡一百十余万方里。”② “斋桑泊（即斋桑淖尔）四周之地”条：“及光绪九年，订科布多续约，复将同治八年所立第七牌博至第十二牌博之地划出界外，于是东界又蹙矣。此次所划失者，计额尔齐斯河南北之地约六万方里。”③ 《中俄瑷珲条约》《中俄北京条约》割地合计 380 万方里，比邹氏所言稍多 10 万方里，而《中俄勘分西北界约记》则估计为 110 万方里，约合今 34 万平方公里。

第三，与邹氏估值差异较大，认为《中俄北京条约》失地面积为 90.3 万方里。1911 年刘彦的《中国近时外交史》第三章第三节“俄国占领黑龙江以北与乌苏里江以东之地”：“《瑷珲条约》举黑龙江以北大兴安岭（当为外兴安岭。——引者按）以南之广大区域割让与俄国之后，不数月依此条约复举乌苏里河东九十万三千方里之地全行让与俄国。”④ 该书未言《中俄瑷珲条约》所割让土地之面积，但言《中俄北京条约》所割让土地仅 90.3 万方里，约合今 27.9 万平方公里。类似的还有 1926 年陈登元《中俄关系述略》，以及 1943 年宋家修、郑瑞梅编著《废约运动始末》第二章第三节“中俄瑷珲、天津、北京条约”等。

民国时期中俄关系史最重要的研究成果应推陈复光的《有清一代之中俄关系》，作者从 20 世纪 20 年代在美国哈佛大学学习外交史及国际法时起，就多方搜集资料，凡与中俄关系相关的各国外交档册、官书、当事人之传记、奏议、回忆录、日记、谈话记录及其他外交史名著和译述，都在他的搜集研究之列。该书第三章第四节“木里斐岳幅与《瑷珲条约》之缔结”：“《瑷珲条约》竟将《尼布楚条约》规定为我国属土之兴安岭以南黑龙江以北之区域及乌得河以南兴安岭以北，当时视为瓯脱地者，总计面积在四十六万六千三百七十余方公里之多，均划归于

---

① 苏演存. 中国境界变迁大势考. 上海：商务印书馆，1915：54.

② 同①.

③ 同①55.

④ 刘彦. 中国近时外交史. 修订 2 版. 上海：中华书局，1914：88. 此书 1911 年 6 月由上海太平洋书店初版，1914 年补充修订二版，1921 年增订为第三版，1927 年更名为《帝国主义压迫中国史》。

俄。”[①] 第十节“中俄秘密谈判与《北京续约》之缔结”：“复攫取乌苏里江以东九十万三千方里之领土。”[②] 一处数字单位用“方公里”，另一处用“方里”，表明了这两个数字是作者从不同的来源拼接而成的。

第四，以英方里为单位的估值。1932 年蒋廷黻在《最近三百年东北外患史》中写道：“这两个条约——《中俄瑷珲条约》及《中俄北京条约》——在世界历史上开了一个新纪念，即土地割让的纪录。我国在咸丰八年及十年所丧失的土地，其总面积有四十万零九百十三方英里。现今的东三省，加上江苏，比我们这两年所丧失的土地只多一千四百方英里。法、德两国的面积，比我们这两年所丧失的土地还少六千五百三十一方英里。俄国从我国得着这大的领土不但未费一个子弹，且从始至终口口声声地说俄国是中国惟一的朋友。俄国友谊的代价不能不算高了！”[③] 40.091 3 万方英里约合今 104 万平方公里，而最早的邹代钧的数字是 114 万平方公里，略有差异。

可以看出，民国时期关于沙俄侵占中国领土面积的基本认识是：（1）关于《中俄瑷珲条约》失地面积的认识较为一致，即约 240 万方里；（2）关于《中俄北京条约》失地面积，有两种意见，一是约 130 万方里，另一是 90.3 万方里，两者差距较大；（3）关于西北失地面积的估值较少。

1949 年以后，随着中苏两国同盟关系的建立和巩固，在社会主义阵营共同利益和中苏国家关系、意识形态标准的约束下，中国暂且搁置了历史遗留的中苏边界问题，双方边界关系呈现出同志加兄弟的亲密状态。1958 年，中国开始着手解决中苏边界问题，中苏两党分歧尽管加深但仍未公开化，在团结友好的总方针指导下，中苏边界一直是一条基本和睦的边界。这一时期，对于沙俄侵略中国的历史，无论在学术研究中还是在普通中小学历史教科书中都很少被提及。

就新中国成立初期的学术论著而言，研究中俄关系史的论著很少提及沙俄这段侵略历史。据《中国近代史论文资料索引》（论文发表日期

---

① 陈复光. 有清一代之中俄关系. 云南：崇文印书馆，1947：103.

② 同①136.

③ 蒋廷黻. 最近三百年东北外患史（上）——从顺治到咸丰. 清华学报（自然科学版），1932（1）：62.

截至 1979 年 12 月），可以看出，1974 年之前仅有唐陶华《关于中俄瑷珲条约和北京条约所发生的中俄疆界问题》、夏东元《关于中国近代史教学中的民族问题（关于黑龙江以北、乌苏里江以东地区划归帝俄的中俄疆界问题）》讨论了近代以来沙俄侵占中国领土的事实①，其余各篇论文则以论及中苏友好关系为重点，近代失地问题已不仅是学术问题，而且是政治问题。在这样的学术与政治空气下，真正的学术探讨已蒙上一层厚厚的政治阴影，边界问题一定程度上成为当时的学术禁区。

1958 年，为了寻求一个和平稳定的建设环境，中国加快了解决边界问题的速度，中苏边界问题也被提上日程。1958 年 4 月，中国外交部向边境省区发出通知：今后要逐步解决与邻国之间的边界问题。7 月，国务院边界委员会成立，由外交部、国防部、内务部、中国科学院历史研究所、中国科学院地理研究所、国家测绘总局、民族事务委员会、地图出版社、总参军事测绘局和总参警备部门的负责人组成，直属国务院外事办公室领导。边界委员会的任务是全面规划划界工作，组织有关部门进行调查研究、收集资料、实地勘察和提出谈判方案，以便有步骤地解决边界问题。② 出于边界谈判的需要，有理由相信这一时期边界委员会对近代沙俄侵占中国领土面积的问题做了大量深入的研究，并得出了新的、更为准确的结论。中苏边界谈判过程也证实了这一推测。

1964 年，中苏双方举行第一次边界谈判。③ 同年 3 月 5 日，中苏边界谈判第二次全体会议上中方代表团团长、外交部副部长曾涌泉发言指出，沙皇俄国借助不平等条约侵占了中国 154 万多平方公里的领土，这应该是新中国政府第一次公布精确的失地面积数字。在此次会议上，曾团长的发言仅仅指出一个总数，至于每个不平等条约的失地面积，则是在 3 月 27 日第四次全体会议上向苏联方面说明的：1858 年沙俄根据《中俄瑷珲条约》，侵占了中国 62.8 万多平方公里领土；1860 年根据《中俄北京条约》，侵占了大约 40 万平方公里领土；1864 年根据《中俄

① 唐陶华. 关于中俄瑷珲条约和北京条约所发生的中俄疆界问题. 中学历史教学，1957 (8)；夏东元. 关于中国近代史教学中的民族问题（关于黑龙江以北、乌苏里江以东地区划归帝俄的中俄疆界问题）. 历史教学问题，1958 (1).

② 李丹慧. 同志加兄弟：1950 年代中苏边界关系——对中苏边界问题的历史考察（之一）. 国际冷战史研究，2004 (1).

③ 韩念龙. 当代中国外交. 北京：中国社会科学出版社，1988：242.

勘分西北界约记》，侵占了 44.4 万平方公里领土；1881 年根据《中俄伊犁条约》，侵占了 1.3 万多平方公里领土；1882 年借在伊犁地区划界，侵占了 1 000 多平方公里领土；1883 年根据《中俄伊犁条约》的条款规定，在新疆北部划界时占领了大约 1.5 万平方公里领土；1884 年在新疆南部进行划界，侵占了 4.2 万平方公里领土；1886 年根据议定书《中俄查勘两国交界道路记》划分图们江边界线，侵占了 10 平方公里领土；1911 年根据《中俄满洲里界约》文件，侵占了大约 1 400 平方公里领土；1915 年根据《中俄沿霍尔果斯河划界议定书》，侵占了 30 多平方公里领土。① 有理由推测，这套数字是 1958 年至 1960 年国务院边界委员会通过调查历史文献与勘测得出来的，其可信度自然要更高。

当然，中苏关系虽然在 20 世纪 60 年代开始逐步恶化，但表面上仍维持了“同志加兄弟”的良好关系，上述失地面积不过是中苏边界谈判时的“外交用语”，并未公开，更得不到广泛传播。1969 年，中苏发生正面边境冲突。珍宝岛事件以后，围绕双边关系特别是边界问题，双方展开了论战。边界委员会对近代沙俄侵占中国领土的面积数字通过官方途径予以公开披露。

1969 年 3 月 11 日，外交部新闻司在《人民日报》上发表《珍宝岛从来都是中国的领土》：“一八五八年五月二十八日沙俄帝国主义乘英法帝国主义联军侵略中国，进攻天津，威胁北京的时候，用武力迫使清朝当局签订了不平等的《中俄瑷珲条约》，割去了黑龙江以北六十多万平方公里的中国领土，并把乌苏里江以东约四十万平方公里的中国领土划为中俄两国共管。一八六〇年十一月十四日沙俄帝国主义再次借助英法帝国主义侵华战争的军事压力，在英法侵略军攻占北京的形势下，迫使清朝政府签订了又一个不平等的《中俄北京条约》，把乌苏里江以东的全部中国领土强行划归俄国。”这段新闻披露了《中俄瑷珲条约》中国割让面积 60 多万平方公里、《中俄北京条约》割让面积约 40 万平方公里的事实，但对西北失地面积尚未公开。

同年 4 月 20 日，清华大学夏国平在《人民日报》发表《人不犯我，我不犯人，人若犯我，我必犯人》一文，谈到沙俄对中国的侵

---

① 李丹慧．同志加兄弟：1950 年代中苏边界关系——对中苏边界问题的历史考察（之一）．国际冷战史研究，2004（1）：注释 5．

略，文中是这样阐述的："苏修叛徒集团的老祖宗沙俄帝国主义，在一百多年前，通过不平等的《中俄瑷珲条约》和《中俄北京条约》，强行霸占了我国一百多万平方公里的土地。旧账未算，新沙皇——苏修叛徒集团又犯下了武装侵犯我国领土的新的滔天罪行。"文中的"一百多万平方公里"应该就是指上文外交部新闻稿中的《中俄瑷珲条约》与《中俄北京条约》失地面积的总和。可以看出，直到 1969 年 4 月 20 日，普通民众所知的失地面积仅仅包括了刚刚披露的对《中俄瑷珲条约》《中俄北京条约》失地面积的估计，而对于西北失地面积仍未有清晰认识。

1969 年 3 月 29 日，苏联政府就中苏边界发表声明。5 月 24 日，中国政府做出回应，发表《中华人民共和国政府声明》，全面回顾了近代以来中俄关系及失地问题："一八四〇年鸦片战争以后，中国逐步沦为半殖民地，而俄国则逐渐成为军事封建帝国主义。从十九世纪五十年代开始，沙皇俄国勾结西方帝国主义国家，推行瓜分中国的侵略政策，在短短的半个世纪中，先后强迫中国签订了一系列不平等条约，割去了一百五十多万平方公里的中国领土，相当于三个法国或十二个捷克斯洛伐克。"此声明中亦公开了沙俄通过各条约侵占的中国领土面积，即通过《中俄瑷珲条约》侵占 60 多万平方公里，通过《中俄北京条约》侵占约 40 万平方公里，通过《中俄勘分西北界约记》侵占 44.4 万平方公里，通过《中俄伊犁条约》和以后的几个勘界议定书侵占 7 万多平方公里。

这一数字与 1964 年中苏边界谈判内部会议公布的数字并无二致，只是取其大概之数。当然，政府声明的权威性和大规模宣传，使得"沙俄通过不平等条约侵占中国一百五十多万平方公里的领土"这一知识迅速走进学术专著、历史教科书及各类报刊，逐渐成为国人心目中不证自明的常识，而清末、民国时期另一套割让领土面积的数字则已无人留意。

4. 外蒙古问题始末研究

外蒙古问题始于清季。宣统三年（1911），外蒙古在沙俄支持下宣布"独立"。此后学界围绕着沙俄侵略以来外蒙古问题的形成及中外交涉展开了集中研究，成果较为突出。

1913 年，林唯刚著《俄蒙交涉始末之真相》一书，从库伦“独立”谈起，叙述并分析了中俄交涉过程，追溯了此前沙俄与外蒙古发生关系的历程，全面揭露了外蒙古“独立”的历史真相。① 毕桂芳亲身经历了外蒙古交涉过程，并编有《外蒙交涉始末》一书。② 20 世纪二三十年代，学界出版了不少以“外蒙古问题”为选题的成果。华企云编著《满蒙问题》一书，在详述满蒙地理形势、经济状况的基础上，从国际局势入手，按各国侵略东北、蒙古地区的先后次序及中国与它们的交涉过程，分中俄与满蒙、中日与满蒙、列强与满蒙三个方面，探讨了清初以来签订条约与东北、蒙古领土丧失及边界划定的情况。③ 另外，谢彬著《蒙古问题》、白眉初著《外蒙始末纪要》等④，叙述了清初外蒙古归附、雍正五年（1727）中俄划界到清末民初外蒙古两次“独立”的历史过程。

20 世纪 70 年代以来，对外蒙古问题的研究日趋深入。吕秋文著《中俄外蒙交涉始末》一书，集中探讨了沙俄策动外蒙古“独立”前后的中俄交涉过程，尤其对沙俄策划外蒙古“独立”的阴谋以及为达到此目的而采用诡谲莫测之策略一一进行了驳斥。⑤ 内蒙古大学等三家单位合作编写《沙俄侵略我国蒙古地区简史》一书，从蒙古史入手，叙述了蒙古地区自古属于我国领土，17 世纪以来遭到沙俄侵略，最终于清末沦为沙俄势力范围的过程，揭露出沙俄侵略我国外蒙古领土的真相。⑥ 谭剑峰专门研究 1907—1915 年外蒙古在沙俄的军事强硬手段和金钱诱

① 林唯刚. 俄蒙交涉始末之真相. [出版地不详]: [出版单位不详], 1913 (收入:《边疆边务文献初编》委员会. 边疆边务资料初编: 东北及北疆边务: 第 10 册. 北京: 中央编译出版社, 2011).

② 毕桂芳. 外蒙交涉始末. [出版地不详]: [出版单位不详], 1928 (收入:《边疆边务文献初编》委员会. 边疆边务资料初编: 东北及北疆边务: 第 12 册. 北京: 中央编译出版社, 2011).

③ 华企云. 满蒙问题. 上海: 大东书局, 1929.

④ 谢彬. 蒙古问题. 上海: 商务印书馆, 1926; 白眉初. 外蒙始末纪要. 北平: 建设图书馆, 1930. 另外所见成果还有: 郭道甫. 蒙古问题. 沈阳: [出版单位不详], 1926; 王勤堉. 蒙古问题. 北京: 商务印书馆, 1930 (这两部书都被收入: 孙燕京, 张研. 民国史料丛刊续编: 第 799 册 社会·边疆社会. 郑州: 大象出版社, 2012); 华企云. 蒙古问题. 上海: 黎明书局, 1930。

⑤ 吕秋文. 中俄外蒙交涉始末. 台北: 成文出版社, 1976.

⑥《沙俄侵略我国蒙古地区简史》编写组. 沙俄侵略我国蒙古地区简史. 呼和浩特: 内蒙古人民出版社, 1979.

惑下实现“自治”的过程。[①] 吕一燃也有多篇文章探讨清政府对外蒙古的管辖及清末民初外蒙古“独立”问题，以证明其自古就属于我国领土的史实。[②] 21 世纪初，刘学铫著《清季民初中蒙之分合关系》一书，分析了清末新政对外蒙古“独立”的影响及沙俄在其中扮演的角色和所起的作用。[③]

5. 西南失地与边界研究[④]

西南失地与边界研究始于清末，以中缅边界问题研究为先导。民国以来，中缅边界研究成果相继涌现、异常丰富，而对中印、中越等六国边界的研究迟至 20 世纪 80 年代才正式开始。从研究现状来看，中缅边界研究成果最为丰富且成熟，中印、中越边界研究成果不多而有待继续深入，中尼、中锡、中不、中老边界研究成果更少。

中缅边界 清末民初的中缅边界纠纷使得重勘中缅未定界迫在眉睫，由此激发了国内中缅边界研究热潮的兴起，学者们多将实地考察与历史文献结合起来探寻这一地区属于我国领土的证据，研究成果颇丰。就这一时段出版的研究著作而言，1931 年，华企云编著之《云南问题》是民国期间系统研究云南边疆失地问题的一部佳作。正如其开篇自序所云，清季占片马，最近侵略江心坡，野人山正要被英占，唇亡齿寒，因此作此书，广为宣传。[⑤] 该书主体内容分为上、下两篇，上篇综合叙述英、法侵略云南史及签订条约，下篇分析研究云南边疆问题，包括清代发生之中缅界务纠葛，对片马问题、江心坡问题逐一进行剖析。1937 年，张诚孙著《中英滇缅疆界问题》[⑥]，作为《燕京学报》专号发行，

---

① 谭剑峰. 1907—1915 年间沙俄对外蒙的侵略. 北京大学学报（哲学社会科学版），1982（6）.

② 吕一燃. 中国北部边疆史研究. 哈尔滨：黑龙江教育出版社，1991.

③ 刘学铫. 清季民初中蒙之分合关系. 台北：“蒙藏委员会”，2002. 20 世纪 70 年代，刘学铫发表的有关内外蒙古古今状况的论文多涉及清代领土之划割，如：刘学铫. 内外蒙古及其界域. 中国边政（台北），1973，41；刘学铫. 达里有冈厓牧场纪要. 中国边政（台北），1974，45；刘学铫. 漠北外蒙古. 中国边政（台北），1973，42。

④ 此处之“西南”包括清代西藏、云南、广西三省之边疆，与传统所述的“西南地区”所包括西南四省（四川、贵州、云南、西藏）之范围略有不同。

⑤ 华企云. 云南问题. 上海：大东书局，1931：自序.

⑥ 张诚孙. 中英滇缅疆界问题. 北京：哈佛燕京学社，1937（收入：《边疆边务文献初编》委员会. 边疆边务资料初编：西南边务：第 6 册. 北京：中央编译出版社，2011）.

是20世纪30年代研究中缅边界问题之力作。该书分为三个部分：第一部分“绪论”，讲述云南边疆形势；第二部分“前论”，论述历史时期云南建置沿革及中缅关系，以证明缅甸为清朝属国之史实；第三部分“本论”，逐一论述中英滇缅关系之由来、交涉始末，前后两次勘定疆界及双方争执的边界点位置，三次边界事件与勘界得失及其原因，对于南、北段未定界均提出了新见解，对于野人山地区的主权问题也有新认识，文中还附有中缅清代边界的历史地图，以及清末签约所用之珍贵舆图，共13幅，详细展示了清代中缅边界演变情况。就这一时段发表的研究论文而言，据笔者不完全统计就达50余篇，这些论文多强调缅甸原为我国的属国，后来才被英国霸占的事实，并较为详细地介绍了中缅边界问题的由来，论述清季中缅勘界交涉及未定界，对中缅边界问题的未来出路提出了建议。张凤岐著《云南外交问题》一书，对中缅边界、中越边界云南段问题做出了详细论述。① 徐益棠编《非常时期之云南边疆》一书，对近代以来中国云南南、北段未定界及被占地进行了论述，并提出了解决云南边疆问题的方案。②

表1-5　　20世纪20—30年代中缅边界研究论文不完全统计

序号	篇名	作者名	出版项
1	《滇缅交界情形》	徐韦曼	《史地学报》1923年第2卷第6期
2	《滇缅北段界务的检讨》	华企云	《新亚细亚》1925年第10卷第1期
3	《滇缅界务结束》	—	《滇黔月刊》1927年第2卷第5期
4	《中英滇缅界务交涉史》	—	《新纪元周报》1929年第1卷第16期
5	《中英滇缅界务交涉史》	—	《新纪元周报》1929年第1卷第17期

① 张凤岐．云南外交问题．上海：商务印书馆，1934（收入：《边疆边务文献初编》委员会．边疆边务资料初编：西南边务：第8册．北京：中央编译出版社，2011）．

② 徐益棠．非常时期之云南边疆．上海：中华书局，1937．

6	《中英滇缅划界问题之鸟瞰》	张珍楼	《女师学院期刊》1933 年第 4 卷第 1、2 合期
7	《滇缅界务之史的考察及其应付方法》	刘曼仙	《东方杂志》1934 年第 31 卷第 9 号
8	《滇缅界务问题之回顾与前瞻》	苏大成	《新亚细亚》1934 年第 8 卷第 6 期
9	《中英滇缅南段未定界之纠纷与英人最近占领滇境班洪矿厂之经过》	张凤岐	《时事月报》1934 年第 10 卷第 1—6 期
10	《急待解决之滇缅界务纠纷》	棑子	《晨光》1934 年第 2 卷第 45 期
11	《重勘滇缅南段界务的认识》	华企云	《东方杂志》1935 年第 32 卷第 11 号
12	《中英滇缅勘界的我见》	壮行	《申报月刊》1935 年第 4 卷第 5 号
13	《滇缅边界的菖蒲桶》	方国瑜	《新亚细亚》1935 年第 9 卷第 3 期
14	《关于滇缅勘界问题之希望》	新民	《边事研究》1935 年第 2 卷第 1 期
15	《中英滇缅界务交涉鸟瞰》	梓侯	《边事研究》1935 年第 2 卷第 1 期
16	《中英滇缅勘界问题》	怀瑾	《边事研究》1935 年第 2 卷第 1 期
17	《滇缅划界问题研究》	华企云	《边事研究》1935 年第 2 卷第 1 期
18	《滇缅界务意见书》	余汉华	《边事研究》1935 年第 2 卷第 1 期
19	《对滇缅南段勘界之希望》	铁盦	《边事研究》1935 年第 2 卷第 1 期
20	《滇缅界务赘言》	崔中石	《边事研究》1935 年第 2 卷第 1 期

21	《关于滇缅勘界最近要闻》	方国瑜	《边事研究》1935年第2卷第1期
22	《对于滇缅勘界之刍献》	—	《边事研究》1935年第2卷第1期
23	《滇缅界务之实况》	吴勃冈	《边事研究》1935年第2卷第1期
24	《我对于滇缅界之希望》	—	《边事研究》1935年第2卷第1期
25	《英国远东政策及其经营滇缅边境之实况》	—	《边事研究》1935年第2卷第1期
26	《滇缅南段未定界之孟仑》	—	《边事研究》1935年第2卷第1期
27	《滇缅界务管见》	—	《边事研究》1935年第2卷第1期
28	《中英滇缅划界问题》	—	《中华邮工》1935年第1卷第2、3合期
29	《对于中英会勘滇缅界务之意见》	蒋用庄	《正论》1935年第29期
30	《英人经营滇缅边界之史实》	杨体仁	《民族杂志》1935年第3卷第1—6期
31	《英人经营滇缅边界之史实》	—	《史地社会论文摘要》1935年第1卷第8期
32	《滇缅勘界中应有之认识》	—	《史地社会论文摘要》1935年第1卷第11期
33	《中英滇缅疆界问题概述（时事）》	王济生	《中华教育界》1935年第23卷第2期
34	《滇缅勘界与西南边防》	陈秋云	《前途》1935年第3卷第9期
35	《滇缅北段界务的检讨》	华企云	《新亚细亚》1935年第10卷第1期

36	《滇缅边界纠纷概观》	—	《新中华》1935年第3卷第9期
37	《条约上滇缅南段未定界之地名》	方国瑜	《民族杂志》1935年第3卷第7—12期
38	《滇缅边界纠纷概观》	—	《史地社会论文摘要》1935年第1卷第9期
39	《中英滇缅界务纠纷及其解决途径》	—	《国闻周报》1935年第12卷第50期
40	《中英滇缅勘界事前应有的认识》	张凤岐	《民族杂志》1935年第3卷第7—12期
41	《国际法上之滇缅南段划界问题》	蒋默掀	《中山文化教育馆季刊》1935年冬季号
42	《中英滇缅疆界问题》	—	《新中华》1935年第3卷第10期
43	《滇缅划界问题》	—	《边事研究》1935年第2卷第1期
44	《滇缅界务重勘问题》	华企云	《浙江青年》1935年第1卷第9期
45	《滇缅勘界与云南国防》	杨公怀	《绸缪月刊》1936年第2卷第10期
46	《中英滇缅划界意见书》	漱石	《国防论坛》1936年第5卷第4—5期
47	《从中英会勘滇缅边界说到英帝国主义侵略云南的政策》	秋获	《三民主义月刊》1936年第7卷第3—4期
48	《滇缅界务问题》	方秋苇	《中国国际联盟同志会月刊》1936年第1卷第4期
49	《滇缅南段未定界附近之地理》	周汉章	《地理学报》1936年第3卷第3期
50	《中英续勘滇缅界务》	—	《申报每周增刊》1936年第1卷第47期

51	《勘定滇缅南段界务后整理云南西南边务之建议》	震声	《边事研究》1937 年第 6 卷第 2 期
52	《滇缅南段勘界之现状》	华企云	《新亚细亚》1937 年第 13 卷第 2 期
53	《中英滇缅疆界问题》	张诚孙	《燕京学报》1937 年总第 22 期

说明：表中“—”表示未署名。

20 世纪 50 年代到 70 年代末，专门研究中缅划界的成果罕有问世。直到 20 世纪 80 年代初，钮仲勋等撰《清代中缅边界的历史研究》，才打破了 30 年来中缅边界研究的沉寂局面。此文分为乾隆中叶以前、乾隆中叶新界、现代边界的形成这三个阶段来阐述中缅边界的变迁，还介绍了清末边界划定后我国失地情况，文末附有《清代中缅边界示意图》。① 总之，钮氏等之文是新中国成立以来第一篇系统论述中缅边界问题的力作。此后，张植荣撰文论述了清代以来中缅边界问题的来龙去脉，包括该问题形成的历史背景、交涉过程，指导中缅交涉的边疆战略与边界政策，以及新中国首次和平解决边界问题的重大意义等。② 尤中著《中国西南边疆变迁史》一书，该书第八章逐一详述了清代云南七府一厅的边境变迁，详细梳理了我国云南与相邻三国边境的具体盈缩过程。③ 朱昭华著《中缅边界问题研究：以近代中英边界谈判为中心》一书，以时间为线索，从中外关系史和国际法的角度，充分利用前人未曾涉及的大量档案，对中、英就中缅边界问题所进行之交涉过程做了全面梳理和研究，挖掘出其中的许多细节问题，是 21 世纪以来中缅边界问题研究之杰出成果。④

除以上对中缅划界的宏观考证外，具体对中缅北、中、南段未定界之专论也早已展开。就北、中段未定界而言，徐之琛编有《滇缅尖高山以北未定界务摘要》。⑤《滇缅界务北段调查报告》及其后出版的《云南

① 钮仲勋，陈金渊. 清代中缅边界的历史研究//中国科学院地理研究所. 边界历史地理研究论丛. 内部资料. 1980.

② 张植荣. 论中缅边界问题. 中国边疆史地研究报告，1991（3/4）.

③ 尤中. 中国西南边疆变迁史. 昆明：云南教育出版社，1987.

④ 朱昭华. 中缅边界问题研究：以近代中英边界谈判为中心. 哈尔滨：黑龙江教育出版社，2007.

⑤ 徐之琛. 滇缅尖高山以北未定界务摘要. ［出版地不详］：［出版单位不详］，1922.

边地问题研究》《云南北界勘察记》[①]，皆为当时政府解决中缅北段边界问题提供了极为重要的资料和依据。刘伯奎编著《中缅界务问题》，详述了清季以来中缅界务交涉情况。[②] 严懋德撰《中缅界务纠纷之回顾与前瞻》，简要回溯了清末以来与中缅划界有关的两次界约。[③] 郑励俭等撰《中缅划界史》，从界约入手，详细论述中缅四次签订界约及边界勘定情况，以便中缅北段未定界问题获得公允、合理的解决。[④] 总之，这一时期对中缅北段未定界的研究具有明显的经世致用特征。20 世纪 90 年代初，余绳武较为系统地梳理了 19 世纪末尖高山以北地区未定界问题的形成过程，指出该问题的发生与英国对我国西南各省的侵略有着"难分难解"的关系；他还从尖高山以北地区与我国的历史关系着手进行分析，认为以"尹明德建议线"作为中缅划界的准绳是不妥当的，纠正了长期以来的错误认识，对认清中缅北段边界很有价值。余氏在另一文中专门叙述中缅中段边界猛卯三角地的历史情况。[⑤]

就中缅南段未定界而言，早在 20 世纪三四十年代，著名学者方国瑜就有系统研究，建树颇多。他先后撰有《葫芦王地之今昔》《滇缅南段未定界之孟仑》《条约上滇缅南段未定界之地名》等文。[⑥] 1935 年，方氏受邀参与重勘中缅南段未定界，后撰写《滇西边区考察记》一书，详述这一地区的山川形势、风土人情以及清末以来的界务交涉，尤其是书中第四部分"滇缅南段界务管见"，指出并修改了光绪二十年

① 马玉华. 西南边疆卷四：云南勘界筹边记（五种） 非常时期之云南边疆 滇缅界务北段调查报告. 哈尔滨：黑龙江教育出版社，2013；云南省立昆华民众教育馆. 云南边地问题研究，1933；滇缅界务调查小组. 云南北界勘察记. ［出版地不详］：［出版单位不详］，1933（收入：《边疆边务文献初编》委员会. 边疆边务资料初编：西南边务：第 5 册. 北京：中央编译出版社，2011）.

② 刘伯奎. 中缅界务问题. 重庆：正中书局，1945（收入：《边疆边务文献初编》委员会. 边疆边务资料初编：西南边务：第 7 册. 北京：中央编译出版社，2011）.

③ 严懋德. 中缅界务纠纷之回顾与前瞻. 亚洲世纪月刊，1948（1）.

④ 郑励俭，孙敏贤. 中缅划界史. 中央日报，1948－03－11（收入：包遵彭，吴相湘，李定一. 中国近代史论丛：第 2 辑第 7 册 边疆. 台北：正中书局，1977）.

⑤ 余绳武. 近代中缅北段未定界问题的由来. 中国边疆史地研究报告，1992（3/4）；余绳武. 有关猛卯三角地的一些历史情况//李国强，方铁. 中国边疆研究通报：二集·云南专号. 乌鲁木齐：新疆人民出版社，1998.

⑥ 方国瑜. 葫芦王地之今昔. 新亚细亚，1935，9（5）；方国瑜. 滇缅南段未定界之孟仑. 边事研究，1935，2（1）；方国瑜. 条约上滇缅南段未定界之地名. 民族杂志，1935，3（8）.

(1894)、二十三年(1897)中英前后两次议定《中英滇缅条约》所规定的中缅南段未定界约文与边界存在的不符之处，以此作为勘界要解决的关键问题，以便解除两国纠纷。① 应该说，方氏之文不仅从学理上指出了中缅边界问题的症结，而且提出了化解中缅边界纠纷的合理意见，是学界研究边疆问题的典范。同年，周广倬编《滇缅南段未定界调查报告书》，亦为1941年中缅南段未定界问题的圆满解决提供了有力依据。② 20世纪末以来，张振鹍探讨了近代中缅南段未定界问题的起因、清末界务交涉到“1941年线”划定的详细过程。③ 罗之基从阿佤山区历史沿革谈起，回顾了英国侵略该区及未定界产生、界务交涉到最后确定的过程。④ 杨宝康也论述了中缅南段边界沿革、班洪事件到1961年中缅边界最后解决的过程。⑤

在中缅边界研究中，片马问题很受重视。1910年英国侵略片马事件发生后，迅速引起了国人的关注。清末闵为人曾两次到云南边境考察，后写成《片马紧要记》。⑥ 其后到20世纪40年代末，国内片马问题研究成果不断涌现。据笔者不完全统计，这一时期发表的以“片马”为题的论文不少于20篇，其中专门论述清末片马问题及片马交涉的论文就达16篇。在此仅按发表时间先后顺序列表如下：

表1-6　　民国期间片马问题研究论文不完全统计

序号	篇名	作者名	出版项
1	《片马交涉感言》	贺绍章	《东方杂志》1911年第8卷第7号

① 方国瑜. 滇西边区考察记. [出版地不详]：国立云南大学西南文化研究室，1943.

② 周广倬. 滇缅南段未定界调查报告书. [出版地不详]：[出版单位不详]，1935（收入：《边疆边务文献初编》委员会. 边疆边务资料初编：西南边务：第6册. 北京：中央编译出版社，2011).

③ 张振鹍. 近代史上中英滇缅边界“南段未定界”问题//李国强，方铁. 中国边疆研究通报：二集·云南专号. 乌鲁木齐：新疆人民出版社，1998.

④ 罗之基. 阿佤山区中缅边界问题的产生与解决//邢玉林. 中国边疆研究通报. 乌鲁木齐：新疆人民出版社，1995.

⑤ 杨宝康. 论中缅南段边界问题与班洪事件. 云南师范大学学报（哲学社会科学版），2003（2).

⑥ 闵为人. 片马紧要记//马玉华. 西南边疆卷四：云南勘界筹边记（五种） 非常时期之云南边疆 滇缅界务北段调查报告. 哈尔滨：黑龙江教育出版社，2013.

2	《备忘录（片马问题）》	约瓮	《教育杂志》1911年第3卷第2期
3	《哀片马》	钱桐	《地学杂志》1912年第11、12合期
4	《说片马》	卢彤	《地学杂志》1913年第8期
5	《片马交涉始末记》	—	《时事汇报》1914年第4期
6	《片马交涉》	—	《新国民》1917年第1卷第2期
7	《中国的片马》	克勒脱纳	《时事月报》1921年第4卷第1—6期
8	《片马问题》	王龙章	《地学杂志》1923年第1、2合期
9	《片马问题研究》	赵祥瑗	《史地学报》1923年第2卷第4期
10	《片马考》	白眉初	《地学杂志》1928年第2期等五期连载
11	《英帝国主义侵略下之片马问题》	金志城	《革命外交》1930年第4—7期
12	《从政治地理上窥测片马问题》	克勒脱纳	《新亚细亚》1931年第2卷第6期
13	《日人眼中之片马问题》	（日）长野朗著，郭士摘译	《新亚细亚》1931年第2卷第2期
14	《片马与江心坡志要》	陈泽溥	《东方杂志》1934年第31卷第24号
15	《片马问题之详情及其补救之办法》	铁盦	《边事研究》1935年第1卷第5期
16	《中缅北段未定疆界片马江心坡考略》	刘仁成	《读书通讯》1948年总第167期

说明：表中“—”表示未署名。

以上各文按研究视角或切入点，大致可分为三类：一类从片马事件发生后中英交涉情况入手，着重于叙述中英交涉过程，如《备忘录（片马问题）》《片马交涉始末记》《片马交涉》；一类从英国侵略中国西南边疆史入手，论述英国侵占片马的前后过程，着重于披露英国侵略我国西南边疆的史实，如《英帝国主义侵略下之片马问题》《日人眼中之片马问题》；一类从西南边疆或片马地区地理形势入手，考察英国侵略云南以来所划定的涉及片马地区的边界情况，如《中国的片马》《片马问题》《片马问题研究》《片马与江心坡志要》《中缅北段未定疆界片马江心坡考略》等，其中，以白眉初《片马考》这篇长文最为出色，是这一时段片马问题研究的代表作。① 需要特别介绍的是，1936 年童振藻《片马小志》，全文一万多字，正如该文篇首所言“为搜获片马系我国领土之铁证呈唐省长文”，作者从云南各通志中发现了片马属于我国领土的铁证，即乾隆年间属于云龙州管辖，后改隶于腾越州，于是将所见关于片马地理、疆域、形势、交涉的资料汇成一文，以兹边界交涉利用。②

在新中国成立后长达 40 年的时间内，学界对片马问题研究甚少。直到 20 世纪 90 年代末，谢本书《片马问题的考察与研究》系统研究了英国侵略云南北部以及 1911 年占领片马后中英界务交涉，直到 1961 年正式移交我国的过程。③ 2000 年，谢本书另撰文分为北、中、西三段，考察中缅边界沿革及中英界务交涉之历史过程。④ 此后，朱昭华通过考察已公布的英国外交部档案，对清末片马事件的发生原因及影响提出了一些新的认识。⑤ 张子建从多个角度研读并分析了记载片马事件的各种史料。⑥ 显然，这一时段研究片马问题的论著受益于新史料的挖掘和利用，而此时片马问题也早已解决，这使得学者们能够更客观地看待这一失地问题。

近年来，陈维新依据清末官方勘界舆图，特别是寄存于台北故宫博物院的南京国民政府外交部的档案、舆图（内含清代中国与法国、英国签订的条约原件和地图），对西南边界问题展开了研究，在资料的精准度和论述的严密度上较前有了很大进步，集中体现在“翠绿边地”展览及

---

① 白眉初. 片马考. 地学杂志，1928（2）；1929（1）；1929（2）；1930（1）；1930（2）.

② 童振藻. 片马小志//马玉华. 西南边疆卷四. 哈尔滨：黑龙江教育出版社，2013.

③ 谢本书. 片马问题的考察与研究//李国强，方铁. 中国边疆研究通报：二集·云南专号. 乌鲁木齐：新疆人民出版社，1998.

④ 谢本书. 从片马事件到班洪事件——中缅边界历史沿革问题. 云南社会科学，2000（4）.

⑤ 朱昭华. 清末片马事件的发生及其影响. 史学月刊，2005（12）.

⑥ 张子建. 关于“片马事件”的研究. 云南民族大学学报（哲学社会科学版），2008（5）.

其后出版的同名著作中，充分展现了舆图在边界研究上的巨大潜力。①

中印、中尼、中锡、中不边界 相较于中缅边界而言，国内对西藏失地与边界问题的研究开展较晚，到20世纪80年代才有专门研究，至今研究成果不多。

20世纪80年代初，中国科学院地理研究所编《边界历史地理研究论丛》一书，是学界首见的专门研究历史时期西南边界与海疆的论文集，该书作为内部资料，收录了黄盛璋等研究西藏边界，分别为中印、中尼、中锡、中不边界问题的文章，共五篇，这是系统研究西藏边界问题的开山之作，也是代表作，各文大量利用近代中外文史料，较为全面地研究了明清时期主要是清代西藏边界的形成、演变过程。《清代西藏阿里地区中印边界的历史研究》一文，探讨了清代前期阿里地区西部、南部疆界以及清代后期疆域的变动，指出了20世纪80年代地图上所绘阿里地区边界线是英国对阿里地区及其边境地区进行多次踏勘与修改后逐步形成的，其形成时间不晚于19世纪末；《清代中印东段边界的历史研究》一文，在概述西藏东南山区历史演变的基础上，论述了清代前期中印疆界之所在以及英国侵略西藏以来现行习惯线的形成过程。②《清代中尼边界研究》一文，叙述了乾隆五十六年至五十七年（1791—1792）廓尔喀之战和中尼边界由来，考订出当时设立之中尼边界鄂博的所在位置，认为此后中尼边界向东、西发展，但未向北发展。《清代中锡边界研究》一文，考证出乾隆时中锡边界即中锡传统边界所设七处鄂博的所在位置，指出1890年《中英藏印条约》所划定的中锡边界本依乾隆旧界，但是英国人怀特（John Claude White）非法移毁乾隆旧界碑，另设界牌，由此形成了20世纪80年代初地图上的中锡边界。《清代中不边界研究》一文，认为乾隆设立鄂博时，中不边界仅有支木山顶一处，其余边界未正式划定，18、19世纪西方人士的探查报告里曾提及一些中不西、北境边界，这些边界点是否就是中不传统边界，有待进一步考证。以上诸文梳理了清代前、后期直到今天之我国西藏边界的演

① 该展览于2016年12月10日开始，于2017年6月18日结束，参见：台北故宫博物院. 翠绿边地：清季西南边界条约舆图. 台北：故宫博物院，2016。

② 黄盛璋，王士鹤. 清代西藏阿里地区中印边界的历史研究//中国科学院地理研究所. 边界历史地理研究论丛. 内部资料. 1980；黄盛璋，王士鹤. 清代中印东段边界的历史研究//中国科学院地理研究所. 边界历史地理研究论丛. 内部资料. 1980.

变过程，而且对边界鄂博做出了较为严谨的考证，专门绘制出清代中尼、中锡、中不边界示意图及边界点或鄂博表附于各文之后，标明了今地并说明了考证过程、资料来源，为后来者的进一步研究奠定了坚实基础。

继其后，20 世纪 90 年代以来房建昌综合运用汉、藏和外文史料，对西藏边界问题做出了更深、更细的研究，并有较大突破。就中印边界而言，他不仅细究出近代中印西段习惯边界包括新疆段、西藏段的历史根据，而且对东段边界史有所补充，提出了更为全面的认识。① 就中尼边界而言，房氏《中尼边界洛敏汤考》指出，洛敏汤（指以木斯塘为中心的地区）原先与西藏关系较尼泊尔密切，主要居民属于藏族人，本为我国领土，1794 年清朝上层官员愚昧而致枉送于廓尔喀，此后这一地区就成了尼泊尔与中国西藏仲巴县、萨嘎县毗邻的边境地区，直至今日。② 房氏的另一篇文章《中尼边界初探》，全面叙述了清代以来中尼边界的演变过程及两国交涉情况，直到 1963 年中尼边界的勘定和相关问题的圆满解决。③ 房氏又有文章《中锡边界研究》，对清代以来中锡边界做出了系统研究，指出光绪朝中锡定界时，清朝官员失地于英国仍“不大了然”的历史教训，文中还对有关的汉、藏和外文历史地名做了考证比勘。④ 值得一提的是，谭其骧主编《中国历史地图集》第八册《清时期》之《西藏》图，受当时研究水平所限，仅绘出旧界与今界，未标中尼、中锡边界上的任何地名，房氏以上二文文末分别绘有《清代中尼边界示意图》《清代中锡边界示意图》，在乾隆末年所设鄂博处加上今名，补充了《西藏》图边界地名之缺，较《中国历史地图集》第八册《清时期》之《西藏》图有了明显进步。

除了上述研究，学界探讨较多的是“麦克马洪线”。1988 年，景辉

---

① 房建昌. 近代中印中段边界史初探. 中国边疆史地研究，1998（1）；房建昌. 近代中印东段边界史略//邢玉林. 中国边疆研究通报. 乌鲁木齐：新疆人民出版社，1995；房建昌. 近代中印西段边界史略. 历史研究，1997（5）；房建昌. 近代中国与巴基斯坦边界史初探. 中国边疆史地研究，1997（3）.

② 房建昌. 中尼边界洛敏汤考. 中国边疆史地研究报告，1991（1/2）；房建昌. 中尼边界初探. 中国边疆史地研究报告，1992（3/4）；房建昌. 中锡边界研究. 中国边疆史地研究报告，1992（1/2）.

③ 房建昌. 中尼边界初探. 中国边疆史地研究报告，1992（3/4）.

④ 房建昌. 中锡边界研究. 中国边疆史地研究报告，1992（1/2）.

综合运用中外文字史料和舆图，证明了中印传统习惯线在喜马拉雅山南麓的历史事实，指出“麦克马洪线”是英国侵略的产物，我国从未承认，传统习惯线与“麦克马洪线”之间的地区历来归我国管辖。① 2003年，耿昕探讨了近代以来英国对中国西藏之侵略计划的逐步改变，包括“变西藏为缓冲国”、中国为西藏“宗主国”、“战略边界”计划，直到1914年“西姆拉会议”麦克马洪（Arthur Henry McMahon）正式提出“麦克马洪线”，以上步步紧逼，证明英国侵占西藏是早有预谋的。② 芦笛则根据对英国人瓦德（Frank Kingdon Ward）在近代中国西南的探险活动的分析，探讨了“麦克马洪线”与近代探险家之间的关系。③ 应该说，对“麦克马洪线”形成之前的中印传统习惯线仍有待进一步研究，特别是对英、印方面的资料收集仍有开拓空间。

中印边界亦涉及清代中国与拉达克的关系问题。20世纪90年代初，周伟洲系统分析了19世纪前、中叶西藏与拉达克的关系演变和划界问题，澄清了这一区域的史实。④ 丁名楠亦研究1846年英国侵占拉达克，并将原属西藏的拉达克归入克什米尔的历史，揭露出19世纪60年代以后英国篡改地图、支持阿古柏叛乱、企图在新疆建立缓冲国的历史。⑤ 近年来，拉达克引起更多关注，关于拉达克的舆图绘制及情报系统，皆有专精文章问世⑥，且拉达克在清末与清廷的关系，现今各类地图绘制有异，有待从学理上继续探讨。

中越、中老边界 1887年，张之洞就写有《广东越南旧界史据》，论述中越边界问题。⑦ 不过，辛亥革命以来，学界探讨中越边界问题的

---

① 景辉．中印东段边界真相．国际问题研究，1988（1）．

② 耿昕．英国对中国西藏的侵略与中印东段边界争端．东北师范大学硕士学位论文，2003．

③ 芦笛．麦克马洪线与探险家：英人瓦德在近代中国西南探险活动中的动机、地理与政治．西南边疆民族研究，2018（1）．

④ 周伟洲．19世纪前后西藏与拉达克的关系及划界问题．中国藏学，1991（1）．

⑤ 丁名楠．中印西段边界问题由来的片断考察．中国边疆史地研究报告，1991（3/4）．

⑥ 孔令伟．1724—1768年间拉达克、西藏与清廷间的欧亚情报网——以清代中国对莫卧儿帝国的认识起源为核心．清史研究，2018（2）；陈柱．康熙朝清廷对拉达克地图的绘制．中国藏学，2019（3）．

⑦ 张之洞．广东越南旧界史据//邵循正，聂崇岐，张雁深，等．中法战争：第7册．北京：新知识出版社，1955．

文章甚为少见，所见较早以中越边界为独立选题的论文为 20 世纪 80 年代初钮仲勋等撰写的《清代中越边界的历史研究》，认为中越边界演变经历了三个阶段：宋元开始形成，明清趋于稳定，中法战争后根据一系列条约形成现代边界。①

此后渐有中越边界研究论文刊出，其中既有中越边界云南段研究成果，也有中越边界广西段研究成果。就中越边界云南段研究而言，1991 年木芹《清代中越边界云南段述评》详细论述了中越边界临安府、开化府、广南府及普洱府的沿革史，得出中越自古有一传统习惯线，直到法国侵略越南进而侵吞云南大片固有领土后，才形成了今天的中越边界线。② 龙永行《中越界务会谈及滇越段勘定》，详述了 1885—1897 年中法关于中越边界云南段界务的谈判、勘定情况，并逐一介绍了 6 段边界共 93 块界碑。③ 马颖娜也系统论述了中越边界云南段界务交涉过程。④ 雍正年间围绕大、小赌咒河的争议，是解读清代早期传统国界观念的典型案例，也吸引了研究者的目光。⑤

就中越边界广西段而言，20 世纪 80 年代末以来李国强、萧德浩等皆有研究。李国强撰文探索中越陆路边界演变史，包括清代前期中越边界广西段的变化以及中法战争后我国所丧失的领土。⑥ 萧德浩研究中越边界广西段的沿革史及其特征，尤其对清代中法战争后广西段勘界、立界地段、界点、所设防汛等进行了细述。⑦ 龙永行撰文详述了光绪十一年至二十年（1885—1894）中法关于中越边界广西段会谈及勘界划定的全过程，最终将文渊、海宁、保宁三处划入越南，在中越东、西两段勘

---

① 钮仲勋，刘采玉. 清代中越边界的历史研究//中国科学院地理研究所. 边界历史地理研究论丛. 内部资料. 1980.

② 木芹. 清代中越边界云南段述评. 中国边疆史地研究报告，1991（1/2）.

③ 龙永行. 中越界务会谈及滇越段勘定. 中国边疆史地研究报告，1991（3/4）.

④ 马颖娜. 清代中越边界云南段界务交涉述略//苍铭. 民族史研究：第 9 辑. 北京：中央民族大学出版社，2010.

⑤ 何新华，石家铸. 清代雍正三至六年中越赌咒河边界争议研究. 东南亚研究，2014（3）.

⑥ 李国强. 中越陆路边界源流述略. 中国边疆史地研究导报，1989（1）.

⑦ 萧德浩. 中越边界广西段历史述略//广西社会科学院印度支那研究所. 印度支那问题讲座. 内部资料. 1986；萧德浩. 论中越边界广西段的特征//中国地理学会历史地理专业委员会《历史地理》编辑委员会. 历史地理：第 13 辑. 上海：上海人民出版社，1996.

界，共立207块界碑，至此中越边界问题完全解决。① 广西社科院中越边界沿革史课题组集体撰文回顾了中越边界广西段的历史。② 唐上意对清末中越勘界与界务交涉也有研究。③ 另外，孙宏年著《清代中越宗藩关系研究》一书，也述及清代中越传统边界线、边界之争以及中国丧失领土情况。④ 吴智刚认为，中法战争后中越边界勘分成为国人近代边界、边防观念形成的重要时期。⑤

与此同时，学界还对清末中越边界文献进行了整理。清人刘保林、张炳麟所撰《中越东段边界勘察记》，经傅郎云校点发表，对中越边界研究有重要意义。⑥ 萧德浩、黄铮主编《中越边界历史资料选编》，分为上、下册，多达100万字，按越南历史沿革将收集到的中越边界史料，包括我国历史文献以及近代以来越、法文相关勘界文献，分类汇编成册，以翔实的资料再现了越南疆域演变与边界沿革史，是研究中越边界的一部非常厚重的史料。⑦ 张宁等以广西社科院东南亚研究所的法国档案资料为基础，编成了三大册的《法国档案中的清末中法（中越边界）划界史料选编》，该书涵盖了函电、文件、报告、日记、笔录、清单、布告等原始资料，有力地推动了对中越边界问题的研究。⑧

所见研究中老边界的成果更少，仅有两篇文章。钮仲勋等撰文《清代中老边界的历史研究》，认为：清代以前两国的疆域具体界线虽不甚明确，但我国西双版纳的疆域比现在大得多是可以肯定的；乾隆时今老挝北部已收归我国版图，只是具体界线不甚明确；清末光绪年间的中老边界可以大致恢复。文后附有《中老边界示意图》和《中老边区主要民

① 龙永行. 中越边界桂越会谈及勘定. 中国边疆史地研究报告，1992（1/2）.

② 广西社科院中越边界沿革史课题组. 中越边界广西段历史研究的回顾与展望. 中国边疆史地研究报告，1992（3/4）.

③ 唐上意. 张之洞会勘中越边界. 广西民族学院学报（哲学社会科学版），1992（3）.

④ 孙宏年. 清代中越宗藩关系研究. 哈尔滨：黑龙江教育出版社，2006. 此书2014年再版时更名为《清代中越关系研究（1644—1885）》。

⑤ 吴智刚. 中法战争后清政府勘分中越边界中的观念变迁与措置纠葛. 中国历史地理论丛，2017（4）.

⑥ 刘保林，张炳麟. 中越东段边界勘察记. 傅郎云，校点. 中国边疆史地研究报告，1992（1/2）.

⑦ 萧德浩，黄铮. 中越边界历史资料选编. 北京：社会科学文献出版社，1993.

⑧ 张宁，孙小迎，李燕宁. 法国档案中的清末中法（中越边界）划界史料选编. 北京：社科文献出版社，2016.

族分布表》。① 其后，李国强将中老边界形成历程划分为三个阶段，并对此做出详细叙述，基本廓清了中老边界的演变过程，并总结出中老边界不同于中国与其他国家边界的特征。②

6. 钓鱼岛问题研究

早在1972年，日本学者井上清在赴冲绳考察后就撰写了《钓鱼群岛（尖阁群岛等）是中国的领土》一文，后来在此基础上完成了《关于钓鱼岛等岛屿的历史和归属问题》一书，是较早就钓鱼岛主权发表意见并进行深入学术性研究的著作，可谓是系统研究钓鱼岛的开创之作。书中以充分的论据与翔实的资料证明了钓鱼岛原为中国领土，并非无主之地，在甲午战争中被日本夺取的历史事实。该书出版后对中日两国的钓鱼岛研究有很大影响，1997年再版，较第一版增补了不少资料，内容更加充实、完善，2013年又版，可见其学术价值。③

进入20世纪90年代以来，针对日本觊觎、强占钓鱼岛的事实以及发表有关钓鱼岛历史的谬论，国内学界对钓鱼岛问题研究迅速兴起，仅就笔者所见，先后原创出版或翻译出版的专著就有十余部，见下表：

表1-7 1990—2013年钓鱼岛历史与主权研究著作不完全统计

序号	责任者及著述方式	著作名	出版项
1	吴天颖，著	《甲午战前钓鱼列屿归属考——兼质日本奥原敏雄诸教授》	北京：社会科学文献出版社，1994
2	郑海麟，著	《钓鱼台列屿之历史与法理研究》	香港：明报出版社，1998

① 钮仲勋，宋力夫. 清代中老边界的历史研究//中国科学院地理研究所. 边界历史地理研究论丛. 内部资料. 1980.

② 李国强. 中老边界历史形成探微//邢玉林. 中国边疆研究通报. 乌鲁木齐：新疆人民出版社，1995.

③ 井上清的《钓鱼群岛（尖阁群岛等）是中国的领土》一文发刊于日本《历史学研究》1972年2月号，参见：井上清. 关于钓鱼岛等岛屿的历史和归属问题. 北京：三联书店，1973：后记；井上清. 钓鱼岛：历史与主权. 贾俊琪，于伟，译. 北京：中国社会科学出版社，1997；井上清. 钓鱼岛的历史和主权. 贾俊琪，于伟，译. 北京：新星出版社，2013。

3	张平，著	《钓鱼岛风云》	北京：国际文化出版公司，2000
4	鞠德源，著	《日本国窃土源流 钓鱼列屿主权辨》（上、下册）	北京：首都师范大学出版社，2001
5	鞠德源，著	《钓鱼岛正名——钓鱼岛列屿的历史主权及国际法渊源》	北京：昆仑出版社，2006
6	谢必震，著	《中国与琉球》	厦门：厦门大学出版社，1996
7	陈在正，著	《台湾海疆史研究》	厦门：厦门大学出版社，2001
8	（日）井上清，著；英慧，译	《钓鱼列岛的历史和主权问题》	香港：天地图书，2011
9	张植荣、王俊峰，著	《东海油争——钓鱼岛争端的历史、法理与未来》	哈尔滨：黑龙江人民出版社，2011
10	李理，译著	《近代日本对钓鱼岛的非法调查及窃取》	北京：社会科学文献出版社，2013
11	（日）村田忠禧，著；韦和平，等译	《日中领土争端的起源——从历史档案看钓鱼岛问题》	北京：社会科学文献出版社，2013

其中，吴天颖著《甲午战前钓鱼列屿归属考——兼质日本奥原敏雄诸教授》，全书约 14 万字，在综合前人研究成果的基础上，利用大量档案及舆图史料，雄辩证明钓鱼岛为我国人民最早发现并命名的史实，并叙述了甲午战争后被日本所占的历程，驳斥了日本奥原敏雄等学者歪曲历史真相的言论。① 郑海麟著《钓鱼台列屿之历史与法理研究》一书，分为三编，从文献史料、国际法理、古旧地图三个方面，以强有力

① 吴天颖. 甲午战前钓鱼列屿归属考——兼质日本奥原敏雄诸教授. 北京：社会科学文献出版社，1994. 另外参见：吴天颖. 甲午战前钓鱼列屿归属考：增订版. 北京：中国民主法制出版社，2013。

的论据证明了钓鱼岛为我国所有。[①] 鞠德源专著《日本国窃土源流 钓鱼列屿主权辨》，是一部深入研究钓鱼岛列屿历史主权归属的力作。该书分为三篇：上篇“日本国窃土源流”，主要叙述日本侵占我国领土的过程；中篇“钓鱼列屿主权辨”和下篇“铁案如山证据说”，主要通过对文字与舆图史料的解读，证明了明清时期钓鱼岛就属中国管辖的历史事实，戳穿了日本在窃取钓鱼岛过程中所造的各种伪证。[②] 鞠德源的另一专著《钓鱼岛正名——钓鱼岛列屿的历史主权及国际法渊源》[③]，在回顾钓鱼岛历史轨迹的基础上，指出日本窃取钓鱼岛违背了国际法，然后通过大量的舆图史料证明钓鱼岛属于我国领土。

李理对日本国立公文书馆、外务省外交史料馆所藏关于1885—1895年日本非法调查及窃取钓鱼岛的原始档案史料进行了详细的翻译、整理，并配以原档图片及作者的考辨，为学界利用这些文献研究钓鱼岛问题提供了极大便利。[④] 张植荣、王俊峰探讨了立足于东海油争的钓鱼岛历史、法理问题。[⑤] 村田忠禧著《日中领土争端的起源——从历史档案看钓鱼岛问题》，将钓鱼岛放在琉球、中国、日本关系的大背景下，较为全面、清晰地展示了钓鱼岛问题之全貌，对中日两国均主张岛屿是本国固有领土的不同根据逐一进行考证，指出所谓“尖阁列岛”不属于琉球，甲午战前也不属于日本，而属于中国的事实。村田忠禧强调，“对于包括领土问题在内的诸问题，通过对话坦率地交换意见加深相互理解是重要的，不要对不合自己意见的声音充耳不闻”[⑥]。

20世纪90年代以来，学界发表的研究钓鱼岛历史主权问题的论文也很丰硕，实难一一列出，不过可以肯定的是，这些成果亦多从历史文献、国际法理这两个角度来论述钓鱼岛归属于我国的事实。具体说来，

---

① 郑海麟．钓鱼台列屿之历史与法理研究．香港：明报出版社，1998．

② 鞠德源．日本国窃土源流 钓鱼列屿主权辨．北京：首都师范大学出版社，2001．另外参见：鞠德源．从地图看钓鱼岛列岛的主权归属．地图，2004（1）。

③ 鞠德源．钓鱼岛正名——钓鱼岛列屿的历史主权及国际法渊源．北京：昆仑出版社，2006．

④ 李理．近代日本对钓鱼岛的非法调查及窃取．北京：社会科学文献出版社，2013．

⑤ 张植荣，王俊峰．东海油争——钓鱼岛争端的历史、法理与未来．哈尔滨：黑龙江人民出版社，2011．

⑥ 村田忠禧．日中领土争端的起源——从历史档案看钓鱼岛问题．韦和平，等译．北京：社会科学文献出版社，2013：7．

米庆余、东南风等从明清史料入手，通过文献考证，证明钓鱼岛历史上属于我国领土。[①] 牛汝辰、韩昭庆等分别对舆图标示地名、管辖范围进行研究，证明钓鱼岛自古属于我国领土。[②] 韩结根则通过对“友昆姑巴甚麻”及“久米赤岛”等琉球语地名的考释，认为钓鱼岛及其附属岛屿应归属于中国。[③] 张启雄根据国际法来验证钓鱼岛主权归属问题，指出日本对钓鱼岛的领有“与其说是国际法的先占，不如说是胜者的非法‘侵窃占’”[④]。

近年来，随着中日之间围绕钓鱼岛问题之纷争的不断上演，学界关于钓鱼岛的研究一时出现了繁荣景象，不同领域的学者纷纷踏足，这对深化关于钓鱼岛问题的研究当然是有利的。但学术规范方面的问题日益突出，这表现在：在回顾近代中日就钓鱼岛问题之交锋的历史时，不少研究直接从史料谈起，不太注重学术史的梳理，而实际上核心史料的发掘依然源于20世纪90年代初期老一辈学者的努力；研究与宣传没有严格区分开来，研究应以揭示历史真相为主，说到底要靠证据来说话；重复性研究非常突出，原创性研究成果不足；对日方的论证逻辑不甚了解，以至于很多立论并没有产生争鸣的效果。

钓鱼岛历史与主权研究中存在着一个较为明显的特征，即丰富的舆图史料之运用，多数学者用大量的舆图史料来论证钓鱼岛主权，这与明确记载钓鱼岛领土主权之文字资料的相对有限有很大关系，而舆图资料清晰明了，所谓“一张地图，胜过千言万语”。清代保存下来的舆图资料极为丰富，可供挖掘、利用的还有很多，尽可能利用之来补充文字资料记载之不足，这也是钓鱼岛研究劣势中的优势之所在。近年来，学界不少人将目光投向了古地图，试图从中找到解决钓鱼岛归属问题的坚实证据，加之世界各国图书馆数字人文方法的推进，不少国外图书馆将自

---

① 米庆余. 钓鱼岛及其附属岛屿归属考——从明代陈侃《使琉球录》谈起. 历史研究，2002（3）；东南风. 论钓鱼岛主权属于中国. 东南学术，2013（4）.

② 牛汝辰. 地图测绘与中国疆域变迁——地图主权价值论. 北京：人民日报出版社，2005；韩昭庆. 从甲午战争前欧洲人所绘中国地图看钓鱼岛列岛的历史. 复旦学报（社会科学版），2013（1）.

③ 韩结根. 从琉球语“友昆姑巴甚麻”及久米赤岛等地名考释看钓鱼岛及其附属岛屿的主权归属. 复旦学报（社会科学版），2013（6）.

④ 张启雄. 钓鱼台列屿的主权归属问题——日本领有主张的国际法验证. “中央研究院”近代史研究所集刊，1993（22下）：108.

己所藏的中文、西文、日文的地图数字化并公布在网上，客观上为推进这一领域的研究提供了绝好的契机。

严格说来，清代的疆域形成与近代失地研究始于清末，辛亥革命以来研究热潮持续高涨，但发展历程并不平稳，到20世纪50—70年代处于相对停滞状态，80年代以来迎来了研究的新阶段。百年来的近代失地研究获得了较大进展，现今研究状况可归纳为全国失地总体性成果的多元化、进展不一致的各区域边疆失地与边界研究，具体各区域研究进展又可概括为“间岛问题”与中朝边界史研究、长期兴盛的沙俄侵华割地史与中俄边界研究、颇具差距的西南失地与边界研究、较为后起的钓鱼岛问题研究这四个方面。可以看出，各个时期研究重心的变迁，一方面是学术关注的对象本身之内在变化使然，另一方面又与国际国内形势息息相关。如民国时期的边疆研究带有相当程度的政策应对性质，20世纪初连续不断的中缅边界纠纷促使了此后30余年中缅边界研究成果的大量出现；同样，清季民初外蒙古“独立”问题促使了国人对其“独立”原因、“独立”过程及中俄外蒙古交涉始末的研究；清末民初的英、俄私自瓜分帕米尔问题，引起了国人对帕米尔地区的研究。20世纪50年代，受国际政治关系影响，近代北部边疆失地研究成为禁区，研究成果多为美、日等帝国主义国家侵华史著作。20世纪60—70年代，苏联提出一系列歪曲我国边疆史实的言论并挑起边界纠纷，导致中苏关系恶化，因此，我国展开了“沙俄侵华史”研究，揭露了沙俄侵华罪行，证明了我国北部边疆领土丧失的历史事实。这一时段的研究成果明确地反映出当时的政治倾向，具有鲜明的时代特征。在边疆危机空前严重的情况下，一大批学者投入到对边疆历史和资料的梳理中，相关成果有《中国境界变迁大势考》《中国丧地史》《中国土地丧失史》《中国疆域沿革史》等。还有学者通过追溯中国疆域变迁史，着重探讨近代以来中国边疆领土的丧失，以此唤起民族觉醒，并鼓舞国人收复疆土，具有较强的启迪和教育意义。尽管不可避免地带有草创之际的诸多弊端，但不得不说这一时段的诸多研究奠定了近代失地研究的基础，也为百余年来边疆失地研究的整体兴盛打下了基础。对于海疆问题的研究，特别是钓鱼岛问题的研究，明显受到了近年来海洋史研究升温的影响，但2012年以后钓鱼岛问题的升温很明显地提高了这方面研究的受关注度。

研究区域的不均衡性仍是失地与边界研究的薄弱之处。20 世纪 90 年代初，吕一燃撰文指出了新中国成立以来中国边疆史地研究存在的明显不足："研究陆疆的多，研究海疆的少，研究东北、西北边疆的多，研究西南边疆的少，研究古代的多，研究近现代的少。"① 就近代失地研究而言，相较西南地区研究成果最为丰硕、研究状况最为成熟，但也不能一概而论，西南之云南、西藏、广西边界研究成果颇具差异，除了中印和中缅划界研究外，学界对中国与其他国家的边界划分研究还远远不够；东北、西北次之；北部再次之；东南海疆的钓鱼岛问题研究在 20 世纪初到 70 年代落后，90 年代以来呈现出后来者居上的趋势。此外，绝大多数研究实际上是对西方列强侵略史或边疆失地史的叙述，而非对丧失领土情况的探究，也就是说偏重于历史进程的梳理而失于对地理空间的考察，如何将"失地史"中的"失地"凸显出来，仍是这一领域面临的一个重要问题。

以往对中国疆域的研究中，比较注重对中文文献的搜集和整理。但清代以来，中国已逐渐融入国际体系，特别是鸦片战争以后，被更加深刻地卷入了国际体系。无论是疆域还是边界划定，几乎无一例外都不再局限于中国自身，而与域外国家发生了深刻的联系。因此，尽可能地收集域外国家保存的多语种文献，对于还原疆域与边界的真实状况会起到莫大的作用。如近年来在中朝边界争议中对李朝资料的收集，在钓鱼岛争端中对日本内阁文书的利用，都提供了中文文献无法替代的价值。对反面证据的学术争鸣同样重要。在涉及疆域与边界走向的论著中，一部分尚处于"自说自话"阶段，只注意基于某一方立场的立论，对于争议国的证据和逻辑不甚了解，也不注重分析，造成的结果是看起来争论很激烈，实质上没有什么交锋。当然，疆域与边界研究至今仍受到一些限制，这也在一定程度上对自由讨论造成了一定的影响。

在边界研究中，舆图这类特殊资料应进一步受到高度重视。我国漫长国界线的走向和确立毫无疑问是历史形成的。今天，我国在钓鱼岛、南海、藏南等地区与邻国的边界争端背后无一例外都有着复杂多样的历史原因。在解决边界争端中，合理、有效地利用国际法相关条文为我国的领土主张服务，是一种可行且易被国际社会认可的方式。国际法关于

① 吕一燃. 二十年来边疆史地研究的回顾和展望. 史学理论研究，1992（1）：27.

边界纠纷问题的条文所坚持的一个重要原则是无主地先占、时效取得等。在钓鱼岛、南海、藏南等边界争端中，我国丰富的历史文献尤其是古地图资料业已提供了具有较强说服力的证据，如关于钓鱼岛问题，国家海洋信息中心编写的《钓鱼岛——中国的固有领土》宣传册中提道：“1561 年（明嘉靖四十年），明朝驻防东南沿海的最高将领胡宗宪主持、地理学家郑若曾编纂的《筹海图编》一书标明了明朝海防管辖的沿海岛屿，其中卷一之《福建沿海山沙图》中包括钓鱼岛及其附属岛屿，表明这些岛屿至迟在明朝就已经纳入中国海防管辖范围之内。”① 这就将明代文献《筹海图编》中收录的《福建沿海山沙图》作为了支持中国对钓鱼岛实施长期管辖的最有力的证据。另外，明、清两代数量众多的古地图中明确标示的“钓鱼屿”“赤尾屿”“黄尾屿”，也为我国人民最早发现并命名钓鱼岛及其附属岛屿提供了有力证据。在 20 世纪 60 年代中印边界争端、清康熙时期穆克登查边确立的中朝边界走向等诸多问题上，古地图如印度测量局绘制的早期印度地图、朝鲜绘制的《白山图》等，都或直接或间接地起着关键的证据作用。

古地图之所以能在解决边界争端过程中发挥与文字史料完全不同的突出作用，就在于古地图关于边界和领土的记载非常确定，而文字史料则不然。历史时期大多数边界属于习惯线，缺乏精确的度量，也往往没有边界条约的法理约束，古人又多不具有明确的边界意识，故而关于边界的文字记载大多是相对模糊的。关于这些文字材料，基于立场的不同，其解释具有变通的余地，甚至会南辕北辙。但古地图则不同，它依靠准确的空间标示来反映疆域划分和领土归属，准确性高、可靠性强，具有无与伦比的证据性质。

目前，学界对边疆地区尤其是涉及领土争端部分的史料的收集与整理，业已取得很大的成绩，关于边疆地区的各类资料汇编和数据库也在陆续建设与完善中。但其中的古地图部分，现有成果还远远不够，不足以为我国当前的外交工作提供有力支持。学界比较常用的古地图选集以中国科学院曹婉如研究员主持编纂的《中国古代地图集》（分为战国至元、明代、清代三册）最为集中，另有《明代舆图综录》《中国古地图

① 国家海洋信息中心. 钓鱼岛——中国的固有领土. 北京：海洋出版社，2012：6-7.

辑录》《中国古地图精选》[①] 等。还有一批学者致力于海外古地图的调查与研究，相关成果有李孝聪著《欧洲收藏部分中文古地图叙录》《美国国会图书馆藏中文古地图叙录》，华林甫著《英国国家档案馆庋藏近代中文舆图》，林天人编撰《皇舆搜览——美国国会图书馆所藏明清舆图》，清代古地图集、古道编委会编《清代地图集汇编》，等等。这些古地图选集大多是全国性的，虽有部分边界地区的图幅，但毕竟不是专门针对这一专题的。关于钓鱼岛、南海地区的古地图，以往学者在研究中利用了一些国内外的古地图，如郑海麟先生对国内外钓鱼岛相关古地图的收集等，但与现藏于世界各地的、缺乏编目的丰富古地图资源相比，显然还远远不够，且不够系统。足够精确、细致且处于关键时间节点的地图证据，还存在很多链条上的空白。

与中国有着领土纠纷的国家的古地图，中国方面对此的收集、整理也十分薄弱。在领土争端中，除了要提供中国方面直接管辖领有的证据，还需要从当事国寻找间接的反证，证明对方所宣称的领土主张得不到古地图的支持，在一定程度上说，对方的反证比中方的正面证据更重要。这就要求我们对日本、越南、菲律宾、印度等国有关边界的古地图做好充分的基础整理与研究工作。

当然，与边界相关的古地图整理与研究，也面临着四大困难：

第一，有关边界的古地图收藏比较分散。目前国内比较集中的收藏机构是中国国家图书馆、中国第一历史档案馆、故宫博物院、中国国家博物馆、中国第二历史档案馆、中国地图出版社及台北故宫博物院，外交部可能保存了一些，各省市图书馆、档案馆中也保存有不少珍贵的边疆地图。此外，海外各大公私机构中也保存有大量的相关地图，比较丰富的馆藏地点有美国国会图书馆、柏林国家图书馆、大英图书馆以及日本京都大学、早稻田大学、国会图书馆等，还有不少地图为私人所收藏。要系统地予以收集，殊为不易。

第二，有关边界的古地图，除中文地图之外，还有许多外文地图，以往并未做过系统的目录编写，收集起来犹如大海捞针。中国明清时期

---

① 王自强. 明代舆图综录. 北京：星球地图出版社，2007；王自强. 中国古地图辑录. 北京：星球地图出版社，2002—2012；刘镇伟. 中国古地图精选. 北京：中国世界语出版社，1995.

绘制了部分沿海、沿边地图，但毋庸置疑，由于过去对海疆、边疆相对漠视，这些地图就准确性和翔实性而言，还存在很多不足。此时，西方各国出于海外殖民的需要，在中国边疆地区进行了大量的测绘和绘制地图工作，留下了难以数计的地图资料。尽管这批地图是出于殖民需要而产生的，但其中记载的岛屿名称、领土归属恰可以间接为我国的领土主张提供依据。例如，法国外交部档案馆所藏地图中 1842 年、1844 年的两份中国地图在今钓鱼岛及其附属岛屿附近标有的 hoa-pin-sin 和 Tia-yu-su 两个岛屿名称，正是中文文献中的花瓶屿、钓鱼屿，美国俄勒冈州里德学院（Reed College）藏有相当数量的 1895 年之前或之后不久的台湾地图等，都是可以发掘、利用的资源。

第三，有关边界的古地图往往缺乏相应文本的支撑，其绘制时间、绘制者身份、绘制背景并不清晰，需要从浩瀚的史籍中追查蛛丝马迹。这些古地图反映的区域主要是边疆地区，研究者必须具备历史学、民族学、比较语言学、国际政治、外交学、法学等方面的综合知识才能准确解读。对若干边界问题的研究，还必须熟悉邻国古文献、古地图的情况，相对而言，这是一件非常困难的事情，对研究者综合素质的要求非常高。

第四，古地图开放程度有限，利用所需手续繁杂。古地图属于特种文献，开放受到较多限制，国内各图书馆往往以各种理由禁止包括学术研究在内的各种利用。事实上，这一做法是不妥当的，给学者进一步查找相关历史证据造成了困难。相反，国外收藏机构在古地图目录编写、电子数据制作、开放等方面走在了前列，利用较为便利。

目前，对边界地区图籍资料整理与研究的不足，已对我国的领土主张应具有的完整证据链带来一定的不利影响。譬如关于我国对钓鱼岛持续有效的管辖问题，如果要形成一条我国自明代以来持续对钓鱼岛实施管辖的完整证据链，那么只有个别时间点的证据就显然是不够的，必须找到更多尤其是邻近 1895 年的古地图，这样，将使日方的根本立足点——1895 年 1 月之前，日本政府经过调查，确认钓鱼岛属于无主地，故将其纳入日本领土，并不在《马关条约》的规定范围之内，战后亦无须依照《开罗宣言》之规定予以归还——形成根本性的颠覆，将极大地提高我国领土主张在国际社会上的认可度。

鉴于目前与边界相关的古地图整理的薄弱之处，为进一步加强对古地图这类特殊文献的整理与研究，为我国下一步继续开展卓有成效的外交谈判提供丰富的文献依据，建议国家投入力量，迅速加强这一领域的研究，包括系统编制《现存中国与边界相关古地图联合目录》、建设“中国边界相关地图”数据库、选取若干重要地图资料以多种语言形式公开出版等。

第二章　从沿革地理走向政治地理

就整个历史地理研究而言，历史政区地理一直是重心之一。过去常常以复原疆域政区演变过程为研究内容，大多数属于沿革地理的考察，这种考察的最大意义是建立了比较齐整的政区沿革序列。而政区地理则探讨政区变化背后的规律性认识，最终要以地理来解释政治运行，从而走向政治地理。中国历史政治地理学的研究至少包括三个步骤的内容：第一，以复原疆域政区历史变迁的全过程为目的；第二，就疆域政区本身的要素进行分解式的以及政治学角度的研究；第三，研究政治过程对地理区域变迁的影响，换言之，也就是研究中国历史上的行政区划为何有如此繁复的变迁过程。①

就上述历史政治地理学的研究取向而言，无论是复原疆域政区历史变迁的全过程，还是进行政治地理的研究实践，都离不开更加丰富的资料。如果一个政区发生了某种变革，那么就要探究它从被提出、决策到最后实现的全过程，也许最早可以到清代有条件做到，因为单就中央决策而言，清代以前档案保存不多，所以只有个别的案例被偶然保存下来，而清代则具备复原政区变迁全过程的优良条件。要将历史政区地理推进到历史政治地理，研究清史自然是一个较好的选择，到目前为止，清代政区地理研究中也的确越来越呈现出历史解释的多元化与复杂性，进一步丰富了历史政区地理的研究内涵。

就清代地方行政制度研究而言，国内外研究成果比较丰硕，系统性的研究成果主要有赵泉澄《清代地理沿革表》、谭其骧主编《中国历史

① 周振鹤. 范式的转换——沿革地理—政区地理—政治地理的进程. 华中师范大学学报（人文社会科学版），2013（1）.

地图集》第八册《清时期》、牛平汉主编《清代政区沿革综表》、日本学者真水康树《明清地方行政制度研究——明两京十三布政使司与清十八省行政系统的整顿》。前三者具有工具书性质，以地图和沿革表的形式展现清代行政区划的变革；最后者则梳理了清代地方行政制度的变迁过程，包括督抚体制、直隶州政策、厅制、卫所、改土归流等方面。近期傅林祥等所著《中国行政区划通史·清代卷》①，既包括了对清代地方行政制度的梳理，也涵盖了对清代行政区划沿革的全面考证。国家清史纂修工程中设立“清史·地理志”项目，成果精细考证了有清一代各级政区沿革的全部过程，不过尚未公开出版。至于针对某一具体问题的研究成果则更为丰硕，其中关于省制和卫所的讨论早已成为学界热点，边疆地区的盟旗制、伯克制、将军都统制也有多篇论文予以探讨。在一些涉及清代地方行政制度的书籍如瞿同祖《清代地方政府》等中，也有与政区地理相关的内容，但多关注的是制度而非地理。随着研究的深入，不仅关于省制的讨论依然热烈，而且府和县这些普通政区也得到了研究者的关注，近年来对道、厅、卫所乃至县级以下政区的研究吸引了越来越多的目光，其研究进展值得期待。

但就清代地方行政制度与政区地理研究的现状而言，目前还存在较多不足之处：

第一，制度史研究中“人事”的隐形。过往研究多停留在对制度条文的梳理上，属于传统制度史研究的范畴，未能引入“人事”问题，以至“活”的制度史尚未获得完整呈现。如直隶州制度的改革，清代雍正年间开始持续新增大量直隶州，直隶州在制度设计中，显然是要作为向府的过渡阶段而成立的，直隶州知州的选任及其升迁途径正是该制度设计作为“过渡阶段”的典型体现，但雍正年间直隶州建设之时的人员由来等问题，以往并未被纳入直隶州制度研究中。再如明清时期卫所的变革，以往多就其沿革而言，视雍正年间对卫所的大规模裁撤为一根本变革，但若细致、深入地阅读明末史料，就可以看出此时卫所管理文官化趋势已非常明显，为清代卫所制度的变革打下了相当程度的“人事”基础。只有重视“人”在其中的作用，才可以称得上是真正的制度史研究。

---

① 傅林祥，林涓，任玉雪，等. 中国行政区划通史：清代卷. 上海：复旦大学出版社，2013.

第二，制度史研究中“空间”感的丧失。对于地方行政而言，由于中国区域之间的差异很大，各种行政制度在实施过程中必须符合各地的实际情况而有所调整，所以就产生了地方行政的空间差异，由此中国政治地理格局的差异就成为历史政区地理必须优先处理的问题。但以往研究基本上都停留在制度本身的变迁上，而未曾注意到地方行政制度背后最重要的“空间性”，以至本属于沿革地理核心的地方行政研究恰恰最缺少“空间”要素的考量。譬如省制，省级官员在各省之间的调动最具有空间分析价值，而且调动方向的差异正是体现中国政治地理格局的绝好样本，但以往对这一问题并无关注。再譬如厅制，以往也多注意厅的产生及其制度变迁，但在解释厅的功能时，多忽视其分布的空间特征；关于“冲繁疲难”分等制度，关于制度的产生与变迁，研究者众，但各省缺分的空间分布差异及各府厅州县等第之间的升降所体现的地方政治格局变动等，却鲜有研究者关注。

第三，制度史研究中“数据”的缺失。清代职官制度研究不同于前代的地方在于保存有系统、完整的官员材料，这就是定期更新的《缙绅录》。这批资料集是传统社会留给今人最宝贵的官员信息库，其特点有二：（1）连续性。乾隆以前因保存有限，只有零星的《缙绅录》存世；乾隆以后，基本上每年都有一本或多本，中间基本未有间断。可以说，将其中的官员信息汇集起来，就是整个清朝所有官员信息的大全。（2）全面性。《缙绅录》所载的官员上自京官，包括各个京师衙门的任职人员，下至外官，从地方督抚一直到最低等级的从九品、不入流官员，均有记载。因此，这样一套完整的量化数据集完全可以发挥“量化史学”的特殊作用，从而将地方行政制度史研究推进到“数据”分析阶段。

第四，制度史研究中资料利用还存在较大问题。特别是档案文书作为清史研究中最为重要的资料，在清史地理研究中利用不足。

第一节　清初分省问题争鸣

清代省制讨论的核心问题是清初分省问题，为此聚讼不已，形成清史地理研究中一个罕见的争鸣。大体上，清代继承了明代的省制划分，但因明代是以布政使司为省的机构，而清代则转而以督抚辖区，面临着标准的转换，且清初正处于旧观念逐渐被新观念取代的过程中，所以看似平常的分省问题因不同标准的选取而不断产生争议。

清初分省即指江南省分为江苏、安徽两省，陕西省分成陕西、甘肃两省，湖广省分成湖南、湖北两省，其中讨论最为热烈的是江南分省问题。较早较有影响力的研究成果是季士家的《江苏建省考实》《江南分省考实》，讨论的均是江南分省问题，季士家在梳理职官变迁的基础上提出，应以布政使司迁治为标准，将分省时间定为乾隆二十五年（1760）。[①] 公一兵、王社教则赞同将分省时间定为康熙六年（1667）[②]；傅林祥认为清初分省是一个漫长的过程，但以康熙六年（1667）为分省的重要标志。[③]《清史研究》杂志曾组织过一次专栏，同期刊发了三篇有关清代分省问题的文章：段伟《清代湖北、湖南两省的形成——兼论分闱与分省的关系》，认为清代湖广分省与清代省制的变化息息相关，从湖广左、右布政使司分驻到改名，再到分闱、巡抚改名，湖广分省经历了一个漫长的过程，直到乾隆中后期，地方志与中央官修史书才开始重新构建湖北、湖南两省形成的标准和时间，湖北、湖南两省的形成时间不能简单地以某个时间点来断定；傅林祥《清代江苏建省问题新探》，通过对康熙六年（1667）前后相关史料的考辨，认为江苏建省始于顺治十八年（1661）的左、右布政使司分设，以康熙六年（1667）为新设布政使司命名而宣告完成；姜涛《清代江南省分治问题——立足于〈清实录〉的考察》，则认为江南省之分治，安徽、江苏两省之最后形成，是一个始于顺治、终于乾隆的漫长动态过程，但其分治大局于康熙四年十一月（1666年初）凤阳巡抚正式裁撤，其所辖府州分隶于安徽、江宁两巡抚后即已确定，其后安徽、江苏藩、臬两司的调整，均系为适应这一格局而做出的“微调”。[④] 由此可见，争论的核心显然并不仅仅是一

① 季士家. 江苏建省考实. 东南文化，1989（2）；季士家. 江南分省考实. 中国历史地理论丛，1990（2）.

② 公一兵. 江南分省考议. 中国历史地理论丛，2002（1）；王社教. 安徽建省时间与建省标志. 中国历史地理论丛，1991（1）.

③ 傅林祥. 江南、湖广、陕西分省过程与清初省制的变化. 中国历史地理论丛，2008（2）.

④ 三篇文章均发表于《清史研究》2009年第2期。

个职官迁驻的史实问题，而更多是一个怎样判定省的标准问题。

这样，就必然涉及对一个核心问题的讨论，即什么是省。学界对此仍然看法不一。侯杨方从清宫档案和内阁档案入手，探讨清代“十八省”的形成过程，并揭示了清初的“分省”实际是“地层累积”式建构的产物，其发端就是乾隆晚期官方编纂的一系列志书、政书；“省”与“十八省”并非清代的正式政区，而只是一种应用宽泛的通称，因此清代的官方文件中存着多个“十八省”体系之外的省，并且省下有省，指出“统部”的真实含义是一省概要，而非以往所认为的“省”。[①] 傅林祥不同意这一意见，他搜集了文献（特别是法典）中各种省的称呼，对文献中出现的不在“十八省”体系内的省名，一一分析其之所以被称为“省”的原因，认为“省”就是清代地方高层政区的正式名称，公文中存在的形形色色的省名，清人已经说明这是对省级行政机构（衙门）的称呼，另外，清人也习惯将省城简称为省，清代将地方高层政区、省级行政机构、省城均称为“省”。[②] 赖锐专门对“统部”一词进行了考证，指出该词从徐乾学为编纂《大清一统志》而造的“部辖”一词而来，被康熙初修《大清一统志》所利用，指代双层含义，而同时清代文人也开始更多地用它来指代最高一级的行政区划，随后各地地方志逐渐将“统部”作为最高政区的代名词来使用。[③]

清初分省问题特别是江南分省问题是清代政区地理和地方行政制度研究的热点与难点问题，以往争论很多，学者之间意见也有很大分歧，这归根到底是由对分省标准的认识歧异造成的：或以布政使司分治为依据；或循名责实，以名称确定为依据；或以治所迁徙为依据；或以分闱为标准。但不得不说，既往研究虽取得了突出的成绩，尤其在史实复原方面，基本梳理清楚了清初江南、陕西、湖广省级官员变迁的全过程，但在研究方法上还存在较为突出的两个问题：一是明、清两朝关于“省制”的认识发生了根本性变化，明朝以布政使司辖区为据，而清朝则以巡抚辖区为据，清初正是这一观念转变的过渡阶段，以往研究往往拟定

---

① 侯杨方. 清代十八省的形成. 中国历史地理论丛，2010（3）.

② 傅林祥. 政区·官署·省会——清代省名含义辨析. 中国历史地理论丛，2011（1）.

③ 赖锐. 清代“统部”考//中国地理学会历史地理专业委员会《历史地理》编辑委员会. 历史地理：第31辑. 上海：上海人民出版社，2015.

一个固定的分省概念，难免存在以后起定型的省制观念去解释清初史料，从而与历史事实产生距离的问题，带来的结果是对彼此冲突的史料多采用非此即彼式的解读，而不是采用疏通的办法，以至“公说公有理，婆说婆有理”；二是所用材料以方志和实录、会典为主，对档案文书利用不足，但方志和实录的修纂距离分省实际发生已有一段时间，这一时期编纂者对“省”的理解与其原始状态相比，已受到不同程度的“污染”，故不能严格限定史料的使用范围，对分省问题的认识始终笼罩在迷雾之下，最好是以顺治朝的材料论顺治朝，以康熙朝的材料论康熙朝，而不是笼统以所谓的“实录”作为权威文本。

近期，傅林祥《从分藩到分省——清初省制的形成和规范》一文在分省问题上取得了明显突破，不再依据某一后设标准去讨论何时分省的问题，不再寻求一个决断性的结论，而是致力于展现分省的复杂变迁过程，并且照顾到事实层面和观念层面两层因素。这样一来，先前在分省问题上很多歧异的材料就得到了很好的解释；在材料的使用上，发掘了清初尤其是康熙年间的方志、文集、奏疏，许多材料在分省问题研究上都是第一次被使用，对于每次关键性的职官与辖区裁设，都力争找到最原始的奏疏全文，这是此文在清初分省问题上取得一系列创见的关键。此文是目前对清初分省问题研究最为深入的一篇论文。①

第二节　府厅州县演变的制度史追踪

鉴于清代地理沿革较为繁杂，而官私文献记载又存在各种缺陷和不足，20世纪40年代赵泉澄著《清代地理沿革表》一书，主要利用档案史料，以文、表结合的形式，对清代各省下辖政区，包括府、直隶厅、直隶州的沿革和所辖县数的情况逐一详述，具体到每个省之下，先概述其所辖政区沿革，再详列表格，既实用又清晰，一目了然，为学界研究清代政区沿革提供了一部极其重要的工具书。② 约半个世纪后，牛平汉

---

① 傅林祥. 从分藩到分省——清初省制的形成和规范. 历史研究，2019（5）.

② 赵泉澄. 清代地理沿革表. 上海：开明书店，1941.

主编《清代政区沿革综表》[①]，结合档案等文献史料，以文、表兼备的形式，详细考证并分析了清代政区沿革。比较该书与上述赵著之异同，该书主要有以下三点创新：（1）《清代地理沿革表》主要侧重于乾隆以前的政区，《清代政区沿革综表》以宣统三年（1911）为限，较为全面地反映了清代政区沿革史；（2）《清代地理沿革表》中没做深入探讨的县级政区，《清代政区沿革综表》中详列了其沿革，较前书更为系统；（3）《清代政区沿革综表》有古今地名对照，还备注了各地经纬度、各府厅州县沿革之文献出处。张在普编著《中国近现代政区沿革表》，亦以表的形式编叙了1820年（《嘉庆重修一统志》所叙政区的截止年代）到1984年底全国县级以上政区的沿革。[②] 以上三部工具书大体上梳理清楚了清代政区变化情况，成为今天清史学界常用的政区与地名工具书。但限于出版年代较早，当时学界对清朝的一些特殊制度如卫所、道、厅的研究还不够深入，有关这些部分的内容疏漏较多，所以利用时要多加注意。傅林祥等著《中国行政区划通史·清代卷》，全面吸收百年来清代行政制度与政区变迁研究成果，以及近年来的新观点和认识，详述清代府厅州县行政体系的形成过程和职官制度的演变，逐一考证各省下辖政区的沿革，是目前最系统与准确的考证成果。[③] 此外，国家新修《清史》中列有《地理志》，邹逸麟为主持人，在各省府厅州县之下，同样将其沿革作为叙述重点，正有待与新修《清史》的其他部分一起出版。

以地图的形式反映清代政区的研究成果是谭其骧主编的《中国历史地图集》第八册《清时期》[④]，此书绘有嘉庆二十五年（1820）全国总图和各省分图、光绪三十四年（1908）全国总图，以历史地图的形式形象地展现出嘉庆时期和光绪末年的全国政区，是清代政区变迁研究的标志性成果。不过受各种因素所限，该图册所展示的政区边界仅到府级，还未到县级，个别地名有继续修正、完善的余地。另有王恢《新清史地理志图集》，是为配合《新清史·地理志》，采用手绘方式

① 牛平汉. 清代政区沿革综表. 北京：中国地图出版社，1990.

② 张在普. 中国近现代政区沿革表. 福州：福建省地图出版社，1987；张在普. 中国近现代政区沿革表（1820—2004）：修订本. 福州：福建省地图出版社，2006.

③ 傅林祥，林涓，任玉雪，等. 中国行政区划通史：清代卷. 上海：复旦大学出版社，2013.

④ 谭其骧. 中国历史地图集：第8册　清时期. 北京：中国地图出版社，1987.

完成，可作为参考。[①] 华林甫在 2008 年即提出了编绘《清史地图集》的设想[②]，这一设想在 2012 年被列入国家社科基金重大项目，目前已结项，成果即将出版。《清史地图集》为第一部断代历史地图集，它在继承传统考据方法的基础上进行创新，所设计图幅覆盖了清朝疆域范围内的所有地域，资料方面利用了各种满文和汉文文献、蒙古文舆图等。特别值得一提的是，该地图集在精确考证的基础上，全面复原了宣统三年（1911）内地县级政区界线，对边疆地区的政区界线也做了最大限度的复原。[③]

府作为清代行政体系中的中间环节，上隶于省，下辖厅、州、县，在清代行政体系中起着承上启下的重要作用，但关于府的研究成果不是很多。赵秀玲《论清代知府制度》从知府制度之渊源谈起，认为严格意义上的知府制度确立于明代，重点对清代知府制度之建设，包括知府之设置、种类、职掌、选任考迁等逐一进行详述，就清代知府制度之特点及在行政制度运行中所起到的举足轻重之作用进行了评述。[④] 史卫东等在《中国“统县政区”和“县辖政区”的历史发展与当代改革》一书中，分别对清代统县政区（府、直隶厅、直隶州）的设置和分布情况、职官职能演变、辖区演变、总数等逐一进行论述，进而对清代统县政区变革及其积极作用进行了评价。[⑤] 高茂兵著《府的沿革地理研究》，从政区通名和沿革地理的角度，对先秦到民国府的演变进行了长时段、贯通式研究，认为历史时期府经历了一个由虚而实、由高而低，直至最终消亡的发展历程，而清代为府的全盛时期；通过对府的地理要素包括分布、治所迁移、幅员、附郭县、名称等的探讨，认为清代的府呈现出南密北疏、东多西少的分布情况，并就铜仁府、思南府、兴安府等一些府

---

① 王恢的《新清史地理志图集》由台湾“国史馆新清史编纂委员会”审定出版，作为《新清史·地理志》的附图而单独印行。

② 华林甫. 关于编绘《清史地图集》的建议//陕西师范大学中国历史地理研究所，西北历史环境与经济社会发展研究中心. 历史地理学研究的新探索与新动向——庆贺朱士光教授七十华秩暨荣休论文集. 西安：三秦出版社，2008.

③ 《清史地图集》编撰完成. [2020-05-26]. http://www.cssn.cn/lsx/zgs/201808/t20180820_4545727.shtml.

④ 赵秀玲. 论清代知府制度. 清史研究，1993 (2).

⑤ 史卫东，贺曲夫，范今朝. 中国“统县政区”和“县辖政区”的历史发展与当代改革. 南京：东南大学出版社，2010.

的治所是否真正迁徙的问题，提出了与之前学者不同的看法，概括出雍正年间府幅员缩小与附郭县变化的三类情况，详述了宣统三年（1911）裁并府的附郭县之情况；利用大陆新修《清史·地理志》（待刊）对府的层级与等第变化做出分析，得出了与刘铮云不同的观点；对特定形态的府（京府、土府和军民府）、我国历史时期的府对周边国家或政权以及当今政区改革之影响逐一进行了探讨。①

厅是最能反映清代地方治理特色的政区建置。厅源于明末，入清后逐渐完善，到乾隆时正式形成，不过全国各地时间先后不一。清代的厅按其长官有同知厅和通判厅之分，按其兼衔有抚民厅和理事厅之别，按其隶属关系可分为直隶厅和散厅两类。直隶厅为统县政区，与府、直隶州一起构成清代行政体系不可或缺的重要一环；散厅为县级政区。学界关于厅的研究、讨论比较多。吴正心硕士学位论文《清代厅制研究》，较早关注到厅的问题，追溯了厅的起源，提出了作为地方行政区划的厅必须具有的指标，有厅界、分地分民、佐贰官和首领官、厅学等“积极指标”，以及独立衙署、管理本厅的民刑案件与钱粮税收等“消极指标”。② 施坚雅（G. William Skinner）在对清代城市的研究中关注到厅这一类特殊建置，认为厅的功能主要为防御，而非赋税。③

厅制是何时形成的？这是厅制研究的焦点问题。根据评判标准的不同，学者看法不一。真水康树提出了直隶厅、散厅定制化的两个标准，一是直隶厅与散厅发生明确区别，二是两者被分别看作独立行政机构；他还特别指出单纯的同知或通判之派遣不可被认定为“定制化”的指标，两者的“定制化”是在“乾隆三十年代中期完成”的。④ 傅林祥注意到清代“抚民厅”这一名称，借鉴今天的行政区划标准，提出了区分作为行政区划的“抚民厅”和作为府派遣机构的“厅”的标准，进而以此标准对抚民厅制从明天启年间萌芽到清乾隆十二年（1747）最终形成的过程做

---

① 高茂兵. 府的沿革地理研究. 桂林：广西师范大学出版社，2020.

② 吴正心. 清代厅制研究. 台湾中正大学硕士学位论文，1995.

③ 施坚雅. 城市与地方体系层级//中华帝国晚期的城市. 叶光庭，徐自立，王嗣均，等译. 北京：中华书局，2000.

④ 真水康树. 清代“直隶厅”与“散厅”的“定制”化及其明代起源. 北京大学学报（哲学社会科学版），1996（3）；真水康树. 明清地方行政制度研究——明两京十三布政使司与清十八省行政系统的整顿. 北京：北京燕山出版社，1997：23.

出初步探讨。[①] 胡恒对先前学界认为厅制起源于明代四川叙永厅、定型于乾隆十二年（1747）的观点提出质疑，认为厅制形成经历了三个阶段，即由同知、通判分防而有厅之雏形，由同知、通判领有专管之地而具厅之实，由援例添设而厅制形成，进而对清代厅制演变的多样性、厅的判别问题及厅缘何在清代成为正式政区给出了新的解释。[②] 此外，席会东将厅分为派遣厅和政区厅，对其分布与设置时间及功能做了宏观勾勒。[③]

除了关于厅的整体制度演变的研究，也有关于各个区域或特殊性质的厅的个案研究。比较重要的有陆韧《清代直隶厅解构》一文，此文从边疆民族构成变化与地方行政管理体制演变的视角，以云南地区为例，指出直隶厅是清朝在大量汉族移民进入边区后为实行有效管辖而创设的一种特殊政区，是边疆民族地区行政体制由土司制度或当地民族自行管理模式向全国政区一体化演进的过渡型政区，认为清代的直隶厅具有行政双结构、民族构成多样性、户籍管理分类性、赋役征收的差异性和军事管控等特征。[④] 乌云格日勒对雍正元年（1723）以来内蒙古地区厅的设置和演变情况做出全面考察，认为厅的设置集中于雍乾、光宣这两个汉民涌入的高潮时期，厅的设置不仅是地方统治的需要，而且是内蒙古游牧生产方式向农耕生产方式转变的体现。[⑤] 内蒙古大学和内蒙古师范大学的三篇硕士学位论文围绕“归绥十二厅”这一主题展开了研究。[⑥] 郭岩伟对清代前期口北三厅的形成原因、建立完善过程、职权析分演变、与周边的关系等问题做出全面考析，探究了各厅与包括宣化府、察哈尔八旗蒙古和口北道等在内的周边地区的复杂关系。[⑦] 任玉雪针对东北地区厅的发展脉络及其特征，提出了“旗厅”“民厅”的概念，认为东北的厅是为应对旗民杂处、旗民争端等复杂管理问

---

① 傅林祥. 清代抚民厅制度形成过程初探. 中国历史地理论丛，2007（1）.

② 胡恒. 厅制起源及其在清代的演变. 文史，2013（2）.

③ 席会东. 清代厅制初探. 中国历史学会史学集刊（台北），2011，43.

④ 陆韧. 清代直隶厅解构. 中国历史地理论丛，2010（3）.

⑤ 乌云格日勒. 略论清代内蒙古的厅. 清史研究，1999（3）；乌云格日勒. 口外诸厅的变迁与清代蒙古社会. 山西大学学报（哲学社会科学版），2007（2）.

⑥ 张弓. 论清代绥远地区的厅. 内蒙古大学硕士学位论文，2008；张雯. 从口外十二厅到绥远省建立——试探清末民初内蒙古西部建置变迁. 内蒙古师范大学硕士学位论文，2012；阿如汗. 内蒙古中西部诸厅之研究——以口外十二厅为中心. 内蒙古大学硕士学位论文，2011.

⑦ 郭岩伟. 清代前期口北三厅地区政区体制研究. 复旦大学硕士学位论文，2011.

题而进行的地方管理体制改革，先后经历了乾隆朝到嘉庆初年理事厅、嘉庆朝到光绪年间抚民厅、光绪末年到宣统二年（1910）直隶厅的演变阶段，厅具有一些与传统府、州、县不同的特性。① 张胜彦主要从职官制度角度，对台湾地区厅制演变，包括厅的组织职掌、经费分配、官员与差役之待遇、长官之任用与出身等做出了详细而深入的分析研究。② 鲁靖康对清代新疆厅的源流、政区厅与非政区厅的设置及其演变做出了较为全面的研究，特别针对新疆的情况对厅的判别标准及其隶属关系提出了新的见解。③ 此外，还有关于南澳厅、太湖厅、南雅厅、贵州“新疆六厅”、云霄厅、玉环厅的个案研究。④ 厅制的个案研究正呈欣欣向荣之势，并不断揭示出清代地方治理“因地制宜”的制度变通的一面。

目前关于厅的研究，尤其对若干个案的分析，已部分揭示出厅的设置背景、职责范围及其行政运作，但厅制在清代是一项基本的地方行政制度，以个案分析的方式去理解厅制本身，可言精细但难窥全貌，尤其考虑到厅制在地方行政实践中的地域性变通，这种分析方法就显得并不妥帖。笔者认为从制度史的演进入手，对厅制做一番整体和贯通的考察仍然是非常必要的，且至少应从五个方面着手：一是要从厅的地域划分和长官职责这两大核心问题而非今天的政区概念去理解厅的起源问题，首先有了地域划分才有新的行政区域产生的可能，只有负责该行政区域的长官在所管区域内具有了与知县、知州类似或者同样的职责，这个行政区域才具有独立性；二是要将厅制从明末萌芽之初到民国初年废止的过程做一个长时段的制度史梳理，尤其需要

---

① 任玉雪. 清代东北地方行政制度研究. 复旦大学博士学位论文，2003；任玉雪. 论清代东北地区的厅. 中国历史地理论丛，2011（3）.

② 张胜彦. 清代台湾厅制史之研究. 台湾风物，1993，43（2）；1993，43（3）；1993，43（4）.

③ 鲁靖康. 清代厅制再探——以新疆为例的考察. 西域研究，2019（2）.

④ 刘灵坪. 清代南澳厅考//中国地理学会历史地理专业委员会《历史地理》编辑委员会. 历史地理：第 24 辑. 上海：上海人民出版社，2010；胡恒. 清代太湖厅建置沿革及其行政职能变迁考实. 苏州大学学报（哲学社会科学版），2014（5）；胡恒. 清代台湾“南雅厅”建置考. 台湾研究集刊，2014（3）；卢树鑫. 清代“新疆六厅”建置考. 贵州民族研究，2015（9）；叶江英. 清代福建云霄厅设置时间考辨——兼谈州县征收钱粮时间在清代政区研究中的作用//中国地理学会历史地理专业委员会《历史地理》编辑委员会. 历史地理：第 35 辑. 上海：复旦大学出版社，2017；朱波. 清代玉环厅隶属关系考辩//中国地理学会历史地理专业委员会《历史地理》编辑委员会. 历史地理：第 34 辑. 上海：上海人民出版社，2017.

对厅制在明末清初萌芽之际的情况及在清代的演变做一番细致的梳理，将其放在具体的行政实践与区域历史发展中考量；三是要对清代所有厅的建置，包括若干非厅建置的分防同知、通判辖区做一番全面的考察，认真辨析两者在行政实践中的差别，而非试图用某一个或某几个厅的设置去孤立地理解这一在设置目的、分布区域上均存在较大差别的制度；四是要考虑到厅制存在一个定型的过程，因此，对厅的建置的考察必须尽量利用这一政区设立之初的原始奏疏，而不要依赖后起的方志、政书等文献中有关沿革的记载，后者往往存在用定型后的厅制观念溯及以往的问题，甚至包括实录等文献，虽有些是抄录奏疏原文，但存在简化而失之片面的问题；五是明清时期地方行政制度的变迁是一个大的系统，必须将厅制演变置于整个行政制度变迁的大背景下来考察，将其与卫所裁革、改土归流、疆域拓展及清代地方施政理念结合起来讨论，而非就厅制而论厅制。

清朝的州分为直隶州和散州两类，前者属于府级政区，后者属于县级政区。州的研究也很受学界重视。真水康树较早关注雍正年间的直隶州政策及其相关问题，并加以评价，他认为雍正年间直隶州大量增置主要与财政事务有关，这在一定程度上否定了施坚雅提出的“为军事而设”之观点[①]；真水康树指出，雍正二年（1724）三月山西巡抚诺岷关于太原、平阳设直隶州之上疏是雍正年间直隶州政策的起点，这一政策在明清时期地方行政制度发展过程中具有划时代的意义。[②] 林涓从清前期行政区划改革的宏观背景入手，对全国直隶州的设置概况、变动及其原因等问题，以文、表结合的形式进行了系统考察，指出增置直隶州是清前期在简化政区层级的同时，为达到缩减府幅员之目的而采用的主要改革手段，并肯定了直隶州在全国行政区划改革中的意义。[③] 傅林祥对雍正年间直隶州政策提出了诸多新观点：其一，雍正年间析置直隶州只

---

① 真水康树指出：“只是在此点，笔者与施坚雅的观点不一样。施坚雅认定，直隶州、散州的机能与直隶厅、散厅的机能相当相似，其事务重点在于军事方面。反之，笔者认为，直隶州、散州的事务重点在于财政方面。但是，在其他方面，尤其是对于如下两点笔者表示赞同：第一，地方管理的目的大略可分为财政（征税）机能与军事（维持治安），府与县专司财政，而直隶厅与散厅负责军事。”［真水康树．雍正年间的直隶州政策．历史档案，1995（3）：90］

② 真水康树．雍正年间的直隶州政策．历史档案，1995（3）．

③ 林涓．清代统县政区的改革——以直隶州为中心．中国历史地理论丛，2000（4）．

是为了让知州盘查属县的钱粮，而不是“创建作为财政收入源最理想的府-县系统的试验阶段”；其二，从雍正二年（1724）到乾隆年间为直隶州制度不断完善时期，此间知州逐渐承担了相当于知府的职能；其三，“直隶州”和“属州”是元、明、清三代为了区别隶属关系与政区级别不同之州而采取的不同名称，与这些州是否有下属政区无关，雍正年间“直隶州”才被载入《清会典·户部》而成为正式行政区划，隶属于地方二级甚至三级政区的州之前加“属”或“散”字，而“属州”或“散州”是习称而不是正式名称，但其含义并无实质性差别；其四，到雍正末乾隆初，行政区划层级已经简化为三级。[①] 关于明清两代位于府与县之间的“属州”问题，学界以往关注不多，但“属州”实际是行政层级从明代三级、四级制的混合转变为清代标准三级制的关键之所在。华林甫《清前期“属州”考》认为“属州”与“散州”是有明确区别的概念，“属州为元、明和清前期府之下领县的州，与直隶州不同的是隶属于府，与散州不同的是它又领县。它产生于元朝，明朝大量增加，清初因之”[②]，与清后期文献中所指“属州”含义也不同；以此为基础，华林甫在此文中梳理了属州从出现到制度化的过程、从明末到清前期的沿革过程，比较了属州变迁的时空差异，认为清前期属州发生了剧烈变化，到乾隆年间全部消失，其消失原因主要有地理复远、治理不便、政区层级变迁的内在规律、统治者顺水推舟；华林甫在文末还对雍正年间属州集中消失的现象提出了疑惑，并从“古今政区无缝对接”的角度列举了新中国成立以来属州的影子。李大海通过对“属州视县，直隶州视府”一语的精辟解读，阐释了明清两代州制之间的巨大变革。[③]

卫所制度长期受到学界的关注。君约《清代卫所因革录》、楢木野宣《卫所之行方》二文，分别介绍了清初卫所裁并情况。[④] 顾诚《卫所制度在清代的变革》一文是清代卫所研究的标志性成果，他在此文中系统论述了清初到雍正年间卫所裁以及并、改为州县的过程，认为这一过

---

① 傅林祥. 清初直隶州的推广与行政层级的简化. 历史档案，2010（4）.

② 华林甫. 清前期“属州”考//刘凤云，董建中，刘文鹏. 清代政治与国家认同. 北京：社会科学文献出版社，2012：168.

③ 李大海. “属州视县，直隶州视府”：明清州制新解. 清史研究，2017（2）.

④ 君约. 清代卫所因革录//存萃学社. 清代掌故缀录. 台北：三人行出版社，1974；楢木野宣. 衛所の行方. 東京教育大學東洋史學論集，1954（3）.

程大致分为三步：（1）都司卫所官员由世袭改为任命；（2）康熙年间卫所内部的“民化”、辖地“行政化”加速；（3）卫所大规模并入或改为州县。① 该文提出的清代卫所的基本问题一直影响至今。毛亦可专以清代卫所归并州县为研究对象，对卫所下辖军户、屯田和税粮归并州县的过程进行了详尽的描述，特别是在资料的挖掘上用力甚大，多有创见。②

除了整体制度性的描述之外，由于区域之间的巨大差异，对卫所个案的深入考察成为清代卫所研究的基本取向，这在一定程度上也超越了先前卫所研究的国家取向，而更多从区域社会史角度观察卫所制度演变与区域历史之间的复杂关系，视角转换带来了研究新意。邓庆平探讨明清两代蔚州卫所制度演变与乡村社会变迁之间的关系，详述了蔚州地区从明代的蔚州、蔚州卫分立，到康熙三十二年（1693）蔚州、蔚县分立，因辖境划割不便而带来诸多管理问题，导致乾隆年间再次重新调整政区划分，使得州、县合而为一的演变过程，是卫所研究与区域社会史研究相结合的典范之作。③ 于志嘉撰文系统梳理了明代以来潼关卫行政体制演变过程④，其另一篇文章研究了清代江西卫所的沿革与人口分布情况。⑤ 雍正十三年（1735），澧州地区九溪、永定二卫最终设为安福、永定二县，标志着州县行政管理体制在湘西北地区的最终确立。孟凡松通过对九溪、永定二卫州县化过程的仔细剖析，勾勒出卫所变革与湘西北府州县管理体制的确立过程，指出卫所制度在地方行政制度变迁过程中具有军事控制、地方管辖与民族治理三个方面的意义。⑥ 马国君等对

① 顾诚．卫所制度在清代的变革．北京师范大学学报（社科版），1988（2）．另外参见：李巨澜．清代卫所制度述略．史学月刊，2002（3）。

② 毛亦可．清代卫所归并州县研究．北京：社会科学文献出版社，2018.

③ 邓庆平．卫所与州县——明清时期蔚州基层行政体系的变迁．“中央研究院”历史语言研究所集刊，2009，70（2）.

④ 于志嘉．犬牙相制——以明清时代的潼关卫为例．“中央研究院”历史语言研究所集刊，2009，80（1）.

⑤ 于志嘉．清代江西卫所的沿革与人口分布//《郑钦仁教授荣退纪念论文集》编辑委员会．郑钦仁教授荣退纪念论文集．台北：稻乡出版社，2001．另外参见：于志嘉．卫所、军户与军役：以明清江西地区为中心的研究．北京：北京大学出版社，2010。

⑥ 孟凡松．安福、永定二县的设置与清代州县行政管理体制在湘西北的确立．中国历史地理论丛，2008（1）；孟凡松．卫所沿革与明清时期澧州地区地方行政制度变迁——以九溪、永定二卫及其属所为中心//中国地理学会历史地理专业委员会《历史地理委员会》编辑委员会．历史地理：第23辑．上海：上海人民出版社，2008.

明清两代贵州地区卫所置废背景与原因、过程、特点及其历史作用进行了全面探讨和分析，认为清初贵州的卫所仍保留有大量军队，对新生的清王朝构成了一定的军事威胁和压力，这是促使清廷对贵州进行裁卫并县改革的主要原因。① 李嘎等以雍正年间朔平府的设置和行政经营为例，来追溯晋北边疆角色丧失之后，大同府境西部右玉、左云、平鲁诸卫地域之内新置朔平府的过程，从中窥测政策制定者在处理国家意志与地方社会关系问题时的基本取向。② 可见，不同区域的卫所改制都具有自身的特殊性，这也是卫所研究继续挖掘新个案的契机。③ 如何将明清两代卫所研究贯通起来，不仅关注政区沿革本身，而且能将身份、宗教、生计、军事、文化等问题与之联系在一起，展现出明清两代卫所制度转变的复杂性和立体性，仍有待进一步探索。

关于清朝的县，从职官制度角度进行的研究较多，从区划角度进行的研究也有一些，因多是个案分析，故将其放在政区设置的内在动力部分，就其间所体现的视角与方法转变择要叙述。

太平天国时期的行政建置，20 世纪 90 年代以前是一个研究热点。1958 年王天奖主要从职官制度角度，对太平天国的郡县两级地方政权之内容，包括郡县组织概况以及行政人员的产生途径、阶级成分、职权范围、所起作用等做出大致论述，认为已初步构成了一个完备而有效的地方行政系统。④ 20 世纪 80 年代以来，华强《太平天国后期政区图说（1860. 6—1864. 7）》指出太平天国前、后期政区变动较大，并主要概述了太平天国后期的五省建置沿革及下辖郡县情况，认为太平天国后期的政区中心区域跨东南二省，以三省交界之地为腹心向四周拓展，主要含安徽长江以南兼江北部分郡县，江苏长江以南以及浙江除东南、西南角以外这样一大片地区，其外围区域主要为安徽北部以及江西、湖北两

① 马国君，李红香. 明清时期贵州卫所置废动因管窥. 贵州大学学报（社会科学版），2011 (2).

② 李嘎，杜汇. 雍正年间晋北地区的政区改革与行政经营——以新设朔平府为例. 山西师大学报（社会科学版），2012 (4).

③ 另有学者对清代卫所屯田的民地化进行了研究，如：郭松义. 清朝政府对明军屯田的处置和屯地的民地化. 社会科学辑刊，1986 (4)；陈曦. 清朝对明代云南卫所屯田的处置. 云南民族大学学报（哲学社会科学版），2006 (4)。

④ 王天奖. 太平天国的郡县地方政权. 文史哲，1958 (5).

省。[①] 郭毅生主编《太平天国历史与地理》，收录了此前学界研究太平天国军事、历史和地理的主要研究成果，“是关于太平天国历史地理的较全面而兼有深度的嚆矢之作”[②]；其后附有华强等绘制的《太平天国政区省郡县表》，以各省政区为纲，详述了太平天国郡县地名演变、战争过程中攻占城池和失陷日期等情况。[③] 华强所著《太平天国地理志》，是系统反映太平天国政区地理全貌的杰出成果。该书主体内容对太平天国各郡县的地理沿革和疆界范围、新置政区及其避讳更名情况、起义前后攻占城池和驻防地区、诸王府邸及其官员等均有详细论述，也是一部查阅太平天国历史地理的极其重要的工具书。[④] 郭毅生主编的《太平天国历史地图集》，以地图形式展现了太平天国的行政建置。[⑤]

学界对浙江天省行政建置情况的专门研究成果有华强《太平天国浙江天省政区考》一文，此文主要是对浙江天省设置过程及名称、省城及辖区范围、郡县设置过程及名称演变的考证，并述及省级、地方职官。[⑥] 董蔡时等撰文《苏福省行政区划与县镇表》研究苏福省行政建置情况，分别列出了江苏布政使司乾隆二十五年至同治十三年（1760—1874）所辖府县表、苏福省各郡县职官表以及下属重要村镇表。[⑦] 随着太平天国运动乃至整个农民战争史研究低潮的到来，近年来对太平天国行政建置的研究已不多见。

此外，雍正年间是清代政区调整非常频繁的时期，这引起了一些学者的注意。华国樑撰文概括出雍正朝政区变动的总特征，即省级政区未做大的变动，调整的主要是府厅州县，府厅州县主要是增设而极少废

---

① 华强. 太平天国后期政区图说（1860.6—1864.7）. 历史教学，1988（10）.

② 郭毅生. 太平天国历史与地理. 北京：中国地图出版社，1989：前言.

③ 华强，陈志楣. 太平天国政区省郡县表//郭毅生. 太平天国历史与地理. 北京：中国地图出版社，1989.

④ 华强. 太平天国地理志. 南宁：广西人民出版社，1991.

⑤ 郭毅生. 太平天国历史地图集. 北京：中国地图出版社，1989.

⑥ 华强. 太平天国浙江天省政区考. 浙江师范大学学报（社会科学版），1988（2）；华强，陈志楣. 太平天国政区省郡县表//郭毅生. 太平天国历史与地理. 北京：中国地图出版社，1989. 另外，邹晓芃与邹身城合撰《“浙江天省”史实考》[浙江学刊，2001（1）]，主要论述了太平天国创建浙江天省的前因后果及相关史实。

⑦ 董蔡时，吴竞. 苏福省行政区划与县镇表//郭毅生. 太平天国历史与地理. 北京：中国地图出版社，1989.

撤，扩大同城分治的现象，进而将雍正朝政区变动状况分为直隶州升府、析分直隶州、改卫所为府厅州县、增设县级政区四类，分别进行探讨，并分析了雍正朝政区大幅度调整的动因及得失。① 其后不久，李尚英撰文《雍正行政区域的变化》，以志书、会典记载为据，列表统计了顺治十八年（1661）、康熙六十一年（1722）、雍正十三年（1735）全国府厅州县名、数目，在此基础上比较各朝府厅州县的增加幅度，得出了雍正朝较康熙朝的增加幅度要比康熙朝较顺治朝的增加幅度大的结论，并详细剖析了雍正朝行政区域变化的政治、经济、地理原因及意义。②

第三节　县级以下政区研究的萌生

区域研究的兴起是 20 世纪 80 年代以来史学研究转向的显著特征之一，学界抛弃了过往拘泥于政治史的宏大叙事，转而试图通过个案或区域研究寻找到一条呈现"整体历史"的路径，构建起中国史学自身的解释模式。对"区域"做出何种界定，成为研究者需要优先处理的问题之一。行政区域作为中国历史上长期存在且具有较高稳定性的区域类型，便成为众多研究者的首选③，以省区为范围进行的明清社会经济史研究论著不胜枚举，尽管这一研究方法未尝没有争议。④ 政区变动所引发的

---

① 华国樑. 论雍正年间的政区变动. 苏州大学学报（哲学社会科学版），1991（3）.

② 李尚英. 雍正行政区域的变化//商鸿逵教授逝世十周年纪念论文集编委会. 商鸿逵教授逝世十周年纪念论文集. 北京：北京大学出版社，1995.

③ 杨国桢就认为，"选择清代行政区域作为社会经济区域划分的基础，既是学理的，又是功利的。它比以自然地理区或经济区、人文社区为基础，具有更强的综合性、比较性和效益性，更符合本学科研究的要求，最为合理可行"[杨国桢. 清代社会经济区域划分和研究架构的探索//叶显恩. 清代区域社会经济研究：上册. 北京：中华书局，1992：38]。

④ 比较重要的挑战来自施坚雅在《中华帝国晚期的城市》中所展现的以市场为基础，将中国分为若干大区的"巨区理论"。近年来，部分学者呼吁以流域为中心展开区域研究，引起了学界相当程度的重视，参见：王尚义，张慧芝. 关于创建历史流域学的构想. 光明日报，2009-11-19；王尚义，张慧芝. 流域问题研究的创新和不足. 光明日报，2009-11-21；王尚义，张慧芝. 科学研究解决流域问题. 光明日报，2009-11-25。

地方社会变迁也成为观察国家与社会互动的一种视角。① 由此看来，对行政区划的研究，不单单具有沿革地理的意义。

就地方行政制度史与历史政区地理这两大研究领域而言，关于县级及其以上行政层级的研究论著可谓汗牛充栋，其基本框架已搭建完毕，研究精细程度也日益推进②，但对县级以下政区的研究则显得甚为薄弱：所呈现的面貌远不如前者那样清晰，且有限的研究通常聚焦于梳理被统称为“乡里”的制度史，利用的材料也多以律令条文为主，对实际运行状态的探析较为少见；宏观勾勒较多，精细的个案研究较为匮乏，尤其对这些“乡里”组织的“空间性”，即其是否具有地域性，其地域范围的由来和演变等，关注较少。③ 究其原因，大概有三：一是县级以下政区及其组织不像县级及其以上层级的政区类型规整，由于缺乏制度上的严格安排，随意性很大，一县之内的区域组织层级关系就可能存在多种形式，相邻两县的区域组织甚至名目都有差异，给研究带来了很大的难度；二是缺乏系统性记载，保存至今的文献资料，对于县及其以上层级的行政组织记载是相对完整的，而对于县以下基层组织的记载非常琐碎，更不要说它们的具体空间范围

---

① 代表性论文有：张伟然. 归属、表达、调整：小尺度区域的政治命运——以“南湾事件”为例//中国地理学会历史地理专业委员会《历史地理》编辑委员会. 历史地理：第 21 辑. 上海：上海人民出版社，2006；李嘎. 雍正十一年王士俊巡东与山东政区改革//中国地理学会历史地理专业委员会《历史地理》编辑委员会. 历史地理：第 22 辑. 上海：上海人民出版社，2007；谢湜. 清代江南苏松常三府的分县和并县研究//中国地理学会历史地理专业委员会《历史地理》编辑委员会. 历史地理：第 22 辑. 上海：上海人民出版社，2007；乔素玲. 基层政区设置中的地方权力因素——基于广东花县建县过程的考察. 中国历史地理论丛，2010（1）；陈贤波. 明代中后期粤东增设新县的地方政治背景——以万历《普宁县志略》为中心. 中国历史地理论丛，2010（1）；胡恒. 关于清代县的裁撤的考察——以山西四县为中心. 清史研究，2011（2）；程森. 雍正年间山西民众“闹县”与县级政区调整——以临晋分县为例. 清史研究，2014（1）。

② 该领域的研究，20 世纪 90 年代以前以谭其骧主编的八大册《中国历史地图集》为代表，近期则有周振鹤主编的《中国行政区划通史》，已全部出版。

③ 现有研究思路大致趋向于两种取向：一种是制度史研究，如闻钧天《中国保甲制度》（上海：商务印书馆，1935）、赵秀玲《中国乡里制度》（北京：社会科学文献出版社，1998），侧重于研究被概之以“乡里”的制度衍变；另一种是基层组织史研究，以戴炎辉《清代台湾之乡治》（台北：联经出版事业公司，1979）一书为代表，该书对清代台湾乡治组织进行了系统而细致的研究。

了，资料上也呈现出时间和空间上的断裂，甚至清代这一以史料丰富而著称的时期也面临着同样的问题[①]；三是对研究者的知识结构要求较高，毫无疑问，县级以下政区的组成方式与土地制度、赋役制度、人口制度、地方治理模式都有着紧密的联系，研究者必须对中国乡村的基本制度有较为全面、透彻的了解，才有望在这一领域有所收获。

任何一个县级政区毫无疑问都是由更小的村落、基层组织组合而成，缺少这些区划“细胞”，根本就谈不上县级及其以上任何层级的政区。因此，对县级以下政区的讨论，将是从最根本上揭示县级政区构成的必由之路。大量地方性材料尤其是若干县级文献、档案资料早已证明，基层社会曾广泛存在着大量极其复杂的组织形态，其设置目的不同、功能有异，既有以治安为名而设立的，也有代表赋税征收的各种单元，其中相当一部分具有地域划分的性质。其名称繁杂，即就明清两代而言，如“乡”“堡”“圩”“图”“社”“铺”“地方”“司”“里”等名目迭出。这些组织名目应当如何理解？哪些是具有地域形态的划分？哪些在实际运行，哪些仅仅徒具名目？其地域形态是何时形成的，是如何演变的？不同地域形态之间又如何统摄？这些都是亟须深入研究的问题。

对于基层区划，近年来已有一些研究者关注到这一问题，并做了一些很有启发意义的研究。余蔚鲜明地提出了“县以下政区”这个概念，他注意到宋代已开始出现为数不多的将主簿、县尉派驻到县驻地以外的其他地区，从而引发县域政治地理结构变化的案例，由县尉和巡检划区而治的现象已较为常见。这两种举措致使国家直接控制的层级向下延伸，在镇、场、寨、堡等县以下区域建立“官治”，尤其是镇被列为正式政区。[②] 这一研究已注意到，至少从宋代开始，县以下就开始出现正

① 周振鹤等曾提道：“《中国行政区划通史》……不研究县以下的区划。但这并非表示县以下区划的研究不重要，只是因为研究起来有诸多困难，而文献资料的不足是最重要的困难之一。这种困难并不只发生在中古时期，甚且对明代的都图制度，目前学术界的研究也都远不够深入。”（周振鹤，陈琍. 清代上海县以下区划的空间结构试探——基于上海道契档案的数据处理与分析//中国地理学会历史地理专业委员会《历史地理》编辑委员会. 历史地理：第 25 辑. 上海：上海人民出版社，2011：124）

② 余蔚. 宋代的县级政区和县以下政区//中国地理学会历史地理专业委员会《历史地理》编辑委员会. 历史地理：第 21 辑. 上海：上海人民出版社，2006.

式“官治”机构并分划辖区的现象。黄忠怀探讨了明代县以下基本的层级类型及各类区划的功能，并注意到南北差异，即北方以乡一社二级制为主，南方以乡一都一图三级制为主①，但显然这一宏观性研究还远不足以揭示县以下区划区域差异的复杂性。吴滔所撰《明清江南基层区划的传统与市镇变迁——以苏州地区为中心的考察》一文，着眼于诠释作为市场体系的市镇如何在明清两代与基层区划融为一体，勾画出市镇辖区逐渐被建构的过程。该文的突出贡献在于，摆脱了纠缠于基层区划之上的制度演进与组织架构，从基层组织的地域范围入手，聚焦于制度安排下的基层区划与因市场因素而形成的市镇区域之间互动、融合的复杂过程。② 吴滔的另一篇文章将研究视角投向了清初救荒活动中划分的以市镇为核心的“厂”的管辖区。“厂”这一非制度性区划逐渐演变成事实上的地方行政区划，并在清末民初筹办自治中得以确立。③ 吴滔的研究提醒我们，在制度史研究中绝不可忽略地方传统，尤其是那些非制度性安排而产生的区域划分在特定的地域社会中依然可能实际运行并得到有效认可。游欢孙接续吴滔的研究，讨论了从清末民初地方自治运动直至民国时期商业市镇如何一步步通过制度变迁由依附走向独立、由支离走向完整的政区实体化过程。④ 张研界定的“县以下行政区划”指的是里甲、保甲等法定社区与乡、都等传统自然社区，对于认识基层区划如何通过行政编组建构起县级区域有一定的理论价值。⑤ 张研的另一篇文章将州县佐贰、典史、巡检辖地作为一个独立问题进行讨论，代表了区划史研究向县以下延伸的趋势，尽管其研究结论因材料来源较为单一而值得重新讨论。⑥

如果说以上研究大体还只是从现象上揭示了县以下各类地域单位的存在及形成的制度背景的话，那么周振鹤、陈琍的《清代上海县以下区

---

① 黄忠怀. 明代县以下区划的层级结构及其功能. 史学月刊，2003 (4).

② 吴滔. 明清江南基层区划的传统与市镇变迁——以苏州地区为中心的考察. 历史研究，2006 (5).

③ 吴滔. 清至民初嘉定宝山地区分厂传统之转变——从赈济饥荒到乡镇自治. 清史研究，2004 (2).

④ 游欢孙. 地方自治与近代江南县以下行政区划的演变——兼论商业市镇的政区实体化. 中国历史地理论丛，2011 (2).

⑤ 张研. 清代县以下行政区划. 安徽史学，2009 (1).

⑥ 张研. 对清代州县佐贰、典史与巡检辖属之地的考察. 安徽史学，2009 (2).

划的空间结构试探——基于上海道契档案的数据处理与分析》则直面难度最大的乡、保、区、图、圩等清代县以下区划的界址问题。作者们认识到，以往对县以下区划的研究以历代县志为主要文献资料，虽能粗略反映其层级和幅员，但却无法给出其四至方位和彼此间的明确界线。要将县级以下政区研究推向深入，必须要开发新的史料、运用新的技术。为此，作者们寻找到上海道契资料，其中系统地记载了大量道契分地所处地区的保、图、圩信息，经过一定的数据处理与考证，将道契档案所载的一块块分地重新在地图上定位，进而得到各分地所属保、图、圩的空间信息。这一研究无疑是目前为止最小尺度的区划范围的考证，对这一领域的研究具有示范意义，但它对材料的精度要求无疑是非常高的。

中国历史和社会的复杂性决定了研究县级以下政区问题必须从区域入手，但解决某一区域问题并不必然代表对其他区域问题的解决具有绝对的借鉴意义。因为相对于有着国家制度安排的县及其以上政区而言，县以下从未有过明确的、统一的地域划分体系，反而大多是历史时期国家管控与社会自发展的混合状态下的产物。这一区划形态不仅有现实的调整，更有历史的长期积淀，其复杂性显而易见。

根据笔者对清代县级以下政区的理解，县级以下政区大致可分为两类：

第一，由于州县僚属官的分辖而形成的政区。一些学者注意到，明清两代基层行政官员除知县之外的佐杂官员，如县丞、主簿、巡检司等，大多分防于乡村，故而从探讨其行政职能入手，对清代以降的中国基层行政给予新的解读。这些数量庞大的佐杂官员进入乡村后呈现出鲜明的区域性特征，甘肃、福建存在可以“征比钱粮”的分征县丞，四川南部县的县丞、巡检司在其辖境内享有有限度的司法权力，而长江三角洲一带的佐杂官员渐有成为“地方主官”的趋势，在清代大量出现了对遍布全国的佐杂官员具有辖区并享有相当程度之行政权力的记载。学者一般称之为“分防制度”，或者“次县级政权与辖区”。这类僚属官驻扎在县城或县城之外，分辖部分乡村，具有行政机构和管辖区域，其行政职能或近似于知县，或仅有治安之责，但在地理上都具有一定的管辖范围。这些捕巡辖区既非传统意义上的“全能政府”，又非黄宗智所言的

“半正式行政”[①]，而是介于两者之间，其长官具有朝廷命官的性质，故而区别于保甲长等地方职役，但又往往不具有钱粮、命案全责，与知州、知县不同。

第二，地方上形成的各类县级以下政区。近年来，随着乡村史研究的深入，学界对乡村与县衙之间的权力运行机制有了更细致的认识。黄宗智注意到居于县衙门与民间社会调解机制之间的乡保的作用，提出了存在于国家与社会之间的“第三领域”。但乡保只是沟通县与乡村之间的各类机制之一，各地广泛存在的保、图、社等要更为复杂多样，沟通机制也颇有差异，其中有的属于地域单元，但没有行政机构。这种类型的县级以下政区在历史时期广泛存在，地域名称尤为复杂。

关于县辖政区，学界曾在 20 世纪 90 年代初有过讨论，近些年学界又有所关注。现有研究可被归纳为四种视角，择要论述如下：

一是官僚制度史视角，侧重探讨其类型、职能、选任等。傅林祥在《清代的次县级政权与辖区》《清雍正年间的次县级行政机构及其职能探析》二文中，将这类辖区称作“次县级政权与辖区”，并拟定了次县级行政机构的判断标准，分析了它们的种类、分布及职能等。[②] 张振国对佐杂官员的缺分、等第、选任及迁转进行了考察[③]，左平撰文专门研究县丞群体。[④] 此外，申立增《清代州县佐贰杂职研究》、张浩《清代巡检制度研究》等，是从官僚制度史视角切入进行相关研究的优秀学位论文。[⑤]

二是历史地理学视角，侧重探讨其沿革、辖区、分布等。张研《对清代州县佐贰、典史与巡检辖属之地的考察》，以广东为重点，考察了州县佐贰、典史与巡检辖属之地的情况，认为它们并不构成一级行政区划，其理由是这些佐杂官员在辖属之地不能负全面之责，并且数量过少，也没有典

① 黄宗智．集权的简约治理——中国以准官员和纠纷解决为主的半正式基层行政//经验与理论：中国社会、经济与法律的实践历史研究．北京：中国人民大学出版社，2007.

② 傅林祥．清代的次县级政权与辖区//孙进己．东北历史地理研究．郑州：中州古籍出版社，1994；傅林祥．清雍正年间的次县级行政机构及其职能探析．清史研究，2011（2）．

③ 张振国．清代地方佐杂官选任制度之变革．历史档案，2008（3）．

④ 左平．清代县丞初探——以《清代南部县衙档案》为中心．史学月刊，2011（3）．

⑤ 申立增．清代州县佐贰杂职研究．首都师范大学硕士学位论文，2006；张浩．清代巡检制度研究．东北师范大学硕士学位论文，2007.

型代表性。鲁延召讨论了广东新安县官富巡检司的建置沿革问题。[①]

三是社会经济史视角，侧重探讨县辖政区与市镇管理、社会治理之间的关系。林绍明、张研、任放、张海英等均注意到了分防佐杂官员的存在，并将之与市镇管理联系起来。[②] 赵思渊对此提出质疑，认为巡检司驻扎市镇是出于建置维持成本的考虑，并不必然说明巡检是管理市镇的手段。[③] 日本学者太田出探讨了清代江南三角洲佐杂分防与以市镇为核心的区域社会的关系。[④] 贺跃夫撰文《晚清县以下基层行政官署与乡村社会控制》，指出清代巡检司、县丞署在乡村社会控制体系中的地位殊堪重要，晚清佐杂官缺的减少与皇权、绅权间的复杂关系有关。[⑤]

四是法律史视角，侧重探讨佐杂官员的司法责任。李凤鸣《清代州县官吏的司法责任》一书，专辟一章通过案例对佐杂官员的司法责任进行探究[⑥]，有助于消除对佐杂官员不参与司法实践的误解。进行更具体之研究的是吴佩林，他以《南部档案》中诉讼案件为据，证实县丞、巡检司实享有司法裁判权。[⑦] 茆巍撰文《万事胚胎始于州县乎？——从命案之代验再论清代佐杂审理权限》，由命案检验入手，认为佐杂在州县之下发挥着一级审判机关的作用。[⑧]

---

① 鲁延召．海防地理学视野下官富巡检司建置沿革研究——基于广东新安县的考察．中国历史地理论丛，2014（3）．

② 林绍明．明清年间江南市镇的行政管理．华东师范大学学报（哲学社会科学版），1987（2）；张研．清代市镇管理初探．清史研究，1999（1）；任放．学术规范与中国经济史研究——以明清长江中游市镇经济研究为例//冯天瑜．人文论丛：2003 年卷．武汉：武汉大学出版社，2003；张海英．明清江南市镇的行政管理．学术月刊，2008（7）．

③ 赵思渊．明清苏州地区巡检司的分布与变迁．中国社会经济史研究，2010（3）；赵思渊．屏盗之迹、拯民之恫：明清苏州地区的巡检司//常建华．中国社会历史评论：第 11 卷 2010．天津：天津古籍出版社，2010．

④ 太田出．清代江南三角洲地区的佐杂“分防”初探//张国刚．中国社会历史评论：第 2 卷．天津：天津古籍出版社，2000．

⑤ 贺跃夫．晚清县以下基层行政官署与乡村社会控制．中山大学学报（社会科学版），1995（4）．

⑥ 李凤鸣．清代州县官吏的司法责任．上海：复旦大学出版社，2007．

⑦ 吴佩林．万事胚胎于州县乎：《南部档案》所见清代县丞、巡检司法．法制与社会发展，2009（4）．

⑧ 茆巍．万事胚胎始于州县乎？——从命案之代验再论清代佐杂审理权限．法制与社会发展，2011（4）．

此外，还有对广州、台湾、上海、山东、山西等地区的个案研究。[①]总体而言，对县辖政区的研究已取得较大成绩，在若干问题上已取得共识，但仍需细化和深入。

第四节　边疆地区行政区划变迁研究

从民国肇建到20世纪60年代初，学界对边疆地区的行政建置演变的研究业已先后展开。20世纪90年代以来，学界对边疆民族地区行政建置演变的研究更为集中而深入。就研究内容而言，现今成果大致可归纳为流民招垦、边疆危机与东北二元行政管理体制演变研究，移民开发与漠南蒙古地区郡县化研究，平定战乱与西北行政体制演变、政区重组研究，改土归流与西南地区府厅州县设置研究四个方面。

（一）流民招垦、边疆危机与东北二元行政管理体制演变研究

清代东北地区作为龙兴之地，旗民二元行政管理体制并存。[②] 光绪三十三年（1907）改制，废除三将军，建立奉天、吉林、黑龙江三省，东北地方行政管理体制逐渐与内地统一，进入省下辖府厅州县行

---

① 李克勤. 清代广州府属巡检司研究. 广东史志，1994（3）；胡仲恺，徐林. 明清广州府巡检司设置变迁初探. 兰台世界，2013（6）；韩虎泰. 晚清广州府巡检司的地域分布特征初探——以《宣统三年冬季职官录》的记载为中心. 地方文化研究，2014（1）；尹章义. 新庄巡检之设置及其职权与功能——清代分守巡检之一个案研究//台湾开发史研究. 台北：联经出版事业公司，1989；傅林祥. 古代上海地区的次县级行政机构//上海市历史博物馆. 上海市历史博物馆馆刊：第1辑. 上海：上海社会科学出版社，2002；孙同霞. 明清山东巡检司制度考略. 曲阜师范大学硕士学位论文，2008；杜汇. 清代山西地区的佐杂分防与基层社会控制. 山西大学硕士学位论文，2013.

② 清代东北旗民二元行政管理体制并存，较为复杂，关于两者之间的关系，学界观点不一。金毓黻提出“旗民二重管理体制”，即将军统领八旗驻防旗民和奉天府尹管理州县，赵中孚认为东北地区是“八旗驻防与民官合治”，赵云田认为东北采取的是军府管理体制，即将军是最高行政长官，统领八旗驻防和府厅州县，现今“旗民分治”观点得到了较多学者的认可，参见：金毓黻. 清代统治东北之二重体系. 东北集刊，1941（2）（收入：孙进己，冯永谦，冯季昌. 东北历史地理论著汇编：第5册　清代. 沈阳：辽宁省社会科学院历史研究所，东北民族历史考古资料信息研究会，1986）；赵中孚. 清末东三省改制的背景. “中央研究院”近代史研究所集刊，1976（5）；赵云田. 清代东北的军府建置. 清史研究，1992（2）；暴景升. 清代东北地区的八旗统制与州县设置. 中国人民大学博士后出站报告，2008；暴景升. 清代中前期东北地区统辖管理体制初探. 云南师范大学学报（哲学社会科学版），2009（2）。

政建置阶段。

1941 年，金毓黻撰写专文对清代统治东北之二元体制进行系统介绍，指出这种二元体制以奉天省为中心，而吉林、黑龙江两省附之。[①] 20 世纪 70—90 年代，赵中孚、田志和、赵云田先后撰文探讨清末东北行政体制改革的背景、过程以及原因等。[②]

不同于以往对旗民管理体制以及职官制度的研究，任玉雪从地方行政区划和行政制度变迁角度，对清代东北行政制度做出全面而系统的研究，得出如下结论：（1）旗民分治不是绝对的，一些事务需要旗民官会同办理；奉天将军、府尹、盛京五部的管理范围在一定程度上重叠，形成了遇事推诿、事权分散的局面；（2）旗民错杂居住导致了旗民基层行政组织的职权缺失与行政区划具有模糊性，这是清代东北地方行政制度的重要特征之一，乾隆中后期旗民基层行政组织走向融合，二元管理体制亦从基层开始消解，直到清末走向终结；（3）清末东北地方行政制度的改革是在边疆危机的催化下产生的，因此新设的行政区划与内地有很大的区别。[③] 暴景升分析清代东北地区采取多元统辖管理体制的原因和特征，认为与其政治上作为王朝的兴发之地、经济上作为满洲贵族的养生地、文化上作为保持满族传统的根据地、地理位置上作为边塞重地等因素密切相关，将军统领的八旗驻防制是清政府管辖东北地区的总特征，而对民人的管理则三省有别，民治机构主要是府厅州县，三省府厅州县的设置时间、设置区域与流民涌入时间、区域相一致。[④]

对各省行政体制演变的专门研究也有一些，如刁书仁论述了清代吉林地区行政体制演变及其特征，即清初至雍正朝为八旗一元化体制，雍正朝以后流民涌入导致形成旗民二元管理体制，清末由旗民二元管理体制转变为行省州县制[⑤]；又如张士尊从盛京移民迁入与管理体制之间的

---

① 金毓黻. 清代统治东北之二重体系. 东北集刊，1941（2）.

② 赵中孚. 清末东三省改制的背景. “中央研究院”近代史研究所集刊，1976（5）；田志和. 论清代东北行政体制的改革. 东北师大学报（哲学社会科学版），1987（4）；赵云田. 晚清东北军政管理机构的演变. 中国边疆史地研究，1992（4）.

③ 任玉雪. 清代东北地方行政制度研究. 复旦大学博士学位论文，2003.

④ 暴景升. 清代中前期东北地区统辖管理体制初探. 云南师范大学学报（哲学社会科学版），2009（2）.

⑤ 刁书仁. 论清代吉林地区行政体制及其变化. 社会科学战线，1994（3）.

互动关系着手，梳理并分析了该区二元行政管理体制的变迁。[①]

东北由于旗民二元行政管理体制长期运行，故而其行政运行制度极其复杂。既往研究对这一制度已有较多梳理，但这种二元体制与区域社会历史结合的复杂性仍有待继续揭示，特别是在清末转变为行省制之际，原有二元体制如何重新调整，仍有待深入研究。

（二）移民开发与漠南蒙古地区郡县化研究

清初漠南蒙古地区主要实行的是盟旗管理体制，雍乾时期随着汉人的涌入与蒙古地区的开发，蒙古地区农业区逐渐州县化。其后直到清末，漠南蒙古地区盟旗制与州县制处于并存状态，形成了二元行政管理体制。

早在20世纪20年代末就已有学者专门探讨蒙古地区郡县化的过程。朱偰《蒙古郡县化之次第》一文，梳理了明末到民国初年蒙古族西退、内属过程及漠南蒙古地区郡县化的次序。[②] 然此后长时段内研究进展不大，20世纪90年代以来，学界逐渐对内蒙古山西交界之口外地区、直隶之热河地区等之盟旗制向州县行政建置演变的过程及其沿革展开了研究。张永江针对清代漠南蒙古地区的二元管理体制，提出了“内地化”概念。[③] 各区域代表性研究成果如下：

内蒙古山西交界之口外地区 乌云格日勒探讨了清末新政前后内蒙古地区府厅州县的设置和推进过程，指出清末最后十年新置的府厅州县，不管是数目还是所辖地方，均超过了清朝的任何一个时期。[④] 梁卫东以鄂尔多斯为例，对清代汉族移民与内蒙古地区行政体制重构进行更深层次的探讨，进一步厘清了清代内蒙古地区厅的设置及国家在该区行政的逐步深入过程，并对行政体制重构的得失做出了具体分析。[⑤] 安介生《清代山西口外蒙古地区政区建置述论》一文，认为归化城及其周围

---

① 张士尊. 清代盛京移民与二元行政管理体制的变迁. 东北师大学报（哲学社会科学版），2004（4）.

② 朱偰. 蒙古郡县化之次第. 清华周刊，1928，30（8）.

③ 张永江. 论清代漠南蒙古地区的二元管理体制. 清史研究，1998（2）.

④ 乌云格日勒. 清末内蒙古的地方建置与筹划建省“实边”. 中国边疆史地研究，1998（1）.

⑤ 梁卫东. 清代汉族移民与鄂尔多斯行政体制重构. 首都师范大学学报（社会科学版），2011（1）.

地区行政区划的发展可大致分为雍正以前酝酿、雍正至同治年间全面推进到初具规模、光绪年间重大突破三个时期，并从行政区划演变与地方开发视角，分析了山西移民北上、口外地区农业开发与归化城诸厅设置的密切关系。① 此外，以口外诸厅建置沿革及行政体制变迁为研究主题的硕士、博士学位论文尤为丰富。

直隶之热河地区 颜廷真等研究了清代热河地区盟旗制与府厅州县交错格局的形成过程、分布情况及其原因，认为清代这一地区二元行政管理体制的形成、发展与清政府的政策紧密相关，先后经历了清朝立国前后的奠定期、顺治至雍正的萌芽期、乾隆到咸丰末年的初步形成期、同治到光绪二十年（1894）的最终形成期四个阶段，文中还附有热河地区盟旗与府厅州县行政格局交错图、统计表，形象地展示出热河地区二元行政管理体制的交错格局和建置情况。②

以上各文，从区域经济社会变迁与行政建置演变的视角，探讨了漠南蒙古地区移民开发、牧地垦殖所引起的区域经济形态和民族分布格局的变化，以及由此导致的二元行政管理体制的形成，并对漠南蒙古地区府厅州县制的形成、确立、扩展过程以及具体设置情况做出了较为详细的梳理，进而分析了其中的缘由及影响。其中，对于“厅”在二元行政管理体制中的角色尤其注意。

（三）平定战乱与西北行政体制演变、政区重组研究

雍正二年（1724）平定罗卜藏丹津叛乱后，清廷全面整顿青海、甘肃管理体制。周伟洲撰文略述了雍乾年间清廷对青海、甘肃藏族地区行政建置做出的较大调整，包括重设土司、裁改卫所、增设府厅州县以及因西藏、四川、青海划界所带来的州县改属问题。③

同治十二年（1873）镇压西北回民起义后，清廷为加强管理，对西北行政建置调整较大。赵维玺较为详细地考察了此次起义后甘宁青地区行政建置整合和防务建置的调整情况，行政方面包括设置化平川直隶厅、升平凉府属固原州为直隶州、调整藏区和巩秦阶道辖区等，并评述

---

① 安介生. 清代山西口外蒙古地区政区建置述论. 中国方域，1999（1）.

② 颜廷真，陈喜波，韩光辉. 清代热河地区盟旗和府厅州县交错格局的形成. 北京大学学报（哲学社会科学版），2002（6）.

③ 周伟洲. 清代甘青藏区建制及社会研究. 中国历史地理论丛，2009（3）.

了其积极意义和消极隐患。[①] 回民事变引起甘肃东南部地区回族、汉族族群分布格局发生变化，由此导致了一系列政区变革问题。晏波从族群分布演变与政区变革的视角，探讨了这一区域内回族群居地政区化的过程，分析了族群关系、宗教信仰、地方民众与政府互动对政区调整的意义。[②] 杜常顺从清代边缘民族地区纳入王朝国家体系的研究视野，观察州县制在青海东部“番汉交处”地区的推进过程及其经济、社会与文化的变迁，最终得出了该区的府、县（厅）行政架构仍以地方性秩序起主导作用的结论，因此，青海东部虽成为王朝国家所谓的“内地”，但还保持着浓郁的“边地”色彩。[③]

乾隆年间平定天山南北路战乱后，清廷即在新疆驻兵设防，置伊犁将军统一管辖，并在新疆东部，即乌鲁木齐以东地区着手建置郡县。清中后期以来，军府管理体制弊端日益明显，清廷逐步进行调整，直到清末新疆转变为与内地划一的省府厅州县管理体制。沈忱农《新疆建省设县的经过》一文，指出了清代在新疆统治政策之积弊，并对光绪五年（1879）左宗棠提出的新疆建省设县方案进行了详细剖析。[④] 吴万善以元、明、清西北地区的建置和行政区划为基础，着力探讨了 1840 年以来西北省区的形成与行政区划的变动。[⑤]

除对清代后期新疆地区建省设县情况的宏观概述外，还有多位学人集中而颇为深入地探讨了新疆地区的郡县化过程。林恩显对清代新疆建省前在东路设置州县行政制度的原因、内容、时间、辖区、特点、功能演变、得失及影响等进行了细致的探讨。[⑥] 刘传飞研究了清康雍乾时期嘉峪关以西至乌鲁木齐地区郡县制的扩展与镇迪道的形成过程，通过梳理和考证绘制出一张较为准确的郡县制扩展时间表，认为国家政治进程、移民及边疆开发是影响郡县制向边疆地区扩展的主要因素。[⑦] 郭润

---

① 赵维玺. 湘军与晚清西北建置的整合——以甘宁青地区为考察中心. 求索，2009（9）.

② 晏波. 近代甘肃东南地区政治地理研究. 复旦大学博士学位论文，2012.

③ 杜常顺. 论清代青海东部地区的行政变革与地方民族社会. 民族研究，2011（2）.

④ 沈忱农. 新疆建省设县的经过. 幼狮月刊，1961，14（2）.

⑤ 吴万善. 论近代西北的省区建置和行政区划的形成. 西北民族学院学报（哲学社会科学版），1993（4）.

⑥ 林恩显. 清代新疆州县制度之研究. 人文学报，1976（2）.

⑦ 刘传飞. 清康雍乾时期嘉峪关以西地区郡县制的扩展与镇迪道的形成. 陕西师范大学硕士学位论文，2012.

涛以巴里坤、伊犁和乌鲁木齐三地为中心，考察新疆建省前的郡县制建设进程：最先开始的是巴里坤和哈密两地，清廷在乾隆年间平定新疆南、北二路之后，因巴里坤、哈密为要地，很快将甘肃境内原设的道、厅移驻于此，并于乾隆三十八年（1773）置县建府，形成了以巴里坤为中心的行政区域；以伊犁和乌鲁木齐为中心的区域也随之跟进，清廷于乾隆二十五年（1760）在伊犁设“厅”，虽然设置时间较巴里坤、哈密两地靠后，但在乌鲁木齐之前；乾隆三十八年（1773）中部地区郡县体系已大体形成，乌鲁木齐获得与伊犁大体相当的相对独立地位，到四十五年（1780）以迪化直隶州为中心的郡县建置已基本完成，为清末省会定于此奠定了基础。①

另外，黄达远探讨了清代新疆几次大的政区变革与城市发展的关系，认为乾嘉时期新疆分割成安西南、北路和天山南、北路四大政区格局，各政区内实行不同的行政体制，这种多元行政体制促成了三大城市带，而未能形成全区统一的行政中心城市；晚清新疆的两次行政改革实现了由多元到一元行政体制的转变，全疆政区基本统一，形成了六府、二直隶州、八直隶厅、三十县级政区的行政区划，四个行政区划合为一体，建立了以迪化为中心的环形城市体系。②

综上所述，学界从国家与地方社会的双重视野，着眼于区域行政建置与社会变迁的关系，探讨了清廷平定西北战乱后，为加强防范和管理，在西北地区逐渐实行的行政体制改革。在复原西北边疆地区州县化过程的同时，也分析了这一地区社会变迁及相关的人口、民族分布等各方面的情况，从中挖掘出区域行政体制变更的丰富内涵，同时也加深了学界对区域社会历史的理解。

(四) 改土归流与西南地区府厅州县设置研究

清初四川、贵州、云南少数民族地区多实行土司制，雍正以来随着改土归流的推进，西南少数民族地区逐渐被纳入统一王朝的管理范畴。现今学界对赵尔丰在西康地区所进行的改土归流与州县设置的情况较为关注，成果颇丰。民国初年，可权撰文简述了清季西康地区府厅州县及理事官之

---

① 郭润涛. 新疆建省之前的郡县制建设. 西域研究，2013 (1).

② 黄达远. 清代新疆政区变革与城市发展. 西域研究，2009 (3).

设置序次。[1] 曹经沅撰文略述了西康所辖区域之清代政区建置沿革。[2] 冯明珠分析认为，西康建省、改土归流是光绪三十年（1904）英国侵略西藏，清廷为解决西藏问题而采取的方法之一，进而逐一详述了赵尔丰任职期间西康地区改土归流的过程和府厅州县乡设置情况。[3]

21 世纪以来，学者们选取不同视角，探讨清代贵州行政建置与区域开发、社会发展、民族变迁等的关系。杨伟兵从历史地理和地域社会史角度，重新审视清前中期云贵地区的行政制度建立、改土归流等对区域开发与社会变迁的影响，认为清前中期的政治过程并未对一些地域社会起到完全重构的作用，重建地域社会没有像学界原来认识的那样得到理想化呈现，不过总体上还是带动了云贵地区的深入发展，并最终实现了政治制度上的统一。[4] 林建曾分析了清前期完善贵州省行政建置、开辟苗疆对贵州社会进步的影响。[5] 余宏模概述了雍正时贵州改土归流的三大主要任务，其中之一即调整疆界、归并事权，并对黔湘、黔桂疆界的调整、政区改制及改属过程进行了分析。[6] 韩昭庆从明代贵州政区建置过程入手，详述清代贵州政区改制情况，包括卫所改县、境内空白地带政区设置及其思路，指出这对贵州开发的影响是立竿见影的，雍正年间最为突出，为外来移民的引入及其后该地的石漠化埋下了伏笔。[7] 孟凡松根据王朝统治下的地方行政管理体制变迁来观察明清两代湘鄂、川黔交界的武陵山区行政体制演进历程，以此来分析国家意志与地方实践之关系，结果表明赋役制度是导致不同地方行政管理制度之间发生空间冲突的主要原因，而区域开发的结果与要求则是地方行政管理体制变革

① 可权. 清季经营西康始末记. 地学杂志，1913（8）；1913（9）；1913（10）；1913（11）；1913（12）.

② 曹经沅. 西康. 地学杂志，1916（1）.

③ 冯明珠. 西康建省的渊源——赵尔丰与川边土司的改土归流（上）. 故宫学术季刊（台北），1984，1（4）；冯明珠. 西康建省的渊源——赵尔丰与川边土司的改土归流（下）. 故宫学术季刊（台北），1984，2（1）.

④ 杨伟兵. 清代前中期云贵地区政治地理与社会环境. 复旦学报（社会科学版），2008（4）.

⑤ 林建曾. 清朝前期完善贵州省建置、开辟“苗疆”及其影响. 贵州民族研究，1992（2）.

⑥ 余宏模. 试论清代雍正时期贵州的改土归流. 贵州民族研究，1997（2）.

⑦ 韩昭庆. 清初贵州政区的改制及影响（1644—1735 年）//中国地理学会历史地理专业委员会《历史地理》编辑委员会. 历史地理：第 23 辑. 上海：上海人民出版社，2008.

的驱动力。[1]

必须要注意到，边疆与内地具有差异化的政区形式与行政体制安排，体现着清朝针对不同区域的治理差异。揭示这种差异，是认识清朝政治结构在空间上的安排的重要途径。除了要高度重视边疆与内地之体制的统一及差异之外，还要特别关注的是边疆与内地在交错地带的控制问题，如以历史地理学界常常强调的圈层结构来衡量，考察圈层交界地带的政区设置与行政体制安排是怎样变化的，也许比考察纯粹的内地或纯粹的边疆更能看出清朝在地方治理上的特色，这也是今后这一领域研究可以继续开拓的方向。

第五节　政区要素的分类探讨

从政区地理角度而言，行政区划有层次、幅员、治所、边界四大基本要素[2]，也有持“六大要素”之说者。[3] 其中，以幅员和边界最为重要。辛亥革命以来，学界集中研究的有清代政区的边界、等第、治所问题。

（一）清代政区边界研究

边界是行政区划的基本要素之一，亦是“空间单元”的分割，“地方”亦因此而形成并呈现出多重层次的组合。对于边界的研究，除了历史地理学界极为擅长的对界线的复原以外，围绕边界的形成及边界纠纷而导致的区域社会变迁也日益受到关注，从而使边界不再仅仅作为一条界线而存在，更是具有了以此来观察区域社会变迁的意义。然而，历史时期政区的界线并非如现今这般明晰。现有研究表明，直到清代，大多数政区的边界仍然是未经勘定的习惯性界线。

民国期间，学界较早关注的是清代政区边界中的插花地问题，新中

① 孟凡松. 郡县的历程——明清武陵山区地方行政管理体制研究. 陕西师范大学博士学位论文，2009；孟凡松. 赋役制度与政区边界——基于明清湘鄂西地区的考察. 中国历史地理论丛，2012（2）.

② 邹逸麟. 中国历史人文地理. 北京：科学出版社，2001：54.

③ 周振鹤提出六大要素，分别为层级、幅员、边界、形状、地理区域和地理位置。[周振鹤. 行政区划史研究的基本概念与学术用语刍议. 复旦学报（社会科学版），2001（3）]

国成立以来开始致力于清代政区边界的复原工作，最具代表性的成果是1987年谭其骧主编出版的《中国历史地图集》第八册《清时期》，此书绘制出嘉庆二十五年（1820）各省分图，每幅省图中复原出下属府级政区边界，不过尚未绘出县界。① 20世纪90年代，周振鹤总结出中国历史上政区划界的两大原则，即“犬牙相入”和“山川形便。”② 此后，逐渐有学者从不同视角，对我国一些区域明清到民国初期政区边界纠纷与划界问题进行个案探讨。就现有成果来看，学界较为关注的是高层政区勘界、划界问题③，而对统县政区和县级政区的边界演变关注不多。以下按研究主题分别探讨。

1. 清代勘界、划界研究

韩光辉有文简要介绍了雍正朝派员勘定京师城属（北京郊区与顺天府属州县间的边界）和直豫、鲁豫、黔桂等一些省区行政界线情况，以及勘界指导思想与成就。他的另一篇文章专门考察了清代北京城郊区行

---

① 谭其骧. 中国历史地图集：第8册　清时期. 北京：中国地图出版社，1987.

② 周振鹤. 犬牙相入还是山川形便（上）. 中国方域，1996（5）；周振鹤. 犬牙相入还是山川形便（下）. 中国方域，1996（6）；周振鹤. 中国历代行政区划的变迁. 北京：商务印书馆，1998.

③ 这方面的成果较为丰富，以下分区域介绍。关于农牧交错地带省界的研究成果有：王晗. “界”的动与静——清至民国时期蒙陕边界的形成过程研究//中国地理学会历史地理专业委员会《历史地理》编辑委员会. 历史地理：第25辑. 上海：上海人民出版社，2011；冯玉新. 界域变动与地方社会——以明清民国时期黄河上游农牧交错带为中心. 陕西师范大学博士学位论文，2011；冯玉新. 清代阿拉善蒙古与甘州、凉州二府的划界纷争及边界调整. 中国历史地理论丛，2012（4）。关于东北地区边界的研究成果有：鞠殿义. 关于奉吉两省中段交界的勘定问题//孙进己，冯永谦，冯季昌. 东北历史地理论著汇编：第5册　清代. 沈阳：辽宁省社会科学院历史研究所，东北民族历史考古资料信息研究会，1986；任玉雪. 清代吉林将军双城地区的身份制度与旗界、民界（1815—1911年）——兼论东北地区的封禁政策. 中国历史地理论丛，2013（3）。关于河滩、湖划界之争的研究成果有：胡英泽. 河道变动与界的表达——以清代至民国的山、陕滩案为中心//常建华. 中国社会历史评论：第7卷. 天津：天津古籍出版社，2006；胡英泽. 流动的土地——明清以来黄河小北干流区域社会研究. 北京：北京大学出版社，2012；徐建平. 湖滩争夺与省界成型——以皖北青冢湖为例. 中国历史地理论丛，2008（3）。关于西南地区边界的研究成果有：黄盛璋. 清代四川西北省界及其引起的黄河流经四川问题. 四川大学学报（哲学社会科学版），1957（1）；李凤珍. 清朝对西藏与四川、青海、云南行政分界的勘定. 西藏研究，2001（1）；郭声波，王开队. 由虚到实——唐宋以来川云贵交界区犬牙相入政区格局的形成. 江汉论坛，2008（1）；吴春宏. 明清时期黔楚边境的府卫纠纷——以黎平府与五开卫为例. 中国历史地理论丛，2011（2）。

政界线的大体走向，阐述了雍正朝勘定京师城属外部行政边界的意义。①胡恒讨论了“城属”出现的原因，并依据清代政书、档案等文献资料进一步证实了清代的城属范围包括了香山静宜园等西北一带，范围较志书及部分古地图所标绘的“城属”更大，澄清了“城属”仅仅指京师四郊的误解，而认为它包括了京师内外城和城郊的全部区域。②

《山西省历史地图集》和《山西省近现代历史地图集》绘出了清代山西的府县级界线。③ 蓝勇主编的《长江三峡历史地图集》复原了清代长江三峡地区的县级界线④，参与该图集编纂的三位成员先后写作了三篇硕士学位论文，分别通过对清末长江三峡地区重庆府、夔州府、宜昌府所辖各县级政区边界的考证和实地考察，复原出清末各府的县级政区边界图，同时绘制出区域县级政区全图。⑤

近年来，利用 GIS 技术进行县界复原成为时代所趋。王均等基于 GIS 应用处理，对清代陕西的县级政区边界做了数据化建库。⑥ 满志敏以民国以来的三种大比例尺地形图为底图，通过对方志所载青浦县（今上海市青浦区）的地域范围、边界点的考辨以及田地亩数的统计，全面复原了 1542—2001 年青浦县界变迁过程，并绘制出变迁示意图，据此研究得出：在县界复原中，获得合适的地图数据固然重要，但文献记载对展现县界变化仍是必不可少的，其中“当时和当事人的记叙”最重要。⑦ 应该说，该文不仅实现了青浦县界复原，而且展现了具体工作过

---

① 韩光辉. 清雍正年间的政区勘界. 中国方域，1997（4）；韩光辉. 清代北京城市郊区行政界线探索. 地理学报，1999（2）. 研究清初东南沿海地区迁界的典型成果有：林汀水. 康熙元年清廷对福建沿海的迁界及其灾难//中国地理学会历史地理专业委员会《历史地理》编辑委员会. 历史地理：第 19 辑. 上海：上海人民出版社，2003。

② 胡恒. 清代北京的“城属”与中央直管区. 开发研究，2016（2）.

③ 山西省地图集编委会. 山西省历史地图集. 北京：中国地图出版社，2000；山西省地图集编委会. 山西省近现代史地图集. 西安：西安地图出版社，2012.

④ 蓝勇. 长江三峡历史地图集. 北京：星球地图出版社，2015.

⑤ 刘旭辉. 清末长江三峡地区重庆府属州、厅、县界线复原研究. 西南大学硕士学位论文，2010；沈桂钊. 晚清夔州府各县界线研究. 西南大学硕士学位论文，2010；冯桂明. 晚清长江三峡地区内宜昌府各县界线复原研究. 西南大学硕士学位论文，2012.

⑥ 王均，陈向东，宇文仲. 历史地理数据的 GIS 应用处理——以清时期的陕西为例. 地球信息科学，2003（1）.

⑦ 满志敏. 1542—2001 年青浦县界变迁//中国地理学会历史地理专业委员会《历史地理》编辑委员会. 历史地理：第 25 辑. 上海：上海人民出版社，2011.

程，尤其对复原过程中应注意的问题都做了交代，是一个县级政区复原的典范研究。华林甫在主持编绘《清史地图集》的过程中，已将全面复原清代全国县级政区边界作为主要工作目标之一，而且在研究过程中发现这一目标在清代是完全可以实现的。项目组成员先后以政区边界问题为主题，写作了多篇博士、硕士学位论文，大大推进了这一领域的研究。

目前，对边界的复原研究，随着个案与区域研究的深入，有望在精确性上超出前人一筹。但必须要考虑的是，在对边界的解释上，周振鹤先生提出的政区划界的两大原则“犬牙相入”和“山川形便”已为学界公认，但这两大原则主要是针对高层政区而言的，不同层级边界划分的出发点自然有所差异，再加上历史长期发展的复杂性，所以常常出现不完全可以用上述两大原则解释清晰的案例，对于县级乃至县级以下的界线而言，更是如此。因此，在进一步进行个案研究的基础上，针对不同层级、不同区域的边界形态与划界原则，提出具有包容性的解释，亦将成为政区边界研究的目标之一。

2. 插花地研究

插花地作为政区疆界的一种特殊现象，在清代广泛存在，在一些地区尤其显著。20 世纪 30 年代，在全国范围内进行了各省市县界线划定工作，并在多数地区开展了清理插花错壤地的工作，当时整理了冀鲁交界地区、河南、陕西、江西、湖北、广东等地的插花地。20 世纪 40 年代，唐陶华最先研究了贵州插花地问题。20 世纪 90 年代以来，山东、河南、陕西以及西南地区、江南地区插花地研究陆续展开，还有学者对“插花地”“飞地”等概念及其性质问题进行了理论思考。

针对西南地区，唐陶华《贵州之插花地及其成因》扼要概述了贵州插花地情况，认为贵州插花地大约有华离地、犬牙地、瓯脱地三种，并指出了其形成的五类原因。① 杨斌对历史时期西南插花地做出了整体探讨，包括西南插花地的主要类型与分布区、产生过程、原因及其后的演变过程，并对插花地之流弊发表了自己的认识。② 他的专著《插花地研究：以明清以来贵州与四川、重庆交界地区为例》，集中对川（含渝）黔交界地区插花地做了系统、深入的研究，这是第一部以插花地为研究

① 唐陶华. 贵州之插花地及其成因. 人与地，1941（1/2）.

② 杨斌. 民国时期川黔交界地区插花地清理拨正研究. 地理研究，2011（10）.

对象的专著。[①] 马琦等撰写的文章借助古地图、地名学研究方法，以贵阳府、安顺府为重点，对明清两代贵州插花地做出专门研究，复原了清末的贵州插花地状况，认为清末贵州县级政区存在的插花地以贵阳、安顺、镇远、思州、黎平等府的亲辖地或附郭县最集中，贵州插花地众多与其政区设置方式有关，贵州插花地的长期存在有着复杂的政治、经济原因。该文弥补了对贵州地区插花地定量统计分析不足的遗憾。[②] 另外，覃影对清初川贵交界地区叙永厅治的双城形态（四川叙永厅与贵州永宁县治署互错的插花地问题）进行研究，分析了其形成原因、带来的问题和雍正年间的解决过程。[③]

针对冀鲁交界地区，路遥主编《义和拳运动起源探索》一书，以图、表、文相结合的形式，介绍了冀鲁交界地区，即临清、冠县、邱县、南宫、曲周、鸡泽、威县存在的插花地，追溯了其明清时期的来源及存在原因，并着重介绍了山东冠县十八村飞地的情况。[④]

针对河南地区，傅辉以归德、开封二府为例，探讨了明清时期河南插花地的成因、分布、争端及其对当时土地统计数据的影响，进而通过对民国以来清理拨正过程及其原因的分析，认为 600 年插花地的结束使得州县经界纠葛也基本结束，为河南土地数据可信度的提高奠定了基础。[⑤]

针对陕西地区，徐建平《行政区域整理过程中的边界与插花地——以民国时期潼关划界为例》一文，虽然重点研究的是民国时期潼关地区划界与插花地调整，但也详述了明清时期潼关地区在从潼关卫到潼关县、再到乾隆年间改厅的政区沿革过程中，插花地的产生、分布及演变情形。[⑥]

---

① 杨斌. 插花地研究：以明清以来贵州与四川、重庆交界地区为例. 北京：中国社会科学出版社，2015.

② 马琦，韩昭庆，孙涛. 明清贵州插花地研究. 复旦学报（社会科学版），2012（6）.

③ 覃影. 边缘地带的“双城记”——清代叙永厅治的双城形态研究. 西南民族大学学报（人文社科版），2009（11）.

④ 路遥. 义和拳运动起源探索. 济南：山东大学出版社，1990：5－14.

⑤ 傅辉. 河南插花地个案研究（1368—1935）//中国地理学会历史地理专业委员会《历史地理》编辑委员会. 历史地理：第 19 辑. 上海：上海人民出版社，2003；傅辉. 插花地对土地数据的影响及处理方法. 中国社会经济史研究，2004（2）.

⑥ 徐建平. 行政区域整理过程中的边界与插花地——以民国时期潼关划界为例//中国地理学会历史地理专业委员会《历史地理》编辑委员会. 历史地理：第 24 辑. 上海：上海人民出版社，2010.

针对江南地区，清代的太湖平原分属于两个省级政区。冯贤亮详细剖析了苏南（太湖平原地区）从高层政区到基层政区的“疆界错壤”现象，其引发的各种矛盾、社会危害以及清末民初改正错壤插花的整个过程，进而将苏南的自然地域与行政区划建置结合起来考虑，认为在太湖地域的疆界管理上，除了生态的统一，更需要行政的统一。① 吴滔从沿革地理、地名学等视角，对吴江、元和、青浦县之间章练塘镇这块插花地从形成到撤销的过程做出全面考察，以此为例揭示出插花地在清末民初江南市镇区域构建中所面临的特别处境，进而认为“探寻飞地行政区的成因具有相当程度的复杂性，除了前人既有的视角之外，立足于发掘区域开发的背景和政区调整的踪迹，或不失为一种可行的路径”②。

对于“插花地”概念，冯贤亮认为明代以来影响中国地方社会的“疆界错壤”，与现代以来通称的“插花地”、西方的“飞地”，尽管在形式上有许多共同之处，但在性质上还存在一些差异，主要差异在于：后两者的人口和赋税都多与插入地无关，仍然由所属府、州、县或省直接管理；而前者则不同，人口和赋税管理基本上是由两个或两个以上地方政府兼摄，或者人口归所属政区管理但赋税由插入地负责，或者赋税由所属政区管理但人口由插入地负责。③ 郭声波提出了“飞地行政区”概念，认为其形成主要有人文和社会两个方面的原因，并总结出古今飞地行政区的四个特点，还提出了未来改革的思路。④ 许之标的硕士学位论文《中国古代飞地行政区研究》，按政区层级将历代飞地政区分为三级进行考辨、计量统计和分析，并对其成因、类型与特点、社会影响与历史意义、演变趋势做出探讨，并得出了如下结论：“历史时期飞地行政区还有两个值得注意的方面：一方面，飞地的设置成为行政区划犬牙交错原则的补充；另一方面，飞地的设置呈现出两个规律，即一是层级类

---

① 冯贤亮．疆界错壤：清代“苏南”地方的行政地理及其整合．江苏社会科学，2005（4）；冯贤亮．明清中国地方政府的疆界管理——以苏南、浙西地域社会的讨论为中心//中国地理学会历史地理专业委员会《历史地理》编辑委员会．历史地理：第21辑．上海：上海人民出版社，2006.

② 吴滔．“插花地”的命运——以章练塘镇为中心的考察．史林，2010（3）：38.

③ 冯贤亮．疆界错壤：清代“苏南”地方的行政地理及其整合．江苏社会科学，2005（4）.

④ 郭声波．飞地行政区的历史回顾与现实实践的探讨．江汉论坛，2006（1）.

型随着时间推移呈现下降趋势，二是从政治、军事层面的需求转向行政、经济管理层面的需求。”① 杨斌指出了学界对插花地的认识较为混乱而尚未统一的现状，认为“不少学者将其等同于飞地（enclave 或是 exclave)，是极为偏颇的，有的学者认为北方民族的瓯脱之地为插花地的一种，也是不科学的，插花地是特定时期、特定历史条件下，特定区域内的各个政区（或行政区划）在形成、发展和变迁过程中归属明确但经界不正之地的总称，包括飞地和犬牙之地两种基本类型”②。无疑，杨斌结合自身十余年对西南插花地的研究和学界的相关成果、不同观点，对“插花地”这一概念提出的观点是较为成熟的，也是切合实际的。

总之，现今对插花地的研究多是对特定区域插花地的探讨。从追溯插花地的起源谈起，分析其对区域行政区划的不利影响，并较为详细地梳理出清末民初以来的疆界整合及插花地消失过程。不过，个案的累积仍是这一研究需要继续开拓之处，特别是对于区域范围较小、只在个别古地图和志书中才出现的插花地。就其基本概念而言，学界观点尚不一致，“插花地”与“飞地”混用现象还大量存在，仍有待在厘清历史文献的基础上进一步加以讨论。对于插花地形成的历史原因及其对行政体制造成的影响，乃至后续插花地或飞地消除的过程，仍有待结合区域社会史，放宽研究时段，进行综合和立体研究。

（二）清代政区等第研究

政区等第指同一层级政区的地位高低之别。我国历代把同一层级政区，依据幅员之大小、户口之多寡、赋税之差异、行政事务之繁简难易和地位之轻重等各种标准，划分为不同的等第。

早在 20 世纪 70 年代，朱沛莲就已撰写《清代及民初苏省各县等级考》。③ 20 世纪 90 年代，靳生禾、周振鹤等分别撰文从不同角度研究了历史时期政区等第变迁及其演变规律。④ 马春笋总结了历史上县分等的

---

① 许之标. 中国古代飞地行政区研究. 暨南大学硕士学位论文，2008：Ⅰ.

② 杨斌. 历史时期插花地的基本概念讨论. 西南大学学报（社会科学版），2013（5）：150. 另外参见：杨斌. 明清以来川（含渝）黔交界地区插花地研究. 西南大学博士学位论文，2011。

③ 朱沛莲. 清代及民初苏省各县等级考. 江苏文献，1977（1）.

④ 靳生禾，师道刚. 中国古地理文献中地方等第刍议//中国地理学会历史地理专业委员会《历史地理》编辑委员会. 历史地理：第 10 辑. 上海：上海人民出版社，1992；周振鹤. 历史上行政区划的等第变迁. 中国方域，1995（2）.

变迁过程及其规律。①

与此同时，对清代政区等第的专门研究也已开始。刘铮云对清代道、府、厅、州、县的等级制度“冲繁疲难”进行系统研究，并对《清史稿·地理志》府州厅县职官缺分繁简做出订误。② 施坚雅《城市与地方体系层级》，则从清代等级制度与经济中心的关系入手，列表比较“冲繁疲难”与“最要缺”等四等级的关系，进而探讨了各缺划定冲、繁、疲、难的原因和方式。③ 真水康树《明清地方行政制度研究——明两京十三布政使司与清十八省行政系统的整顿》一书第四章，对明代“繁简”制度的形成及清代“冲繁疲难”制度的完成过程进行了初步梳理。④

因清代地方政区等第与官缺相匹配，一些学者从清代职官制度史角度研究地方官缺制度。⑤ 张振国《清代道、府、厅、州、县等级制度的确定》，通过对清前期“冲繁疲难”和“最要缺、要缺、中缺、简缺”这两种划分官缺等级的方法进行分析，认为在雍正九年（1731）四要素制度确定时，四等级制度还没有最终确定，两者统一是在此之后。⑥ 王志明《雍正朝文官保举和题补制度》，对作为清代文官题补制度形式和种类之一的“冲繁疲难题补缺”的形成过程及其利弊进行了简要论述，认为雍正九年（1731）初步形成的这种划分制度，就全国而言有其不足之处。⑦ 王志明《雍正朝官僚制度研究》第三章第四节“冲繁疲难题补缺”，主要从“地方官员题补制度的确定”这一问题着眼，论述了“冲繁疲难”制度确立的原因和结果。⑧ 刘子扬《清代地方官制考》之书末列出了《全国各省府州县官缺表》，为后来者进行相关研究奠定了相当

---

① 马春笋. 县分等的历史研究. 华东师范大学学报（哲学社会科学版），1996（2）.

② 刘铮云. “冲、繁、疲、难”：清代道、府、厅、州、县等级初探. “中央研究院”历史语言研究所集刊，1993，64（1）；刘铮云.《清史稿·地理志》府州厅县职官缺分繁简订误. “中央研究院”历史语言研究所集刊，1994，65（3）.

③ 施坚雅. 城市与地方体系层级//中华帝国晚期的城市. 叶光庭，徐自立，王嗣均，等译. 北京：中华书局，2000.

④ 真水康树. 明清地方行政制度研究——明两京十三布政使司与清十八省行政系统的整顿. 北京：北京燕山出版社，1997：121－124.

⑤ 这方面的研究成果有：刘凤云. 清代督抚与地方官员的选用. 清史研究，1996（3）。

⑥ 张振国. 清代道、府、厅、州、县等级制度的确定//朱诚如，王天有. 明清论丛：第11辑. 北京：紫禁城出版社，2001.

⑦ 王志明. 雍正朝文官保举和题补制度. 清史研究，2003（1）.

⑧ 王志明. 雍正朝官僚制度研究. 上海：上海古籍出版社，2007：143－152.

的基础。[①] 再就是，董枫以乾嘉时期的浙江省为例，对清代府县级政区划等问题进行再审视，认为以“冲繁疲难”划分府县的制度在执行过程中，因国家无法实现对地方的实际了解而依赖于督抚，故乾隆后期要缺和中缺鲜有对等调换，结果导致这种制度不能完全反映地方的实际情况。[②]

经施坚雅、刘铮云、张振国等诸位学者的努力，清代政区分等制度的演变过程已比较清晰。以往有学者对缺分的类型依据某一个或几个年份进行过量化分析，如施坚雅、瞿同祖、和田正广、尹树国等[③]，其中施坚雅关于“冲繁疲难”四字背后所反映的王朝意图的探究富有趣味。但制度的另一层次即空间分布及其差异，除了施坚雅曾绘制过一张关于“冲”字分布的地图并由哈佛大学处理为 GIS 数据公开展示外[④]，尚未见到其他基于区域差异的研究，且关于缺分的量化分析多以一个或两个年份的静态统计为主，这些年份又多集中于乾隆时期，属于这一制度正式创立的早期阶段。到了后期，由于边疆地区新的省份的设立，政区分等制度又有所调整，而这种调整又从根本上改变了制度本身，但这尚未引起关注。政区分等本质上是一种选官任官制度，不仅需要静态的等第、缺分的数量统计，也需要与官员选任与流动结合起来。这一方面学界关注得较少，与这一领域的制度史研究取向有关，但更重要的原因恐怕是关于全国性政区分等的数据基础不太理想，足够精确的系统性、全面性数据不多，与缺分对应的动态的官员数据信息不易获取，以往依赖于手工统计无法完成太多数据分析功能，对各类技术工具如 GIS 等空间分析方法应用尚有不足。

（三）清代政区治所研究

治所作为政区的行政中心，常被学界纳为判断行政区划是否成立的重要标准或条件之一。历史时期政区治所变迁向来是学界探讨的薄弱环

---

① 刘子扬. 清代地方官制考. 北京：紫禁城出版社，1988：459－543.

② 董枫. 清代府县级行政单位划等问题的再审视——以乾嘉时期浙江省县级单位划等情况的讨论为例//中国地理学会历史地理专业委员会《历史地理》编辑委员会. 历史地理：第 25 辑. 上海：上海人民出版社，2011.

③ 瞿同祖. 清代地方政府. 范忠信，晏锋，译. 北京：法律出版社，2003：30；和田正广. 明代の地方官ポストにおける身分制序列に關する一考察 ：縣の清代との比較と通じて. 東洋史研究，1985，44（1）；尹树国. 盛衰之界——康雍乾时期国家行政效率研究. 合肥：黄山书社，2008：122－123.

④ http：//worldmap. harvard. edu/chinamap/.

节，专门针对清代政区治所的研究也是近几年才略有进展，主要是对清代政区治所迁移的研究，还有学者对历史时期的附郭县以及数县同城现象进行研究。

许鹏对有清一代省、府、厅、州、县政区治所的迁徙进行全面梳理和详细探讨，归纳出治所迁徙的时空分布特征，分析并总结其迁徙的九大类原因，试图从中发掘清朝行政机构治所设置的指导思想和规律。① 继其后，一些学者选择某一典型区域的政区治所迁移进行深入的个案研究，如李新贵等从史料中追溯宁夏泾源县从宋代到清代治所迁徙、废弃、复置的过程，并分析其原因，认为清同治年间新设的化平川厅之所以选择化平县为厅治，是清廷安置回民的原则与化平县的地理环境相结合的结果，从该地高寒闭塞的自然环境和多民族聚集的人文环境来看，这种变迁过程可谓是清末之前中国西北城镇发展的一个典型。② 李大海立足于明代陕北沿边城堡的选址，对雍正以来靖边县治所迁徙地点进行考辨，认为同治年间治所迁移主要依据的是人口、基础设施等现实因素，在新城堡和明代所置镇靖堡之间进行取舍，清代以来的陕北沿边地区治所变动与明代城堡选址并无直接关系，但可影响所驻城堡之兴衰，也从侧面揭示出边疆内地化的演进格局。③ 段伟等将环境史研究与治所研究结合起来，就水患对治所的影响多有研究。④ 此类个案还有不少。

关于附郭县这一特殊治所的分布形态，华林甫阐述我国古代的“双附郭县”，并介绍其演变过程大致经历了南北朝时期萌芽、隋唐五代时期确立、北宋与辽时期发展、南宋金元明时期萎缩、清代全盛、民国时期消亡这六个阶段，进而分析了历史时期附郭县的南北分布演变状况及其社会历史根源。⑤ 冯春生探讨了我国南北朝到清末的数县同治一城现

---

① 许鹏. 清代政区治所迁徙的初步研究. 中国历史地理论丛，2006（2）.

② 李新贵，王亚勇. 清代化平川厅厅治溯源研究. 中国历史地理论丛，2011（3）.

③ 李大海. 近代靖边县治迁徙再研究——陕北沿边地方政区治所与城址选择关系的个案讨论. 中国历史地理论丛，2012（2）.

④ 段伟，李幸. 明清时期水患对苏北政区治所迁移的影响. 国学学刊，2017（3）；段伟. 挣脱不了的附郭命运：明清时期凤阳府临淮县的设置与裁并. 复旦学报（社会科学版），2020（4）.

⑤ 华林甫. 我国古代的双附郭县. 中国方域，1993（6）.

象，并略述了其沿革、类别、分阶段发展过程及形成原因。① 高茂兵对清末民初同城治所裁并进行了全面的研究。② 赵逸才在全面梳理历史上附郭县制度的基础上，古为今用，对新时期的行政区划改革特别是地级市与辖县的空间隶属关系提供了历史镜鉴。③

对于政区治所中的城址选址问题，成一农结合清代、民国时期陕西靖边县城选址研究，反思了“以果论因”研究方法存在的问题，倡导人与非理性因素在城址选址中的作用，对于治所研究具有较为普遍的借鉴意义。④ 李嘎对山西崞县治所的迁移研究虽然聚焦于 20 世纪 50 年代的迁移事件，但所提示的“对待历史时期的治所迁移问题，应重视长时段理念下的过程性研究，唯有如此，才能最大限度地接近历史真实”⑤，仍是对于历史时期治所研究非常重要的原则。

目前，对政区治所的研究，大多还是将治所作为一个较为孤立的“点”来进行分析，特别常见的是从城市地理的角度谈其兴起与衰亡，譬如在城址选址的研究中。但需要注意的是，治所同样是基于政区地域这一“面”而形成的，只有将治所这一“点”置于地域这一“面”之中，才能解释清楚治所选择的地理要素，过往研究在这一方向较为薄弱。譬如关于治所距离边界的里距与“百里之县”的关系，治所选择与政区面积之间的关系，等等，还尚未见到有足够解释力的讨论。

第六节　区域政区地理的探索

长期以来，学界对清代各省及省级以下府厅州县变迁的研究成果，

---

① 冯春生. 我国历史上数县同治一城现象之探讨. 浙江师范大学学报（社会科学版），1995（6）.

② 高茂兵. 清末民初同城治所裁并初探. 历史地理研究，2020（1）.

③ 赵逸才. 中国市县空间隶属关系的历史启示与改革优化. 地理研究，2019（8）.

④ 成一农. 清、民国时期靖边县城选址研究. 中国历史地理论丛，2010（2）；成一农. 中国古代城市选址研究方法的反思. 中国历史地理论丛，2012（1）.

⑤ 李嘎. 20 世纪 50 年代山西省崞县治所的迁移——基于地域历史的长时段研究//中国地理学会历史地理专业委员会《历史地理》编辑委员会. 历史地理：第 37 辑. 上海：复旦大学出版社，2018：105.

主要是区域政区建置沿革史论文或著作，而专门对清代或明清两代特定区域政区变迁的深入研究则是20世纪90年代以来才逐渐展开的。其成果汗牛充栋，仅就笔者所见相关研究著作不完全统计如表2-1：

表2-1　省级政区建置沿革通史性研究著作不完全统计　单位：部

省别及地区	著作信息	总计
京师	尹钧科著：《北京历代建置沿革》，北京：北京出版社，1994（后有尹钧科主编：《北京建置沿革史》，北京：人民出版社，2008）	1
直隶	河北省地名办公室编：《河北政区沿革志》，石家庄：河北科学技术出版社，1985	1
山西	张纪仲著：《山西历史政区地理》，太原：山西人民出版社，1992（后有山西古籍出版社于2005年出版的修订版）	1
内蒙古	李泰棻：《绥远全省疆域沿革志》（上、下），见氏著《方志学》，上海：商务印书馆，1935 周清澍主编：《内蒙古历史地理》，呼和浩特：内蒙古大学出版社，1994	2
陕西	吴镇烽著：《陕西地理沿革》，西安：陕西人民出版社，1981	1
甘肃	陈守春著：《河陇史地考述》，兰州：甘肃人民出版社，2007	1
宁夏	鲁人勇、吴忠礼、徐庄编著：《宁夏历史地理考》，银川：宁夏人民出版社，1993 吴忠礼、鲁人勇、吴晓红著：《宁夏历史地理变迁》，银川：宁夏人民出版社，2008	2
新疆	于维诚著：《新疆建置沿革与地名研究》，乌鲁木齐：新疆人民出版社，1986（后更名为《新疆地名与建制沿革》，由新疆人民出版社于2005年出版）	1
东北地区	刘慧娟、郑谭毅、李志白编：《东北市县沿革及地名由来》，长春：长春市图书馆，1984 高恩林著：《黑龙江政区沿革纪略》，哈尔滨：黑龙江人民出版社，1990	2

湖北	潘新藻著：《湖北省建制沿革》，武汉：湖北人民出版社，1987	1
湖南	周宏伟著：《湖南政区沿革》，长沙：湖南师范大学出版社，2009	1
安徽	俞顶贤：《安徽行政区划概述》，合肥：安徽人民出版社，1983	1
江西	吴宗慈绘编：《江西省古今政治地理沿革图》，铅印本，南昌：江西省文献委员会，1947	1
浙江	浙江省民政厅编：《浙江建置区划沿革》，杭州：浙江大学出版社，2009 马雪芹著：《杭州政区史》，北京：中国社会科学出版社，2011	2
四川	龚煦春撰，四川大学历史研究所四川地方史研究室、四川省温江地区史志办公室校点：《四川郡县志》，成都：成都古籍书店，1983 蒲孝荣编著：《四川政区沿革与治地今释》，成都：四川人民出版社，1986 任乃强、任新建著：《四川州县建置沿革图说》，成都：巴蜀书社，2002 蓝勇主编：《长江三峡历史地理》，成都：四川人民出版社，2003	4
贵州	王燕玉著：《贵州史专题考》（修增本），贵阳：贵州人民出版社，1986	1
云南	方国瑜著：《中国西南历史地理考释》（上、下册），北京：中华书局，1987 尤中编著：《云南地方沿革史》，昆明：云南人民出版社，1990	2
广东	祝鹏著：《广东省广州市佛山地区韶关地区沿革地理》，上海：学林出版社，1984 潘理性、曹洪斌、余永哲编著：《广东政区演变》，广州：广东省地图出版社，1991	2

广西	黄诚元：《广西郡邑建置沿革表》，南宁：大成印书馆，1935 广西僮族自治区农业厅、广西僮族自治区第二图书馆合编：《广西历代郡县沿革简编（初稿）》，自印本，1963 龙兆佛、莫凤欣编：《广西地理沿革简编》，南宁：广西人民出版社，1983 王恢著：《广西备乘》，台北：编译馆，1989 邓敏杰著：《广西历史地理通考》，南宁：广西民族出版社，1994 雷坚编著：《广西建置沿革考录》，南宁：广西人民出版社，1996	6
海南	陈剑流、冼荣昌编著：《海南简史——海南历代行政区划考》，台北：维新书局、德明出版社	1

由上表可以看出，区域政区沿革史著作多以今天的省级政区为单位，立足于当今的政区建置，追溯其历史沿革，现今大多数省份都有政区沿革史专著问世，其中尤以广西最为突出，达6部；甘肃、宁夏、贵州三省虽然没有独立的政区沿革史著作，但三省的区域历史地理综合性研究著作中都有一定篇幅专门探讨本省的历史疆域与建置沿革；山东、河南、吉林、辽宁、江苏五省政区沿革史著作尚未出现。

京师地区 20世纪80年代以来，有多位学人研究京师地区的政区建置沿革，并都有相关成果问世。其中，尹钧科著《北京历代建置沿革》及其后主编《北京建置沿革史》，均是系统、深入研究北京历代政区建置沿革的优秀成果，二书中各有专章探讨清代京师及其下辖政区之建置沿革。① 吕长鸣对明、清、民国时期北京崇文区、宣武区（北京市原市辖区，2010年经国务院批准撤销，现分别为新的北京市东城区、西城区的一部分）行政区划沿革进行研究，并绘制出清、民国时期的北京城示意图。②

直隶地区 20世纪30年代以来，陈铁卿、叶坚楠先后撰文对河北

① 尹钧科. 北京历代建置沿革. 北京：北京出版社，1994；尹钧科. 北京建置沿革史. 北京：人民出版社，2008.

② 吕长鸣. 北京崇文、宣武区行政区划沿革研究. 北京财贸职业学院学报，2012（6）.

省历代行政区划沿革做出考述。[①] 1985 年，河北省地名办公室编《河北政区沿革志》[②]，以当时河北省各市县名称为准，对上起春秋战国、下至 1983 年的政区沿革逐一进行详述，可谓是一部河北政区沿革史工具书。另外，周荫堂考证了清代顺天府及其辖区的沿革情况，并简述了东、南、西、北各路捕盗厅分辖州县情况。[③] 沈涛略述了顺治朝以来天津的行政建置，史习芳对天津 1949 年之前的政区沿革进行了探讨。[④]

清代直隶省顺天府作为京师所在地，地位特殊，行政管理体制较为复杂，有清一代顺天府尹、直隶总督的权限之争不断，存在着此消彼长的关系。傅林祥通过对直隶、京师政区地理的研究，认为清代直隶省被分割为顺天府、热河都统辖区、直隶总督辖区这三个管理区，顺天府尹、直隶总督职能消长的演变以嘉庆十八年（1813）为转折点，此前总督为主，此后府尹为主，热河都统辖区表面上是直隶省的组成部分，实际上行政独立性比顺天府更强，基本脱离了直隶总督的管辖。[⑤] 张松梅等则以乾隆朝顺天府飞蝗案为例来分析清代京畿行政管理体制演变过程，认为这实际上表现为顺天府尹和直隶总督管理区域、权限之争，由此表明了直隶地区行政体制的特殊性和复杂性。[⑥] 徐建平撰写专文研究清末直隶行政区划改革，重点分析清末新政时期直隶疆域改制问题，包括分解北部疆域、增加边缘地区行政建置以及迁移县治改变大兴、宛平与京师管辖权限不清之弊，研究表明这次改革中央不仅未能如愿达到缩小直隶行政区划，进而限制其行政势力扩张的目的，反而加强了直隶辖区边缘地区的行政统辖权，进一步巩固了基层

---

① 陈铁卿. 河北省行政区划沿革新考. 河北月刊，1934，2（1）— 2（12）；1935，3（1）— 3（12）. 叶坚楠. 河北历代政区（文化）沿革. 河北学刊，1982（1）.

② 河北省地名办公室. 河北政区沿革志. 石家庄：河北科学技术出版社，1985.

③ 周荫堂. 清代顺天府各厅州县建置考. 斯文半月刊，1941，1（13）.

④ 沈涛. 清代天津的行政区划. 天津日报，1982 - 09 - 26；史习芳. 解放前天津行政区划沿革. 天津社会科学，1982（2）.

⑤ 傅林祥. 直省何曾仅止一督——官员职能变化与清代直隶省的政治地理格局演变//北京大学中国古代史研究中心. 舆地、考古与史学新说——李孝聪教授荣休纪念论文集. 北京：中华书局，2012.

⑥ 张松梅，王洪兵. 清代京畿行政管理体制演变——以乾隆朝顺天府飞蝗案为例. 历史教学，2012（4）.

行政权力。①

李诚的硕士学位论文《河北平原县级政区研究（581—1911年）》，对清代河北平原九县邑跨府、跨省更隶情形，及十七属州降为散州情况做出系统考察和初步分析，基本复原了清代河北平原县级政区的变更情况。② 李文主要从职官制度史角度，对清代大兴、宛平二京县进行研究，首先阐释“京县”概念，然后比较二县的建置沿革及其与清代另一京县承德县的区别，就其辖区而言，清代大兴、宛平二京县与五城分壤而治，界址不明确，与顺天府下辖的其他二十二州县一样，同时隶属于直隶总督，并就其产生原因及意义进行了评析。③

内蒙古地区 李泰棻著《绥远全省疆域沿革志》，详考这一地区历史时期的建置沿革，其中对清代的盟旗和州县建置有较深的论述。④ 周清澍主编《内蒙古历史地理》⑤ 第三章“清代的内蒙古地区”，分述各盟（哲里木盟、卓索图盟、昭乌达盟、锡林郭勒盟、乌兰察布盟、伊克昭盟等）所辖旗的建置沿革，尤其对乾隆朝以来各盟的开垦和府厅州县设置沿革情况一一进行了详述。

山西地区 张纪仲所著《山西历史政区地理》，是一部系统研究山西省从夏商周到新中国成立以来政区建置沿革之著作，也是新中国成立以来第一部以省区为单位的历史政区研究著作。其中的“清朝”部分介绍了山西的府厅州县制及所辖政区情况，尤其对雍乾时期府、直隶州、县的建置变更情况，包括治所、辖区、名称的演变及政区的省并增设等做出了概述。⑥

东三省地区 东三省政区沿革考始于清末，典型的研究成果有吴廷燮《东三省沿革表》。⑦ 民国初期，徐曦编纂《东三省纪略》一书，概述并列表详述了东三省历史政区沿革情况，书末附有清末吉林、黑龙江

---

① 徐建平. 清末直隶行政区划改革研究. 北京社会科学，2008（2）.

② 李诚. 河北平原县级政区研究（581—1911年）. 中国人民大学硕士学位论文，2012.

③ 李文. 清代大兴、宛平二京县研究. 中国人民大学硕士学位论文，2013.

④ 李泰棻. 绥远全省疆域沿革志（上、下）//方志学. 上海：商务印书馆，1935.

⑤ 周清澍. 内蒙古历史地理. 呼和浩特：内蒙古大学出版社，1994.

⑥ 张纪仲. 山西历史政区地理. 太原：山西人民出版社，1992（后有修订版. 太原：山西古籍出版社，2005）；张纪仲. 山西的地理形势与建置沿革. 文史知识，1989（12）.

⑦ 吴廷燮. 东三省沿革表. 台北：文海出版社，1965.

两省拟设府厅州县表。[①] 20 世纪 30—40 年代，学界对清代东北地区府厅州县的沿革考，以 1939 年谭其骧之《清代东三省疆理志》一文最为精要，该文虽题为“三省”，实则主要是对吉林、黑龙江二省及其下辖府厅州县之沿革、疆域的详细考述，为后来者细究东北政区沿革奠定了坚实的基础。[②]

这一时期，针对日本提出的“东北非中国领土说”，胡伯玄《东北四省之建置历史与民族源流》以 20 世纪 30 年代初行政区划为准，分述辽宁、吉林、黑龙江、热河四省的历代建置沿革、民族源流演变，强有力地批驳了日本伪造史实的言论。[③] 武尚权著《东北地理与民族生存之关系》，论述东北行政区与中国领土的关系，指出日本宣传言论的虚伪，使国人明白了东北地区作为中国领土的重要性。[④]

20 世纪 80 年代以来，东三省政区沿革研究成果更为丰硕。刘慧娟等编《东北市县沿革及地名由来》，是一部立足于当时东北之政区设置，追溯各市、县有史以来的政区设置演变及地名命名缘由的成果。[⑤] 张博泉等编著《东北历代疆域史》一书，详述了清前中期东北三将军行政建置及其沿革情况。[⑥]《〈中国历史地图集〉释文汇编·东北卷》与《中国历史地图集》可谓是图说结合、相辅相成，详细介绍了《中国历史地图集》中各图的资料来源，其中包括清代盛京、吉林、黑龙江三省辖区及其地名定点的资料来源。[⑦] 高恩林等撰文对黑龙江省清代到民国初年的府厅州县设置沿革做出了深入考辨。[⑧] 1990 年，高恩林《黑龙江政区沿革纪略》一书出版，是迄今第一部对黑龙江省历史政区沿革进行考证性研究的著作；不仅如此，书中还述及黑龙江地区的自然地理演变及开发

---

① 徐曦. 东三省纪略. 上海：商务印书馆，1916（收入：孙燕京，张研. 民国史料丛刊：第 802—803 册　史地·地理. 郑州：大象出版社，2009).

② 谭其骧. 清代东三省疆理志. 史学年报，1939，3（1).

③ 胡伯玄. 东北四省之建置历史与民族源流. 新亚细亚，1932，3（4).

④ 武尚权. 东北地理与民族生存之关系. 重庆：独立出版社，1944.

⑤ 刘慧娟，郑谭毅，李志白. 东北市县沿革及地名由来. 长春：长春市图书馆，1984.

⑥ 张博泉，苏金源，董玉瑛. 东北历代疆域史. 长春：吉林人民出版社，1981.

⑦ 张锡彤，等.《中国历史地图集》释文汇篇：东北卷. 北京：中央民族学院出版社，1988.

⑧ 高恩林，方延清. 黑龙江省二十五县设置时间. 东北地方史研究，1985（3)；高恩林. 黑龙江省部分府厅州县设置时间考辨. 中国边疆史地研究，1995（4).

过程，全书引用资料丰富、结论较为可靠，是研究黑龙江历史地理的一部佳作。[①] 王贵文等撰文概述了清代辽宁地区的行政区划地名及其演变。[②] 何忠诚根据辽宁历代县的设置及地理分布演变情况来探讨其开发过程及特点，认为总体来看辽宁地区的开发是向前发展的，所置县的地理分布是不断扩大的；其中，清代在辽西共置 7 县、在辽东共置 15 县，其地理分布基本奠定了今天的辽西、辽东县制规模；比较而言，清代辽东比辽西开发更广泛，除了平原地区，河谷、山区、草场一带也得到开发，县的地理分布更广、更合理。[③] 严寒撰文对吉林省所辖 38 市县的设置沿革及名称由来逐一进行了详述。[④] 王文峰等撰文专述吉林得名缘由及历史沿革，尤其是明清以来的发展与建置沿革。[⑤] 李健才撰文探讨长春的历史沿革，对 1800 年长春厅的设治，及其后厅治北移宽城子等问题进行考析。[⑥] 李乐营等撰文详述长白山地区有史以来的设治情况，分析了清末长白府设置的背景、过程及意义。[⑦]

山东地区 李嘎对雍正末年山东政区改革有专门研究，认为其中统县政区之调整以直隶州改革为代表、县级政区改革以博山县分设为例、整顿海疆以沿海卫所裁改为州县为主，并分别进行探讨，得出雍正末年山东政区的大规模改革与王士俊巡历山东直接相关，改革情况基本符合“山川形便”原则，统县政区调整明显从战略角度考量，县级政区改革充分考虑钱粮赋税合理分配问题，而山东新的海防体制之确立又推动了沿海卫所的改革，文末提出县级政区的变迁是很复杂的，必须以一种整体史的意识和宏观的视野加以审视。[⑧] 其后，孔祥梅专门分析了清代山

---

① 高恩林. 黑龙江政区沿革纪略. 哈尔滨：黑龙江人民出版社，1990.

② 王贵文，唐进. 清代辽宁地区的行政区划地名及其演变. 地名丛刊，1986（5）.

③ 何忠诚. 从历代县的设置看辽宁的开发过程及其特点. 辽宁师范大学学报（社会科学版），1993（2）.

④ 严寒. 吉林省市县设置沿革及名称由来（一）. 长白学刊，1985（2）；严寒. 吉林省市县设置沿革及名称由来（二）. 长白学刊，1985（3）.

⑤ 王文峰，郭文明. 吉林市历史沿革简述. 博物馆研究，1987（3）.

⑥ 李健才. 长春的历史沿革、长春城市的兴起和发展//东北史地考略：第 3 集. 吉林：文史出版社，2001；李健才. 长春城市的兴起和发展//东北史地考略：第 3 集. 吉林：文史出版社，2001；李健才. 长春厅和宽城子. 长春史志，1990（2）.

⑦ 李乐营，王景泽. 长白府设置的背景及意义. 中国边疆史地研究，2004（2）.

⑧ 李嘎. 雍正十一年王士俊巡东与山东政区改革//中国地理学会历史地理专业委员会《历史地理》编辑委员会. 历史地理：第 22 辑. 上海：上海人民出版社，2007.

东增设府州的原因及影响。[①]

河南地区 刘炳阳较为详细地阐述了明清时期河南政区变迁过程及其特点，认为清代河南政区较大的变动在雍正、乾隆二朝，主要表现为增设直隶州、改变与相邻直隶省部分州县的隶属关系、改变部分被黄河阻隔的县之行政隶属，而近代河南的政区变动则与铁路的兴建有关。[②]

陕西地区 1924年，王桐龄《陕西在中国史上的位置》一文述及了清代陕西的政区建置沿革及其在清代政治史上的位置。[③] 20世纪80年代以来，吴镇烽著《陕西地理沿革》一书，以现代政区为准，逐一详考陕西二市八区及其下辖县的历代沿革，并分别列表，然后以朝代为纲，叙述秦代至民国时期的陕西行政区划沿革，并绘有清代陕西省历史政区图，是一部研究陕西地理沿革的颇为周详的参考书。[④]

甘肃地区 民国以来，多位学者对甘肃建置沿革做过整体论述。[⑤]陈守春著《河陇史地考述》一书，考证了通渭县、定西县（现甘肃省定西市，为地级市）、会宁县、榆中县、临夏县、永靖县的历史沿革。[⑥]

青海地区 民国年间，陶懋立、萧澄、黎小苏等分别撰文探讨青海省历代的建置沿革[⑦]，靳玄生、慕少堂等分别撰文对青海省所辖县的沿革进行考述。[⑧] 王昱撰文略述青海历史建置，其中述及雍正三年（1725）西宁改卫为府后，从辖二县一卫到道光年间辖四厅三县的沿革过程；他的另一篇文章对清代西宁府及所辖厅、县设置的确切时间做出了考证；他与聪哲合写的一篇文章系统探讨了青海海东与甘肃临夏历代

---

① 孔祥梅．清代山东增设府州建制探析．曲阜师范大学硕士学位论文，2009.

② 刘炳阳．明清时期河南政区研究．河南大学硕士学位论文，2008.

③ 王桐龄．陕西在中国史上的位置．地学杂志，1924（1）.

④ 吴镇烽．陕西地理沿革．西安：陕西人民出版社，1981.

⑤ 余纪畴．甘肃省沿革考．现代西北，1941，1（1）；1941，1（2）；1941，1（3）；1941，1（4）．慕少堂．甘肃各县沿革．新西北，1943，6（8）．余尧．甘肃历代建置沿革．西北师大学报（社会科学版），1978（1）．赵世英．甘肃历代建置沿革//周丕显，等．甘肃方志述略．长春：吉林省地方志编纂委员会，吉林省图书馆学会，1988.

⑥ 陈守春．河陇史地考述．兰州：甘肃人民出版社，2007.

⑦ 陶懋立．青海之研究．地学杂志，1913（10）；萧澄．青海省的沿革及其现行政区概况．边疆通讯，1944，2（3）；黎小苏．青海之历史沿革．新亚细亚，1934，7（6）.

⑧ 靳玄生．青海省县沿革及其现势．西北论衡，1937，5（9/10）；慕少堂．青海各县沿革．新西北，1943，6（8）（收入：甘肃省图书馆书目参考部．西北民族宗教史料文摘：第4辑　青海分册上．兰州：甘肃省图书馆，1986）.

建置、经济活动的紧密关系，两地因地域相连、文化相通，从汉代到民国时期基本处于同一行政区划内。①

宁夏地区 鲁人勇等编著《宁夏历史地理考》一书，以朝代为纲，利用大量文献史料，对宁夏地区历史时期的行政建置，包括政区设置、治所、辖地、归属、沿革等进行了详尽考辨，是一部了解宁夏历史地理的必备书，该书第十五章专门考察清代政区沿革。② 吴忠礼等著《宁夏历史地理变迁》，作为一部区域历史地理研究专著，主体内容以朝代分章节，叙述宁夏地区历代疆域政区沿革，其第八章“归属甘肃——北府南州西北门户（清朝）”介绍了甘肃省宁夏府设置情况、固原州建置变化及后来宁夏府新增县厅建置情况等。③

新疆政区 民国初期，朱仕清《新疆备考》逐一叙述新疆各地的行政建置沿革、山川、城池、疆界演变等，以清代最详。④ 于维诚著《新疆建置沿革与地名研究》，以当时新疆所辖市、县为单位，探讨其历史时期的建置沿革、名称由来，初步构建出新疆历史时期建置沿革轮廓。⑤ 另有学者对新疆及其下辖县的建置沿革做出通论性研究。⑥

西南地区 学界有多部考述四川、云南二省之历史时期疆域和政区建置沿革的专著，相较而言，探讨贵州省历史建置沿革的成果较少。

民国初期，龚煦春所撰《四川郡县志》是一部以朝代为纲，系统考证四川历代政区沿革的专书，其中有专卷“清代疆域沿革考”，还附有四川《历代疆域沿革表》。⑦ 20 世纪 80 年代，蒲孝荣所编著《四川政区

---

① 王昱. 青海历史建置述略. 青海社会科学，1992（6）；王昱. 清代西宁府及所属县厅设置时间考. 青海社会科学，1997（6）；聪哲，王昱. 青海海东与甘肃临夏两地区历代建置和经济关系概述. 社会科学参考，1987（19）.

② 鲁人勇，吴忠礼，徐庄. 宁夏历史地理考. 银川：宁夏人民出版社，1993.

③ 吴忠礼，鲁人勇，吴晓红. 宁夏历史地理变迁. 银川：宁夏人民出版社，2008：161-179.

④ 朱仕清. 新疆备考. 地学杂志，1913（1）；1913（3）；1913（4）.

⑤ 于维诚. 新疆建置沿革与地名研究. 乌鲁木齐：新疆人民出版社，1986. 此书后更名为《新疆地名与建制沿革》于 2005 年再次由新疆人民出版社出版。

⑥ 岛田好. 新疆的沿革. 书香，1939，112；陈亚农. 新疆省县沿革. 中央日报，1947-08-25.

⑦ 龚煦春. 四川郡县志. 四川大学历史研究所四川地方史研究室，四川省温江地区史志办公室，校点. 成都：成都古籍书店，1983.

沿革与治地今释》，是新中国成立以来第一部详细考证和注释四川所辖政区历史沿革的重要成果。该书也是以朝代为纲，对战国到民国时期尤其对四川所辖政区建置演变及治所今地做出了考证。① 21 世纪初，任乃强等著《四川州县建置沿革图说》，是一部以图、表与图说相结合的形式，反映四川历代政区沿革的杰出成果，尤为可贵的是，书中绘出历代政区图 27 幅，其中清代 3 幅，分别为《明末清初行政区划（公元 1601—1726 年）》《清代中叶行政区划（公元 1727—1850 年）》《清代末叶（1851—1911 年）》。② 21 世纪以来，蓝勇主编《长江三峡历史地理》一书，有专节叙述明清时期三峡地区政区沿革情况。③

关于云南省的历史建置沿革，早在 20 世纪 40 年代初，方国瑜、尤中、梁之相就分别撰文进行了专门研究。④ 20 世纪 80 年代以来，方国瑜、尤中各自的云南建置沿革专著相继出版，是至今研究云南沿革的两部代表作。其中，方国瑜所著《中国西南历史地理考释》，是一部全面研究历史时期云南地区疆域、政区沿革与地名考释之著作。⑤ 该书首先提出研究区域、地名及历史地理的理论见解，为后人研究提供了借鉴；主体内容以云南历史疆域演变与政区沿革的时间为序，分为六篇分别考释，其第六篇"元明清时期云南省地理考释"，首及云南的设置及疆域，包括释名、形势、疆界、行政区划，指出明永乐时期之疆域至清季仅存三分之一，清代云南设置区划多沿袭旧制而时有改易；次考郡县地名，举凡云南重要地名均详细考证。其后，尤中编著《云南地方沿革史》，以朝代为纲，对云南沿革史进行系统考述，该书第十三章"清朝时期的云南"，先叙述清代云南边境变迁情况，然后叙述云南政区建置沿革情况，并设有附录"《清史稿·地理志》云南今地注"。⑥ 21 世纪初，杨伟兵对宣统三年（1911）云南省下辖政区情况重新进行考证，认为宣统三

---

① 蒲孝荣. 四川政区沿革与治地今释. 成都：四川人民出版社，1986.

② 任乃强，任新建. 四川州县建置沿革图说. 成都：巴蜀书社，2002.

③ 蓝勇. 长江三峡历史地理. 成都：四川人民出版社，2003.

④ 方国瑜. 云南沿革//云南省立昆华民众教育馆. 云南史地辑要：上. [出版地不详]：崇文印书馆，1949；尤中. 云南地方沿革史话. 云南日报，1944－07－10 [收入：尤中文集：第 5 卷　文史拾零（上编）. 昆明：云南大学出版社，2009]；梁之相. 云南省历代建置沿革. 云南文史丛刊，1987（4）.

⑤ 方国瑜. 中国西南历史地理考释. 北京：中华书局，1987.

⑥ 尤中. 云南地方沿革史. 昆明：云南人民出版社，1990.

年云南省领府十四、直隶厅六、直隶州四，因此统县政区数为 24。[①]

学界对贵州所辖政区沿革的研究，以王燕玉所论最为丰富，她所著《贵州史专题考》一书收录了其先后撰写的多篇关于贵州省各市县历史建置沿革的论文，其中《贵州省疆域沿革考》这篇长文有专节详述该区清代的沿革情况，《贵阳市沿革说》对该市历史时期的沿革做出了专门考述。[②] 政区的重新划分带来区域经济地位的变更，茅台镇的兴起即为其中一例。[③] 黄萍详细梳理了茅台镇从明代到清代行政隶属关系的转变及其影响，茅台镇明代为四川遵义府仁怀县所辖，雍正年间遵义府改隶贵州后，其作为水陆要冲的区位条件逐渐突出，使得乾隆年间朝廷批准开凿赤水河，由此发展成黔北重要的新兴城镇。[④]

湖北地区 潘新藻所著《湖北省建制沿革》，是一部较为全面地考述湖北省历史地理的著作和史料集。[⑤] 该书第十六编“清湖北省”以所辖道、府为纲，逐一叙述明清文献所载湖北省下辖政区的建置沿革、城池建设等多方面的情况，另附有八旗驻防军制、清代封爵以及十府州厅示意图。张珊珊提出“省级核心区”概念，并以清代湖北统县政区的调整为例进行探讨，认为湖北政区的重新分割组合，巩固了武昌府和汉阳府的地位，使其后来发展成湖北的省级核心区，从而为湖北的稳定发展奠定了良好的政治地理格局。[⑥] 其后，王义对清代湖北统县政区和县级政区做出系统研究，梳理出清代湖北统县政区格局的演变过程，大致经历了顺康时期承袭明代而少有改易、雍乾时期变化剧烈、嘉道咸同时期全无改易、光绪时期正式确定、宣统时期沿袭无改这五个阶段，并分析其原因，认为这是中央集权与湖北社会经济发展双重因素作用的结果，反映并促进了湖北社会、经济的发展。[⑦]

---

① 杨伟兵. 宣统云南统县政区数目考//中国地理学会历史地理专业委员会《历史地理》编辑委员会. 历史地理：第 22 辑. 上海：上海人民出版社，2007.

② 王燕玉. 贵州史专题考：修增本. 贵阳：贵州人民出版社，1986.

③ 王燕玉. 贵州省各市县沿革. 贵州民族研究，1979 (1).

④ 黄萍. 清代建制变更与赤水河开凿改写茅台区位历史. 西南民族大学学报（人文社会科学版），2010 (5).

⑤ 潘新藻. 湖北省建制沿革. 武汉：湖北人民出版社，1987.

⑥ 张珊珊. 行政区划调整与省级核心区——以清代湖北为例//中国地理学会历史地理专业委员会《历史地理》编辑委员会. 历史地理：第 21 辑. 上海：上海人民出版社，2006.

⑦ 王义. 清代湖北统县政区格局的演变及原因分析. 湘潮，2011 (8).

湖南地区　谭昌寿对历史时期湖南省县的设置情况和名称由来做了初步分析，指出明、清、民国时期湖南省新置县多在湘西地区，县的命名原则有因水得名、因山得名、乡镇升县、以吉祥字命名、其他缘由，共五类。[①] 周宏伟著《湖南政区沿革》，对今天湖南省及其下辖政区的历史沿革过程进行了详细考述。[②]

江苏地区　20 世纪 30 年代，丁绍曾撰文详述了江苏省六十一县之历史沿革。[③] 学界对上海历史沿革与行政建置演变较为关注，发表了多篇文章，有蒋笙梧《上海市的沿革略说》、蒋慎吾《上海县在清代》、杨哲明《上海沿革考略》、张世珠《上海的历史沿革》、周振鹤《上海政区沿革——纪念上海建城 700 周年》等。[④] 谢湜将政区研究落实到区域社会的具体时空中，从清初至民国初年的江南历史脉络中去理解苏松常三府分县到并县的变动过程，分析分县提出的时空背景和原因、具体决策过程及其推动因素、结果、作用，认为是机制性的积弊最终导致了并县的提出及其迅速完成。[⑤] 范金民认为雍正年间江苏升州析县，其根本出发点在于为官员考成寻找合理的解决办法，而不是简单地"为了分摊赋税负担"。[⑥] 林拓等通过对南汇地区水陆演变、经济开发与政区格局构建过程的长时段考察，揭示出南汇历史时期政区体系演变之内在规模及不合理现状产生的根源，继而提出了南汇政区改革中要尊重历史规律，适应新经济区位的区划调整，实现从自发到自为转变的基本思路。[⑦]

---

① 谭昌寿. 试析湖南县的设置和名称由来. 湖南师范大学社会科学学报，1984（5）.

② 周宏伟. 湖南政区沿革. 长沙：湖南师范大学出版社，2009.

③ 丁绍曾. 江苏省六十一县之沿革. 地学季刊，1934，1（3）.

④ 蒋笙梧. 上海市的沿革略说. 大陆杂志（台北），1933，1（7）；蒋慎吾. 上海县在清代. 上海通志馆期刊，1934（2）；杨哲明. 上海沿革考略. 复旦学报（社会科学版），1935（首发刊）；张世珠. 上海的历史沿革. 社会科学，1982（1）；周振鹤. 上海政区沿革——纪念上海建城 700 周年. 科学画报，1991（1）（收入：周振鹤. 周振鹤自选集. 桂林：广西师范大学出版社，1999）.

⑤ 谢湜. 清代江南苏松常三府的分县和并县研究//中国地理学会历史地理专业委员会《历史地理》编辑委员会. 历史地理：第 22 辑. 上海：上海人民出版社，2007.

⑥ 范金民. 政繁赋重，划界分疆：清代雍正年间江苏升州析县之考察. 社会科学，2010（5）.

⑦ 林拓，张修桂. 从自发到自为——经济区位变动中的南汇政区改革探索. 复旦学报（社会科学版），2001（3）.

安徽地区 俞顶贤著《安徽行政区划概述》，以 1981 年政区为准，分安徽省、省辖市、地区三个部分，逐一叙述省、市区及其下辖政区的历史沿革、地名来源等，是一部较为实用的工具书。① 陈业新对清代皖北地区行政区划及其变迁有较系统的研究，认为：有清一带皖北行政区划调整可分为直隶州与府的调整、裁并与析增州县、佐贰官员的移驻外署三种；就其调整效果而言，雍正朝的努力应当予以肯定，乾隆朝及其他朝的调整均滞后于皖北的形势变化，并酿成区域大乱，整体而言不少州县辖区得以缩小，有利于政府对地方的控制，但仍存在诸多矛盾和问题。② 徐建平集中探讨了皖浙边区的荆州盆地政区归属的过程，分析了政区变迁背后自然、文化等多种因素及其相互作用，认为在这一地区政区归属的过程中，以血缘因素为代表的文化区之影响力显然大过以地缘因素为代表的自然区，政区归属逐渐明晰的过程生动展示了社会、国家与环境之间的互动关系。③

浙江地区 浙江省民政厅编《浙江建置区划沿革》，着眼于今天浙江的行政区划，以表的形式列出浙江的历史建置沿革和当今的调整情况，具体各表以现今浙江省、市、地为单位，各单位独为一表，每表中以朝代为纬，逐一描述各市上起公元前 222 年、下迄 2008 年，共 2 230 年的区划建置沿革简况，是一部查阅浙江行政区划沿革的重要工具书，书中明显薄古重今，新中国成立以来的行政区划调整情况及其附表占到全书的五分之四，对现今浙江政区调整有重要的参考价值和借鉴作用。④ 马雪芹著《杭州政区史》，以现今“大杭州”的地域范围为对象，以朝代为纲，图文兼备地探讨有史以来杭州政区变迁过程。此书第四章第三节“清代杭州政区”，叙述了清代杭州城演变及驻防城修筑情况、海塘修筑情况、经济发展情况，附有参照谭图编绘的《清代今杭州地区政区示意图》《清代杭州府图》；第九章专门论述“杭州区域政区中心形成的原因及存在的问题”，以期为今后杭州政区的改革发展提供借鉴。⑤

---

① 俞顶贤. 安徽行政区划概述. 合肥：安徽人民出版社，1983.

② 陈业新. 清代皖北地区行政区划及其变迁. 清史研究，2010 (2).

③ 徐建平. 政区归属中的地缘与血缘——以皖浙边区荆州盆地为例//中国地理学会历史地理专业委员会《历史地理》编辑委员会. 历史地理：第 26 辑. 上海：上海人民出版社，2012.

④ 浙江省民政厅. 浙江建置区划沿革. 杭州：浙江大学出版社，2009.

⑤ 马雪芹. 杭州政区史. 北京：中国社会科学出版社，2011.

江西地区　吴宗慈绘编《江西省古今政治地理沿革图》，绘出江西省西汉到民国时期的政区沿革图共计 34 幅，其中清时期 2 幅，分别为《四道沿革图》《府厅州县沿革图》，每幅图后附有其政区沿革的考略，图说结合，为读者按图检索提供了便利。① 许怀林撰文探讨了江西古代州县建置沿革及其发展原因。② 肖华忠等对江西古代政区建置沿革过程、原因进行分析，认为江西政区建置的发展和演变主要是由经济因素决定的，从政区增加的幅度来看，呈现出一个明显的"W"形状，即秦西汉高峰期、东汉低谷期、三国两晋南北朝高峰期、隋唐低谷期、两宋至今长期稳定高峰期，而两宋到清末江西政区呈现出的长期稳定发展态势，是与其自然地理区划、经济发展水平和人口地域分布相适应的。③ 李俊敏等专门探究江西定南地区从设县到改厅的沿革过程，包括辖境、官署人员配备以及县（厅）下的基层地域组织等情况。④

闽台地区　民国初期，蔡玑《福建行政区域改革谈》通过对福建历史时期政区建置的论述，指出了清末民初福建政区存在的问题及即将裁改的原因。⑤ 1946 年，吴如周以表格形式清晰明了地展现了福建各县历史沿革。⑥ 20 世纪 90 年代以来，林汀水、林拓二人对福建历代政区建置有较为深入的探讨。林汀水研究认为，历史时期福建政区设置具有五大特点，分别为由北向南发展、深受移民路线和人数的影响、设置的迟早取决于地区开发的难易、设置是政治的需要即统治深入的结果、大多稳定但民族聚居地多变。⑦ 其后，林汀水的另一篇文章探讨历史时期福建地区开发对政区设置的影响，指出明清时期福建战乱、移民引入使得

---

① 吴宗慈. 江西省古今政治地理沿革图. 铅印本. 南昌：江西省文献委员会，1947（收入：孙燕京，张研. 民国史料丛刊续编：第 943 册　史地·地理. 郑州：大象出版社，2012）.

② 许怀林. 江西古代州县建置沿革及其发展原因的探讨//中国地方史志协会. 中国地方史志论丛. 北京：中华书局，1984.

③ 肖华忠，刘有鑫. 江西古代的政区建置与历史沿革（下）. 江西师范大学学报（哲学社会科学版），1995（3）.

④ 李俊敏，胡祖信. 试论明清地方行政建置——以江西定南地区为例. 宁夏社会科学，2012（3）.

⑤ 蔡玑. 福建行政区域改革谈. 地学杂志，1913（3）.

⑥ 吴如周. 福建各县沿革表. 福建文化，1946，2（4）. 另外参见：拙园. 福建沿革. 福建文献，1968（1）；振瀛. 福州沿革考. 福建文献，1968（1）。

⑦ 林汀水. 福建政区建置的过程及其特点//中国地理学会历史地理专业委员会《历史地理》编辑委员会. 历史地理：第 10 辑. 上海：上海人民出版社，1997.

其政区设置是治安之需，而非经济发展的结果。[①] 林拓从行政区与自然区的关系入手，还原了福建县级政区建置的地域分异及整合过程，揭示出福建政区演变的内在规律，并指出未来政区研究中应足够重视过程研究。[②]

民国以来，多位学人撰文对台湾明清时期建置沿革做出总体性论述。[③] 20世纪50年代初，胡适校点了《记台湾台东州疆域道里地方情形并书后》。[④] 20世纪80年代以来，台湾行政建置研究逐渐走向深入。石万寿《二层行溪流域行政区划的变迁》，指出这一地区为台湾开发最早、行政区划变易最繁的地区，其行政区划变迁过程分为荷据明郑时期、康熙至乾隆时期、嘉庆至乙未割台时期、日据至光复以后四个时期，文末附有明郑时期、康熙年间、雍正年间行政区域图，共计10幅。[⑤] 詹德隆撰文探讨了台北设府与淡水、新竹两县分治问题。[⑥] 曾玉昆撰文详述明末清初台湾地方行政建置演变过程，在此基础上集中探讨了康熙二十三年（1684）分万年县后所置二县之一凤山县的建置、沿革情况，以乾隆五十三年（1788）凤山县治从兴隆庄迁到陂头街为界，分为旧治、新治两个时期，颇为细致地探讨了凤山县衙署设置、行政区域的疆界与变迁等各方面情况，文中还纠正了《凤山县采访册》所载这一地区疆界范围、户口之误。[⑦] 蔡志展以台湾行政建置及相应的职官设置

---

① 林汀水. 福建地区开发对政区设置的影响//中国地理学会历史地理专业委员会《历史地理》编辑委员会. 历史地理：第26辑. 上海：上海人民出版社，2012.

② 林拓. 福建县级政区建置的地域分异及其整合过程——兼论自然区与行政区的关系. 地域研究与开发，2001（3）.

③ 张宗芳. 台湾设治沿革考. 河北第一博物院半月刊，1932（24）—1932（31）；1933（32）—1933（48）. 陈特向. 清代对于台湾政治经济之建置. 时代精神，1945，13（3）. 李震明. 台湾建置沿革志略. 台湾月刊，1947（7）. 杨锡福. 台湾省的疆域与沿革. 中国一周（台北），1951，88. 苗允丰. 台湾开拓沿革图说. 花莲文献，1955（4）. 王世庆. 台湾之名称与行政区域之建置. 台湾风物，1976，26（3）. 夏承钺. 明清两代的台湾郡县建置//中原文化与台湾. 台北：台北市文献委员会，1971. 范胜雄. 明清两朝台湾建制经纬. 台南文化，1977（4）. 林其泉. 台湾行政区设置的历史. 历史知识，1985（5）.

④ 胡传. 记台湾台东州疆域道里地方情形并书后. 胡适，校点. 大陆杂志（台北），1951，3（12）.

⑤ 石万寿. 二层行溪流域行政区划的变迁. 思与言，1988，26（1）.

⑥ 詹德隆. 台北设府与淡水、新竹两县分治. 史联杂志，1989，15.

⑦ 曾玉昆. 大高雄行政区域沿革志——旧“凤山县”属地之疆界变迁与区域沿革. 高市文献，1989，2（4）.

演变为主线，将 1684—1874 年台湾行政体系演变分为康熙、雍正、乾隆、嘉庆到同治年间共四个阶段，每个阶段按行政单位的官秩级别、职能，分别建立行政系统表，详述各单位建置、调整的经过，文后附行政机构职官统计表，研究结果凸显出台湾清代行政管理机制变化或调整的被动性，即清代行政区域的不断扩大、人事的不断膨胀，是台湾移民开发后清廷做出的被动改变和调整。① 安京撰文探讨清廷消极治台政策下台湾行政区划设置的缓慢过程及影响，认为从康熙二十三年（1684）清廷在台设置台湾府到光绪十三年（1887）完成全岛行政区划，这一过程经历了长达 200 余年，可分为一府三县、一府四县二厅、一府四县三厅、二府八县四厅、建省（三府十一县六厅）五个时期，因清廷统一台湾后直接统治区域仅限于西南一隅，部分山区、东部沿海地区未能设行政区划直接统治，使日本入侵台湾有了可乘之机。② 张胜彦《清代台湾厅县之建置与调整》，以清代台湾厅、县之建置与调整为纲，着眼于探讨政区设置与调整前后清政府所持态度、立场和动机，以及所依据的考量标准和内容等。③ 其后，张胜彦先后发表台湾厅制史研究系列论文，并对淡水厅有专门研究，不过主要是从制度史角度进行的考察，其中述及淡水厅的设置过程、其官员同知的籍贯分布情况。④ 张德南也从职官制度史角度对淡水厅同知做出了专门探讨。⑤ 陈进传认为清代噶玛兰厅的设置经历了嘉庆十五年（1810）闽浙总督方维甸奏请、十六年（1811）仁宗皇帝批准设厅、十七年（1812）正式设官治理的过程。⑥ 黄于玲从清廷治台政策的视角，分析影响噶玛兰厅设立的决定性因素，在施坚雅提出的战略、财政收入、控制成本等抽象指标基础上，通过对噶玛兰厅设置过程的详细阐述，认为早期高层官员担心设治经费欠缺与开发导致番汉冲突而反对设厅，但后来考虑到治安原因，再加上噶玛兰

---

① 蔡志展．清治前期台湾行政系统之建置与变革（1684～1874）．社会科教育研究，2000（5）．

② 安京．清朝消极治台政策与台湾行政区划的设置．中国边疆史地研究，2008（3）．

③ 张胜彦．清代台湾厅县之建置与调整．史联杂志，1993，22．

④ 张胜彦．清代台湾之厅制——以淡水厅为例．台湾史研究，1998，5（1）；张胜彦．台湾清代淡水厅之研究．竹堑文献杂志，2002，25；张胜彦．清代台湾知县制度之研究．台湾文献，1993，44（2/3）．

⑤ 张德南．竹堑研究劄记（4）——淡水厅同知的初探．竹堑文献杂志，2002，25．

⑥ 陈进传．清代噶玛兰厅的建置．宜兰技术学院学报，2002（9）．

已开垦所潜在的丰富税收，最终促成了厅的设治。① 另外，庄吉发以台北故宫博物院所藏奏折、档案中有关台湾建省时间、云林县治迁徙原因等的记载为例，指出了史志所载与档案的出入，强调档案资料对清代台湾史研究的重要性。②

现今学界对清代台湾府厅州县政区的研究，颇为清晰地展现出清代台湾政区设置及演变的整体过程，从中可以看出学人们一致认为，清廷消极的治台政策导致了台湾行政建置设置缓慢，并在清末边疆危机下产生了不利影响和严重后果。就个案研究而言，清代台湾各府厅州县几乎都有专门的深入探讨，主要是从职官制度来分析台湾厅县制演变，并较为细致地梳理了各厅县的建置沿革。可见，学界对清代台湾政区研究的详细、深入程度，是其他地区远不能及的。

广东地区 祝鹏著《广东省广州市佛山地区韶关地区沿革地理》，以 1979 年政区为准，分别探讨了广州市、佛山地区、韶关地区及下辖县沿革，旁及山、寺、古城镇村等，着重研究各市区清朝以前的地理沿革，民国以来从简，每个部分后面都附有各县沿革表。③ 该书不仅是一部深入研究这三市、区历代政区沿革的成果，而且是系统了解各市、区历史地理，包括自然、经济、人文地理等多方面内容的重要成果。具体研究清代广东所辖府厅州县政区的成果不少。山海指出清代海门厅建于乾隆三十三年（1768），清朝《续通典》所载为乾隆四十年（1775）明显有误。④ 萧国健撰文详述了香港历史时期的地域和行政建置沿革。⑤ 郑欣考证认为，“澳门”这一名称起自清朝，至少在康熙十二年（1673）已用，因岛南部小山的形状而得名。⑥

广西地区 广西省行政区划沿革史成果是区域政区建置沿革研究中较为丰富，也较为成熟的。1935 年印行的黄诚元《广西郡邑建置沿革表》，是较早系统研究广西建置沿革的成果，作者以表、文结合的形式，逐一考述广西省及其下辖各府、厅、州、县从秦汉到清朝的沿革，今天

① 黄于玲．从清代边域统治理论看噶玛兰厅之设治．宜兰文献杂志，2004，67/68.
② 庄吉发．从“故宫”档案看清代台湾行政区域的调整．台湾文献，1998，49（4）.
③ 祝鹏．广东省广州市佛山地区韶关地区沿革地理．上海：学林出版社，1984.
④ 山海．清代海门厅建置在哪一年?．学习与思考，1983（6）.
⑤ 萧国健．香港考．中国历史学会史学集刊（台北），1985，17.
⑥ 郑欣．澳门地名的由来与建置沿革．历史教学，1999（11）.

看来此书仍有重要参考价值。[①] 20 世纪 60 年代初，广西僮族自治区农业厅等编《广西历代郡县沿革简编（初稿）》一书，以当时地名为准，将搜集到的广西民国以前有关政区地名演变、建置沿革、领属关系等的资料，参考史志文献及前人研究成果汇编成书，全书主体内容分为地名沿革一览表、地名沿革示意图、古今地名查对表三个部分。[②] 总体而言，该书虽非专业的文史工作者所编，也未能做出详细而深入的考证，不完善之处在所难免，但对后来者研究广西历史有一定的价值，尤其书中所附从清代到民国时期广西地名沿革示意图共计 14 幅，比较珍贵。

从 20 世纪 80 年代到 20 世纪 90 年代，先后出版了四部探讨广西历史沿革与政区建置演变的著作，分别为龙兆佛等编《广西地理沿革简编》、王恢著《广西备乘》、邓敏杰著《广西历史地理通考》、雷坚编著《广西建置沿革考录》。[③] 其中，《广西地理沿革简编》以正史和经过考证的近代典籍记载为据，分为广西壮族自治区地理沿革、广西各市县地理沿革、广西各市县沿革表、广西古今地名索引四个部分，考察广西从秦代到 1982 年 9 月 11 日的地名沿革，该书是当时广西各市、县新方志的编写和地名普查工作，以及科研工作所用的一部重要工具书。《广西备乘》分为上、中、下三卷，较为深入地考论广西历代郡县沿革，尤其该书之上卷“广西历代郡县图”，以图、文结合的形式复原出广西历代辖区演变及州县沿革，颇具学术研究价值。《广西历史地理通考》一书，也是以古今结合的方式，分为广西历代行政区划大事纪略、市县古今通考、有关史志（主要是行政建置）的几篇理论文章三大部分，对广西各市县从秦汉到 1983 年的历史沿革，以及今天的自然地理、人文状况等多方面内容均做出了较为细致的论述。《广西建置沿革考录》一书，以 1987 年广西各市县行政区划和疆域范围为准，广采正史地理志和各种文献所载，并吸取今人文献，分为广西建置沿革概论、广西建置沿革考录、广西建置沿革表、广西各市县建置沿革表四个部分，系统阐述并详

---

① 黄诚元. 广西郡邑建置沿革表. 南宁：大成印书馆，1935.

② 广西僮族自治区农业厅，广西僮族自治区第二图书馆. 广西历代郡县沿革简编：初稿. 自印本. 1963.

③ 龙兆佛，莫凤欣. 广西地理沿革简编. 南宁：广西人民出版社，1983；王恢. 广西备乘. 台北：编译馆，1989；邓敏杰. 广西历史地理通考. 南宁：广西民族出版社，1994；雷坚. 广西建置沿革考录. 南宁：广西人民出版社，1996.

细考证了广西秦汉至民国时期各级政区沿革状况，以及政治、经济、文化、民族等多方面的内容；相较以上三书，该书作者尤其注重反映广西历史上的羁縻州县和土州县设置状况，以考证贯穿全书。

清代到民国时期，钦廉地区改属问题是关系到广西、广东两省的较大政区调整，近年来受到多位学者的关注和专门探讨。高茂兵对清末民初广东钦廉地区三次改隶广西之争做出探究，分析改隶过程中各方观点及导致最终结果的原因，通过研究得出，在探讨民国初期的行政区划变更时，不仅要考虑传统因素，还要考虑基层民意、地方绅商势力以及近代报纸的舆论影响。① 司徒尚纪等分析了广西钦廉地区政区建置变迁所带来的区域效应。②

海南地区 邢关英通过对海南岛沿革史的研究，指出清代海南岛的行政建置仍沿用明制，州县管辖的范围已深入五指山大森林僻远处。③ 司徒尚纪撰文从海南岛建置沿革来探讨其历史开发的成败得失。司徒尚纪另一篇与朱竑合作的文章探究历史时期海南岛的行政建置变更对这一区域文化历史发展的影响，认为明清时期海南岛行政建置的升格和南北兼顾的方略迎来了海南文化的全面发展。④ 曾昭璇《南汉后海南省行政区划史研究》，指出清代海南岛沿明制设一府三州十县，其行政区划符合海南岛的自然条件，1906 年改为一府一直隶州的政区格局，完全是全岛开发的结果，反映了黎、汉分治意向。⑤ 另有多位学者撰文概述海南建置沿革史，在此不一一详述。

除以上所述之外，涉及各省及其下辖政区建置沿革的考证性成果不胜枚举，以上所列实属挂一漏万之举，仅在于说明清代政区研究的细密程度，特别是各省文史工作者所做出的贡献。

---

① 高茂兵. 清末民初钦廉改隶之争探究. 中国边疆史地研究，2012 (2).

② 司徒尚纪，许桂灵. 广西钦廉地区政区建置变迁的区域效应分析//周长山，林强. 历史·环境与边疆——2010 年中国历史地理国际学术研讨会论文集. 桂林：广西师范大学出版社，2012.

③ 邢关英. 历代封建王朝对琼崖的治理——海南岛沿革史概述. 中国边疆史地研究导报，1989 (2).

④ 司徒尚纪. 从建置沿革看海南岛历史开发的成败得失. 广东史志，1987 (1)；朱竑，司徒尚纪. 行政建置变更对海南岛区域文化历史发展的影响研究. 地理科学，2006 (4).

⑤ 曾昭璇. 南汉后海南省行政区划史研究. 中国边疆史地研究，1993 (4)；曾昭璇. 海南省行政区划史//岭南史地与民俗. 广州：广东人民出版社，1994.

各个区域的深入研究，弥补了宏观制度研究的不足，反映了各个区域的政区建置与历史进程，其中不少工作是各省市文史工作者所做，反映了他们对本地文化的理解与热爱。不同区域之间由于研究力量投入不同，深入程度有所差别，譬如台湾政区研究，由于台湾史研究在台湾的兴盛而非常深入细致，不仅对县及县级以上均做了考证，而且对县级以下的基本区划也大都有专门的论文述及，从这个角度而言，这同样构成了清史地理研究的重要组成部分。过去由于种种原因，对这些成果重视不够，在撰写相关学术史时较少考虑这些成果，这是需要调整的。中国区域之大，留存史料之丰富，区域政区地理研究的潜力非常之大。但一些研究也比较强调本地政区的特殊性，而实际上每类政区的设置，并不仅仅是一省之内的特殊建置，还是一种全国普遍性的现象，如果不注重对全国制度的梳理，就容易造成一些误解。即使以研究非常深入的台湾和江南地区来说，同样存在这样的现象。如关于厅的研究，过去对台湾的南雅厅存在与否，以及江南地区的太湖厅设置于何时，认识并不太准确，笔者曾有两篇小文讨论这一问题，其中关键性的问题在于政区设置是一种全国性的制度，只有首先理解这一制度的判定标准，才能将具体个案置于这一标准之下进行衡量，才能得出较为妥帖的结论，如果只是从地方文献的记录入手，结论难免有所偏差。①

第七节　走出地区开发模式：政区变迁的内在动力

政区地理研究较多注意新县设置与地区开发之间的紧密联系，谭其骧始发其说而最具概括意义，“一地方至于创建县治，大致即可以表示该地开发已臻于成熟；而其设县以前所隶属之县，又大致即为开发此县动力所自来。故研求各县之设治时代及其析置所自，骤视之似为一琐碎乏味的工作，但就全国或某一区域内各县作一综合的观察，则不啻为一

---

① 胡恒. 清代太湖厅建置沿革及其行政职能变迁考实. 苏州大学学报（哲学社会科学版），2014（5）；胡恒. 清代台湾“南雅厅”建置考. 台湾研究集刊，2014（3）.

部简要的地方开发史”[1]。张伟然将这一研究方法总结为“首次发掘出政区变迁的内在含义……用现代地理学的术语来讲，这就是最简单、直接、有效的替代指标法”[2]。可以说，在县的设立与地区开发之间建立起逻辑关系，已成为历史政区研究的“范式”之一。大量政区研究论著，都在追溯政区设置缘由之时，首先从各种史料中收集人群进入、土地开垦、商贸繁盛或交通发达的状况，并由此自然导向政区设置，地区开发为因，政区设置为果。

但需要注意的是，谭其骧先生对浙江的研究关注的是“历代行政区域”，作为一个长时段的区域研究，从纷繁复杂的历史进程中梳理出一种“替代指标法”，是很有解释力的，也具有贯穿历史的力度。但在这一研究方法被奉为经典之后，不少研究在不注重这一长时段研究的前提下，将其用于解释一次短时段或孤立的政区沿革事件，结果在概念移用过程中就难免驯服历史于规律之下或以果为因，建立起一种线性历史发展的简单逻辑。

必须要注意，政区变迁本身是一个行政运作过程，除了地区开发的因素，还兼受政治、文化、自然诸因素的制约，既有理性因素，又含有非理性因素甚至偶然因素，既受到历史发展长时段结构的约束，也受到短期行政运作和个人因素的影响，以至于有的政区在数年时间内反复调整，这当然无法用纯粹地理背景或者地区开发解释清楚。因此，对于政区设置动因，固然可归结于某一关键性因素而建立了历史解释的简洁逻辑，但也必须考虑到历史发展并不是单线的，必须考虑政区设置背后更为复杂与多元的历史进程。近年来，若干对县级乃至更小尺度政区变动的微观分析，将其置于具体的地域社会史脉络中考察，进一步丰富和发展了“地区开发说”。我们在此仅将其归为三种主要研究倾向，概述如下：

第一，将政区研究置入区域社会历史之中。谢湜将政区研究落实到区域社会的具体时空中，从清初至民国初年的江南历史脉络中去理解苏松常三府分县到并县的变动过程，分析分县提出的时空背景和原因、具

---

① 谭其骧. 浙江省历代行政区域——兼论浙江各地区的开发过程//长水集：第二版：上册. 北京：人民出版社，2009：422.

② 张伟然. 谭其骧先生的五星级文章及学术活性. 社会科学论坛，2005（3）：121.

体决策过程及其推动因素、结果、作用，认为是机制性的积弊最终导致了并县的提出及其迅速完成。① 李大海从政区沿革地理入手，以区域社会与政区的互动关系为主线，选取明、清、民国时期陕西行政区划变动的三个典型代表——西安府辖境变迁、陕北沿边设府立县、黄龙山区域开发与政区变动，分别进行个案式考察，试图通过对政区变动过程之复原来重构地方社会变迁的“复杂面相”，为未来的历史政区地理研究提供了新的视野和内涵。② 李嘎对雍正末年山东政区改革有专门研究，提出必须以一种整体史意识和宏观视野来审视县级政区的变迁。③

第二，力图将政区沿革视作行政运作过程，通过对行政文书的解读和对行政程序的探究来解释政区变革的原因。张伟然以“南湾事件”为核心来探讨小尺度区域的政治命运，对此做出了经典研究。④ 胡恒通过对清代山西清源、平顺、马邑、乐平等四县裁撤过程的考察，认为政区变革中各种客观的地理因素起何种作用，取决于主观的决策群体如何认识与考量；指出行政区划史研究应回到行政运作，回到地域社会，于官方叙事之外寻找底层民众的声音。⑤ 政治运作不仅体现在高层政区与统县政区上，也体现在县级乃至更小尺度的政区上。政治人物处理高层政区及统县政区设置的两大基本原则“犬牙相入”“山川形便”，在解释县级政区设置与边界划分时是否依然普遍适用？客观的地理因素在政治运作中如何被凸显，抑或被隐没，其背后的因素怎样？这些都需要我们深入到具体的历史场景中进行复原和解释，其中尤为关键的是与政区变革关系最直接的行政文书的利用。在这一方面，明清以降大有可为，大量丰富的档案资料和地方志书依然保存于世，晚近的还可以进行若干口述

---

① 谢湜. 清代江南苏松常三府的分县和并县研究//中国地理学会历史地理专业委员会《历史地理》编辑委员会. 历史地理：第 22 辑. 上海：上海人民出版社，2007.

② 李大海. 政区变动与地方社会构建关系研究——以明清民国时期陕西地区为中心. 陕西师范大学博士学位论文，2009.

③ 李嘎. 雍正十一年王士俊巡东与山东政区改革//中国地理学会历史地理专业委员会《历史地理》编辑委员会. 历史地理：第 22 辑. 上海：上海人民出版社，2007.

④ 张伟然. 归属、表达、调整：小尺度区域的政治命运——以“南湾事件”为例//中国地理学会历史地理专业委员会《历史地理》编辑委员会. 历史地理：第 21 辑. 上海：上海人民出版社，2006.

⑤ 胡恒. 关于清代县的裁撤的考察——以山西四县为中心. 清史研究，2011 (2).

史研究，甚至可以完整再现行政运作的各个环节，使得我们对政区的复原与解释建立在可靠的档案而不是“后见之明”的分析基础之上。同时，发掘政区变革中隐藏于官方叙事之下的底层民众的声音，将政区变动与政治运作、地方社会史结合起来，将会进一步丰富我们对行政区划变革的认识。

第三，重视发掘政区变革背后的“地方力量”。乔素玲通过考察认为，明清时期广东花县（现广州市花都区）建置过程大致经历了明中叶提议、明末置镇和建县两种方案之争、清初建县计划流产、康熙年间最终建县四个阶段，共历150年才实现；通过对置县过程中国家与乡绅意见分歧的讨论，得出乡绅意志最终通过政区设立而得以体现，认为这表明在基层政区设置中，地方权势对国家决策起着不可忽视的作用。①

可以看出，对政区设置动力的讨论已针对特定政区更改事件，追逐多元化的解释正成为一股潮流，可概括为一种“多因化”的解释路径。这固然是对原有过于简化的关键性单因法的一种纠偏，但“多因解释往往预设每一种原因都存在其偶然性”②，所以就需要对其重要性加以区分，特别是要对关键时刻、节点加以区分，从而使单因解释和多因解释在政区研究中得到恰当的平衡与综合。

中国传统的沿革地理以及我国历史地理学界关于疆域和行政区划的研究，从严格意义上讲，多数属于政区地理研究的范畴，还未上升至历史政治地理学的高度。周振鹤曾在《建构中国历史政治地理学的设想》中提出了历史政治地理研究在行政区划方面三个步骤的内容：第一步，复原疆域政区变迁的全过程；第二步，就疆域政区本身的要素进行分解式及政治学角度的研究；第三步，研究政治过程对地理区域变迁的影响。③ 他将政区地理研究的范式转换分为了沿革地理、政区地理、政治地理三个阶段，特别指出“对中国学者而言，不仅有丰富的文献遗存可以凭借，而且中国古代对政治与地理关系特别重视，留下大量思考成

---

① 乔素玲．基层政区设置中的地方权力因素——基于广东花县建县过程的考察．中国历史地理论丛，2010（1）．

② 高奇琦．从单因解释到多因分析：比较方法的研究转向．政治学研究，2014（3）：14．

③ 周振鹤．建构中国历史政治地理学的设想//中国地理学会历史地理专业委员会《历史地理》编辑委员会．历史地理：第15辑．上海：上海人民出版社，1999．

果，因此使得政治地理的研究有比其他国家更加优越的研究空间，前景广阔”[①]。要之，在行政区划研究中将政治过程与地理因素结合起来，是历史政治地理学研究的基本趋向。

---

① 周振鹤. 范式的转换——沿革地理—政区地理—政治地理的进程. 华中师范大学学报（人文社会科学版），2013（1）：111.

第三章　清代人口的空间分布与移民史研究

清代是中国人口发展史上的重要时期，不仅人口数量达到传统社会的顶峰，而且人口增长速度总体上也维持在一个较高水平。清代人口数量几何，又何以增长如此迅速，引起了人口史和清史学者的浓厚兴趣。对清代人口的研究，早在1949年之前即已开始。20世纪初，梁启超即撰写《中国史上人口之统计》一文，指出明清时期在内的人口数据“不足征信”①。20世纪30年代，王士达、陈长蘅等人口学家对宣统年间的人口普查数据进行了修正，为今天人口史工作者利用这批数据提供了便利。②20世纪40年代，赵泉澄利用清宫档案对王先谦《东华录》所载咸丰、同治两朝的“民数”进行了校正。③罗尔纲较为系统地研究、论证了太平天国运动前100多年间清代人口增长的实际状况，考察、分析了人口与耕地比例关系的发展演变，得出结论说：人口过剩确实是太平天国运动的主因④，直至20世纪末仍在引起广泛争论。⑤这一时期学界对洪亮吉人口思想也开始有所关注。⑥总体而论，这一时期的人口研究还处于探

---

① 梁启超. 饮冰室合集：第2册卷10. 北京：中华书局，1989：35.

② 王士达. 民政部户口调查及各家估计（一）. 社会科学杂志，1932，3（3）；王士达. 民政部户口调查及各家估计（二）. 社会科学杂志，1933，4（1）；陈长蘅. 中国经济：第3卷　人口. 上海：商务印书馆，1934.

③ 赵泉澄. 咸丰东华录人口考正. 齐鲁学报，1941（1）；赵泉澄. 同治东华录人口考正. 齐鲁学报，1941（2）.

④ 罗尔纲. 太平天国革命前的人口压迫问题. 中国社会经济史集刊，1949，8（1）.

⑤ 曹树基，陈意新. 马尔萨斯理论和清代以来的中国人口——评美国学者近年来的相关研究. 历史研究，2002（1）.

⑥ 谭彼岸. 清代的人口问题与洪北江人口论思想. 中央日报，1942－11－07；张荫麟. 洪亮吉及其人口论. 东方杂志，1926，23（2）；陈长蘅. 洪亮吉之人口论及物竞论. 上海：商务印书馆，1930.

索阶段，但数篇论文所探究的问题已建构起人口研究的宏观框架，即人口数据之校正、人口与社会变迁之关系、人口制度之变化及人口思想之探究。

1949 年以后直至“文革”结束前，由于对马尔萨斯“人口论”的错误批判，人口史研究处于停滞状态，清代人口研究更是无从谈起。[①] 20 世纪 70 年代以后，随着国家人口政策的重大调整，人口讨论成为热点，人口史研究亦逐步展开。历史学界、人口学界纷纷注目于此，海外亦投入相当力量，研究领域不断扩大，不仅传统的人口数量、人口制度、人口流动研究取得突出成就，人口结构、人口行为研究也取得重要进展，业已深入婚姻、生育、家庭结构等微观领域，对于清代人口增长模式也提出了新的论点，引发了学界的广泛争论；区域人口史等研究也陆续开展；人口研究的材料有所扩大，加强了对档案、玉牒、族谱的搜集和利用；海外人口学研究成果的引进，各类国际人口学会议的举办，促进了海内外的学术交流。

对人口地理的关注是人口史研究的重点之一，著名的“胡焕庸线”本质上就是关于人口地理分布的经典问题，而这一条人口分布线就是在清代初步形成的；清代数次移民活动也引起了学界的广泛注意。可以说，清代人口地理研究是人口史研究中非常重要的一个分支。

第一节　总体概貌

就笔者收集的学术信息而言，近几十年来，出版了数十部研究清代人口或与之密切相关主题的专著，其中或多或少都涉及一些地理方面的信息，尤其是这些专著中关于人口数据的探讨更是人口地理研究的基础，如表 3 - 1 所示。其中最重要的当数何炳棣《明初以降人口及其相关问题（1368—1953）》。[②] 该书最杰出的贡献在于，它开创了通过追

---

① 大陆发表的学术论文仅见：孙毓棠. 清代的丁口记录及其调查制度. 清华大学社会科学，1950，6（2）。

② 何炳棣. 明初以降人口及其相关问题（1368—1953）. 葛剑雄，译. 北京：三联书店，2000. 英文版于 1959 年由哈佛大学出版社出版，中译本初版书名为《1368—1953 年中国人口研究》（葛剑雄，译. 上海：上海古籍出版社，1989）。

溯若干人口术语与制度内涵的演变来理解已有清代人口数据的路径，这主要体现在该书第二章“丁的实质”中。该章通过大量零碎的数据证明，“丁”仅仅是一个赋税单位，与实际人口并无关系。在此基础上，第三章“1741—1775年的人口数据”、第四章“1776—1850年的人口数据”、第五章“1851—1953年的人口数据”对各个时期人口数据的形成做了科学的分析。这一成果解决了清代人口史上的一个关键问题，也为科学地探讨清代人口数据和人口地理分布奠定了基础。可惜的是，该书英文版早在1959年即由哈佛大学出版社出版，但由于国内外学术交流的滞后，直至1989年中译本才问世，不少国内人口学家在自己的著作中仍然沿用以人丁来估算清初人口的方法，即使有得出近似的结论者，也较何氏结论晚了20余年，做了不必要的重复性工作。

表3-1　与清代人口研究有关的重要著作

著作名	责任者	出版单位	出版年份
Studies On the Population of China 1368—1953	何炳棣	哈佛大学出版社	1959
《中国历代户口、田地、田赋统计》	梁方仲	上海人民出版社	1980
《中国农业的发展（1368—1968年）》	珀金斯	上海译文出版社	1984
《中国人口发展简史》	江沨	河北人民出版社	1986
《中国人口史》	赵文林、谢淑君	人民出版社	1988
《中国人口发展史》	葛剑雄	福建人民出版社	1991
《人口问题与近代社会》	行龙	人民出版社	1992
《明清时期家族人口与社会经济变迁》	刘翠溶	“中研院”经济研究所	1992
《中国近代人口史》	姜涛	浙江人民出版社	1993
《清代皇族人口行为和社会环境》	李中清、郭松义	北京大学出版社	1994
《中国人口史》	王育民	江苏人民出版社	1995
《中国人口发展史》	张呈琮	中国人口出版社	1998

《人口与中国的现代化（1850年以来）》	葛剑雄、侯杨方、张根福	学林出版社	1999
《中国人口通史》	路遇、滕泽之	山东人民出版社	2000
《十八世纪中国婚姻家庭研究——建立在1781—1791年个案基础上的分析》	王跃生	法律出版社	2000
《人类的四分之一：马尔萨斯的神话与中国的现实（1700—2000）》	李中清、王丰	三联书店	2000
《中国人口史》第五卷《清时期》	曹树基	复旦大学出版社	2001
《北京历史人口地理》	韩光辉	北京大学出版社	1996
《陕西历史人口地理》	薛平拴	人民出版社	2001

珀金斯（Dwight H. Perkins）于1969年出版了他的经济史著作*Agricultural Development in China 1368－1968*。[①] 该书附录一“中国人口资料”之“清代人口统计（1644—1911）”一节探讨清代的人口数量问题。他通过核对1850年前中国国内人口迁徙和战争的情况以及1776—1850年的人口数据，论证指出19世纪初期的总数的确大致反映了那个时期各省的真实人口，主要例外是广东，可能还有四川。该书因着力点在农业发展上，人口问题只是与之相关的一个因素而已，故而论证过程显得较为简略。

1992年，行龙出版了《人口问题与近代社会》一书，这是一部断代人口史研究专著。该书从社会史角度对中国近代人口史进行了较为全面的考察，涉及人口数量、过剩人口、人口分布及流动、人口城市化、人口构成及近代人口思想等内容。

1993年，姜涛出版了《中国近代人口史》一书。该书考察了清初至新中国成立前中国人口增减、地域分布、流动态势以及农村与城市人口的构成、统治阶级的人口政策等内容，对于近代人口与历史的关系进

① 该书1969年由爱丁堡大学出版社出版，中译本为：珀金斯．中国农业的发展（1368—1968年）．宋海文，等译．伍丹戈，校．上海：上海译文出版社，1984。

行了初步探讨。该书对清代人口统计制度进行了深入探讨，指出1775—1851年，清政府通过完善和加强保甲制度维持了经常性的人口统计。太平天国运动以后，受战争破坏影响的部分省份人口数据，根本没有建立在州县人口的清查和册报上，从而导致了人口数据的失实。该书附录“1749—1898年分省人口统计”对中国第一历史档案馆所藏清代户部历年的《汇造各省民数谷数清册》中的人口数据进行了整理，凡数据间有部分地区缺报、全省未报、部分府州厅县缺报者均在附注中说明，为清代人口史研究工作者利用户部《汇造各省民数谷数清册》提供了极大便利。

2000年，李中清、王丰出版了《人类的四分之一：马尔萨斯的神话与中国的现实（1700—2000）》，对马尔萨斯（Thomas Robert Malthus）《人口原理》（*An Essay on the Principle of Population*）中关于抑制中国人口增长的因素主要来自人口体系外部，如战争、饥荒、传染病等的观点提出质疑，他们认为中国人口并非如马尔萨斯所认为的处于自然增长态势之下，内在性抑制对人口的影响比外在性压力起到了更主要的作用，中国人早就建立了自己的人口体系，使之能够高度理智地根据社会经济条件来调整人口行为：溺婴及其他避孕方法抑制了生育率，并通过溺女婴扰乱了性别比例，剥夺了大量男性的婚姻机会，形成中国人口体系的一种内在平衡机制。该书还通过人均粮食产量、人均粮食消费、平均预期寿命三个指标，论证传统中国的生活水准并不比工业化前的欧洲低，中国不存在马尔萨斯所说的“人口危机”。这一认识颠覆了对中国人口体系的一系列传统认识，引发了国内外极大的学术争论。①

2001年，曹树基《中国人口史》第五卷《清时期》出版。该书在继承何炳棣《明初以降人口及其相关问题（1368—1953）》一书对人口

① 较有代表性的学术争论文章是：曹树基，陈意新. 马尔萨斯理论和清代以来的中国人口——评美国学者近年来的相关研究. 历史研究，2002（1）；王丰，李中清. 摘掉人口决定论的光环——兼谈历史人口研究的思路与方法. 历史研究，2002（1）；陈意新，曹树基. 尊重中国人口史的真实——对《摘掉人口决定论的光环》一文之回应. 学术界，2003（3）；高王凌. 马尔萨斯阴影下的人口争论. 清史研究，2004（1）。2002年6月3日，加州大学洛杉矶分校社会理论与比较史中心曾就彭慕兰的“分岔论”和李中清、王丰的人口学新解释举办了有辩论双方参加的讨论会，参见：张家炎. 如何理解18世纪的江南农村：理论与实践——黄宗智内卷论与彭慕兰分岔论之争述评. 中国经济史研究，2003（2）。

统计制度演变之分析的基础上，对“丁的实质”是一种赋税单元这一命题从府级人口数据统计中加以证明，认为这是一个应当结束的讨论。该书的突出贡献还在于：(1) 注重人口数据的定量分析，收集了大量官修史书及档案材料，运用近 3 000 种方志资料，利用“自下而上”的研究方法，全面复原了乾隆四十一年（1776）、嘉庆二十五年（1820）、咸丰元年（1851）、光绪六年（1880）、宣统二年（1910）各省分府人口数据，从而为可靠估计各省乃至全国人口数据提供了扎实的基础；(2) 对太平天国运动、西部回民起义、光绪大灾中的人口损失做了科学的估算，这种估算建立在分府人口数据的考订之上，因而更为科学，较前人从省级数据所得的各种估算数据取得了明显进步。该书还对城市人口以及清代人口体系做了深入探析。

人口通史著作对于清代人口均有相当篇幅的论述。葛剑雄《中国人口发展史》上编第二章第六节“清代：由户口登记向人口普查的过渡”、中编“人口数量的发展及其变化特点”第十章“清时期、民国”对清代人口统计制度及其数量变化、成因做了高屋建瓴式的论述；他与侯杨方、张根福合著的《人口与中国的现代化（1850 年以来）》一书，对近代以来的中国人口数量、变化趋势及其成因均做了分析。参与该书写作的各位学者参与了“中国人口史”“中国移民史”大型丛书的写作，积累了相当多的研究资料，使该书对中国近代人口变动之内在原因的分析建立在扎实的研究基础之上。赵文林、谢淑君、王育民、路遇、滕泽之在各自的人口通史著作中也有专门的章节讨论清代人口问题。

此外，人口史研究的一个新趋势就是区域人口史研究的兴起，尤其是区域人口地理研究取得了很大的成绩。这方面最早也最出色的著作是韩光辉在自己博士学位论文基础上出版的《北京历史人口地理》一书，堪称城市人口史研究的典范之作。该书第三章第五节“清北京地区与北京城市人口规模”从户籍制度和户口统计特点入手，分别估算北京城市与北京地区的人口规模。该书对区域人口史研究的理论方法及其表现出的学术水平“已在很大程度上形成了对何炳棣研究成果和方法上的超越”[①]。其后出版的第二部区域人口地理著作是陕西师范大学薛平拴博士的《陕西历史人口地理》，该书第三章第三节专门探讨清代陕西的人

---

① 曹树基. 中国人口史：第 5 卷　清时期. 上海：复旦大学出版社，2001：8.

口规模，对于清初陕西人口规模，薛氏同意何炳棣关于“丁”是赋税单位、与人口无关的观点，没有采用很多学者习用的丁口比例法，而是采取“人口回溯法”，选取乾隆四十一年（1776）陕西人口数据为基数，计算出乾隆前期陕西人口平均增长率，再推算出明末清初的陕西人口数。这样计算出的人口数就更有根据。①

可以看出，清代人口史研究和人口地理研究已经突破传统人口数据考订的研究方法，区域人口史已逐步兴起，对于清代人口变动及其成因的研究也有了新的解释。不同的学术观点彼此争论，促进了清代人口史研究的整体繁荣，使得对清代人口的关注已不再局限于国内，而是吸引了海外汉学研究的力量，不仅引起了人口学家、清史学家的重视，而且日益激起经济史家的关注。

第二节　清代人口地理研究的基础：数据的考订与整理

清代人口地理研究的基础在于数据，而清代的人口数据又存在较大的问题，受户口统计制度变化的影响很大。因此，清代人口地理研究的准确性在很大程度上依赖于对人口数据的复原，而关于如何复原，学界在不同的研究阶段采用的方法不一，以至复原的人口数据差距较大，为研究地理分布带来了很大不便。

清前期顺治、康熙、雍正三朝户口统计数据，保存在《清实录》及《清会典》中，称“人丁户口”若干，这些人丁数据是通过人口编审制度统计出来的，它承自明代的人口编审制度。对于如何理解和运用这些人丁统计数据，学界大致形成了四种意见：

第一种意见认为人丁就是人口，人丁数据就是人口数据。如谢忠梁《中国历代人口略计表》：“清朝建立初年，全国人口据记载才一千多万，到康熙二十三年（1684 年）才超过二千万人。”② 这就是把《清实录》

① 薛平拴. 陕西历史人口地理. 北京：人民出版社，2011：194.

② 谢忠梁. 中国历代人口略计表. 四川大学学报（哲学社会科学版），1979（3）：103.

所记载的“人丁户口”直接当作人口数据来计算了。

第二种意见把丁看成户，认为人丁是从纳粮户中产生的，一般 1 户 1 丁，故丁额等于或大体等于户数。持这种观点的学者把丁额等同于户数，再按某种户与口的比例，以户数（丁额）推算口数。他们或认为每户平均 5 口，或 6 口，或 5.5 口，但都把丁额理解为户数。

第三种意见认为丁既不是口，也不相当于户，丁就是丁，是指承担赋役的人丁。孙毓堂等认为顺治、康熙、雍正三朝人丁数即 16～60 岁的成年男子数。① 马小鹤指出，《清实录》顺治八年至雍正十二年（1651—1734）的数字指男丁数，乾隆六年（1741）以后的数字指总人口数，两者不可直接比较。② 叶建华认为，清代从“顺治八年至雍正十二年一直采用人丁统计法，即只统计 16～60 岁的男性”③。蒋建平认为，乾隆六年（1741）以前所谓“人丁户口”数实际上就是丁数，清代所谓的丁就是指 16～59 岁的成年男子，根据丁与口之间 1∶5 的比例，可以推算出清初各年人口数。④ 胡焕庸认为，清初丁数指每户所出壮丁人数，只指成年男子可任军役和劳役的数字，每户丁数为 1～2，而人口总数每户约为 5。⑤ 赵文林、谢淑君则认为所谓“人丁”就是被载入户册、负有赋税义务的男性劳动者。户册人丁数不是全部人口数，也不是全部成年男子数，要按一定比例换算成人口数，这个比例就叫“口丁比”，即平均每个户册人丁相应有多少实际人口，一般来说，每户的口丁比接近 1∶5。⑥ 周源和利用丁与口 1∶5 的比例估算出顺治、康熙、雍正三朝全国人口数。⑦ 郭松义也指出，雍正朝以前与乾隆朝以后的人口计算方法不同，前者是计算缴纳丁银的人数的方法，这时16～59 岁

---

① 孙毓堂，张寄谦. 清代的垦田与丁口的记录//中国社会科学院历史研究所清史研究室. 清史论丛：第 1 辑. 北京：中华书局，1979.

② 马小鹤. 清代前期人口数字勘误. 复旦学报（社会科学版），1980（1）.

③ 叶建华. 论清代浙江的人口问题. 浙江学刊，1999（2）：152.

④ 蒋建平. 清前期人口迅增的原因及其对社会经济发展的影响. 北京大学学报（哲学社会科学版），1987（6）.

⑤ 胡焕庸. 中国人口史提要//胡焕庸，等. 人口研究论文集：第 2 辑. 上海：华东师范大学出版社，1983.

⑥ 赵文林，谢淑君. 中国人口史. 北京：人民出版社，1988：386.

⑦ 周源和. 清初人口统计析疑——读《清代前期人口数字勘误》. 复旦学报（社会科学版），1980（3）；周源和. 清代人口研究. 中国社会科学，1982（2）.

为丁，后者是计算全部人口数的方法；他对山东、山西、河南、陕西、安徽、浙江、江西、福建、湖北、湖南、广西、广东、云南13省42府（州县）志中备载的“户”“口”“丁”者进行统计，每户丁口比为1∶3.45，考虑其他因素，可确定丁口比为1∶4，并估计顺治初年人口为4 000万左右，康熙初年则增至8 000万左右，雍正初年为1亿左右。① 王育民采用这一比例推算顺治年间的全国人口数。② 路遇、滕泽之同样认为，清前期全国性的人口统计数字都不是包括男女老少在内的人口数，而是缴纳赋税的人丁数，清朝的丁为16～59岁的成年男子，按照31∶100的丁口比可推算出顺治十八年（1661）全国约28 116 881丁，折算人口90 699 616。③ 可以看出，持这种意见的学者均大致同意丁是指16～59岁的成年男子，而且均认为可以按照一定的比例推算出清初人口，只是个人所据以推算的比例不同，或1∶4，或1∶5，或31∶100，等等。

第四种意见以何炳棣为代表，他在《明初以降人口及其相关问题（1368—1953）》第二章“丁的实质”中指出，清代文献所载“人丁”并不是原来意义上的人丁，既不是人口数，也不是户数或纳税的成年男子数，只不过是赋税单位，它与实际人口已没有内在联系，不能作为推算人口的依据，葛剑雄、曹树基、高王凌、潘喆、陈桦、骆毅等均赞同此说④，陈锋也在何著中译本出版之前撰文得出了与何著类似的结论。⑤ 曹树基等根据省一级的人口数据，进一步证明了丁即纳税单位，与人口无关。⑥ 姜涛《清代人口统计制度与1741—1851年间的中国人口》一

① 郭松义. 清初人口统计中的一些问题//中国人民大学清史研究所. 清史研究集：第2辑. 北京：中国人民大学出版社，1982.

② 王育民. 中国人口史. 南京：江苏人民出版社，1995：48.

③ 路遇，滕泽之. 中国人口通史. 济南：山东人民出版社，2000：807.

④ 葛剑雄. 中国人口发展史. 福州：福建人民出版社，1991；曹树基. 中国人口史：第5卷 清时期. 上海：复旦大学出版社，2001；高王凌. 明清时期的中国人口. 清史研究，1994（3）；潘喆，陈桦. 论清代的人丁. 中国经济史研究，1987（1）；骆毅. 清朝人口数字的再估算. 经济科学，1998（2）.

⑤ 陈锋. 也谈清初的人口统计问题//《平准学刊》编辑委员会. 平准学刊：第5辑下册. 北京：光明日报出版社，1989.

⑥ 曹树基，刘仁团. 清代前期“丁”的实质. 中国史研究. 2000（4）. 同样参见曹树基《中国人口史》第五卷《清时期》第一章第二节第一小节“关于丁的实质”，曹树基认为“丁的实质”是一个“应当结束的讨论”。

文，指出所谓的“人丁户口”并不是成丁，即 16～59 岁的成年男子人口的统计，而是一种纳税“法人单位”的汇总。由于它的总数是预定的，所以它有别于正常的人口统计；又由于它必须转化为具体的人户姓名，即落实到具体人头，所以它又不是丁赋本身。清代前期对“人丁户口”的编审，实质上就是由州县地方政府核准、登记或变更这种纳税“法人”单位的过程。“人丁户口”的统计，与人口的实际增长没有任何关系，因此不能按一定的比例（所谓的“丁口比”）折合成人口数。①

目前何炳棣的结论经过曹树基等人的进一步探讨，已经得到众多学者的认同，曹树基认为这是一个可以结束的讨论。② 但何氏对“丁的实质”的讨论建立在不完整的县级数据上，曹树基对此提出了批评，并试图以省级为单位讨论清初人丁的性质，在一个更大的角度上证明何炳棣的观点。③ 余艳在全面查阅直隶地方志的基础上对此提出质疑，她揭示出清初直隶大部分地区的“原额人丁”均是三等九则丁折算下下丁数所得，各地折丁比例差异很大，府级数据在性质不同的折丁数据上相加而成，建立在省级或府级人丁数据基础上的研究是不妥的。④

但对清代复杂的人丁统计制度做简单化、标准化的处理也并不妥当，对各个区域户口统计制度的研究将是从整体上进一步深入探析清代户口制度的根本。陈桦《清代四川的户口统计制度》一文，已敏锐意识到人丁编审在不同阶段、不同区域存在很大差异，他以四川为例，将户口统计制度分为顺治年间至雍正十年（1732）的“以粮载丁”法、雍正十年至乾隆五年（1732—1740）的“按户核丁”法、乾隆六年（1741）以后的保甲统计法。⑤ 陈桦的另一篇文章《语言与历史：清代“人丁”概念的异变》，从“人丁”概念产生及其内涵异变角度进行考察，指出清代人丁类型多样，不仅有等则丁，还有户丁、田丁、粮丁、朋丁，认为清代“人丁”概念在不同的地区有不同的解读，在许多地区，“人丁”的载体已非实际存在的已到成丁年龄的自然人，其结果必然是人丁与纳

---

① 姜涛. 清代人口统计制度与 1741—1851 年间的中国人口. 近代史研究，1990（5）.

② 曹树基. 中国人口史：第 5 卷 清时期. 上海：复旦大学出版社，2001：51.

③ 同②第 1 章第 4 节.

④ 余艳. 清初直隶“原额人丁”的性质. 中国农史，2006（3）.

⑤ 陈桦. 清代四川的户口统计制度. 清史研究通讯，1989（3）.

税义务的分离，以及人丁数量统计的失实。①

在保存至今的关于人口资料的文献中，三部《大清一统志》记载了一系列系统的人口数据。研究者从若干记录人口数据的术语含义入手，揭示了这些人口数据的来源与性质问题。张鑫敏、侯杨方对三部《大清一统志》中所记载的“原额人丁”进行了彼此间的比较以及与地方志之间的对校，认为所谓“原额人丁”在三部《大清一统志》中除少部分相同外，多数记载前后不一致，其数据来源复杂多样，编纂过程中又存在很多技术性错误，因此在研究中不宜直接引用。② 张鑫敏又以江苏为例，探讨了嘉庆重修《大清一统志》中“滋生男妇大小”一词的含义，提出“滋生男妇大小”是民数汇报与人丁编审的人口产物的假说，这一数字并非嘉庆年间的民数或男丁数，而是《大清一统志》编纂者主观编造的结果。③

正是因为对清代人口数据存在不同认识，所以目前关于清代各时期人口数据存在较大争议，关于人口分布细节的异议也同样存在。

清代全国性的人口数据多保存在《清实录》《清会典》《大清一统志》中，不少学者致力于收集、整理这些人口数据，为进一步利用、研究提供了便利，这方面成绩最突出的是已故著名历史学家梁方仲编著的《中国历代户口、田地、田赋统计》。梁方仲经过考核测算，分门别类地将历代户口、土地、田赋数据编辑为 200 多个表格，其中有关清代人口的表格共有 15 个，分别是：(1)《清顺治、康熙、雍正三朝的人丁及田地数》；(2)《清顺治、康熙、雍正三朝每朝及每十年平均人丁数、田地数及每丁平均亩数》；(3)《清乾隆、嘉庆、道光三朝的人口数及存仓米谷数——附记明万历初年各直省积谷数及清乾隆年间各直省存仓米谷数》；(4)《清咸丰、同治两朝的人口数》；(5)《清顺治、康熙、雍正、乾隆（初、中期）四朝各直省人丁数》；(6)《清顺治、康熙、雍正、乾隆四朝各直省人丁数占其总数的百分比》；(7)《清顺治、康熙、雍正、乾隆四朝各直省人丁数的升降百分比》；(8)《清乾隆十八年各直省户、

① 陈桦. 语言与历史：清代“人丁”概念的异变. 清史研究，2006 (4).

② 张鑫敏，侯杨方.《大清一统志》中“原额人丁”的来源——以江南为例. 清史研究，2010 (1).

③ 张鑫敏.《大清一统志》中“滋生男妇大小”考——以江苏为例. 中国经济史研究，2012 (3).

丁口数及每户平均丁口数》；（9）《清乾隆（后期）、嘉庆、道光、咸丰四朝各直省丁口数》；（10）《清乾隆（后期）、嘉庆、道光、咸丰四朝各直省丁口数占其总数的百分比》；（11）《清乾隆（后期）、嘉庆、道光、咸丰四朝各直省丁口数的升降百分比》；（12）《清同治、光绪两朝各直省（人）口数》；（13）《清宣统年间调查（公元1912年汇造）之户口数的修正》；（14）《清代各直省人口密度》；（15）《清嘉庆二十五年各府州人口密度》，基本囊括了文献所见的各类人口数据。① 严中平等编《中国近代经济史统计资料选辑》，辑录了与近代经济史有关的一些统计资料，附录“清代乾、嘉、道、咸、同、光六朝人口统计”辑录了1786—1898年清代人口数据，其资料来源是故宫博物院所藏清代户部历年的《汇造各省民数谷数清册》。② 孙毓棠等《清代的垦田与丁口的记录》列了两个表格，分别是《顺治、康熙、雍正三朝历年人丁表》《乾隆至光绪朝历年人口表》，据作者们介绍，“这两个表的编制所根据的资料是《清实录》《东华录》《东华续录》，雍正、乾隆、嘉庆、光绪四朝的《大清会典》《清朝通志》《清朝通典》《清朝文献通考》《清朝续文献通考》，俞正燮的《癸巳类稿》《故宫户部档案》，和其他一些零星资料”③，各书所载相同年份的人口数据异同皆作为“备考”。张燕《〈清实录〉有关中国人口总数资料》，整理了《清实录》中记载的乾隆、嘉庆、道光、咸丰、同治五朝的人口总数资料，即乾隆六年至六十年（1741—1795）的55个数据、嘉庆元年至二十五年（1796—1820）的25个数据、道光元年至三十年（1821—1850）的30个数据、咸丰元年至十一年（1851—1861）的11个数据、同治元年至十二年（1862—1873）的12个数据。④ 此外，姜涛《中国近代人口史》一书对户部《汇造各省民数谷数清册》的整理对学界功莫大焉。

关于清初人口数量的计量问题，吴慧在《清代人口的计量问题》中做了阐述，大致有五种方法：丁口折算，用各时期人口增长率推算，用

---

① 梁方仲. 中国历代户口、田地、田赋统计. 上海：上海人民出版社，1980.

② 严中平，徐义生，姚贤镐，等. 中国近代经济史统计资料选辑. 北京：科学出版社，1955.

③ 孙毓棠，张寄谦. 清代的垦田与丁口的记录//中国社会科学院历史研究所清史研究室. 清史论丛：第1辑. 北京：中华书局，1979：114.

④ 张燕.《清实录》有关中国人口总数资料. 西北人口，1981（1）.

可靠时期的人口增长率来推算隐漏人口较多时期的人口，用人口递减率进行回测，用乾隆朝的人口数据回测清初人口。以上所述五种计量方法均存在不足，吴慧提出了利用人口隐漏率来逆推清初人口的新方法。① 可以看出，对户口统计制度的理解不同，所掌握的人口数据来源不同、计量方法不同，导致对清代人口数值的估算具有一定的差异。今以列表的形式对若干重要清代人口史著作中的清代人口估值做一简要梳理：

表 3-2　何炳棣《明初以降人口及其相关问题（1368—1953）》中的清代人口估值

年份	人口估值（亿）
1700	1.50
1779	2.75
1794	3.13
1850	4.30

说明：本表数据来自何炳棣《明初以降人口及其相关问题（1368—1953）》第三章“1741—1775 年的人口数据”、第四章“1776—1850 年的人口数据”、第五章“1851—1953 年的人口数据”。

表 3-3　珀金斯《中国农业的发展（1368—1968 年）》中的清代人口估值

年份	人口估值（亿）
1650	1～1.5
1750	2～2.5
1850	4.1±0.25
1873	3.5±0.25
1893	3.85±0.25

说明：本表数据来自珀金斯《中国农业的发展（1368—1968 年）》附录一“中国人口资料”之“清代人口统计（1644—1911）”一节中的附表 1-7《人口（1393—1953）》。

---

① 吴慧. 清代人口的计量问题. 中国社会经济史研究，1988（1）.

表 3-4　行龙《人口问题与近代社会》中的清代人口估值

年份	人口估值（亿）
1651	0.53
1840	4.13
1851	4.32
1867	2.56
1875	3.23

表 3-5　姜涛《中国近代人口史》中的清代人口估值

年份	人口估值（亿）
1650	0.90
1680	1.00
1700	1.30
1720	1.60
1740 年前后	2.00
1850	4.50
1870	3.70
1885	4.00
1900	4.43

表 3-6　葛剑雄《中国人口发展史》中的清代人口估值

年份	人口估值（亿）
1655	1.19
1684	1.30
1865	3.18
1911	4.00

说明：本表数据来自葛剑雄《中国人口发展史》上编第二章第六节“清代：由户口登记向人口普查的过渡”、中编“人口数量的发展及其变化特点”第十章“清时期、民国”。

表 3-7　　曹树基《中国人口史》第五卷《清时期》中的清代人口估值

年份	人口估值（亿）
1678	1.60
1776	3.11
1820	3.83
1851	4.36
1910	4.36

说明：本表 1678 年以外的数据来自曹树基《中国人口史》第五卷《清时期》表 16-2《清代中期至 1953 年中国分省人口》，1678 年的数据来自该书 706 页。

表 3-8　王士达、陈长蘅、侯杨方对 1911 年清代人口估值

研究者	人口估值（亿）
王士达	3.73
陈长蘅	3.48
侯杨方	3.65

说明：侯杨方《中国人口史》第六卷涉及对宣统年间人口调查的评价与估计。宣统三年（1911）的人口调查最终没有完成，王士达、陈长蘅均据原始材料对该数据进行了估计和复原，侯杨方进行了新的修正。侯杨方根据上述修正数，并加上漏报的 800 万边远少数民族地区的人口数，估计 1911 年初全国人口约为 4.1 亿。

表 3-9　路遇、滕泽之《中国人口通史》中的清代人口估值

年份	人口估值（亿）
1661	0.85
1671	0.94
1681	0.99
1691	1.10
1701	1.22
1711	1.36
1721	1.51
1731	1.67
1741	1.85
1751	2.06
1761	2.28
1771	2.53
1776	2.67

此外，若干论文也涉及对清代人口的估算，现在以表格的形式择要列于下：

表 3-10　王跃生《18 世纪中后期中国人口数量变动研究》中的清代人口估值

年份	人口估值（亿）
1741	1.64
1751	1.89
1761	2.17
1771	2.50
1799	3.69

说明：王跃生. 18 世纪中后期中国人口数量变动研究. 中国人口科学，1997（4）。

表 3-11　高王凌《明清时期的中国人口》中的清代人口估值

年份	人口估值
1682	7 000～8 000 万
1700	9 000～10 000 万
1750	20 000 万左右
1800	超过 30 000 万
1850	40 000 万以上

说明：高王凌. 明清时期的中国人口. 清史研究，1994（3）。

就上述几个具有代表性的人口估计数分析如下：

第一，清前期（1644—1741 年）人口统计的口径是"人丁"数，故对其人口的估计主要有两种途径：（1）以人丁比计算，或 5∶1，或4∶1，或 3∶1，或者其他比例，这种估计方法已基本被学界抛弃；（2）对较可靠的乾隆六年（1741）或四十一年（1776）的人口数据进行修正后，依照其后各年较可靠的人口增长率回溯，得出清初人口估值，但各家赖以回溯的起始数据即有各种修正数，且人口增长率各家统计亦不相同，故估值仍有一定程度的差异，不过均在一个较小的波动范围内，以 1700 年的人口估值为例①：

① 李中清、王丰关于 1700 年人口估计数的数据源于：李中清，王丰. 人类的四分之一——马尔萨斯的神话与中国的现实（1700—2000）. 北京：三联书店，2000：40-41。

表 3-12　　　　各家 1700 年清代人口估值

研究者	人口估值（亿）
何炳棣	1.5
姜涛	1.3
路遇、滕泽之	1.2
高王凌	0.9～1.0
李中清、王丰	1.6

第二，乾隆六年（1741）后不再进行人丁编审，各省等记“大小男妇”数，尤其是乾隆四十一年（1776）后，基本可以认为统计的是实际人口数，但因漏报及宗室、贵族、僧道、兵丁、少数民族等不在统计之列，故对此年之后的人口估值仍有赖于对《清实录》《汇造各省民数谷数清册》的整理、修正与对漏报人口的估计，并以较为可靠的 1953 年新中国人口统计数据进行回溯比对。漏报人数虽总量可观，但与全国总人口数相比，所占比例较小，其估值最基本的数据仍是清廷留下的各类人口数据，故总体而言，各家估值差别并不大，以 1776 年前后及 1911 年前后人口估值为例：

表 3-13　　各家 1776 年前后及 1911 年前后清代人口估值

研究者	1776 年前后人口估值（亿）	1911 年前后人口估值（亿）
何炳棣	2.75	/
姜涛	2.00	4.05～4.20
曹树基	3.11	4.36
路遇，等	2.67	/
王跃生	2.50	/
高王凌	2.50	/
葛剑雄	/	4.00
侯杨方	/	4.14

说明：表中“/”代表没有做出估值。

第三，关于宣统人口调查的争论。光绪三十一年（1905）以后，清政府试行宪政改革。光绪三十四年（1908）于内务部下设立统计司，同年该司制定了一个在全国进行首次人口普查的六年计划，并向各省发出普查的标准表格进行详细指示，要求各省政府统计出所有男女老幼的数目，并分别统计出男性和学龄儿童的数目，至 1911 年完成了首次“现代”人口统计。对该次人口普查的效能和结果，中国学者进行了较为深入的探讨。王士达对全国人口总数做了最扎实的研究，他的结论是：1911 年的人口普查尽管存在缺点，但的确是一次真正深入民间的普查，绝非凭空捏造。何炳棣则认为，从省到地方的整个普查系统充其量只是拼凑起来的，所谓 1908—1911 年普查和民国初期的普查在大多数地方是由县政府、乡绅进行的，或者不如说是由其随意编制的，接受 1908—1911 年普查的结果具有危险性。① 米红等则认为，“尽管由于时代的局限，这两次人口调查资料具有这样或那样的不完整性或残缺性，但是这些资料毕竟是最大限度反映了清末民初人口状况的原始人口资料，两次调查资料中的户数与口数有较高的利用价值”②。侯杨方《宣统年间的户口调查及全国人口数估计》，就何炳棣所引之例进行了深入分析，认为何炳棣的例证仅涉及个别局部地区，且无实际的论证过程，故而以此来全盘否定整个调查是不足取的③，并对陈长蘅的民国元年（1912）内务部汇造宣统年间民政部调查户口统计表进行了校正。文静对此次调查中新疆的人口逐项进行了分析，认为其户均口数还可以接受，出生率、死亡率则不足信，性别比则略偏高，并推算出其实际值可能为 109.9～112.7，并在上述分析的基础上，推算出新疆当时的人口数为 231 万～233 万，认为宣统人口调查数据并非胡拼乱凑，而是有一定的可信度。④

以上就清代人口数量的相关研究进行了简单的梳理，难免挂一漏万，但从中也可以看出清代人口数量研究中若干需要继续探讨的问题：其一，清代户口统计制度是根本。首先需要弄清清代户口统计的本质，

① 何炳棣. 明初以降人口及其相关问题（1368—1953）. 葛剑雄，译. 北京：三联书店，2000：86-93.

② 米红，李树茁，胡平，等. 清末民初的两次户口人口调查. 历史研究，1997（1）.

③ 侯杨方. 宣统年间的户口调查及全国人口数估计//中国地理学会历史地理专业委员会《历史地理》编辑委员会. 历史地理：第 15 辑. 上海：上海人民出版社，1999. 另外参见：侯杨方. 中国人口史：第 6 卷 1910—1953 年. 上海：复旦大学出版社，2001：第 2 章“宣统人口普查”。

④ 文静. 对清末民初两次人口调查的分析——以当时新疆人口为中心. 西北史地，1998（4）.

尤其是各类人口术语的真实含义；其次需要深入理解清代户口统计的区域差异性。清代户口统计虽有制度所规定的一套办法，但制度实施的变通性和区域差异性是显而易见的。要真正了解清代人丁编审和户口统计的实质，就必须回到区域人口史的研究中。目前较多也较充分的是对四川、直隶、甘肃等地区的研究，对其他地区的研究还有待继续开展与深入。其二，清代文献中的人口数据来源与性质是关键。清代保存至今的人口数据很多，但显然大多不是现代统计学意义上的数据。只有对其来源与性质进行详细的考订，尤其是对其制度背景做深入的探讨，才能科学地利用这些数据来研究人口问题。相反，对这些数据不加分析、拿来就用是非常危险的倾向。另外，对若干区域所有文献中记载的人口数据进行穷尽式收集、比勘，了解其渊源关系，将是理解、利用文献所载人口数据之性质的关键所在。

第三节　清代人口的空间分布与区域人口地理

中国人口的空间分布特征，以 20 世纪 30 年代胡焕庸的发现最为有名，以瑷珲—腾冲一线划界的人口分布线被称作“胡焕庸线”。在胡焕庸提出这条人口分布线的 1935 年，“胡焕庸线”东南一带占中国国土面积的 36%，人口则占到全国人口的 96%，而此线西北 64%的土地面积却只养活了 4%的人口。[①] 这条人口分布线实际在清代就已基本形成。因此，探讨清代人口分布的特征及变化，可以为认识中国当代人口分布特征提供历史溯源。

曹树基《中国人口史》第五卷《清时期》的主要贡献是，复原了 1820 年全国分府的人口数据的考订，从而为清代人口空间分布的研究提供了基础数据。孟昭华依据梁方仲编著《中国历代户口、田地、田赋统计》和严中平等编《中国近代经济史统计资料选辑》中的资料，统计了各省人口密度，得出人口分布由沿海向内地递减的趋势，而咸丰以后，各地人口分布发生了不同程度的变化，最突出的表现是东西两部人

① 胡焕庸. 中国人口之分布——附统计表与密度图. 地理学报，1935 (2).

口分布稠稀的差距逐渐缩小，缩小的原因主要在于东部地区人口增长缓慢甚至减少，其中关键性的因素就是太平天国运动及广东、福建等地之人向海外的迁移。① 孟昭华使用的数据多来自各种论著，未经过仔细的考订，对其结论的可信度具有一定的影响。潘倩等在研究近 300 年来中国人口变化时，建立了 1724、1767、1812、1855、1898 年等与清代有关的五个典型事件断面，并计算各时期人口重点坐标，认为清代东部人口过剩，人口自然向西移动，同时清前中期人口大规模向南移动，而清后期大量移民到西部屯田。②

除此之外，各个区域的研究中与人口分布相关的研究成果也相当多。

北京　韩光辉《北京历史人口地理》中清代所占的比重不大，韩氏在深入探讨了北京城市户口地域构成的基础上，分三个不同的地域单元，即内城、外城、城属（郊区），系统地研究内城八旗户口、外城城市居民户口与郊区户口的构成及演变，得出顺治四年（1647）、十四年（1657），康熙二十年（1681）、五十年（1711），乾隆四十六年（1781），光绪八年（1882），宣统二年（1910），共 7 组数据，对清初北京城市与北京地区户口、清代控制北京城市户口规模所采取的有效措施及其社会效果进行了系统的研究，均取得了创造性成果。这一研究对全国其他地区人口地理的研究具有示范意义。王均《1908 年北京内外城的人口与统计》，介绍了 1908 年北京内外城人口分布、城市人口职业结构、八旗户口与旗人职业结构、清末北京的人口统计与户籍结构等内容，分析了北京城向半殖民地化近代城市过渡时期城市人口的基本特征。③

陕西　薛平拴《陕西历史人口地理》，系统研究了今陕西区域历代人口规模及变迁大势，其中第三章第三节是“清代人口规模”。作者对清代典籍中记载的户口数进行了评价，指出就清代陕西人口而言，《清朝文献通考》所载乾隆年间人口数及《嘉庆重修一统志》《秦疆治略》所载人口数质量较高；并以较为可靠的乾隆四十一年（1776）人口数回

---

① 孟昭华. 元清户政考. 北京：中国社会出版社，2014：211－212.

② 潘倩，金晓斌，周寅康. 近 300 年来中国人口变化及时空分布格局. 地理研究，2013（7）.

③ 王均. 1908 年北京内外城的人口与统计. 历史档案，1997（3）.

测，估算出康熙二十一年（1682）陕西人口为401.2万。作者对清代中期、末期的人口数据也做了校正和估算，指出《嘉庆重修一统志》记载的数据较为可信，而光绪、宣统年间的户部《汇造各省民数谷数清册》、《清史稿》记载的人口数据并不准确。作者利用1953年的人口统计数据，回溯1911年陕西人口数为1 059万～1 096万，得出结论：明清之际陕西人口的谷底大约出现在顺治十一年（1654），其后渐有增长，峰值出现在道光三十年（1850），同治年间及光绪初年陕西人口由于连年战乱和严重的自然灾害而大幅度减少，至清末有1 000余万人。① 萧正洪对清代陕南的流民问题予以特别关注，陕南外来人口显著增加，同时籍贯多样性也在增强，由此带来了人口分布的均衡程度的变化，即密度增大，而人口重心由康熙年间在石泉县境内逐渐向东偏北方向移动，表明陕南东部人口增加要比西部明显，南北向的移动也甚为明显，主要是由江汉谷地向南北山地伸展。②

贵州 蒋德学对清初贵州人口进行了探讨，分析了清初贵州人丁及其统计数据偏低的原因，就清初贵州人口的增长做了估算：1661年为600 000人，1685年为779 400人，1696年为876 675人，1724年为1 174 000人，1732年为1 363 435人。③ 杨斌对此提出了不同意见，在对《清文献通考》，康熙、乾隆《贵州通志》所载丁口数据进行修正的基础上，认为清初贵州人口既不是六七十万，也不是100万，而是200万左右。④ 他还对康熙、乾隆《贵州通志》所载康熙十一年（1672）、雍正十年（1732）贵州各府人口数据做了修正。在此基础上，他计算了贵州各府不同阶段的人口密度，指出贵州人口的空间变化经历了两个阶段：从清朝初年到乾隆前期，由于近百年的战乱，贵州人口主要分布在以黎平为主的边缘地区；从乾隆后期到嘉庆年间，由于社会环境和平稳定，社会经济得以恢复和发展，贵州人口分布重心从以黎平为主的边缘

---

① 薛平拴. 陕西历史人口地理. 北京：人民出版社，2001. 该书部分内容曾以单篇论文形式发表：薛平拴. 见于记载的明清陕西人口数据及其评价. 陕西师范大学继续教育学报，2002（1）。

② 萧正洪. 清代陕南的流民与人口地理分布的变迁//徐兴海，李晓岗. 陕西师范大学历史系学术论文集. 西安：陕西人民教育出版社，1994.

③ 蒋德学. 清初贵州人口考. 贵州社会科学，1982（4）.

④ 杨斌. 清代前期贵州人口资料辨析. 中国人口科学，1996（4）.

地区转移到黔中地带。[①]

山西 李玉文《山西近现代人口统计与分析》第一编“近代人口（1840—1911）”与清代有关，此编共分四章，即“近代人口概况”“近代户口分布”“户口密度”“光绪十年户口比重”，较为详细地研究了山西人口。

台湾 孔立对1683、1762、1782、1811、1840、1893六个年份的台湾人口数量进行了估算，认为乾嘉时期台湾人口增长有两个特点：乾隆后期至嘉庆前期增长率高于乾隆前期和中期；台湾人口增长率高于全国，而增长最快的年份比全国稍晚。之所以出现这些特点，与人口移入大有关联。[②] 唐立宗根据陈绍馨《台湾的历史变迁与人口变迁》一文的研究编绘了两幅《清代台湾人口统计》图，分别呈现嘉庆十六年（1811）和光绪十九年（1893）台湾各县人口数，实现了台湾人口数据的数字化。[③] 段佩君探讨了清代台湾人口的增长、分布变迁及内部迁移等问题。[④]

宁夏 陆文学《清代宁夏人口的地理分布及变化》，将明清之际宁夏地区人口分布的特征进行了对比，认为和明代相比，清代人口分布由点状变成了片状，而造成这一变化的原因在于人口增加所带来的对荒地的垦殖和人口的扩散。[⑤]

广西 胡友平将清代前中期的广西人口分布与明代进行了重心变化的对比研究，认为明代到清初广西人口密度最大的地区是桂东北，而清代中期以后则转向桂东南，造成这一变化的原因除了自然条件，主要是省外尤其是大量广东移民进入桂东南。[⑥]

甘肃 路伟东等长期关注陕甘地区的人口问题，他们以晚清甘肃城市人口为例，利用宣统人口调查原始档案“地理调查表”中的分村户口数据，对治所城市人口规模进行了汇总，认为行政治所类城市的人口规

---

① 杨斌. 清代前期贵州各府人口资料辨析. 贵州社会科学，1995（2）；杨斌. 清代前期贵州人口的分布变迁. 贵州社会科学，1999（1）.

② 孔立. 清代台湾人口的几个问题. 厦门大学学报（哲学社会科学版），1986（4）.

③ http://thcts.ascc.net/template/sample6.asp?id=rc10.

④ 段佩君. 清代台湾人口地理研究. 福建师范大学硕士学位论文，2008.

⑤ 陆文学. 清代宁夏人口的地理分布及变化. 固原师专学报（社会科学版），2005（2）.

⑥ 胡友平. 清代前中期广西人口的地理分布及其原因. 凯里学院学报，2012（2）.

模分布呈离散状态，集中度较低，没有明显的层级关系，城市人口等级与行政等级并不存在相吻合的模式。①

察哈尔 赵瑞芳以清代至民国时期察哈尔右翼地区为中心，探讨了这一地区的人口规模，重点论述了蒙旗与汉族人口的迁移过程，进而对察哈尔右翼地区的人口分布状况做了描述，认为是自然环境、经济因素和社会政治因素共同作用塑造了察哈尔右翼地区的人口地理分布特征。②

对于新的研究方法在人口地理研究中的应用，人口数据的GIS数据化方面也有进展，学界开始尝试利用GIS等方法来校正历史时期的人口数据。侯杨方建立了一套“中国人口地理信息系统”，其中关于清代的人口数据包括1820年中国分府人口地理信息、1911年中国分府人口地理信息及清代江苏、浙江、四川布政使司“原额人丁”数。③ 路伟东注意到《中国人口史》第五卷《清时期》与第六卷《民国时期》对宣统人口调查数据的修正结果明显不同，以至无法衔接，他以1776—1953年长时段的中国西北地区人口为例，利用GIS方法，通过“文献爬梳—数据提取—空间模型建立—分析”，利用人口重心模型检验了曹树基《中国人口史》第五卷的数据的准确性，认为该书对陕甘地区1910年新政人口数据的修正是不可靠的。④

第四节 移民史的开拓

移民是人口空间分布格局变化的主要动因，而清代又是中国历史上移民持续时间相对较长、范围较广、影响较深的时期，清代边疆的开

① 路伟东，王新刚. 晚清甘肃城市人口与北方城市人口等级模式——一项基于宣统“地理调查表”的研究. 复旦学报（社会科学版），2015（4）.

② 赵瑞芳. 清代至民国时期察哈尔右翼地区人口地理研究. 内蒙古大学硕士学位论文，2014.

③ http://cpgis.fudan.edu.cn/cpgis/default.asp.

④ 路伟东. GIS支撑下的长时段区域人口变动规律分析——以1776年至1953年陕甘地区人口为例//中国地理学会历史地理专业委员会《历史地理》编辑委员会. 历史地理：第30辑. 上海：上海人民出版社，2014.

发、族群关系的变化均与移民关系甚大，故而清代移民长期以来是学界关注的重点之一。

移民史是谭其骧先生发端的，他早年就关注中国内地移民问题，在燕京大学攻读硕士学位时即以湖南移民问题为选题，后以《湖南人由来考》为名发表，较早开始利用家谱资料讨论移民的来源问题，无论是材料的使用还是方法的采用，都在移民史研究上具有典范意义。其后，何炳棣在《明初以降人口及其相关问题（1368—1953）》下卷中对影响人口的诸要素进行了深入剖析，其中第七章是“人口—土地关系：超省际的人口迁移”，依据地方志中的记载，梳理了向四川的移民、长江流域丘陵地带的开发、汉水流域的开发、太平天国运动之后长江下游地区的人口输入、东北的垦殖及台湾的开拓等主要的人口迁移和向海外移民等重要移民活动的基本情况。进入 20 世纪七八十年代以来，随着人口问题的日益突出，包括移民史在内的研究得到了更多关注，在学科交叉方法的引入、多种材料的应用、研究范围的扩大方面都取得了长足的进步。今拟从以下几个主要方面对此择要评述。

关于移民史研究的理论与方法问题，葛剑雄主编了多卷本《中国移民史》，在此基础上形成了关于移民史研究方法的一些基本认识，主要见于《〈中国移民史〉发凡》《研究中国移民史的基本方法和手段》《中国历代移民的类型和特点》等文。① 这些对历史时期移民的总体认识，对于理解清代移民史提供了整体性框架。

关于清代整体移民情况的研究常常见于各类大部头的移民史著作，如田方、陈一筠主编《中国移民史略》第五章，石方著《中国人口迁移史稿》第十章，葛剑雄、曹树基、吴松弟合著《简明中国移民史》第十五章。② 这一领域最重要的专书是葛剑雄主编、曹树基著《中国移民史》第六卷《清 民国时期》，该卷对整个清代移民的规模、路线、影响

---

① 葛剑雄.《中国移民史》发凡//中国地理学会历史地理专业委员会《历史地理》编辑委员会. 历史地理：第 9 辑. 上海：上海人民出版社，1990；葛剑雄. 研究中国移民史的基本方法和手段. 浙江社会科学，1997（4）；葛剑雄. 中国历代移民的类型和特点//中国地理学会历史地理专业委员会《历史地理》编辑委员会. 历史地理：第 11 辑. 上海：上海人民出版社，1993.

② 田方，陈一筠. 中国移民史略. 北京：知识出版社，1986；石方. 中国人口迁移史稿. 哈尔滨：黑龙江人民出版社，1990；葛剑雄，曹树基，吴松弟. 简明中国移民史. 福州：福建人民出版社，1991.

等问题做了相对比较全面的梳理。① 曹树基《明清时期移民氏族的人口增长：长江中下游地区族谱资料分析之一》，以长江流域为研究范围，统计不同区域和类别的人口增长情况，指出了移民所输出的人口压力与全国性人口危机的内在联系。② 郭松义《清代人口流动与边疆开发》，将清代东北、口外、台湾、广西、云贵及川西和西北等六大区域纳入视野，估计了移民的数量，全面评估了移民对边疆开发的影响。③

清代移民有几次重要的标志性事件，如湖广填四川、内蒙古口外移民、西北移民、东北移民、台湾及海外移民等。关于这些问题的研究成果非常丰硕，汗牛充栋，今择要将其中与地理相关的内容予以梳理。

关于湖广填四川，学者触及的领域包括清初四川人口数量的变化、明末清初的农民战争、湖广地区原籍地的移民等。④ 关于移民地理特征，代表性的论文是张国雄、梅莉的《明清时期两湖移民的地理特征》，此文指出两湖向外移民主要是在长江流域东、西两个方向，上游地区的四川盆地接收得最多，而湖北的外省移民主要来自长江中下游各省尤其是江西，且具有同府厅州县聚居的特征。⑤ 张国雄《明清时期两湖移民》一书，就移民的地理特征和迁入迁出过程进行了较为全面的探讨，作者较早注意到并在书中运用了不少家谱、族谱资料，这是其显著特点。黄友良关注四川 24 姓客家人的原籍地、入川日期、居住地等情况，利用族谱、会馆资料进行研究，认为东南各省客家人主要于康乾时期迁入，而道光末年以后则趋于沉寂。⑥ 宋妙将四川客家人的迁入分作三大时期，其中清初“湖广填四川”时期则最重要，该时期来自四川的客家

---

① 曹树基. 中国移民史：第 6 卷　清 民国时期. 福州：福建人民出版社，1997.

② 曹树基. 明清时期移民氏族的人口增长：长江中下游地区族谱资料分析之一. 中国经济史研究，1991 (4).

③ 郭松义. 清代人口流动与边疆开发//马汝珩，马大正. 清代边疆开发研究. 北京：中国社会科学出版社，1990.

④ 李世平. 四川人口史. 成都：四川大学出版社，1987；胡昭曦. 张献忠屠蜀考辨——兼析“湖广填四川”. 成都：四川人民出版社，1980；张国雄. 明清时期的两湖移民. 西安：陕西人民教育出版社，1995.

⑤ 张国雄，梅莉. 明清时期两湖移民的地理特征. 中国历史地理论丛，1991 (4).

⑥ 黄友良. 四川客家人的来源，移入及分布. 四川师范大学学报（社会科学版），1992 (1).

人占今天四川客家人口的90%。① 此外，学者还关注到了移民对方言、地名的影响。② 关于这一领域的研究，可参见梁勇《清代四川移民史研究的回顾与前瞻》一文中的回顾。③

关于湖南人的由来，谭其骧先生做了开创性的研究。曹树基在此基础上利用更为丰富的家谱资料，进一步对湖南人的移民氏族做了更加精确的分析，指出迁入湖南的移民氏族中60%～64%来自江西，12%～15%来自广东，5%～7%来自苏、闽。④

关于内蒙古口外移民的研究，以闫天灵的专著《汉族移民与近代内蒙古社会变迁研究》最为全面，涉及移民的原因、类型、过程、祖籍地、迁移路线及蒙汉关系等。⑤ 安介生的专著《山西移民史》也是这一领域的重要著作，该书第十章是关于明清时期的，作者讨论了清代山西汉族移民进入土默特地区后，为边疆开发及内蒙古新的文化区的形成做出的贡献。⑥ 此外，还有王卫东的《融会与建构——1648—1937年绥远地区移民与社会变迁研究》等关注了口外移民的路线等地理问题。

关于西北移民的研究，值得关注的是王希隆《清代西北屯田研究》一书，此书对各类在新疆的移民进行了比较全面的探讨。⑦ 路伟东《清代前中期陕甘地区的人口西迁》是一篇有对话的论文，将陕甘西迁人口分为官方移民、民间自发移民和绿营兵丁及其眷属三种类型，推算至嘉庆末年，迁入安西地区的陕甘移民及其后裔约10万人，迁入新疆地区的陕甘移民及其后裔可能接近或超过55万人，其中六成左右的西迁人口不在官方户口统计范围之内，进而指出曹树基、姜涛等对1820年新

① 宋妙．四川客家人的来源．天府新论，2005（S2）．

② 黄尚军．湖广移民对四川方言形成的影响．川东学刊，1997（1）；黄权生，杨光华．四川移民地名与“湖广填四川”——四川移民地名空间分布和移民的省籍比例探讨．西南师范大学学报（人文社会科学版），2005（3）；黄权生，蓝勇．“湖广填四川”社会经济与生态效应的地名学研究．中国农史，2007（4）．

③ 梁勇．清代四川移民史研究的回顾与前瞻．西华师范大学学报（哲学社会科学版），2011（4）．

④ 曹树基．湖南人由来新考//中国地理学会历史地理专业委员会《历史地理》编辑委员会．历史地理：第9辑．上海：上海人民出版社，1990．

⑤ 闫天灵．汉族移民与近代内蒙古社会变迁研究．北京：民族出版社，2004．

⑥ 安介生．山西移民史．太原：山西人民出版社，1999．

⑦ 王希隆．清代西北屯田研究．兰州：兰州大学出版社，1990．

疆人口总数的估算偏低，认为应该在130万左右。① 路伟东将同治年间西北战时人口迁徙的空间尺度总结为村域尺度上无规律性的布朗运动，县域尺度上从乡村聚落往堡寨、治城等核心聚落集聚。②

关于东北移民的研究，主要成果有吴希庸《近代东北移民史略》③，萧一山《清代东北之屯垦与移民》④，朱诚如《清代中叶以前关内流民迁辽述论》⑤，李德滨、石方编《黑龙江移民概要》⑥，张利军《“闯关东”移民潮简析》⑦，等等，其中赵中孚《近代东三省移民问题之研究》⑧、张士尊《清代东北移民与社会变迁：1644—1911》尤其详细。⑨ 关于东北地区移民的研究情况，还可参见范立君、谭玉秀《百年来国内清代东北移民史研究述评》。⑩

关于台湾移民的研究，20世纪80年代开始起步，相关成果有《台湾开发史研究》等。⑪ 90年代以后逐渐繁荣，研究比较全面的著作是陈孔立《清代台湾移民社会研究（增订本）》。此书指出台湾移民主要从福建、广东而来，又以不同祖籍的地缘关系进行了组合，既有大陆影响的影子，又具有自身的特点，并估算了移民的数量。⑫

关于海外移民的研究，较全面的是朱国宏的《中国的海外移民：一项国际迁移的历史研究》。此书将1567—1840年作为中国海外移民的过渡期，将1840—1911年作为高潮期。⑬ 他估计出中国海外移民主要出

① 路伟东. 清代前中期陕甘地区的人口西迁. 中国历史地理论丛，2008（4）.

② 路伟东. 布朗运动与在城集聚：同治年间西北战时人口迁移的特征. 江西社会科学，2017（9）.

③ 吴希庸. 近代东北移民史略//国立东北大学史地经济研究室. 东北集刊：第2期. 沈阳：国立东北大学研究所，1941.

④ 萧一山. 清代东北之屯垦与移民（上）//国立东北大学史地经济研究室. 东北集刊：第4期. 沈阳：国立东北大学研究所，1942；萧一山. 清代东北之屯垦与移民（下）//国立东北大学史地经济研究室. 东北集刊：第5期. 沈阳：国立东北大学研究所，1943.

⑤ 朱诚如. 清代中叶以前关内流民迁辽述论. 辽宁师范大学学报（社会科学版），1985（5）.

⑥ 李德滨，石方. 黑龙江移民概要. 哈尔滨：黑龙江人民出版社，1987.

⑦ 张利军.“闯关东”移民潮简析. 中国社会经济史研究，1998（2）.

⑧ 赵中孚. 近代东三省移民问题之研究.“中央研究院”近代史研究所集刊，1974（4下）.

⑨ 张士尊. 清代东北移民与社会变迁：1644—1911. 长春：吉林人民出版社，2003.

⑩ 范立君，谭玉秀. 百年来国内清代东北移民史研究述评. 中国史研究动态，2013（5）.

⑪ 尹章义. 台湾开发史研究. 台北：联经出版事业公司，1989.

⑫ 陈孔立. 清代台湾移民社会研究：增订本. 北京：九州出版社，2003.

⑬ 朱国宏. 中国的海外迁移：一项国际迁移的历史研究. 上海：复旦大学出版社，1994.

自福建和广东两省，福建人口的国际迁移主要发生在晋江、莆田、龙溪、龙岩地区和厦门、福州两市，广东人口的国际迁移主要发生在珠江三角洲和潭江流域、潮汕平原、兴梅客家地区和海南岛等地。此外，还有著作关注到近代苏浙皖交界地区的人口迁移。①

可以看出，以六卷本巨著《中国移民史》为代表的移民史总体性研究取得了较大成绩，以区域研究为特点的移民史研究方兴未艾，且正向细处、深处发展，移民史已展现出良好的学术发展前景。新的资料的开拓已有显著成效，利用地方档案和实地调查成果已越来越成为一种学术自觉，同时，GIS 等新的技术手段也开始被引入，跨学科方法在解决移民数据准确程度等复杂问题时越来越显示出良好前景。

① 葛庆华. 近代苏浙皖交界地区人口迁移研究（1853—1911）. 上海：上海社会科学院出版社，2002.

第四章　清人地理文献整理之总成绩

清代是一个地理考据与志书编纂盛行的时代，不仅传统以内地地域为主的志书编纂成就很大，而且在边疆地理与域外地理文献编纂方面取得的成就也为前代所不及。至于散见于各类文集中的地理内容更如恒河沙数。对这些地理文献的整理与研究，不仅为理解清人的地理贡献提供了坚实的依据，同样也为今人利用地理文献提供了很大的帮助。

民国以来的清代学术史、中国地理学史和科技史著述中，多有论及清代地理志书及其地理学思想的内容。① 20世纪80年代以来，学界出版的系统介绍中国历史地理学要籍的成果开始有专章或专节评述清人地理文献及其成就，这相当于清代地理志书总论或导读。② 90年代初，谭其骧主编《中国历代地理学家评传》第三卷《清、近现代》，主要对各位地理学家的生平、代表性著作及其反映的作者之地理学思想、学术价值等做出评价，凸显出地理学家们各自在清代乃至整个地理学史上的地位。③

---

① 梁启超. 清代学者整理旧学之总成绩（三）//中国近三百年学术史：新校本. 北京：商务印书馆，2011；侯仁之. 中国古代地理学简史. 北京：科学出版社，1962；中国科学院自然科学史研究所地学史组. 中国古代地理学史. 北京：科学出版社，1984；鞠继武. 中国地理学发展史. 南京：江苏教育出版社，1987；于希贤. 中国古代地理学史略. 石家庄：河北科学技术出版社，1990；司徒尚纪. 简明中国地理学史. 广州：广东省地图出版社，2003；杜瑜. 地理学史话. 北京：社会科学文献出版社，2011；李约瑟. 中国科学技术史：第5卷地学第1分册.《中国科学技术史》翻译小组，译. 北京：科学出版社，1976；唐锡仁，杨文衡. 中国科学技术史：地学卷. 北京：科学出版社，2000.

② 杨正泰. 中国历史地理要籍介绍. 成都：四川人民出版社，1987；靳生禾. 中国历史地理文献概论. 太原：山西人民出版社，1987；萧樾. 中国历代的地理学和要籍. 桂林：广西师范大学出版社，2002；杨光华. 中国历史地理文献导读. 重庆：西南师范大学出版社，2006.

③ 谭其骧. 中国历代地理学家评传：第3卷　清、近现代. 济南：山东教育出版社，1993.

1997年，杜瑜著《舆地图籍——〈异域录〉与〈大清一统志〉》一书，为学界第一部正式出版的专门评介清代舆地图籍的成果，全书以清代地理学家与舆地图籍为主线，以专题的形式，对清代边疆和域外史地图籍、水道图籍、舆图、历史地理图籍等各类地理图籍进行探讨，主要分析各著的作者生平、内容、思想与价值等，可谓汇集了清代不同阶段、不同领域颇具代表性的地理志书。[①] 1998年，赵荣、杨正泰著《中国地理学史·清代》一书，分"地理著述"与"地理思想"两大篇，探讨清代地理学史及其成就。其上篇"地理著述"将清代的主要地理著述归纳为地理总志、方志和域外地理志书、河渠水利专书、地理类编与论著、地图的绘制五个方面，分别介绍各方面著述并对之发表评论，是学界系统研究清代地理志书的开端。[②]

20世纪与21世纪之交，郭双林著《西潮激荡下的晚清地理学》一书，其第二章通过对嘉道以来西北边疆史地著作、中俄边疆地理著作、东南海疆及域外地理研究成果的重点介绍和精要评述，并比较西北地理学与域外地理学研究的差异，来分析嘉道之际传统地理学出现的三个新趋势及其嬗变。[③]

散存于清人文集中的地理类文章，虽非地理志书，但也是清代地理著述的一部分，是今天研究清代地理的重要史料。早在1935年，王重民等编《清代文集篇目分类索引》，书中的"地理类"向学界展示了清人文集中极为丰富的地理类篇目。[④] 五十一年后，谭其骧主编《清人文集地理类汇编》，即以《清代文集篇目分类索引》收录条目为准，并做适当增删，进而全面搜集、整理、编辑各文内容，可谓是一部清代文集的地理篇集成。[⑤] 另外，还有学者对"四库全书总目提要·史部地理类"和"小方壶斋舆地丛钞"做出研究。以下分类简述其研究状况。

---

① 杜瑜．舆地图籍——《异域录》与《大清一统志》．沈阳：辽海出版社，1997．

② 赵荣，杨正泰．中国地理学史：清代．北京：商务印书馆，1998．

③ 郭双林．西潮激荡下的晚清地理学．北京：北京大学出版社，2000．

④ 王重民，杨殿珣．清代文集篇目分类索引．北平：国立北平图书馆，1935．

⑤ 谭其骧．清人文集地理类汇编．杭州：浙江人民出版社，1986—1990．

第一节 地理总志

(一)《天下郡国利病书》《肇域志》

顾炎武一生著述颇丰，达 30 余种，其中有关历史地理方面的达 9 种。他于 1639—1662 年所辑《天下郡国利病书》和《肇域志》，是明末清初两部颇具代表性之全国地理总志，二书均是未完成之作，篇幅宏大，不过内容各有侧重，一重国计民生，一重山川地理，彼此互补，相得益彰。

《天下郡国利病书》手稿，原藏于徐乾学传是楼，后人称之为“传是楼藏本”，原不分卷，后分为 34 册，到乾隆年间第 14 册已佚，其后几经辗转，于 1925 年移藏于昆山图书馆，今藏于南京图书馆。1933 年，《天下郡国利病书》被纳入《四部丛刊三编》，重分为 50 册，由上海商务印书馆影印出版。① 王颂文较早介绍了这一手稿的原貌、撰写样式及经历。② 金骏颇为详细地叙述了《天下郡国利病书》手稿的流传始末。③ 2012 年，《顾炎武全集》点校本问世，其中所收《天下郡国利病书》由黄珅等负责校点。④

关于《天下郡国利病书》的性质，民国初年梁启超《中国近三百年学术史》视之为“政治地理学”长编。⑤ 历史地理学界一般将其划入全国地理总志范畴。赵俪生则认为，《天下郡国利病书》虽是资料长编，但却相当系统，不能仅因其著录方式是“郡国”的框架就把它看作一部地理书，而应把它看作一部主要著录明朝社会经济情况的重要资料书，与《明实录》《明经世文编》有三鼎足之妙，可补《明实录》自上而下

---

① 顾炎武. 天下郡国利病书. 上海：商务印书馆，1933.

② 王颂文. 天下郡国利病书后跋. 方志月刊，1935，8（11/12）.

③ 金骏.《天下郡国利病书》遗篇流传始末. 晋图学刊，2000（1）.

④ 顾炎武. 天下郡国利病书. 黄珅，顾宏义，校点. 上海：上海古籍出版社，2012.

⑤ 梁启超. 清代学者整理旧学之总成绩（三）//中国近三百年学术史：新校本. 北京：商务印书馆，2011：375.

材料的片面性，尤其是赋役、军屯方面的内容。① 朱士嘉、陈其弟等则分别从地方志研究角度，肯定了《天下郡国利病书》整理地方志的贡献，认为其开创了一条综合研究和利用地方志的广阔道路，为后人留下了一个光辉典范，其经验值得后人学习。② 褚绍唐从《天下郡国利病书》之全书体系划分、各卷所含的丰富地理资料中探索顾炎武的地理思想和观点，认为该书是研究明清之际地理知识的重要参考文献。③

作为《天下郡国利病书》的姊妹著作，相较而言，学界对《肇域志》关注较晚。直到 20 世纪 80 年代初，全国古籍整理小组决定整理《肇域志》后，学界才展开对现存《肇域志》抄本的搜寻、比勘工作，现今也主要是对随着《肇域志》的整理而出现的各种问题进行研究，包括《肇域志》的成书年代、《肇域志》和《山东肇域记》的关系、《肇域志》的资料来源和价值等。作为点校《肇域志》的负责人之一，吴杰撰文两篇，一文探讨《肇域志》稿本的内容及流传情况④，另一文对四川图书馆所藏稿本"序跋"予以披露。⑤ 陈秉仁《〈肇域志〉修订稿考述》一文，认为现存的抄本并非均出自顾炎武的初稿，具体而言，《肇域志》抄本出自顾炎武之初稿，而《山东肇域记》应出自顾炎武的修订稿；通过对《肇域志》和《山东肇域记》的对比考证，认为《肇域志》的成书时间不晚于康熙元年（1662），《山东肇域记》的成书时间晚于《肇域志》十余年，《山东肇域记》为《肇域志》的修改稿，是根据《肇域志》删订而成。⑥ 杨正泰通过比较今云南省图书馆、四川省图书馆等所藏之抄本，对《肇域志》《山东肇域记》的异同与前后关系、性质、内容、特点和学术价值做出了分析与评价。⑦ 以上二位学者之文基本理清了

---

① 赵俪生．顾炎武《天下郡国利病书》研究//袁英光．中国史学史论集：二．上海：上海人民出版社，1980.

② 朱士嘉．顾炎武整理研究地方志的成就．文献，1981（1）；陈其弟．用志的典范——朴学大师顾炎武．中国地方志，2011（3）.

③ 褚绍唐．《天下郡国利病书》．文史知识，1982（11）.

④ 吴杰．顾炎武《肇域志》的内容及其抄本的流传．古籍整理出版情况简报，1982，94.

⑤ 吴杰．《肇域志》稿本序跋．古籍整理出版情况简报，1982，95.

⑥ 陈秉仁．《肇域志》修订稿考述．古籍整理出版情况简报，1983，105.

⑦ 杨正泰．顾炎武和《肇域记》//中国地理学会历史地理专业委员会《历史地理》编辑委员会．历史地理：第 4 辑．上海：上海人民出版社，1986；杨正泰．《肇域志》与《山东肇域记》．古籍整理与研究学刊，1986（2）.

《肇域志》和《山东肇域记》的关系。2004年《肇域志》点校本问世，从开始整理到最终完成，前后历时20余年。① 王文楚所撰“前言”，对该书性质、内容、辑录过程、与《山东肇域记》的关系、特点和价值等相关问题做了总结。

关于《肇域志》各个部分的研究，郑宝恒等就其点校的《肇域志》“陕西部分”发表了六点看法：(1)《肇域志》中辑录了许多明代方志资料，这些方志现今已佚或仅存孤本，十分珍贵，对现存本的校补有重要价值；(2)《肇域志》虽是一部未经整理、审定的辑稿，但其内容不是简单的资料罗列和堆积，而是经过排比和分类的，颇注意地区特点，并有一定的体例；(3)诸目中不列分野是《肇域志》的特色之处；(4)取材重方志轻正史地理志和各朝总志；(5)《肇域志》中存在错误，固然与某些抄录者水平有关，但更多是因袭方志中的错误；(6)其中提及康熙十二年(1673)刻本《延绥镇志》，故《肇域志》的成书时间定于康熙元年(1662)的观点还是可以商榷的。② 因此，杨正泰等认为将此书辑成时间定在康熙初年较为合适。③ 朱惠荣以云南为例，探讨了《肇域志》丰富的资料来源、与《读史方舆纪要》的异同及其版本流传和保存情况等问题，认为《肇域志》的资料来源大体有正史、政书和实录、重要史地著作、疏表记和碑文、地理总志和地方志五类，《肇域志》和《读史方舆纪要》是以历史军事地理为特点的两大巨著，《肇域志》是一部未定稿，虽经过多次补充和修改，但留待处理的痕迹仍随处可见。④

(二)《读史方舆纪要》

《读史方舆纪要》是我国一部具有浓厚军事地理色彩的历史地理名著。全书130卷、287万字，首论历代州郡形势，次为两京十三布政使司依次排列，再次为川渎异同，终之以分野，另附《舆图要览》4卷。《读史方舆纪要》体例严谨、涵盖内容丰富、论断精辟，自刊行以来颇受世人关注，获得之评价极高，有“千古绝作”“海内奇书”之称誉。

辛亥革命后不久，就已有学者就所见《读史方舆纪要》的各种本子

---

① 顾炎武. 肇域志. 谭其骧，王文楚，朱惠容，等点校. 上海：上海古籍出版社，2004.

② 郑宝恒，王天良.《肇域志》陕西部分的几个问题//中国地理学会历史地理专业委员会《历史地理》编辑委员会. 历史地理：第6辑. 上海：上海人民出版社，1988.

③ 赵荣，杨正泰. 中国地理学史：清代. 北京：商务印书馆，1998：23.

④ 朱惠荣. 评《肇域志》. 史学史研究，2001(1).

进行互校。20 世纪 30 年代顾祖禹手稿的发现在《读史方舆纪要》研究史上具有标志性意义，其后学界开始着手“稿本”的整理工作，然受各种社会因素影响，直到 90 年代中期，顾廷龙负责校对的稿本才完成并得以刊行。在此期间，《读史方舆纪要》研究成果间有刊出，尤其是 80 年代以来，施和金因参与点校《读史方舆纪要》，用功最勤，对其版本、内容研究最有心得。从现有成果来看，或是对《读史方舆纪要》内容、思想和价值的整体述评，或是对其版本优劣问题的专门研究，或是对书中内容的考订、注记。

《读史方舆纪要》存世版本有多种，其中嘉庆龙万育敷文阁刻本和光绪邹代过三味书室本、二林斋本为当今学界认可的三种较好版本。学界对《读史方舆纪要》的整理缘于 1935 年钱穆发表《跋康熙丙午刊本〈方舆纪要〉》，指出“康熙丙午刊本”为《读史方舆纪要》的初稿。[①] 随后，叶景葵与《禹贡》学会通信，并很快将其收藏的《读史方舆纪要》清稿交给《禹贡》学会研究，经过双方学者们的共同探讨、鉴定，最终一致认为此稿本应是《读史方舆纪要》的最初清稿，堪称佳本。[②] 这是《读史方舆纪要》版本史上的一个重大发现，定稿的出现意味着此前学界对所见不同版本内容的互校、比勘阶段的结束，也标志着《读史方舆纪要》系统整理、研究的开始。

当时针对如何整理原稿，学者们探讨热烈，有先印后校、先校后印两种观点，后来决定由钱穆主持校对，但因抗战而延误，最终由顾廷龙负责，直到 20 世纪 90 年代中期原稿之校对本才正式出版。[③] 另有《续修四库全书》本，系据原稿本影印。此间，1937 年，商务印书馆以敷文阁刻本为底本，进行标点铅印；1955 年，中华书局重印，同时据邹代过本校对，以表格形式附于书末，改正了 1937 年版中的明显错误，

---

① 钱穆. 跋康熙丙午刊本《方舆纪要》. 禹贡半月刊，1935，4（3）.

② 叶景葵，顾廷龙. 讨论《方舆纪要》函札六通. 禹贡半月刊，1936，4（9）.

③ 顾祖禹. 读史方舆纪要. 上海：上海书店出版社，1998. 关于原稿本的发现、点校过程，参见：王恢. 顾祖禹读史方舆纪要. 华学月刊，1973，16（收入：王恢. 中国历史地理：第 1 辑. 台北：世界书局，1975）；顾廷龙.《读史方舆纪要》稿本序//顾廷龙文集. 上海：上海科学技术文献出版社，2002；王大象. 顾廷龙谈钱穆与《读史方舆纪要》稿本. 学术月刊，1995（7）。关于该稿本的价值和意义，参见：施和金. 论《读史方舆纪要》稿本出版的价值和意义. 南京师大学报（社会科学版），1997（1）。

然文本内容的错误仍旧相袭。

20 世纪 90 年代，《读史方舆纪要》原稿本虽已校对出版，但未曾标点，阅读尚存不便；早前出版的标点本并不是以原稿本为底本校对的，存在诸多错误，而且还是旧式标点，这给学界研究、利用《读史方舆纪要》带来诸多不便。因此，中华书局先后邀请贺次君、施和金整理点校《读史方舆纪要》，点校本最终于 2005 年问世。① 此次点校本采用新式标点，选择与原著最接近的北京图书馆（今中国国家图书馆）特藏善本“商丘宋氏纬萧草堂写本”为底本，补以邹代过本，参校他本，并充分吸取了重要史地文献和前人研究成果，是现今学界《读史方舆纪要》的通用本。

在《读史方舆纪要》稿本的整理期间，学界研究其书何本精审、稿本与各版本流传及存在问题的成果相继涌现。王恢指出“邹本较原本精审”。施和金通过对现今社会流传之 20 多种本子的全面梳理和分类探讨，认为其中最主要的是原稿本、精抄本、敷文阁本和邹代过本，而邹代过本是其中最精审的，不但纠正了敷文阁本及此前各版本的许多讹误，而且将原稿本中的 100 多处错误予以更正，尽管其本身也有 400 多处错误。② 施和金《〈读史方舆纪要〉稿本研究》追溯《读史方舆纪要》稿本来历与发现经过，总结叶景葵等人对稿本研究所取得的成就，对稿本和流传版本进行了详细比照。③ 施和金的另一篇文章《〈读史方舆纪要〉删改考辨》④，列举出 40 条稿本原有而为抄书者所删除的内容，进而指出因反清思想贯穿全书，所以乾隆修《四库全书》时，宫中虽采进了多个本子，但该书最终还是未能入选。⑤ 刘应梅介绍其新发现北京图书馆所藏的一部 70 册抄本《读史方舆纪要》，证明这就是曾被张元济关注的有黄仪短笺的抄本。⑥

---

① 顾祖禹. 读史方舆纪要. 贺次君，施和金，点校. 北京：中华书局，2005.

② 施和金. 关于《读史方舆纪要》何本精审的问题. 南京师大学报（社会科学版），1986 (4).

③ 施和金.《读史方舆纪要》稿本研究//中国历史地理研究：续集. 北京：中华书局，2009.

④ 施和金.《读史方舆纪要》删改考辨//中国历史地理研究：续集. 北京：中华书局，2009.

⑤ 关于《读史方舆纪要》的版本情况，参见：许汝贞，魏鹏.《读史方舆纪要》的传世版本与新标点本的成就. 兰台世界，2006 (22).

⑥ 刘应梅. 曾被张元济关注的一部抄本《读史方舆纪要》. 文献，2003 (4).

值得一提的是，因《读史方舆纪要》篇幅宏大、阅读不便，早在1933年，日本学者青山定雄就编有《读史方舆纪要索引中国历代地名要览》。[①] 这一索引以光绪五年（1879）四川桐华书屋本为底本，以表格形式辑录书中全部政区地名及山川、关寨、镇市、寺观名等，每条地名下注明当时位置（以1931年行政区划为据）、原书卷数、所属朝代及隶属政区，对于有疑义的地名，附以近代学者的研究成果，以与原书相区别，书末附录《读史方舆纪要解说》。

关于《读史方舆纪要》的考订成果也较多。陈乃乾就所见抄本对校敷文阁本《读史方舆纪要》第1—39卷的内容，将抄本与阁本不同者逐一附记于各文之后。[②] 疏达辑注《顾氏读史方舆纪要京省序详注》，详考书中所载两京和各省序沿革的内容，加以标点，并参考其他文献，将注记以“小字双行合一”的形式标于各句之后，为后人阅读、了解各省之沿革提供了很大便利和一定参考。[③] 施和金集诸本《读史方舆纪要》，细校1955年中华书局本，对所得疑义一一考证，顺带指出各版本的错误，共得数百条，写成《〈读史方舆纪要〉校证》长文，首先发表的是该文之“广西部分”[④]；其后，他又将该文浓缩为《〈读史方舆纪要〉校证举要》，分为史实方面的错误、文字方面的讹误、标点误点三类，每类又分为若干小类，每小类下各举二三例以说明大体情况，进而为重印《读史方舆纪要》提出建议。[⑤] 与此同时，学界陆续有其他学者发表短文，对《读史方舆纪要》所载内容进行考辨。

学界对《读史方舆纪要》一书发表总体介绍或评述的文章不少。其中，以仓修良《顾祖禹和他的〈读史方舆纪要〉》、靳生禾《〈读史方舆纪要〉跋》二文所述较为详细，不过二文研究各有侧重，仓文是对《读史方舆纪要》性质、特点、内容、思想、撰写方法及价值等一系列问题

① 青山定雄. 读史方舆纪要索引中国历代地名要览. 省心书房，1933. 该书序言的中译本，参见：市村瓒次郎. 读史方舆纪要索引 支那历代地名要览序（附凡例）. 张其春，译. 方志月刊，1935，8（7/8）。

② 陈乃乾. 读史方舆纪要校记. 国学月刊，1926，1（2）；1926，1（3）；1926，1（4）（收入：陈乃乾. 陈乃乾文集：下册. 北京：国家图书馆出版社，2009）.

③ 顾祖禹. 顾氏读史方舆纪要京省序详注. 疏达，辑注. 上海：商务印书馆，1933.

④ 施和金.《读史方舆纪要》校证（广西部分）. 学术论坛，1983（5）.

⑤ 施和金.《读史方舆纪要》校证举要. 华中师范大学学报（人文社会科学版），1985（5）.

的宏观探讨，靳文则是一篇对《读史方舆纪要》撰写过程、资料来源、体例、内容、特点、版本问题及价值等进行全面评介的文章。①

《读史方舆纪要》军事地理方面的价值早就获得了世人的关注，张之洞在编纂《书目答问》时就将其列入兵部，梁启超也称其为“极有别裁之军事地理学”②。对《读史方舆纪要》之军事价值发表系统的认识，首推1990年施和金《论〈读史方舆纪要〉的军事价值》一文，他认为《读史方舆纪要》是记载我国古代战例的渊薮，卷首序言及各卷“山川形势”总论，集中体现了顾祖禹军事战略思想，也是全书精华之所在。③ 后来，施和金利用《读史方舆纪要》对中国古代战争的地理分布进行了全面研究。④ 严耕望将其与《嘉庆重修一统志》进行比较后发现，就查对古今地名这一角度，《读史方舆纪要》较粗疏，而《嘉庆重修一统志》相较更精核，若要检查古今地名，当以后者为主要工具书，但《读史方舆纪要》在军事地理学史上的特殊价值并不因此而受影响。⑤

（三）三部《大清一统志》

从康熙到嘉庆年间，清廷曾三次敕修《大清一统志》，初修始于康熙二十五年（1686），经雍正朝，到乾隆五年（1740）成稿；续修始于乾隆二十九年（1764），于五十年（1785）成稿；重修始于嘉庆十六年（1811），道光二十二年（1842）成稿。⑥ 三部《大清一统志》中，以《嘉庆重修一统志》规模最大、质量最好，后人对其评价极高，被誉为历代官修地理志书中最好的一部。20世纪30年代，学界着手整理《嘉庆重修一统志》，而对三部《大清一统志》的研究则要迟至20世纪80年代才陆续展开。从现今研究成果来看，或从文献学角度对三部《大清一统志》做横向比较研究，或对《大元一统志》《大明一统志》《大清一统志》做纵

---

① 仓修良．顾祖禹和他的《读史方舆纪要》．江海学刊，1963（5）；靳生禾．《读史方舆纪要》跋．山西大学学报（哲学社会科学版），1984（4）．

② 梁启超．清代学者整理旧学之总成绩（三）//中国近三百年学术史：新校本．北京：商务印书馆，2011：377．

③ 施和金．论《读史方舆纪要》的军事价值．南京师大学报（社会科学版），1990（3）．

④ 施和金．中国古代战争的地理分布//中国地理学会历史地理专业委员会《历史地理》编辑委员会．历史地理：第12辑．上海：上海人民出版社，1995．

⑤ 严耕望．《读史方舆纪要》与《嘉庆重修一统志》．汉学研究，1985，3（2）．

⑥ 王大文．文献编纂与“大一统”观念：《大清一统志》研究．北京：方志出版社，2016：27-28．

向比较研究，或对《大清一统志》的纂修过程、内容进行分析和考订，或探讨清代纂修《大清一统志》与编修地方志的关系。

关于三部《大清一统志》的比较，张艳玲《三部〈大清一统志〉比较研究》，横向对比三部《大清一统志》的体例、内容的异同，并纵向分析《大清一统志》对《大元一统志》《大明一统志》编纂体例的继承和发展。① 杜锡建通过对《大元一统志》《大明一统志》《大清一统志》之编纂者心态动机、志书资料来源、编纂机构及体例等方面的探索，认为总体而言，《大元一统志》所获评价很高，《大明一统志》褒贬不一，《大清一统志》内容丰富、考订精审，颇受好评。②

关于《大清一统志》的纂修，阎光亮撰文考述三部《大清一统志》的纂修过程，在纂修的起止时间、卷数问题上提出了新观点，认为：康熙二十四年（1685）正式下令纂修，指出一些著述中提到康熙十一年（1672）正式下诏纂修《大清一统志》的观点是"不确切的"，雍正时期是《大清一统志》"第一次成书的关键时期"，"乾隆八年，清朝第一次纂成《一统志》……乾隆九年开始刊行"；乾隆二十九年（1764）又诏令重修，四十九年（1784）"第二次成书"，第三次纂修《大清一统志》于嘉庆十六年（1811）开始，道光二十二年（1842）"全书定稿并正式上呈……书成未刊"，乾隆续修《大清一统志》是420卷，而不是500卷，光绪上海宝善斋石印500卷本是其"沿四库总目之讹，强析原卷以充厥数"的结果，而两种本子虽卷数不同，但内容完全相同。③ 牛润珍、张慧主要利用档案所载，对《大清一统志》纂修缘起，三次编纂的艰辛过程、所遇难题及如何解决等相关细节问题做出了较为系统的梳理。④ 王大文著《文献编纂与"大一统"观念——〈大清一统志〉研究》，依据档案等丰富文献对《大清一统志》做了非常深入的研究，既涉及纂修过程，也涉及纂修机构、纂修人员、纂修方法、内容、版本与

---

① 张艳玲. 三部《大清一统志》比较研究//中国社会科学院历史研究所清史研究室. 清史论丛：2005年号. 北京：中国广播电视出版社，2005.

② 杜锡建. 元、明、清《一统志》比较研究. 中国地方志，2009（7）.

③ 阎光亮.《大清一统志》的纂辑. 辽宁教育学院学报，1994（2）.

④ 牛润珍，张慧.《大清一统志》纂修考述. 清史研究，2008（1）；张慧. 清《一统志》纂修研究. 中国人民大学硕士学位论文，2007. 清代三修《大清一统志》的研究成果还有：王文楚.《嘉庆重修一统志》的纂修及其价值//史地丛稿. 上海：上海人民出版社，2014。

流通等方面，在诸多方面皆有独到见解。[①] 也有分统部进行研究的，如王会均探讨了三部《大清一统志》琼州府部分内容。[②] 华林甫发表了三篇文章，探讨《嘉庆重修一统志》各统部的编纂过程、成书时间。[③] 侯德仁论述了续修《大清一统志》之西域新疆统部的纂修情况。[④]

关于《大清一统志》内容考订的研究成果，目前不是太多。重要的有，张鑫敏探讨《大清一统志》中"原额人丁"的来源及其构建过程。[⑤] 荆敏探析《大清一统志》中满语地名和满族发展的联系，认为满语地名的一些特点、分布情况反映出满族繁衍和发展的轨迹。[⑥] 于逢春判定，资料断限于1820年的《嘉庆重修一统志》及其所附《皇舆全图》所确定的领域，为中国历史时期疆域最终奠定的时空坐标。[⑦]

关于《大清一统志》对地方志编纂的影响，学界也有一些讨论。乔治忠探讨了初修《大清一统志》的情形及其对方志编纂的直接影响[⑧]，巴兆祥从制度与数据方面证明《大清一统志》的编修对清代方志事业的影响和贡献。[⑨]

(四)《清史稿·地理志》

《清史稿·地理志》记述了有清一代全国地理沿革，但因成书仓促、未能认真校对，故自刊行后就受到学界的诸多评论，褒贬不一。郑鹤声

---

① 王大文. 文献编纂与"大一统"观念：《大清一统志》研究. 北京：方志出版社，2016.

② 王会均.《大清一统志·琼州府》研究（上）. "中央图书馆"台湾分馆馆刊，1996，3（2）；王会均.《大清一统志·琼州府》研究（下）. "中央图书馆"台湾分馆馆刊，1997，3（3）.

③ 华林甫.《嘉庆重修一统志》陕西统部的编纂过程//复旦大学历史地理研究中心. 面向新世纪的中国历史地理学——2000年国际中国历史地理学术讨论会论文集. 济南：齐鲁书社，2001；华林甫. 档案所见《嘉庆重修一统志》贵州统部的编纂过程//方铁. 西南边疆民族研究：第1辑. 昆明：云南大学出版社，2001；华林甫.《嘉庆重修一统志》各统部的成书时间//中国地理学会历史地理专业委员会《历史地理》编委会. 历史地理：第20辑. 上海：上海人民出版社，2004.

④ 侯德仁.《大清一统志》之西域新疆统部的纂修及其学术价值. 中国地方志，2006（12）.

⑤ 张鑫敏. 江南"人丁"与"男妇"——基于《大清一统志》的一项实证研究. 复旦大学硕士学位论文，2010；张鑫敏，侯杨方.《大清一统志》中"原额人丁"的来源——以江南为例. 清史研究，2010（1）；张鑫敏.《大清一统志》中"滋生男妇大小"考——以江苏为例. 中国经济史研究，2012（3）.

⑥ 荆敏.《大清一统志》满语地名试析. 东北史地，2007（6）.

⑦ 于逢春. 论中国疆域最终奠定的时空坐标. 中国边疆史地研究，2006（1）.

⑧ 乔治忠.《大清一统志》的初修与方志学的兴起. 齐鲁学刊，1997（1）.

⑨ 巴兆祥. 论《大清一统志》的编修对清代地方志的影响. 宁夏社会科学，2004（3）.

《清史稿地理志跋》是较早且较为客观地评述《清史稿·地理志》的成果。① 1986 年，《清史稿校注》问世，校注以脚注形式附于各页之下，采取“不动原文，以稿校稿，以卷校卷”的办法，其中《地理志》校注部分在第三册到第四册，校订条数 3 187 条左右，占到全书校订总条数的 1/20 左右。② 其后，王恢发文《整修清史稿地理之商榷》，并附其完成的《地理志》之京师和直隶两部分定稿于后，试图将“清史稿地理志”定稿为“清史地理志”，但最终没有完成。③ 佟佳江著《清史稿订误》，以《地理志》部分考订和纠谬条目最多。④ 以上二书基本订正了《清史稿·地理志》中的主要错讹。马国君以专著形式对《清史稿·地理志》贵州部分做了详尽的探析⑤，另有探讨《清史稿·地理志》贵州部分经纬度数据者。⑥ 另有一些专篇文章对《清史稿·地理志》进行了考证、校补，重要的有谭其骧的校正直隶、奉天部分的两篇文章。⑦ 刘铮云对《清史稿·地理志》失载厅县及其中府厅州县缺分等做了全面考察和订正，所得甚多，不过关于缺分的更正，有可能是误读了《清史稿·地理志》的纂修体例。⑧ 胡恒对巡检司一项校正了 111 处⑨，此外还有一些零散的考证。⑩

---

① 郑鹤声. 清史稿地理志跋. 方志月刊，1935，8（11/12）.

② 清史稿校注. 台湾“国史馆”编纂小组，校注. 台北：台湾商务印书馆，1986.（1999 年再版，全 15 册，另附录 1 册，共 16 册，《地理志》部分在第 3—4 册。）

③ 王恢. 整修清史稿地理之商榷（附地理志）. 国史馆馆刊（台北），1991（11）.

④ 佟佳江. 清史稿订误. 长春：吉林大学出版社，1991.

⑤ 马国君.《清史稿·地理志·贵州》研究. 贵阳：贵州人民出版社，2011.

⑥ 杨曾辉.《清史稿·贵州地理志》所载经纬度数据偏差成因分析. 吉首大学学报（社会科学版），2010（2）.

⑦ 谭其骧.《清史稿·地理志》校正（直隶）. 禹贡半月刊，1934，1（3）；谭其骧.《清史稿·地理志》校正（奉天）. 禹贡半月刊，1934，1（9）（两文都被收入：谭其骧. 长水集：上册. 北京：人民出版社，1987）.

⑧ 刘铮云.《清史稿·地理志》失载厅县补遗. 大陆杂志（台北），1993，87（4）；刘铮云.《清史稿·地理志》府州厅县职官缺分繁简订误. “中央研究院”历史语言研究所集刊，1994，65（3）.

⑨ 胡恒.《清史稿·地理志》巡检司项校正. 中国历史地理论丛，2009（3）.

⑩ 段伟.《清史稿·地理志》安徽部分纠谬//华林甫. 清代地理志书研究. 北京：中国人民大学出版社，2014；郭红.《清史稿·地理志》广西部分校误//华林甫. 清代地理志书研究. 北京：中国人民大学出版社，2014；胡恒.《清史稿·地理志》专题校正之二——分防佐贰、首领官项//华林甫. 清代地理志书研究. 北京：中国人民大学出版社，2014.

关于《清史稿·地理志》的纂修，胡恒利用台北故宫博物院保存的77册《清史稿·地理志》稿本文献对其纂修过程进行了较为详尽的分析。①

(五)《国史地理志》《皇朝地理志》

20世纪30年代，顾廷龙《〈国史地理志〉稿本跋》考订出不著撰人之《地理志稿》（共7册），为道光十四年（1834）姚伯昂所撰《国史地理志》之原稿。② 21世纪初，华林甫系统阅读台北故宫博物院庋藏清国史馆编纂的四种地理志书后，考证了其版本及传承体系，指出《皇朝地理志》具有无可替代的学术价值。③《皇朝地理志》的发掘和研究，纠正了以往学界认为晚清无编纂大型地理志书的误解。这批资料因藏于台北故宫博物院，尚未影印出版，故利用的学者还不太多。

第二节 西北舆地学及其著述研究

清代的边疆史地著述极为丰富，尤以西北边疆史地成果突出。其中，典型的官修西域地理志书有《西域图志》《新疆图志》等，私家所撰的代表性著作有徐松《西域水道记》、张穆《蒙古游牧记》、何秋涛《朔方备乘》等。此外，东北边疆地理志书有《黑龙江外记》《龙江述略》等，东南地区地理志书有《澳门纪略》等。民国以来，学界对清代边疆史地著作的研究长期分散于史学史、地理学史著述中，少有专门而深入的探讨。20世纪80年代以来，清代西北边疆史地学研究逐渐兴起，而学界关注较多的是其代表人物，如祁韵士、徐松、张穆、何秋涛等的学术思想、著述及成就；进入20世纪90年代，官修西域地理志书逐渐引起学界的注意；21世纪初，三部西北史地学研究专著先后问世，这标志着西北边疆著述研究走向系统、深入。与此同时，东北、东南、

① 胡恒.《清史稿·地理志》纂修考. 文史，2011（1）.

② 顾廷龙.《国史地理志》稿本跋. 禹贡半月刊，1935，4（7）（收入：顾廷龙. 顾廷龙文集. 上海：上海科学技术文献出版社，2002）.

③ 华林甫. 关于《皇朝地理志》的几点初步认识. 故宫学术季刊（台北），2007，24（3）.

西南边疆地理志书研究成果开始刊出，不过明显较西北边疆志书研究为少。因此，百年来的边疆地理志书研究以西北边疆志书最为突出。

表 4-1　　百年来清代边疆志书研究论文统计　　单位：篇

时段＼地区	西北地区	东北地区	东南边疆	西南地区	总计
民国时期	10	1	/	1	12
新中国成立至 20 世纪 70 年代末	3	/	/	1	4
20 世纪 80 年代至 1997 年	31	2	11	8	52
1998 年以来	70	1	6	6	83
总计	114	4	17	16	151

表 4-2　　百年来清代边疆志书专著、整理成果统计　　单位：部

类别＼时段	民国时期	1550—1976 年	1977—1997 年	1998 年以来	总计
专著成果	/	/	/	4	4
整理成果	3	11	18	9	41

说明：以上二表中“/”表示“无”。

侯德仁著《清代西北边疆史地学》一书，着重从整个清代入手，纵向考察西北边疆史地学状况。① 该书的亮点在于突破以往研究重视私家著述而忽视官修志书的研究现状，将两者一并探讨，凸显出官修志书在清代西北边疆史地上的贡献。郭丽萍著《绝域与绝学：清代中叶西北史地学研究》一书，以叙述学术史事的笔法，侧重从西北史地学发展的内在动力来探讨学术资源的利用、治学方法的传承与主流学术的关系，以此展现出清嘉道时期西北史地学人、学术的面貌史。② 其后，贾建飞著《清代西北史地学研究》一书，着重探讨时局变迁背景下清代西北史地学的发展演变情况。③ 该书与郭著的时段划分标志明显有差异，认为 19 世纪后期，随着时势变迁、时人西域观的变化，西北史地学才得以肇兴，《西陲总统事略》的编撰完成标志着西北史地学的兴起。

① 侯德仁. 清代西北边疆史地学. 北京：群言出版社，2006.

② 郭丽萍. 绝域与绝学：清代中叶西北史地学研究. 北京：三联书店，2007.

③ 贾建飞. 清代西北史地学研究. 乌鲁木齐：新疆人民出版社，2010.

(一)《异域录》

《异域录》，全书篇幅不大，仅3万字左右，分为上、下两卷，但内容丰富，是我国最早详细介绍欧亚大陆北部地区的地理著作，雍正元年(1723)满文本刊印，乾隆时汉文本收入《四库全书》，嘉道时期西北边疆史地著作中多有征引，受到中外学人的重视。①

《异域录》今存多种汉文本。1936年，商务印书馆将借月山房丛钞本《异域录》排印出版②，但满文本却很罕见，不易获得。20世纪60年代日本天理大学今西春秋《校注异域录》、80年代庄吉发《满汉异域录校注》的先后出版，解决了满、汉文本对照阅读的难题。③ 关德栋认为，满文本内容更接近原始档案材料，保持着进呈文本的原形，汉文本存在着错简、字句讹夺、段落或字句脱漏三类问题，并用满文本对汉文本脱讹问题做出订补，进而指出《异域录》原始档案可能存于理藩院。④ 周祚绍对外国翻译出版的各种版本，包括法、德、英、俄、日译本等，做出了系统阐述。⑤

关于《异域录》的路线与地理考据，周祉元据何秋涛《俄罗斯丛记》对《异域录》中所载图理琛出使的行程路线、地名及有关地理名词、动植物和其他用物名词等做出了考释。⑥ 其后，冯锡时、郭蕴华、樊明方等相继发表文章，探讨清政府派图理琛等一行人前往土尔扈特部的历史背景、经过，及其后《异域录》的成书、体例、内容、价值、影响等一系列问题。⑦ 杜瑜指出，《异域录》是最早介绍沙俄地理的著作。⑧ 万雪

---

① 1821年乔治·托马斯·斯当东(Sir George Thomas Staunton)根据汉文本翻译成英文版，英文版的全名是*Narrative of the Chinese Embassy to the Khan of the Tourgouth Tartars, in the Years 1712, 13, 14&15*(《1712年到1715年间中国使臣遣往土尔扈特汗国出使记》)。

② 图理琛.异域录及其他一种.上海：商务印书馆，1936.

③ 今西春秋.校注异域录.奈良：天理大学，1964；庄吉发.满汉异域录校注.台北：文史哲出版社，1983.

④ 关德栋.略论图理琛《异域录》满文本对汉文本脱错的订补及其他.文物资料丛刊，1981(5).

⑤ 周祚绍.图理琛和《异域录》.东岳论丛，1994(5).

⑥ 周祉元.对图里琛《异域录》的评价.中国边政(台北)，1975，51.

⑦ 冯锡时.图理琛和他的《异域录》.图书评介，1979(4)；郭蕴华."图理琛使团"和《异域录》.新疆大学学报(社会科学版)，1980(3)；樊明方.图理琛与《异域录》.文史杂志，1988(5).

⑧ 杜瑜.舆地图籍——《异域录》与《大清一统志》.沈阳：辽海出版社，1997.

玉考证《异域录》中记载卡拉卡尔帕克族的5处史料，书中所绘的一幅地图也基本正确地反映出当时中亚的地理状况和民族分布，可弥补当时国人中亚地理知识的不足，该文末还附有《图理琛使团行程表》。[①] 吕一燃考析认为，《异域录》所附图中的“托讷山碑”非中俄界碑。[②]

（二）《蒙古游牧记》

《蒙古游牧记》，嘉庆年间张穆所撰的一部内外蒙古志书，全书以各盟游牧地为纲，以旗为单位撰写，然张穆生前未能完稿，后由何秋涛补充、整理完成，咸丰九年（1859）刊行。

民国以来，《蒙古游牧记》影印本、单行本、翻译本、点校本先后问世。辛亥革命以来，海峡两岸多家单位影印出版《蒙古游牧记》，其底本多采用同治祁寯藻刻本。1916年，日本学者须佐嘉橘翻译《蒙古游牧记》日文本问世。[③] 1984年，洪用斌编写了《〈蒙古游牧记〉古今地名对照表（部分）》。[④] 20世纪90年代初，那木云等翻译的《蒙古游牧记》蒙文本问世。[⑤] 1991年，张正明等点校《蒙古游牧记》[⑥]，虽存在一些点校失误、错译及其他不足之处[⑦]，但无疑便于学界利用。

20世纪90年代以来，蔡家艺、侯德仁等先后撰文，对张穆及其《蒙古游牧记》的编纂方法、缘起、内容、价值等做出了较为系统的研究。[⑧] 其中侯文颇有见地，指出《蒙古游牧记》全书正文与注相辅，是地理志编纂方法的创新与发展；认为清朝以来内地各省皆有志书，唯独内外蒙古没有，是《蒙古游牧记》编纂的根本原因，而祁寯藻邀之校核其父遗著《皇朝藩部要略》，是该书编撰的直接原因；通过比较《蒙古

---

① 万雪玉. 卡拉卡尔帕克族历史和图理琛的《异域录》. 西域研究，1999（2）.

② 吕一燃. 图理琛《异域录舆图》托讷山碑非中俄界碑考——与刘远图先生商榷. 中国边疆史地研究，1995（3）.

③ 张穆. 蒙古游牧记. 须佐嘉橘，译. 东京：开明堂出版部，1939.

④ 洪用斌.《蒙古游牧记》古今地名对照表（部分）. 呼和浩特：内蒙古社会科学院图书馆，1984.

⑤ 张穆. 蒙古游牧记. 那木云，班斯拉齐，译. 北京：民族出版社，1990.

⑥ 张穆. 蒙古游牧记. 张正明，宋举成，点校. 太原：山西人民出版社，1991.

⑦ 哈斯达赖. 点校本《蒙古游牧记》述评. 内蒙古社会科学（文史哲版），1997（3）.

⑧ 蔡家艺. 浅论《蒙古游牧记》. 中国边疆史地研究，1991（1）；侯德仁. 论张穆《蒙古游牧记》的史学价值//清史文献馆. 首届“晚清国家与社会”国际学术讨论会论文集. 自存会议论文集. 2006.

游牧记》和《嘉庆重修一统志》，否定了章梫《一山文存》中“《游牧记》全部抄自《一统志》”的观点，认为《蒙古游牧记》是一部很有独立创见的蒙古史地研究专著。

新技术的利用在文献研究中大有潜力可挖。那顺达来以《蒙古游牧记》和《蒙古游牧图》比勘为基础，采用“以图校稿”的方法，利用GPS定位系统、NV地图软件，将《蒙古游牧图》定位到今地图进行研究，系统考证了喀尔喀历史地理，复原蒙古各旗游牧地的四至八道，并结合作者的民族语言优势，发现《蒙古游牧记》中记载讹误之处达300余条。①

（三）《朔方备乘》

咸丰初年何秋涛所撰《朔方备乘》，是继《蒙古游牧记》后又一系统研究我国北部边疆史地的杰出成果，也是中俄关系尤其是中俄边界演变研究的重要史料。该书原名《北徼汇编》，所谓“朔方备乘”为成书后咸丰帝所赐。然其后来不幸毁于大火，直到光绪七年（1881）其残稿才编成刊行，李文田为之作注《朔方备乘札记》。

20世纪60年代以来，海峡两岸三家出版社相继将光绪七年（1881）刻本《朔方备乘》影印出版。② 然而，直到70年代末，学界对其研究仍甚为薄弱。80年代初，有学人撰写专文指出这种状况，从而引起了学界的关注和深入研究。③ 此后，一些专题论文逐渐刊出。就现今成果而言，主要是评述该书的内容和价值。周祉元对《朔方备乘》做了初步研究。④ 陈元煦强调《朔方备乘》对东北边疆史地及中俄关系史研究的价值，指出作者在东北边界一些悬而未决的问题上不固守成说，提出了独到见解。⑤ 孙海泉指出，《朔方备乘》一书中用很大篇幅研究唐宋以来的东北边疆，详细记载了清初沙俄向我国东北边境扩张和中国

---

① 那顺达来. 喀尔喀历史地理研究——以《蒙古游牧记》与《蒙古游牧图》比勘为基础. 中国人民大学博士学位论文，2009.

② 何秋涛. 朔方备乘. 台北：文海出版社，1964；何秋涛. 朔方备乘. 黄宗汉，等辑补//《续修四库全书》编纂委员会. 续修四库全书：第740—742册 史部·地理类. 上海：上海古籍出版社，1995—2002；何秋涛. 朔方备乘. 黄宗汉，等辑补//《边疆史地文献初编》编委会. 边疆史地文献初编：北部边疆：第1辑. 北京：中央编译出版社，2011.

③ 张承宗. 张穆、何秋涛对边疆历史地理的研究. 史学史研究，1983（3）；陈元煦. 何秋涛与《朔方备乘》. 北方文物，1987（3）.

④ 周祉元. 对《朔方备乘》的初步研究. 中国边政（台北），1977，59.

⑤ 陈元煦. 何秋涛与《朔方备乘》. 北方文物，1987（3）.

的反侵略斗争，对两国划定边界及其后的经济文化友好往来情况都有研究，是研究中俄关系史的珍贵史料。① 王民等从何秋涛的生平经历谈起，详述《朔方备乘》之撰写目的、曲折经历及刊行情况，进而评价该书是中国近代第一部论述中俄关系的巨著，不仅取材广泛、考订精确，而且经世致用目的明确，主要论叙中国北疆和俄罗斯，并叙及东北边疆，直至哈萨克等中亚之地及东欧，在时空上远超前人成果，堪称边疆史地研究的成功之作。② 杨余练将《朔方备乘》全书内容概括为清代北疆的形成和历史上的演变、沙俄的扩张与中俄关系、对群书的考辨、归纳总结的图表共四个方面，认为《朔方备乘》是我国北部边疆历史地理研究中具有承上启下的集大成之作。③

(四) 钦定“西域志书”

乾隆二十年（1755）平定准噶尔部达瓦齐之乱，次年敕修《西域图志》。从乾隆二十一年（1756）到清末，先后完成《西域图志》《新疆识略》《新疆图志》三部西域志书，各书图文并重、西北舆地特征明显，不仅是清代新疆三部代表性通志，同时也是重要的西北边疆史地文献。

关于《西域图志》，长期以来未有专门研究，20 世纪 80 年代始有零星的几篇评述性文章。21 世纪初，系统整理、研究《西域图志》的成果才相继问世。乔治忠等《乾隆朝官修〈西域图志〉考析》，指出《西域图志》作为清代第一部系统、完整的新疆史地著作，学界至今未能详细探讨，是为一大缺憾，因此，对该书纂修背景和过程、体例安排与纂修意旨、内容与学术性、价值、地位及对后世的影响等做出了探讨。④ 钟兴麒、王豪、韩慧《西域图志校注》一书，为学界利用《西域图志》提供了较大的便利。⑤ 吕长颖从文献学角度，对《西域图志》的编纂背景、目的、成书经过、版本、内容、文献价值等，进行了较为综

---

① 孙海泉. 何秋涛与中俄关系史的研究. 福建论坛（文史哲版），1990（1）.

② 王民，李永祥. 何秋涛《朔方备乘》的史学价值与影响. 福建学刊，1996（6）. 另外，相关方面的成果还有：牛海桢. 何秋涛及其西北边疆史地研究. 兰州教育学院学报，2001（4）；章永俊. 从《朔方备乘》看何秋涛的边疆史地研究. 云南民族大学学报（哲学社会科学版），2003（1）。

③ 杨余练. 朔方备乘//仓修良. 中国史学名著评介：第 3 卷. 2 版. 济南：山东教育出版社，2006.

④ 乔治忠，侯德仁. 乾隆朝官修《西域图志》考析. 清史研究，2005（1）.

⑤ 钟兴麒，王豪，韩慧. 西域图志校注. 乌鲁木齐：新疆人民出版社，2002.

合的研究。[①] 张莉通过对《西域图志》所载镇西府、迪化州的屯兵数和户民户口数的考述，发现两地所属各县的户口数并不是同一年的，建议学者们在引用其中的数字时要慎重。[②]

（五）《西陲总统事略》《新疆识略》

《西陲总统事略》《新疆识略》，嘉庆年间松筠在任职伊犁将军期间召集人员编纂而成的两部西域志书。两书存在着一定的先后"传承"关系，《西陲总统事略》起先由汪廷楷编纂，后祁韵士于嘉庆十二年（1807）纂成，共12卷；徐松遣戍伊犁期间，将《西陲总统事略》增扩、订补，到嘉庆二十五年（1820）完成，全书内容增至原稿的两倍，道光帝敕名《新疆识略》。这是继《西域图志》后清代新疆的第二部通志，也是"新疆"首次作为省级行政区的名称使用。

民国以来，一些西北边疆史地研究成果中虽提及《新疆识略》，但却只是浮光掠影、蜻蜓点水式地探讨，未能深入该志做出系统研究。日本学者榎一雄对《新疆识略》有所研究，从版本源流方面对《伊犁总统事略》《西陲总统事略》《新疆识略》的关系做出考证，认为祁韵士《西陲总统事略》后来改为《伊犁总统事略》。[③] 此后，国内的研究相继展开，多结合祁韵士、徐松的生平经历，对《伊犁总统事略》《新疆识略》的纂修过程、内容、特点、版本源流做出考证，进而评述二人的西北边疆史地学思想及贡献。从现今成果来看，以朱玉麟《〈新疆识略〉成书考》一文较为深入，该文详述《新疆识略》的编纂缘起及其三任纂修者的编纂过程，指出：《新疆识略》最早刻印时用《伊犁总统事略》之名，以后流行的版本都改名为《西陲总统事略》，但因祁韵士《西陲总统事略》的存在，它也曾以《伊犁总统事略》的书名流传，使得这两部方志往往被混淆；《新疆识略》是徐松最早正式印行的著作，但却没有出现徐松的名字，卷首署名"臣松筠恭纂"，但按照方志的编纂署名通例，

---

① 吕长颖.《西域图志》编纂与成书研究.新疆大学硕士学位论文，2012.

② 张莉.《西域图志》所载镇西府、迪化州地区户口资料考述.中国历史地理论丛，2008（2）.

③ 榎一雄.榎一雄著作集：第2卷.東京：汲古書院，1992.另外参见：榎一雄.关于徐松的西域调查.易爱华，译.朱玉麒，校订//朱玉麒.西域文史：第2辑.北京：科学出版社，2007。

应是“松筠修，徐松纂”。① 冯继强《〈伊犁总统事略〉研究》、白苏佚《〈钦定新疆识略〉研究》两篇硕士学位论文对《新疆识略》的研究较为系统。②

(六)《新疆图志》

《新疆图志》，宣统年间袁大化主修、王树枏等负责编纂的清代新疆最后一部通志，全志计29分志、共116卷，较《西域图志》《新疆识略》规模大、内容详尽，图文并茂，体例也多有创新，是研究清末新疆史地的重要史料。③

民国初年，梁启超《中国近三百年学术史》将《新疆图志》列入诸名志之中，可见其地位和价值。④ 20世纪20年代以来，《新疆图志》东方学会刻本被收入各种丛书影印发行。80年代初，始有学者撰文对《新疆图志》发表总体见解。魏长洪撰文对《新疆图志》的编纂过程、版本、内容和价值做出了总体介绍与评述。⑤ 戴良佐、赵剑锋先后从清代新疆志书编纂的宏观视野，分析了《新疆图志》在文献学、方志学方面的特点及其价值与不足。⑥ 王广荣归类统计、分析《新疆图志》的资料来源及运用情况⑦，认为其中引录的文献资料能列出书名的有250种左右，实际超过300种，可起到新疆地方文献书目的索引作用。⑧ 赵剑锋认为，全志200余万字大多是明抄暗引两汉到清代的各种相关书籍，撰者们自己的文字不多，引用频次最高的是《西域图志》《西域水道记》这两部志书。⑨

《新疆图志》付梓后，有多种版本流传至今。史明文发现了中科院

---

① 朱玉麟.《新疆识略》成书考//西域文史：第1辑. 北京：科学出版社，2006.

② 冯继强.《伊犁总统事略》研究. 中央民族大学硕士学位论文，2007；白苏佚.《钦定新疆识略》研究. 新疆大学硕士学位论文，2011.

③ 袁大化. 新疆图志序//新疆图志. 乌鲁木齐：新疆官报书局，1911.

④ 梁启超. 中国近三百年学术史：新校本. 北京：商务印书馆，2011：361.

⑤ 魏长洪.《新疆图志》浅谈. 新疆地方志通讯，1983 (2).

⑥ 戴良佐. 王树枏与《新疆图志》. 中国地方志，2002 (3)；赵剑锋.《新疆图志》研究. 新疆大学硕士学位论文，2010.

⑦ 王广荣.《新疆图志》资料来源及运用. 新疆地方志，1989 (2).

⑧ 王广荣.《新疆图志》综述. 新疆地方志通讯，1988 (2).

⑨ 赵剑锋.《新疆图志》研究. 新疆大学硕士学位论文，2010.

图书馆藏稿本《新疆通志》，认为《新疆通志》实为《新疆图志》的稿本。① 史明文的博士学位论文对《新疆图志》的版本情况做了系统梳理、研究，认为其版本主要有通志局、官书局、东方学会刻本，黄册抄本、稿本，《新疆志稿》以及《新疆建置志》《新疆物候志》等若干单行本，详细比较了各版本的异同、价值，并指出了存在的讹误情况。② 李之勤编《西域史地三种资料校注》一书③，收录了其校注《新疆图志·国界志》和《新疆图志·交涉志》二志。李之勤所撰《略谈王树枏编纂的〈新疆图志·国界注〉——〈新疆图志·国界志〉校注前言》一文，对该书的性质、编纂者、编纂过程、内容、体例做出了详细评介，认为《国界志》是《新疆图志》中较早编纂的专志之一，早在宣统元年（1909）就已成书并付梓，采用编年史书的纲目体，主要参考、引用了钱恂《中俄界约斠注》和邹代钧《中俄界记》，"堪称论述我国近代西北边界变迁第一书，对激励国人图强雪耻曾起重要积极作用"④。

（七）《西域地理图说》《西域闻见录》

清人的西北边疆行纪尽管不是严格意义上的地理志书，但其中不少论及沿途山川聚落、民俗风情、名城古迹、行政建置、历史沿革，是颇为重要的舆地文献。20 世纪末以来，学界逐渐意识到这类文献资料整理和研究的不足，并开始重视，逐步将之整理出版，并已对其中一些行纪做出初步探讨。

《西域地理图说》，原稿藏于今四川师范大学图书馆，不注撰人、撰写年代，记载了清廷平定大小和卓叛乱后抚定和治理回疆诸部之事。1992 年，阮明道汉文笺注、刘景宪满文译注《西域地理图说注》一书问世，二人考证其应撰于乾隆二十八年至二十九年（1763—1764），认为书中所载对研究乾隆时西部边界、西域交通及自然生态环境变迁等有

① 史明文. 稿本《新疆图志》探析//朱玉麒. 西域文史：第 6 辑. 北京：科学出版社，2011.

② 史明文.《新疆图志》版本研究. 中央民族大学博士学位论文，2011.

③ 李之勤. 西域史地三种资料校注. 乌鲁木齐：新疆人民出版社，2012.

④ 李之勤. 略谈王树枏编纂的《新疆图志·国界志》——《新疆图志·国界志》点校前言. 中国边疆史地研究，2010（1）：131.

一定的参考价值。① 其后，阮明道撰文指出其作者应是通晓满文、初习汉文的满洲旗人。② 王东平通过将《西域地理图说》与今中国国家图书馆藏《回疆志》所载各城的户口进行比较，发现两书文字句式相同，十组中七组数据完全相同，由此认为两者出自同一资料，并据《回疆志》所载对《西域地理图说》中库车、沙雅尔地区户口数据进行了勘误。③

《西域闻见录》，七十一著。早在 1936 年吴玉年、万斯年就相继撰文，考证其作者姓名和版本问题，并评价了其价值。就其作者姓名而言，吴玉年考证认为七十一就是作者之名。④ 万斯年考证作者姓尼玛查，名七十一，字椿园，曾为官新疆，其职不显，认为该书虽有数名，但当以《西域闻见录》为准。⑤ 高健通过对《西域闻见录》书名及不同版本的对比考证，认为该书最早的书名和版本是《异域琐谈》。⑥ 李亚茹指出，此书各版本中有自纂本，也有他人编纂或节选另立书名者，各版本中以乾隆刻本最优，并列有《〈西域闻见录〉各版本一览表》，较前人更为详细地梳理了其版本、现今保存情况。⑦ 王志强综合各种文献书目，统计得出《西域闻见录》异名版本有 19 种，并分为原本析出本、抽印本、完整本、改纂本四小类逐一介绍，进而列表统计并比较异名版本、目次，认为《西域闻见录》应是椿园在新疆时辑录，共 4 卷，直到他去世前仍未有刊本面世，“琐谈”为底本暂用名，不是正式书名，更未以“琐谈”为名刊刻。⑧

（八）《秦边纪略》

《秦边纪略》，又名《西陲今略》，不著撰人，是记述清初西北形势

---

① 佚名. 西域地理图说注. 阮明道，主编笺注. 刘景宪，满文译注. 延吉：延边大学出版社，1992.

② 阮明道. 有关《西域地理图说》的两个问题. 四川师范学院学报（哲学社会科学版），1995（4）.

③ 王东平.《西域地理图说》库车、沙雅尔户口数勘误. 西域研究，2009（4）.

④ 吴玉年. 跋《西域闻见录》. 禹贡半月刊，1936，5（8/9）.

⑤ 万斯年. 西域闻见录之板本与著者. 图书季刊，1936，3（4）.

⑥ 高健.《西域闻见录》异名及版本考述. 中国边疆史地研究，2007（1）.

⑦ 李亚茹. 清人七十一与《西域闻见录》. 新疆大学学报（哲学·人文社会科学版），2008（5）.

⑧ 王志强.《西域闻见录》之版本著者考述及史料价值论略. 伊犁师范学院学报（社会科学版），2008（1）.

和舆地的一部重要著作，现今全国多家图书馆有藏，不过卷帙不一。清末民初以来，学界在其作者、成书年代上有诸多探讨，争议很大。① 内藤虎次郎认为，《秦边纪略》为梁份康熙二十三年（1684）著。② 后来，余嘉锡《四库提要辨证》一书中对此提出了异议。③ 吴丰培据当时中央民族学院图书馆藏旧抄本《西陲今略》，考证出其确为梁份所撰，而非黄燕赞所撰。④

赵盛世等校注《秦边纪略》于 1987 年出版。⑤ 韩光辉《梁份与〈秦边纪略〉》叙述颇详，从梁份的生平、学术思想谈起，对其第一次西北实地考察与《西陲今略》的初稿、第二次考察与《西陲今略》增定稿的完成这一过程做出了清晰梳理，这是在前人基础上对该书撰写过程研究的一大推进，他认为“即时至今日，也不失为研究西北地理有用的参考书，而且是研究中国地理学史不可多得的重要文献”⑥。

除《秦边纪略》之外，学界还较为集中地探讨了陶保廉的《辛卯侍行记》、林则徐的《荷戈纪程》，此二著均有整理成果及数篇研究论文问世。⑦ 此外，还有学者对王廷襄的《叶析纪程》、洪亮吉的《西行日记》和温世霖的《昆仑旅行日记》进行简要介绍和论述。⑧ 再有，朱玉麒考证，今中国国家图书馆所藏稿本同治《行程日记》为时任叶尔羌参赞大

① 前人和今人探讨该书著者及版本问题的成果一并收入：梁份. 秦边纪略. 赵盛世，王子贞，陈希夷，校注. 西宁：青海人民出版社，1987：附录。

② 内藤虎次郎. 梁质人年谱//梁份. 秦边纪略. 赵盛世，王子贞，陈希夷，校注. 西宁：青海人民出版社，1987；内藤虎次郎.《秦边纪略》中之《嘎尔旦传》//梁份. 秦边纪略. 赵盛世，王子贞，陈希夷，校注. 西宁：青海人民出版社，1987.

③ 余嘉锡. 四库提要辨证. 北京：中华书局，1980.

④ 吴丰培.《西陲今略》考. 西北史地，1983（2）.

⑤ 梁份. 秦边纪略. 赵盛世，王子贞，陈希夷，校注. 西宁：青海人民出版社，1987.

⑥ 韩光辉. 梁份与《秦边纪略》. 自然科学史研究，1989（4）：392.

⑦《辛卯侍行记》所见整理成果有：陶保廉. 辛卯侍行记. 刘满，点校. 兰州：甘肃人民出版社，2002；周轩.《辛卯侍行记》所记吐鲁番与罗布之交通. 吐鲁番学研究，2011（1）。《荷戈纪程》所见整理成果有：七十一，林则徐. 中国公共图书馆古籍文献珍本汇刊・史部：清抄本林则徐等西部纪行三种. 石丽珍，王志民，陈玉红，编. 北京：全国图书馆文献缩微复制中心，2001。

⑧ 钮仲勋. 王廷襄的《叶析纪程》. 中国边疆史地研究，1993（3）；郑志惠. 洪亮吉遣谪伊犁与其塞外杂著//中国历史文献研究会，安徽省古籍整理出版办公室. 明清安徽典籍研究. 合肥：黄山书社，2005；周轩. 温世霖与《昆仑旅行日记》. 中国边疆史地研究，1999（1）.

臣景廉所纂，并论及了与其相关的人事、南北疆交通问题。[①] 就蒙古地区行纪的研究而言，既有孟秋丽对康熙时所撰各种蒙古行纪的系统性介绍成果[②]，也有针对其中之一——汪灏《随銮纪恩》的校注。[③]

考虑到边疆在清史中的分量，加上近些年边疆史地研究的进一步升温，边疆地理文献研究预计仍将保持繁荣。

第三节　世界地理志书研究的两大重心：《海国图志》《瀛环志略》

清代世界地理志书的编纂成就突出，就其编纂背景而言，大致可分为清前期、鸦片战争至清末这两个阶段。清前期在沙俄东扩、北部边防吃紧的背景下，国人研究中俄边疆史地的成果陆续问世；同时，也有介绍东南亚、西方各国的地理著作，如《海国闻见录》《海岛逸志》《海录》等。近代在西方列强的侵略下，国人着手翻译、编著世界地理著作，其中以林则徐主持编译的《四洲志》为嚆矢，魏源的《海国图志》和徐继畬的《瀛环志略》为最佳代表，对后世影响深远。

20 世纪 30—40 年代，学界逐渐对清代世界地理志书展开研究，较早关注的是《海录》《海国闻见录》，50 年代以来魏源《海国图志》研究进展较大，到 80 年代初国内对徐继畬《瀛环志略》的研究逐渐兴起，《海国图志》和《瀛环志略》成为世界地理志书研究的两大重心。从现今成果来看，也是以研究《海国图志》和《瀛环志略》的成果居多，其他较少。

---

① 朱玉麒.《行程日记》作者及相关人事考. 文献，2008 (4).

② 孟秋丽. 清康熙时期的蒙古行纪. 中国边疆史地研究，2005 (2)；孟秋丽. 清康熙时期的蒙古行纪. 内蒙古师范大学学报（哲学社会科学版），2006 (1)；孟秋丽. 清代中外旅行家笔下的蒙古地区——以 1688 年的三部行纪为中心. 黑龙江民族丛刊，2007 (1).

③ 丁谦.《随銮纪恩》校注. 夏定域，校录. 禹贡半月刊，1937，7 (10).

表 4-3　百年来清代世界地理志书研究论文统计　单位：篇

研究对象 时段	《海国图志》	《瀛环志略》	其他著作	总计
民国时期	/	/	3	3
新中国成立至 1976 年	10	/	1	11
1977—1997 年	16	28	14	58
1998 年以来	4	16	12	32
总计	30	44	30	104

说明：学界关于二书非地理方面内容及思想的研究成果不纳入本表统计范围，表中“/”表示“无”。

(一)《海国图志》

《海国图志》，19 世纪 40—50 年代魏源在《四洲志》的基础上经过前后多次辑录编纂而成，全书涵盖范围广、涉猎内容多，除了世界史地知识，还包括政治、经济、军事、宗教、文化等诸方面的资料，可谓是一部百科全书式的巨著。该书刊行后对中日两国产生了广泛而持久的影响。自《海国图志》问世后，何秋涛、梁启超等均对其做过研究或评述。① 20 世纪中叶以来，《海国图志》逐渐受到学界重视，90 年代研究成果突出。从现今成果来看，学界对《海国图志》的内容、版本、价值、影响、意义进行了深入探讨。涉及地理的主要成果有齐思和的《魏源与晚清学风》，这是所见较早的一篇从文献学角度，对《海国图志》之成书过程、所据资料、写作目的、具体内容，及其对中日两国的影响等内容进行详细探讨的长文，此文在百余年的魏源《海国图志》研究史上具有承上启下的作用，也开启了新中国成立以来研究魏源《海国图志》的热潮。② 杜瑜在阐述《海国图志》之编纂过程、内容价值及影响的基础上，特别介绍该书卷三、卷四所绘 75 幅世界历史地图，归纳其绘制特征及贡献，认为这开创了我国绘制世界历史地图的先河。③ 韩光

---

① 何秋涛. 朔方备乘. 台北：文海出版社，1966：卷五十三考订诸书十三·考订海国图志. 梁启超. 清代学者整理旧学之总成绩（三）//中国近三百年学术史：新校本. 北京：商务印书馆，2011.

② 齐思和. 魏源与晚清学风. 燕京学报，1950，39（收入：杨慎之，黄丽镛. 魏源思想研究. 长沙：湖南人民出版社，1987）.

③ 杜瑜. 舆地图籍——《异域录》与《大清一统志》. 沈阳：辽海出版社，1997.

辉也撰文对魏源《海国图志》做出系统评介。①

洪九来全面清晰地展现出从《四洲志》到《海国图志》50 卷本、60 卷本再到 100 卷本的发展历程，同时对此前学界在各版本成书、刊刻时间上持有的不同观点一一进行考辨、纠错，认为魏源最迟于道光二十一年（1841）九月已开始写作，二十二年（1842）《圣武记》《海国图志》次第刊成，60 卷本于道光二十七年（1847）最早刊刻是无可争议的，100 卷本最早刊刻于咸丰二年（1852），而不是道光二十七年（1847），此文较前人研究大为迈进。② 李龙如也对《海国图志》50 卷本、60 卷本、100 卷本及各自版本、现存版本情况进行了考述，其明显进步之处在于考证清楚了《海国图志》50 卷本之版本问题，认为此前有学者提出 50 卷本存在“两个版本”之说是不成立的，实际只有一个版本。③ 熊月之分析认为，《海国图志》征引文献的原则是立足今、西，辅以古、中，即以新著作、西人著作为基础，进而对书中引用的西方著作分类梳理、逐一考释，一类为明清之际来华耶稣会士著作共 6 部，一类为鸦片战争前后西人著作、译作共 11 部，还有一部未知姓名之新加坡人所著的《英国论略》，但无法得知其书具体内容，据此认为魏源已尽一切可能搜集、采纳能够得到的各种西人著作及其尚未行世的中译抄本，《海国图志》是 19 世纪 50 年代以前国人研究世界地理的优秀成果。④ 值得注意的是，1998 年由陈华等负责点校的注释本《海国图志》面世，21 世纪初，又经李金明等多位学者修订，重排收入《魏源全集》，这是目前《海国图志》最新的整理本。⑤

关于《海国图志》的地理学价值，孙关龙有专文探讨，提出了多个“第一”和“先河”：《海国图志》是中国人自编的第一部世界地理专著，开创了中国人编写世界地理著作的先河；是中国人自编的第一部世界地图集，其精度远超利玛窦的《坤舆万国全图》；开中国东南海疆失地研

① 韩光辉. 魏源与《海国图志》//历史地理学丛稿. 北京：商务印书馆，2006.

② 洪九来. 有关《海国图志》的版本流变问题. 古籍整理研究学刊，1994（3）.

③ 李龙如. 魏源《海国图志》的要旨及其版本考. 湖南文献，1994，22（3）.

④ 熊月之.《海国图志》征引西书考释//钱伯城. 中华文史论丛：第 55 辑. 上海：上海古籍出版社，1996.

⑤ 魏源. 海国图志. 陈华，常绍温，黄庆云，等点校注释. 长沙：岳麓书社，1998；魏源. 海国图志. 陈华，常绍温，等点校注释//魏源全集：第 4—7 册. 长沙：岳麓书社，2011.

究之先河。①

(二)《瀛环志略》

徐继畬《瀛环志略》，鸦片战争后中国人自己所著的一部介绍世界史地知识的专著，著述体裁别具一格，与《海国图志》并列为“近代开眼看世界”的杰出成果。清时学人已对《瀛环志略》有所考订、研究。不过，自辛亥革命到20世纪70年代末，国内对该书关注很少，这与其同时代的《海国图志》之研究状况形成鲜明对比。20世纪中叶，美国学界在费正清的倡导下，徐继畬研究成果相继问世，到70年代还出版了系统探讨该志书的专著。80年代以来，美国对徐著的研究停滞不前，而国内的相关研究逐渐兴起，90年代以来研究成果丰硕。

1983年，唐锡仁撰文系统论述徐继畬《瀛环志略》一书，是国内学界较早全面研究徐著的成果，这为后来者进一步研究打下基础。② 其后，吴嘉勋、潘振平、任复兴、贾淑文、陈存恭等多位学者相继撰文，从文献学角度对徐继畬《瀛环志略》的撰写动机、资料来源、成书过程和版本、内容和体例特征、价值及影响等做出较为详细、深入的探究，提出了诸多新见。③ 唐锡仁从地理角度指出，清末以来何秋涛、王先谦等认为此书是据美国传教士雅裨理（David Abeel）所绘地图译、辑而成，这一论断是错误的。④ 潘振平归纳其资料来源有三：一是与外国人的直接接触所得，二是搜集和阅读外国地图集及西方人士的汉文书籍所得，三是考查一批中国官私文献所得。⑤ 李志刚从《瀛环考略》的取材、撰写缘由及与《瀛环志略》的关系角度，追溯徐继畬与雅裨理之交游对

---

① 孙关龙.《海国图志》的地理学价值//纪念魏源诞辰200周年国际学术研讨会学术组.纪念魏源诞辰200周年国际学术研讨会：论文提要集.［出版地不详］：［出版单位不详］，1994.

② 唐锡仁.徐继畬与《瀛环志略》.自然科学史研究，1983（3）.

③ 另外，学界对徐继畬的评传中也述及《瀛环志略》，这方面的成果有：徐士瑚.徐继畬及其《瀛环志略》//中国人民政治协商会议山西省委员会文史资料研究委员会.山西文史资料：第54辑.太原：中国人民政治协商会议山西省委员会文史资料研究委员会，1987；徐士瑚.放眼看世界的先驱——徐继畬//任复兴.徐继畬与东西方文化交流.北京：中国社会科学出版社，1993；刘泽.徐继畬评传.山西大学师范学院学报（综合版），1992（2）；吴廷桢.徐继畬——开眼看世界的先驱和爱国者//任复兴.徐继畬与东西方文化交流.北京：中国社会科学出版社，1993。

④ 同②.

⑤ 潘振平.《瀛环志略》研究.近代史研究，1988（4）.

《瀛环志略》成书的作用，结论认为徐继畬能撰成《瀛环志略》固以《瀛环考略》为蓝本，但《瀛环考略》的手稿实肇始于雅裨理的启发，雅裨理可谓是徐继畬获得世界史地知识的导师。①

关于《瀛环志略》的考订成果，咸丰时何秋涛著《朔方备乘》，对《瀛环志略》有关俄罗斯部分做出了辨正。② 清末民初佚名之《〈瀛寰志略〉订误》，概括指出《瀛环志略》中存在邦国错误、方向错置、地势断续、部属遗漏、岛屿遗漏、岛名错置、川名错置、东西互易、远近失考、大小失实等多类讹误，并各举例加以纠正。③ 邹振环对《瀛环志略》中的译名进行探讨，以此透视徐继畬的世界观，认为书中译名较为准确，将中国作为亚洲大陆的一部分加以评论，也许这种挑战传统天朝模式的译名方法，是其后来反复遭到攻击并最终被罢免的潜在原因之一。④

关于《瀛环志略》的版本，田一平以同治癸酉（1873 年）掞云楼校刊本为底本，点校《瀛环志略》出版。宋大川以道光二十八年（1848）刻本（戊申本）为底本，参校其他本子，成《瀛寰志略校注》一书，书中各地名加今音译名，并将徐之注一律移入小括号内。⑤

关于《海国图志》与《瀛环志略》的比较，潘振平指出，前人一般认为魏书广博、徐著简明，这仅仅是从编写形式上评判的，就思想而言，《海国图志》显然要高明一些，但就叙述的明晰、考订的严谨、资料运用的准确方面而言，《瀛环志略》则略胜一筹，在世界地理研究和介绍方面的成就要超过《海国图志》。⑥ 周振鹤认为，《海国图志》并不是严格意义上的世界地理书，是为筹夷、制夷而作，传播地理知识是其次，魏源没有走出以中国为“天下”中心的观念，只是把四夷的范围推向极致而已，“海国”二字其实就是新形势下的四夷，《瀛环志略》则是名副其实的世界地理图志，已走出“天下”的阴影，《瀛环志略》是徐

---

① 李志刚. 从《瀛环考略》探究徐继畬与雅裨理牧师之交游//任复兴. 徐继畬与东西方文化交流. 北京：中国社会科学出版社，1993.

② 何秋涛. 朔方备乘. 台北：文海出版社，1966：卷五十九辨正诸书四·辨正瀛寰志略.

③ 佚名.《瀛寰志略》订误 //徐继畬. 瀛寰志略. 田一平，点校. 上海：上海书店出版社，2001.

④ 邹振环.《瀛环志略》译名试评//任复兴. 徐继畬与东西方文化交流. 北京：中国社会科学出版社，1993.

⑤ 徐继畬. 瀛寰志略校注. 宋大川，校注. 北京：文物出版社，2007.

⑥ 潘振平.《瀛环志略》研究. 近代史研究，1988（4）.

继畬从学术角度编撰而成的一部条理清楚、逻辑严密的著作，徐继畬是“正眼看世界的第一人”①。郑大华等指出，《瀛环志略》的优点在于睁眼看世界，《海国图志》的优点则在于提出了“师夷长技以制夷”的主张，《海国图志》以博见长，《瀛环志略》以精取胜，两者都有自己的合理性，也都实现了自己的写作宗旨和目的。②

此外，关于《海国闻见录》《海录》《海岛逸志》《海国四说》《五洲地理志略》等舆地著作，也均有一些研究成果。③ 另外，黄遵宪《日本国志》是一部系统介绍日本国史的“典志体”著作，书中第10—12卷“地理志”部分专述日本的政区沿革，王宝平等对其资料来源进行过追踪。④

世界地理著述是清代地理文献较其他断代非常突出的地方，它不仅体现为地理文献世界视域的扩充，而且这种扩充更涉及近代中国地理思想的巨大转变。这一地理思想的转变涉及的层次之深、文献之广远超想象。过去《海国图志》《瀛环志略》由于较为重要而吸引了众多研究目光，但从继续深入的角度而言，似仍可从三个方面继续拓展：一是编纂清代世界地理文献目录，不仅包括专书，也要包括游记、文集乃至地方志中的记述，从而全面展现清代中国人的世界地理认识；二是分国别进行深入探研，看看中国人对世界各国的地理认知是如何演变的，除了关注美、英、法等大国，也要关注其他国家；三是从文献编纂的角度对各种地理名词、地理概念传入中国的历史与脉络做出更深入的研究，以帮助我们真正理解现代中国人对世界的基本认识是如何一步一步建立起来的。

---

① 周振鹤. 正眼看世界的第一人——纪念徐继畬诞辰二百周年. 中国研究月刊（台北），1996年1月号.

② 郑大华，喻春梅.《瀛寰志略》与《海国图志》之比较. 晋阳学刊，2008（6）.

③ 陈伦炯.《海国闻见录》校注. 李长傅，校注. 陈代光，整理. 郑州：中州古籍出版社，1985；谢清高，口述. 杨炳南，笔受. 冯承钧，注释. 海录注. 上海：商务印书馆，1938；谢清高，口述. 杨炳南，笔录. 安京，校释. 海录校释. 北京：商务印书馆，2002；安京. 关于《海录》及其作者的新发现与新认识. 海交史研究，2002（1）；王大海. 海岛逸志. 姚楠，吴琅璇，校注. 香港：学津书店出版社，1992；陈恩维. 梁廷枏《海国四说》及其域外史地研究. 史学史研究，2007（3）；赵荣，杨正泰. 中国地理学史：清代. 北京：商务印书馆，1998.

④ 王宝平. 黄遵宪《日本国志》征引书目考释. 浙江大学学报（人文社会科学版），2003（5）.

第四节　较为薄弱的清代山水志记研究

山水志记，就其内容而言，可分为河渠水利志记和山岳志记两大类，是我国传统舆地学的重要组成部分，尤其河渠水利志记与国计民生息息相关，受到历代官方和民间的高度重视。清代是山水志记编纂的兴盛时期，据石光明统计，《四库全书总目》著录的明代和清前中期山水志书达150余种，今中国国家图书馆所藏历代山水志书达500余种，其中成书于道咸同光宣年间的就达290余种，可见清后期的山水志书比历代山水志书的总和还多。① 山水志书可补一般史志文献记载的不足，是研究特定区域之自然、人文环境与社会变迁的重要资料。

民国以来，一些水利志书陆续影印出版，零星的研究文章发表刊行，但直到20世纪70年代末，山水志记研究成果仍然寡少，80年代以来才略有改观。整体而言，现今研究山水志书的成果较少、零碎而缺乏系统性。相对而言，对黄宗羲《今水经》、齐召南《水道提纲》、郑元庆《行水金鉴》、徐松《西域水道记》等多部水利志书研究较多。② 朱玉麟整理《西域水道记（外二种）》出版，并写作了《徐松与〈西域水道记〉研究》专书，这是百年来《西域水道记》整理和研究的突出成果。③ 除以上所述之外，韩光辉主要以《柳庭舆地隅说》《大地山河图说》二书为代表，介绍孙兰的地理学思想和杰出贡献。④

另外，还有一些零星的关于《河源纪略》、《清史稿·河渠志》、永定河志书、湖北水利志书及其他河渠水利志书的整理、研究成果，在此

① 石光明．明清时期山水志书的学术价值研究．农业考古，2006（1）．

② 朱隽嘉．《今水经·湞水》考释．中国历史地理论丛，2005（1）；黄志平．齐召南《水道提纲》初探．湘潭大学学报（社会科学版），1988（1）；一令．记《行水金鉴》辑录者郑元庆//朱东润，李俊民，罗竹风．中华文史论丛：1979年第3辑　总第11辑．上海：上海古籍出版社，1979；蒋超．《行水金鉴》及其续编．中国水利，1986（10）；李贞．《水道提纲》著述考．图书馆学刊，2015（3）．

③ 徐松．西域水道记（外二种）．朱玉麒，整理．北京：中华书局，2005；朱玉麒．徐松与《西域水道记》研究．北京：北京大学出版社，2015．

④ 韩光辉．孙兰的地理学贡献．自然科学史研究，1992（3）．

就不详细展开。

相较水利志记而言，学界对山志记关注更晚，20 世纪 80 年代始有专门研究。孙冬虎撰文介绍李诚《万山纲目》这部历史时期少见的专门研究山脉的著作，考证出其刊刻过程，从其“总纲”分析李诚构建的北大干、中大干、南大干山脉体系，指出这改变了汉唐以来人们认识我国山脉分布的观念。① 李兴盛点校了《宁古塔山水记》②、《三姓山川纪》。③ 袁逸考订了黄宗羲《四明山志》之编纂过程、结构、内容特色及影响。④ 万霞《明清浙江山志述论》，全面梳理出明清浙江山志的发展脉络，归纳出其类型主要有综合型、山川景物型、宗教型、人物型四种。⑤ 伍常安撰有《历代江西山志述要》。⑥ 学界还对《南岳山志》《庐山志》《峄山志》《清凉山新志》等各有不同程度的介绍或研究⑦，《西樵山志》《西樵游览记》已整理出版。⑧ 张全晓对《武当山志》进行了文献补正。⑨

考虑到水经在中国地理著述中的悠久历史，基于自然地理而非纯粹文献取向的水道著述理应获得更多关注。而中古时期“山中的六朝史”研究取向，以“山”的地理空间为载体，展现山岳历史的发展脉络与景观、信仰乃至王朝变迁史，理应成为清代山志研究可资借鉴的重要取向。⑩

---

① 孙冬虎. 李诚与《万山纲目》. 中国历史地理论丛，1998 (2).

② 张缙彦. 宁古塔山水记　域外集. 李兴盛，校点. 哈尔滨：黑龙江人民出版社，1984.

③ 徐宗亮，等. 黑龙江述略（外六种）. 李兴盛，张杰，点校. 哈尔滨：黑龙江人民出版社，1985.

④ 袁逸. 黄宗羲《四明山志》小考. 浙江学刊，1986（增刊 1 期）.

⑤ 万霞. 明清浙江山志述论. 复旦大学硕士学位论文，2010.

⑥ 伍常安. 历代江西山志述要. 文献，1991 (2).

⑦ 张群. 南岳山志研究. 武汉大学博士学位论文，2013；龚志强. 山志编纂与古代庐山旅游活动. 江西社会科学，2013 (5)；韩崇岚. 稀见本《峄山志》. 文献，1989 (3)；白・特木尔巴根. 关于《清凉山新志》及其相关著述. 内蒙古师范大学学报（哲学社会科学版），2008 (6).

⑧ 马符录. 西樵山志. 桂林：广西师范大学出版社，2012；刘子芳. 西樵游览记. 黄亨，谭药晨，刊补. 桂林：广西师范大学出版社，2012；任建敏. 跟随古人游西樵——五百年西樵山穿越之旅. 桂林：广西师范大学出版社，2012.

⑨ 张全晓. 清代武当山志著录疏误补正. 宗教学研究，2017 (3).

⑩ 魏斌. “山中”的六朝史. 北京：三联书店，2019.

第五章　清代舆图研究之评论

“地理之学，非图不明。”① 中国的舆图绘制史可远溯到先秦，清代是我国传统舆图发展的晚期，在舆图编绘方面获得了诸多成就，“除清初康熙、雍正、乾隆三朝各绘有超过全国范围的巨幅地图之外，在编绘中国历史沿革地理、世界地图、沿海地图、城市地理、边疆地图、水道图、矿产图、名胜古迹图以及地方志图等方面，都有进展”②。

今日学界对“舆地图”“地图”“舆图”“古地图”“历史地图”等概念的含义及异同尚未完全达成共识，一些著述中仍存在以上几种概念混用的现象。③ 我们在此采用华林甫的观点，“清代舆图研究”指学界对清代所绘地图的研究。④

辛亥革命以来，清代舆图研究取得了较为显著的成绩，相关学术评述也不少，有曹婉如《近四十年来中国地图学史研究的回顾》⑤、姜道章《近九十年来中国地图学史的研究》《二十世纪欧美学者对中国地图

---

① 谭其骧. 序//曹婉如，郑锡煌，黄盛璋，等. 中国古代地图集：清代. 北京：文物出版社，1997：2.

② 曹婉如. 前言//曹婉如，郑锡煌，黄盛璋，等. 中国古代地图集：清代. 北京：文物出版社，1997：15.

③ 关于“古地图”和“历史地图”的区别及今天的混用现象，参见：华林甫. 中国历史地理学·综述. 济南：山东教育出版社，2009：470-471。关于“地图”“舆地图”“舆图”之传承演变，参见：卢祥亮. 试论“地图”、“舆地图”和“舆图”三词的起源与流变//周长山，林强. 历史·环境与边疆——2010年中国历史地理国际学术研讨会论文集. 桂林：广西师范大学出版社，2012。

④ 华林甫. 中国历史地理学·综述. 济南：山东教育出版社，2009：470-471.

⑤ 曹婉如. 近四十年来中国地图学史研究的回顾. 自然科学史研究，1990（3）.

学史研究的回顾》①、刘子刚《中华古地图的收藏、整理、研究与出版》②、王均《中国地图学史研究近况与发展设想》③、安敏《中国古地图研究综析》④、成一农《近70年来中国古地图与地图学史研究的主要进展》等文⑤，在回顾我国地图学史研究进展的同时，于清代部分的研究成就均有体现。

21世纪初，始出现专门针对清代舆图研究成就之学术综述。其中，朱竞梅《清代北京城市地图研究的总结与思考》，在探索如何获取北京城市舆图的收藏信息与途径之后，概括出学界对清代北京城舆图的研究方法及成果，并就如何拓宽未来的北京城舆图研究提出了见解。⑥ 孙喆在《康雍乾时期舆图绘制与疆域形成研究》一书之“引言”中，梳理了康雍乾测绘舆图的研究历程。⑦ 吴雪娟略述见于著录的清代满文舆图及相关研究情况，指出清代满文舆图的图廓范围集中在边疆、少数民族地区，在清代舆图中所占比例较小，大多绘制于清代早期，为清初边疆史地研究的重要史料。⑧ 华林甫在《中国历史地理学・综述》之“古地图研究”小节中，对清代诸多领域舆图研究的代表性成果，包括康雍乾测绘舆图研究、城市舆图研究、鸦片战争前后舆图绘制技术的发展研究、近代海洋舆图研究、世界地图研究等，分别做了介绍。⑨ 华林甫的另一篇文章总结了21世纪第一个十年的舆图研究和整理出版情况。⑩

综上各文，基本勾勒出清代舆图研究进展的轮廓，并主要对清代北京城舆图、康雍乾测绘舆图、满文舆图研究成果做了梳理，但对百年来

① 姜道章. 近九十年来中国地图学史的研究. 地球信息科学，1997（3）；姜道章. 二十世纪欧美学者对中国地图学史研究的回顾. 汉学研究通讯，1998（2）.

② 刘子刚. 中华古地图的收藏、整理、研究与出版. 中国测绘，2001（2）.

③ 王均. 中国地图学史研究近况与发展设想. 测绘科学，2000（3）.

④ 安敏. 中国古地图研究综析. 测绘科学，2012（5）.

⑤ 成一农. 近70年来中国古地图与地图学史研究的主要进展. 中国历史地理论丛，2019（3）.

⑥ 朱竞梅. 清代北京城市地图研究的总结与思考. 北京社会科学，2001（3）. 此外，成一农《中国古代城市舆图研究》中亦提及清代城市舆图的研究成果，参见：成一农. 中国古代城市舆图研究//《中国社会科学院历史研究所学刊》编委会. 中国社会科学院历史研究所学刊：第6集. 北京：商务印书馆，2010。

⑦ 孙喆. 康雍乾时期舆图绘制与疆域形成研究. 北京：中国人民大学出版社，2003：1-5.

⑧ 吴雪娟. 清代满文舆图概述. 满语研究，2006（2）.

⑨ 华林甫. 中国历史地理学・综述. 济南：山东教育出版社，2009：470-498.

⑩ 华林甫. 十年来中国历史地理文献研究的主要成就. 中国历史地理论丛，2011（3）.

清代舆图研究做系统性探讨尚付之阙如。本章在已有回顾性研究的基础上，系统回顾百年来清代舆图研究的整体状况，先从中窥探研究视角、方法及其演进历程，再按研究之主要内容和特征分为舆图编目与整理、全国总图研究、区域性舆图研究、专题舆图研究、海外中文舆图搜访与研究五个方面，逐一探讨各领域的研究历程、研究成就、存在的主要问题及其分歧之所在、研究“得失”及其原因，进而归纳出若干愚见，并对未来研究提出一些不成熟的建议和设想。

第一节　总体研究四阶段论

百年来清代舆图的总体研究已取得了不少成果。20 世纪上半叶就有学者的地图学史通论性文章述及清代舆图的发展及成就，不过较为简略。[①] 30 年代末，王庸著《中国地理学史》一书，书中有专节详述清初测绘舆图过程及其影响。[②] 王庸著《中国地图史纲》、陈正祥著《中国地图学史》[③]，二书主要介绍清初和清末的测绘舆图成就。这一时期学界对清代舆图成就的总体认识主要集中于康雍乾测绘舆图。

20 世纪八九十年代，金应春和丘富科编著《中国地图史话》、卢良志编《中国地图学史》、赵荣和杨正泰著《中国地理学史·清代》等，这些书中所述清代舆图成就涵盖内容增多，不仅对清初康雍乾测绘舆图做了介绍，而且对清末《大清会典舆图》，以及《海国图志》《历代舆地图》等皆做了介绍，认识逐渐拓宽。[④] 刘自健主编、《中国测绘史》编

---

① 相关成果很多：胡树楫. 中国地图之沿革. 东方杂志，1919，16（1）；褚绍唐. 中国地图史略. 地学季刊，1934，1（4）；镜怀. 中国舆图制绘史年表. 清华周刊，1933，40（1）；越峰. 中国舆图制绘史年表之检讨. 文化建设月刊，1936，2（12）；葛绥成. 中国舆图学之过去和现状. 学林，1941，3；苗迪青. 我国之地图. 政治季刊，1948，5（3/4）（均收入：汪前进. 中国地图学史研究文献集成：民国时期：第 1 册. 西安：西安地图出版社，2007）.

② 王庸. 中国地理学史. 上海：商务印书馆，1938.

③ 王庸. 中国地图史纲. 北京：三联书店，1958；陈正祥. 中国地图学史. 香港：商务印书馆香港分馆，1979.

④ 金应春，丘富科. 中国地图史话. 北京：科学出版社，1984；卢良志. 中国地图学史. 北京：测绘出版社，1984；赵荣，杨正泰. 中国地理学史：清代. 北京：商务印书馆，1998.

辑委员会编的《中国测绘史》第二卷《明代至民国》，则对清代的各类测绘舆图成就进行了分述。①

进入21世纪以来，廖克和喻沧合著《中国近现代地图学史》、编著《中国地图学史》，二书中所述清代地图学的主要成就更为丰富。②不过，美籍学者余定国著《中国地图学史》一书③，对清代舆图成就的总体认识提出了不同于国内学者的观点，认为“王庸、卢良志及其他有关明代末叶和清代地图学的著作，都将其重点放在耶稣会士在中国进行的地图测绘上……极少提到早期传统的地图……实际上，在从16世纪末叶到20世纪初的大部分时间里，中国地图学几乎没有受到欧洲影响的痕迹”④，并对传统中国地图重新进行了解释。其后，成一农在重新审视民国以来构建的中国地图学史及其整体认识之后，提出了“需要重新构建一种或多种中国古代地图学史”的新想法。⑤

具体到清代舆图，在全国总图、区域性舆图、专题舆图研究以及舆图整理、海外舆图搜寻等方面取得了较大成绩，以下据所见成果不完全统计（详见表5-1、表5-2、表5-3）：

表5-1　百年来清代舆图研究论文不完全统计　单位：篇

类别＼时段	1912—1949年	1950—1979年	1980—1996年	1997—2013年	总计
清代舆图总论	/	/	/	8	8
全国总图	12	6	14	33	65
区域性舆图	4	2	23	59	88
专题舆图	7	1	22	143	173

① 《中国测绘史》编辑委员会．中国测绘史：第2卷　明代至民国．刘自健，主编．北京：测绘出版社，1995．

② 廖克，喻沧．中国近现代地图学史．济南：山东教育出版社，2008；廖克，喻沧．中国地图学史．北京：测绘出版社，2010．

③ 余定国．中国地图学史．姜道章，译．北京：北京大学出版社，2006．

④ 同③199-200．

⑤ 成一农．中国地图学史的解构//彭卫．历史学评论：第1卷．北京：社会科学文献出版社，2013．

海外搜寻舆图及中外地图交流[①]	/	/	5	12	17
其他	/	/	/	3	3
总计[②]	23	9	64	258	354

表 5－2　　百年来清代舆图研究著作不完全统计　　单位：部

类别＼时段	1912—1949 年	1950—1979 年	1980—1996 年	1997—2013 年	总计
清代舆图总论	/	/	/	3[③]	3
全国总图	1	/	/	2	3
区域性舆图	/	/	5	13	18
专题舆图	/	/	3	4	7
海外搜寻舆图	/	/	1	3	4
总计	1	/	9	25	35

表 5－3　　百年来清代舆图整理成果不完全统计　　单位：种

类别＼时段	1912—1949 年	1950—1979 年	1980—1996 年	1997—2013 年	总计
图集录	2	1	1	4	8
综合性图集	/	/	1	6	7
全国总图	3	2	1	3	9
区域性舆图集	/	3	5	40	48
城市舆图集	/	/	3	13	16
其他专题舆图集	/	/	6	5	11
总计	5	6	17	71	99

说明：以上各表中“/”表示“无”，各表统计数据不包括中国地图学史通论性论著，时间截至 2013 年。

---

① “海外搜寻舆图及中外地图交流”数据，统计的是学界就各国所藏舆图情况而撰写的论、著，而就所藏某幅或某类舆图进行深入研究的论文分别归入以上各类。

② 其中包括未正式出版的硕士、博士学位论文 12 篇，按类别分别为全国总图 2 篇、区域性舆图 2 篇、河道图 1 篇、方志舆图 4 篇、海外收藏舆图 2 篇、其他 1 篇。

③ 这三部著作分别为赵荣、杨正泰著《中国地理学史・清代》、刘自健主编《中国测绘史》第二卷《明代至民国》以及廖克、喻沧著《中国近现代地图学史》，如果加上中国地图学史通论性著作，则达 13 部，恕不一一列出。

上述三表基本上反映了百年来清代各类舆图的研究情况。通过对这些著述的汇总分析，可以看出百年来的清代舆图研究大体经历了开端和缓慢推进、相对停滞、逐渐展开和日益深入、全面展开和蓬勃发展四个阶段，详见图5-1：

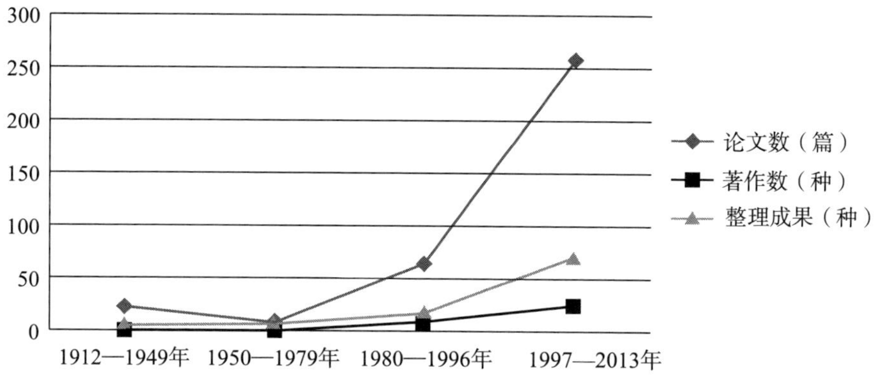

图5-1　百年来清代舆图研究成果不完全统计

第一阶段，清代舆图研究的开端和缓慢推进阶段（1912—1949年）。这一阶段学界研究重心在康雍乾测绘舆图，以1930年翁文灏利用法文资料系统研究清初测绘舆图为代表，学者们主要对康雍乾测绘舆图过程、版本问题做出了考辨。与此同时，学界也开始对北京城市舆图、北京城水道舆图以及东北边界舆图进行研究。第二阶段，清代舆图研究的相对停滞阶段（1950—1979年）。这一阶段大陆研究成果寥寥，主要是台湾学者对清代台湾舆图之研究。第三阶段，清代舆图研究的逐渐展开和日益深入阶段（1980—1996年）。这一阶段康雍乾测绘舆图研究继续深入，学界在延续传统舆图考证法、对新发现的不同版本进行较为详细的比较与分析之同时，以汪前进为代表的一些学者从测绘科技角度，利用数理统计方法，对康雍乾测绘舆图做出了定量分析，对此前未引起注意的《雍正十排图》亦有所研究。不仅如此，学界在区域性舆图、城市舆图、水道舆图、海洋舆图、军事舆图、历史地图、世界舆图等方面均有不同程度的研究进展，尤其清代台湾舆图研究成果较为突出。第四阶段，清代舆图研究的全面展开和蓬勃发展阶段（1997—2013年）。这一阶段清代舆图的系统整理和研究工作齐头并进。1997年曹婉如等编《中国古代地图集·清代》出版，标志着清代舆图研究已迈上一个新的台阶。此后，国内舆图整理成果不断涌现，海外舆图搜寻热潮兴起，各类专题舆图研究渐次展开，成为历史地理研究的热点，同时研究视野与方法皆出现了多元发展的趋势。

总之，百年来清代舆图研究经历了由缓慢发展到相对停滞，再到较快发展的历程，目前正呈现出前所未有的活跃势头。

第二节　舆图编目与整理

辛亥革命以来清代舆图的整理进展，按时间先后顺序及其特征，可大体分为舆图编目、舆图出版、舆图数字化处理和舆图展三个层次。20世纪二三十年代的舆图整理工作即从舆图编目开始。20世纪八九十年代以来大量舆图集相继出版，这些舆图集可分为三类：清代舆图（集）影印或重印、分藏于各处的清代舆图汇编、图说结合的舆图集。近年来各庋藏单位的舆图数字化正在紧锣密鼓地进行中。

（一）舆图编目

民国初年，京师图书馆（1928年改称国立北平图书馆，今中国国家图书馆）、故宫博物院已开始整理所藏舆图。20世纪30年代，王庸、茅乃文编《国立北平图书馆中文舆图目录》及《国立北平图书馆中文舆图目录续编》等相继出版①；几乎同时，故宫博物院文献馆编印《清内务府造办处舆图房图目初编》也得以刊行。② 20世纪50年代，邓衍林

① 王庸，茅乃文. 国立北平图书馆中文舆图目录. 北平：国立北平图书馆，1933；王庸. 国立北平图书馆藏清内阁大库舆图目录·附国立北平图书馆特藏新购舆图目录. 国立北平图书馆馆刊，1932，6（4）；王庸. 国立北平图书馆特藏清内阁大库舆图目录. 北平：国立北平图书馆，1934（以上均收入：汪前进. 中国地图学史研究文献集成：民国时期：第3册. 西安：西安地图出版社，2007）. 王庸，茅乃文. 国立北平图书馆中文舆图目录续编. 北平：国立北平图书馆，1937（收入：汪前进. 中国地图学史研究文献集成：民国时期：第4册. 西安：西安地图出版社，2007）.

② 国立故宫博物院文献馆. 清内务府造办处舆图房图目初编. 北平：国立故宫博物院文献馆，1936（收入：汪前进. 中国地图学史研究文献集成：民国时期：第5册. 西安：西安地图出版社，2007）. 民国舆图编目成果，参见：李孝聪. 中国古地图的调查与地图学史领域的国际汉学研究//《国际汉学研究通讯》编辑委员会. 国际汉学研究通讯：第1期. 北京：中华书局，2010。

编《中国边疆图籍录》① 一书，其中专门列出了清代的边疆舆图目录；北京图书馆舆图组编《馆藏北京地图目录》，收录了所藏明清以来北京城区图及地质、地形、河流、交通等各类舆图。② 90年代，台北“中央研究院”近代史研究所档案馆编目室编《近史所档案馆藏中外地图目录汇编》、北京图书馆善本特藏部舆图组编《舆图要录——北京图书馆藏6827种中外文古旧地图目录》等相继出版。③ 以上这些工具书让读者大体了解了国家图书馆等单位所藏舆图情况，为其按图索骥、查找原图提供了线索。

除上述之外，还有相关论文介绍各大单位所藏舆图情况。20世纪40年代，任乃强《西康地图谱》对清末以来编绘的康藏地图逐一进行了介绍。④ 2001年，邹爱莲结合清代历史发展脉络，分三个时段概述了中国第一历史档案馆现存清宫舆图情况和特征：“康雍乾三朝大手笔绘图展盛世”⑤，“嘉道咸同时期治理内乱图增多兆衰微”⑥，“光宣时期新的边疆防务图、近代科技图出现巨变”⑦。李孝聪介绍了我国保存明清舆图较为丰富的机构，读者可从中大致了解我国各大单位舆图收藏特点。⑧ 卢雪燕撰文叙述了台北故宫博物院所藏古地图之来源、内容及整理情况。⑨ 李孝聪的另一篇文章对台北故宫博物院藏原存箱目录中被打散的舆图进行归类整理，并进行初步辨识，还“建议将海内外收藏的清代

① 邓衍林. 中国边疆图籍录. 北京：商务印书馆，1958.

② 北京图书馆舆图组. 馆藏北京地图目录. 北京：北京图书馆舆图组，1958.

③ “中央研究院”近代史研究所档案馆编目室. 近史所档案馆藏中外地图目录汇编. 台北：“中央研究院”近代史研究所，1991；北京图书馆善本特藏部舆图组. 舆图要录——北京图书馆藏6827种中外文古旧地图目录. 北京：北京图书馆出版社，1997.

④ 任乃强. 西康地图谱. 康导月报，1943，5（9）；1944，5（10）；1944，5（11/12）；1944，6（1）；1945，6（2/3/4）；1945，6（5/6）；1945，6（7/8）（收入：汪前进. 中国地图学史研究文献集成：民国时期：第5册. 西安：西安地图出版社，2007）.

⑤ 邹爱莲. 关于清宫舆图//朱诚如，王天有. 明清论丛：第2辑. 北京：紫禁城出版社，2001：532.

⑥ 同⑤534.

⑦ 邹爱莲. 关于清宫舆图//朱诚如，王天有. 明清论丛：第2辑. 北京：紫禁城出版社，2001：536. 同时参见：邹爱莲. 中国第一历史档案馆藏清宫舆图//台北故宫博物院. 第三届清代档案国际学术研讨会清代档案整理与馆际合作会议论文. 内部印制. 2006。

⑧ 李孝聪. 中国古地图的调查与地图学史领域的国际汉学研究//《国际汉学研究通讯》编辑委员会. 国际汉学研究通讯：第1期. 北京：中华书局，2010.

⑨ 卢雪燕. 地理之学·非图不明：“故宫”所藏古地图探微. 地图，2007，17.

舆图档案合作整理，编纂出一部比较完整的综合性图录”①。

（二）舆图出版

20世纪30年代已开始将清代舆图石印或影印出版，80年代以来海峡两岸的舆图整理和研究工作逐渐受到重视。今初步统计所见的主要整理成果达90余种，其中综合性图集7种、地域性舆图集57种（其中全国总图集9种，区域性舆图集48种）、专题舆图集27种，详见表5-4。下面择要予以介绍。

1. 综合性图集

1997年，曹婉如等编《中国古代地图集·清代》出版，谭其骧作序，曹婉如撰写前言综述清代地图学方面的成就。作为《中国古代地图集》之第三册，该书主要内容亦分为图录、图版说明、专题研究论文三个部分，以中英文对照的形式，较为深入地展示了清代舆图各个方面的代表成果。“图录”部分收录了清代绘制舆图共84种212幅，其中彩绘本58种137幅，各约占69％、65％；“图版说明”部分介绍各图所藏地、绘制时间和方式、内容及价值；“专题研究论文”部分共有专题论文16篇，每篇选择其中一种（类）舆图进行研究；文末附有郑锡煌编“中国地图学史大事记（清代）”。这部图集的问世是对我国清代舆图收集、整理和研究的卓越贡献，标志着对清代舆图进行系统整理和研究的正式开始，不仅保存了我国清代较为珍贵的舆图文献，而且为进一步研究奠定了基础，在清代舆图研究史上具有重大意义。

进入21世纪，香港科技大学图书馆就所藏舆图编成《地图中国：图书馆特藏》一书，于2003年出版。② 2008年，应新修清史图录工作的需求，北京大学图书馆从所藏460多种清代彩绘地图中选出较为精美并具有一定代表性的地图，整理出版《皇舆遐览：北京大学图书馆藏清代彩绘地图》，主要内容包括行政区域图71种89幅、道里路程图10种33幅、江河水利图14种94幅、沿海防务图12种55幅，总计107种271幅，每幅图下均附有“图版说明”介绍其绘制年代、尺寸及内容。③

---

① 李孝聪．“国立故宫博物院”图书文献处藏清代舆图的初步整理与认识．故宫学术季刊（台北），2007，25（1）：151．

② 周敏民．地图中国：图书馆特藏．香港：香港科技大学图书馆，2003．

③ 北京大学图书馆．皇舆遐览：北京大学图书馆藏清代彩绘地图．北京：中国人民大学出版社，2008．另外，辽宁省图书馆编《盛京风物：辽宁省图书馆藏清代历史图片集》（北京：中国人民大学出版社，2007）也编排有部分清代舆图，因图幅较少，图说也很简略，就不详细介绍。

表 5-4　百年来清代舆图整理主要成果一览表

单位：种

舆图集类型	舆图集名称及出版信息	总计
综合性图集	1. 阎平、孙果清等编著，韩北沙摄：《中华古地图集珍》，西安：西安地图出版社，1995 2. 中国测绘科学研究院编纂：《中华古地图珍品选集》，哈尔滨：哈尔滨地图出版社，1998（有中、英文两种版本） 3. 曹婉如、郑锡煌、黄盛璋等编：《中国古代地图集·清代》，北京：文物出版社，1997 4. 周敏民编：《地图中国：图书馆特藏》，香港：香港科技大学图书馆，2003 5. 北京大学图书馆编：《皇舆遐览：北京大学图书馆藏清代彩绘地图》，北京：中国人民大学出版社，2008 6. “《中华舆图志》编制及数字展示”项目组编制：《中华舆图志》，北京：中国地图出版社，2011 7. 孙靖国：《舆图指要：中国科学院图书馆藏中国古地图叙录》，北京：中国地图出版社，2012	7
全国总图集	1.《满汉合璧清内府一统舆地秘图》，沈阳：沈阳故宫重新制版石印，1929（比例尺 1∶40 万） 2.《清乾隆内府舆图》，北平：国立故宫博物院，1932 3. 汪前进、刘若芳整理：《清廷三大实测全图集》，北京：外文出版社，2007 4. 张其昀：《清代一统地图》，台北：“国防研究院”，1966 5. 乾隆二十五年铜版印行《大清一统舆图》（《中国边疆史志集成》之一），北京：全国图书馆文献缩微复制中心，2003 6.《内府舆地全图》，北京：国家图书馆出版社，2009	9

	7. 商务印书馆编辑：《大清帝国全图》，上海：商务印书馆，1942 年据光绪三十四年（1908）版翻印 8. 中华书局影印：《清会典图》，上、下册，光绪二十五年石印本影印，北京：中华书局，1991（另有《钦定会典图》，三册，光绪二十五年原刻本景印，台北：新文丰出版有限公司，1976） 9. 王自强主编：《中国古地图辑录·康雍乾盛世图》，三卷，北京：星球地图出版社，2002			
区域性舆图集	直隶	1. 清代古地图集、古道编委会编：《清代地图集汇编（三编）·畿辅舆地图》，上、下册，北京：全国图书馆文献缩微复制中心，2006 2. 华林甫、李诚、周磊：《德国普鲁士文化遗产图书馆藏晚清直隶山东县级舆图整理与研究》，济南：齐鲁书社，2015	2	49
	山西	1. 清代古地图集、古道编委会编：《清代地图集汇编（三编）·山西省疆域沿革图谱》，北京：全国图书馆文献缩微复制中心，2006 2. 山西省图书馆编，张明亮主编：《老地图》，太原：山西出版传媒集团·三晋出版社，2010	2	
	东北	1. 清代古地图集、古道编委会编：《清代地图集汇编（一编）·奉天全省地舆图说》，西安：西安地图出版社，2005 2. 清代古地图集、古道编委会编：《黑龙江省舆地图》，见《清代地图集汇编（三编）·黑龙江省舆地图　新疆全省舆地图》，北京：全国图书馆文献缩微复制中心，2006	2	

	山东	1. 清代古地图集、古道编委会编：《山东郡县图考》，见《清代地图集汇编（二编）·山东郡县图考　江南安徽全图　全台舆图》，西安：西安地图出版社，2005 2. 王自强主编：《中国古地图辑录·山东省辑》，北京：星球地图出版社，2006	2	
	河南	1. 王自强主编：《中国古地图辑录·河南省辑》，上、下卷，北京：星球地图出版社，2005	1	
	陕西	1. 清代古地图集、古道编委会编：《清代地图集汇编（三编）·陕西全省舆地图》，北京：全国图书馆文献缩微复制中心，2006	1	
	甘肃	1.《中国西北文献丛书续编》编纂委员会编：《甘肃全省舆图》（《中国西北文献丛书续编》之《西北史地文献卷》第16册），兰州：甘肃文化出版社，1999	1	
	新疆	1. 清代古地图集、古道编委会编：《新疆全省舆地图》，见《清代地图集汇编（三编）·黑龙江省舆地图　新疆全省舆地图》，北京：全国图书馆文献缩微复制中心，2006 2. 马大正、黄国政、苏凤兰编：《新疆乡土志稿》，北京：全国图书馆文献缩微复制中心，1990（后有新疆人民出版社2010年版）	2	
	江苏	1. 清代古地图集、古道编委会编：《清代地图集汇编（一编）·江苏全省地图》，西安：西安地图出版社，2005 2. 王自强主编：《中国古地图辑录·江苏省辑》，北京：星球地图出版社，2012	2	
	安徽	1. 清代古地图集、古道编委会编：《江南安徽全图》，见《清代地图集汇编（二编）·山东郡县图考　江南安徽全图　全台舆图》，西安：西安地图出版社，2005 2. 王自强主编：《中国古地图辑录·安徽省辑》，北京：星球地图出版社，2012	2	

	浙江	1. 清代古地图集、古道编委会编：《清代地图集汇编（一编）·浙江全省舆图》，两册，西安：西安地图出版社，2005 2. 王自强主编：《中国古地图辑录·浙江省辑》，上、下卷，北京：星球地图出版社，2005 3. 浙江省测绘与地图信息局编制：《浙江古旧地图集》，上、下卷，北京：中国地图出版社，2011	3	
	江西	1. 清代古地图集、古道编委会编：《清代地图集汇编（二编）·江西全省舆图》，三册，西安：西安地图出版社，2005 2. 王自强主编：《中国古地图辑录·江西省辑》，北京：星球地图出版社，2012	2	
	湖北	1. 王自强主编：《中国古地图辑录·湖北省辑》，上、下卷，北京：星球地图出版社，2003 2. 清代古地图集、古道编委会编：《清代地图集汇编（二编）·湖北舆地图》，西安：西安地图出版社，2005	2	
	湖南	1. 清代古地图集、古道编委会编：《清代地图集汇编（一编）·湖南舆地图说》，西安：西安地图出版社，2005 2. 刘昕、刘志盛编：《湖南方志图汇编》，长沙：湖南美术出版社，2009	2	
	福建	1. 清代古地图集、古道编委会编：《清代地图集汇编（三编）·福建全省舆图》，北京：全国图书馆文献缩微复制中心，2006 2. 王自强主编：《中国古地图辑录·福建省—台湾省辑》，北京：星球地图出版社，2007	2	

	台湾	1. 夏献纶著：《台湾舆图》，南投：台湾省文献委员会，1959 2. 台湾银行经济研究室编：《台湾舆地全图》（《台湾文献丛刊》第185种），台北：台湾银行经济研究室，1963 3. 陈汉光、赖永祥编：《北台古舆图集》，台北：台北市文献委员会，1965 4. 佚名：《台湾地舆总图》（《中国方志丛书》台湾地区第60号），台北：成文出版有限公司，1983 5. 蒋毓英等修：《台湾府舆图纂要　台湾地舆全图》，合订本，台北：大通书局，1984 6. 施添福主编，夏黎明撰：《台湾文献书目解题・第二种地图类》，三册，台北："中央图书馆"台湾分馆，1992、1994 7. 格斯・冉福立编绘，吴美云总编辑，江树生译：《十七世纪荷兰人绘制的台湾老地图》，上、下册，台北：英文汉声出版有限公司，1997 8. 典藏版《宝岛全览图》之《康熙台湾舆图》，台北：大地地理出版事业股份有限公司，1998 9. 王存立、胡文青编著，金炫辰改绘：《台湾的古地图：明清时期》，台北：远足文化事业股份有限公司，2002 10. 李钦贤编著，金炫辰改绘：《台湾的古地图：日治时期》，台北：远足文化事业股份有限公司，2002 11. 杜正胜整理：《台湾民番界址图——康熙25年勘测》，台北：南天书局，2003 12. 清代古地图集、古道编委会编：《全台舆图》，见《清代地图集汇编（二编）・山东郡县图考　江南安徽全图　全台舆图》，西安：西安地图出版社，2005 13. 吕理政、魏德文主编：《经纬福尔摩沙：16—19世纪西方人绘制台湾相关地图》，台北：台湾历史博物馆筹备处、南天书局，2006	14	

		14. 黄武达编著：《日治时期台湾都市发展地图集：1895—1945》，台北：南天书局，2006		
	广东、海南	1. 清代古地图集、古道编委会编：《清代地图集汇编（一编）·广东图说》，西安：西安地图出版社，2005 2. 王自强主编：《中国古地图辑录·广东省一海南省辑》，北京：星球地图出版社，2010 3. 广东省地方史志办公室辑：《广东历代方志集成·省部》，广州：岭南美术出版社，2006［其中附有（乾隆）《广东海图》、（宣统）《广东舆图全图》］	3	
	香港	1. 哈尔·恩普森：《香港地图绘制史》，香港：政府新闻处，1992 2. 谭广濂：《从圆方到经纬：香港与华南历史地图藏珍》，香港：中华书局，2010	2	
	广西	1. 清代古地图集、古道编委会编：《清代地图集汇编（二编）·广西舆地图说　广西舆地全图》，西安：西安地图出版社，2005	1	
	云南	1. 揣振宇主编：《滇省夷人图说　滇省舆地图说》，两册，北京：中国社会科学出版社，2009	1	
城市舆图集	综合	1. 地图资料编纂会：《近代中国都市地图集成》，东京：柏书房，1986 2. 郑锡煌主编：《中国古代地图集——城市地图》，西安：西安地图出版社，2005	2	16
	北京	1. 北京市古代建筑研究所、北京市文物局资料信息中心编：《加摹乾隆京城全图》，北京：北京燕山出版社，1996 2. 李诚主编：《北京历史舆图集》，北京：外文出版社，2005 3. 中国国家图书馆、测绘出版社编著：《北京古地图集》，北京：测绘出版社，2010	3	

	天津	1. 天津市规划和国土资源局编著：《天津城市历史地图集》，天津：天津古籍出版社，2004（收录主要为古地图）	1	
	武汉	1.《武汉历史地图集》编纂委员会编辑：《武汉历史地图集》，北京：中国地图出版社，1998（为古地图集）	1	
	澳门	1. 中国第一历史档案馆选编，邹爱莲、霍启昌主编，刘若芳、谢小华编辑，霍华摄影：《澳门历史地图精选》，北京：华文出版社，2000（为古地图集）	1	
	广州	1. 中国第一历史档案馆、广州市档案局（馆）、广州市越秀区人民政府编著：《广州历史地图精粹》，北京：中国大百科全书出版社，2003（为古地图集） 2. 广州市规划局、广州市城建档案馆编：《图说城市文脉——广州古今地图集》，广州：广东省地图出版社，2010	2	
	苏州	1. 张英霖主编：《苏州古城地图》，苏州：古吴轩出版社，2004	1	
	杭州	1. 杭州市档案局（馆）编：《杭州古旧地图集》，杭州：浙江古籍出版社，2006	1	
	湖州	1. 湖州市地名委员会办公室编：《湖州古旧地图集》，北京：中华书局，2009	1	
	咸宁	1. 湖北省咸宁市地名领导小组编：《咸宁市历史地图集》，咸宁：咸宁市印刷厂、湖北省测绘局印刷厂，1984（其中一些为古地图）	1	
	东莞	1. 东莞市政协、东莞市档案局（馆）主编，毛赞猷、李炳球编著：《东莞历代地图选》，东莞：东莞市政协文史资料委员会，2006（后由广东人民出版社于 2012 年出版，较 2006 年版更详细）	1	
	柳州	1. 柳州市地方志编纂委员会办公室编：《柳州历史地图集》，南宁：广西美术出版社，2006（主要为古地图）	1	

历史地图集	1.（清）杨守敬绘：《历代舆地沿革图》，11 册（附乔衍琯主编索引 1 册），景印本，台北：联经出版事业公司，1975（联经出版事业公司 1981 年据“中央图书馆”台湾分馆存光绪丙午九月重校订本影印再版） 2.（清）杨守敬等编绘：《水经注图（外二种）》，影印本，北京：中华书局，2009	2
世界舆图集	1. 李胜伍主编：《清代国人绘制的世界地图——〈万国大地全图〉》，北京：中国大百科全书出版社，2002 2. 周世棠等编译：《二十世纪中外大地图》，影印本（据光绪三十二年发行本影印），[出版地不详]：新学会社，1943	2
水道舆图集	1.（清）宗源瀚等纂修，（民国）徐则恂等修订：《浙江全省舆图并水陆道里记》，影印本（据民国四年石印本影印），台北：成文出版有限公司，1983 2. 李培主编，国家基础地理信息中心、中国地图出版社联合编制：《清代京杭运河全图》，北京：中国地图出版社，2004 3. 天津图书馆编：《水道寻往：天津图书馆藏清代舆图选》，北京：中国人民大学出版社，2007 4. 李孝聪、席会东编著：《淮安运河图考》，北京：中国书籍出版社，2008 5.（清）张鹏翮绘：《黄河全图》，北京：中国地图出版社，2012 6.（清）张鹏翮绘：《淮河全图》，北京：中国地图出版社，2012 7.（清）张鹏翮绘：《运河全图》，北京：中国地图出版社，2012	7
沿海舆图集	1. 澳门海事署：《历代澳门航海图》，澳门：澳门海事署，1986 2. 台湾银行经济研究室：《清初海疆图说》，南投：台湾省文献委员会，1996	2
总计		94

2012年，孙靖国著《舆图指要：中国科学院图书馆藏中国古地图叙录》一书，选录了该馆所藏明清绘本舆图以及若干有价值的民初刻本地图，总计81种，其中全国总图和历史地图共4种、区域图28种、专题图49种，以图说结合的形式，逐一介绍各图的编号、图幅情况及绘制内容，并做出了初步鉴定和研究。① 以上这些舆图集不但向读者提供了馆藏舆图信息，图文并茂，还针对各图做了学术研究与分析，足资利用。此外，一些古地图选集，如《中华古地图集珍》《中华古地图珍品选集》《中华舆图志》等，也收录了多幅（种）清代绘制的精美舆图。②

2. 地域性舆图集

地域性舆图集包括全国总图集和区域性舆图集两类。清代全国总图自1929年至今已刊行康雍乾测绘舆图6种、乾隆续修《大清一统志》所附地图1种、《大清帝国全图》1种、光绪《会典图》影印本1种，总计暂为9种，其他总图待考。

相较全国总图而言，学界对清代区域性舆图的整理开始较晚，到20世纪五六十年代才有所进展：以台湾舆图整理为先；香港舆图较为靠后，90年代始有成果出现；大陆（内地）舆图整理最晚，直到21世纪初才有一系列成果问世。详见表5－5：

表5－5　百年来清代区域性舆图汇编成果不完全统计　　单位：种

省级政区名称	直隶	奉天	黑龙江	山西	山东	河南	陕西	甘肃	新疆	江苏	安徽	浙江	江西	湖北	湖南	福建	台湾	广东（含海南）	香港	广西	云南	总计
数量	2	1	1	2	2	1	1	1	2	2	2	3	2	2	2	2	14	3	2	1	1	49

说明：本表据表5－4统计数据列出。

可以看出，区域性舆图汇编成果大致以省级政区为单位，合计21省49种。其中，以台湾舆图汇编成果最突出，达14种，其余各省图集为1～3种，但还有吉林、四川、贵州以及青海、西藏舆图尚缺。

① 孙靖国. 舆图指要：中国科学院图书馆藏中国古地图叙录. 北京：中国地图出版社，2012.

② 阎平，孙果清，等. 中华古地图集珍. 韩北沙，摄. 西安：西安地图出版社，1995；中国测绘科学研究院. 中华古地图珍品选集. 哈尔滨：哈尔滨地图出版社，1998；“《中华舆图志》编制及数字展示”项目组. 中华舆图志. 北京：中国地图出版社，2011.

台湾舆图集　现今整理出版的清代台湾舆图集可分为两类：一类为原舆图（集）影印或重印出版，共 7 种，分别为《台湾舆图》、《台湾舆地全图》、《北台古舆图集》、《台湾地舆总图》、《台湾府舆图纂要　台湾地舆全图》（合订本）、《清代地图集汇编（二编）·全台舆图》、典藏版《宝岛全览图》之《康熙台湾舆图》；另一类为图说结合的舆图集，共 7 种，其中包括清人所绘台湾舆图整理集 3 种、西方人所绘台湾舆图 2 种和日据时期所绘台湾舆图整理集 2 种。以上两类台湾舆图集总计 14 种，大多图文并茂，学术性与可读性兼具。其中，除了王自强主编的两种台湾舆图集属大陆学界整理之外，其他均为台湾学者整理及研究而成。

香港舆图集　1992 年，哈尔·恩普森（Hal Empson）《香港地图绘制史》（*Mapping Hong Kong: A Historical Atlas*）一书选录了 1425—1980 年所绘图幅 116 种，其中清代 48 种。全书分为正文和图版两大部分，正文按舆图类别分为七章，各章有缩略图贯穿全文，系统梳理香港地图绘制史，并展现香港面貌的演变历程，正文后统一附各图精美图版。[①] 因此，该书不仅为香港舆图汇编，而且为香港舆图绘制史研究的填补空白之作。2010 年，谭广濂著《从圆方到经纬：香港与华南历史地图藏珍》一书，选取中外有关香港与华南地区的珍贵古地图，按主题内容分类，每类下又按绘制时间排序，分别进行文字解读，较为清晰地展示出这一区域地图的发展历程。[②]

大陆（内地）舆图集　21 世纪以来，大陆（内地）的清代区域性舆图整理成果以《中国古地图辑录》、《清代地图集汇编》和《中国古代府州县舆图集成》这三套丛书规模最大。[③] 具体情况如下：

2003—2012 年，王自强主编《中国古地图辑录》第二、三编相继出版，分别为《湖北省辑》（上、下卷）、《浙江省辑》（上、下卷）、《河南省辑》（上、下卷）、《山东省辑》、《福建省－台湾省辑》、《广东省－

① 哈尔·恩普森. 香港地图绘制史. 香港：政府新闻处，1992.

② 谭广濂. 从圆方到经纬：香港与华南历史地图藏珍. 香港：中华书局，2010.

③ 王自强. 中国古地图辑录·康雍乾盛世图. 北京：星球地图出版社，2002；清代古地图集、古道编委会编《清代地图集汇编》，总计三编，第一、二编于 2005 年由西安地图出版社出版，第三编于 2006 年由全国图书馆文献缩微复制中心出版；《中国古代府州县舆图集成》编委会主编《中国古代府州县舆图集成·综合》（全 8 册）、《中国古代府州县舆图集成·第一辑》（全 14 册）、《中国古代府州县舆图集成·第二辑》（全 24 册）、《中国古代府州县舆图集成·第三辑》（全 14 册），均于 2012 年由线装书局出版。

海南省辑》、《江西省辑》、《安徽省辑》、《江苏省辑》，计 9 种 13 卷。各卷以省级政区归类编排，各省辑中汇集了分散于不同古籍中的区域性舆图，主要为明清（以清代为主）地理志书中的地图，同一区域下按舆图编绘时间先后排列。

在此期间，清代古地图集、古道编委会编《清代地图集汇编》也于 2005 年、2006 年出版。该套图集总计 3 编，每编 6 册，第一编为《奉天全省地舆图说》、《江苏全省地图》、《浙江全省舆图》（两册）、《湖南舆地图说》、《广东图说》，第二编为《湖北舆地图》、《江西全省舆图》（三册）、《山东郡县图考　江南安徽全图　全台舆图》（合为一册）、《广西舆地图说　广西舆地全图》（合为一册），第三编为《福建全省舆地图》、《畿辅舆地图》（上、下册）、《山西省疆域沿革图谱》、《黑龙江省舆地图　新疆全省舆地图》（合为一册）、《陕西全省舆地图》，总计 18 册，涵盖 17 省，收录了光绪年间所绘各省地图不少于 3 万幅。

2012 年，《中国古代府州县舆图集成》总四辑出版。第一辑为“综合辑”，收录历史时期舆图总计 8 册。其余三辑为从地方志中搜集和整理出来的各种区域性舆图集：第二辑收录我国北部各省明、清、民国时期图录资料，涵盖北京、天津、河北、山西、辽宁（民国时期）、吉林、黑龙江（民国时期）、内蒙古、河南、山东、陕西、宁夏、青海、新疆、甘肃，计 14 册；第三辑收录东部各省明清方志中图录资料，涵盖上海、江苏、浙江、安徽、江西、湖北、湖南，计 24 册；第四辑收录南部各省明清方志图录资料，涵盖重庆、四川、贵州、云南、西藏、广东、海南、澳门、广西、福建、台湾，计 14 册。①

此外，马大正等整理《新疆乡土志稿》一书，后半部分附有宣统元年（1909）绘制的《新疆全省舆地图》，共 58 幅，其中省图分作 4 幅，四道图各 1 幅，府厅州县图 48 幅，伊犁将军辖境图 1 幅，外附阿尔泰山图 1 幅，有裨西北边疆史地问题研究。② 刘昕等编《湖南方志图汇

① 这套舆图集收录的综合性舆图主要是明清时期所绘，而区域性舆图主要从明、清、民国方志舆图中辑录而来，因各辑收录清代舆图所占比例不一，又不能以相同标准衡量，故暂未加入本书表 5-4 中。

② 马大正，黄国政，苏凤兰. 新疆乡土志稿. 北京：全国图书馆文献缩微复制中心，1990；马大正，黄国政，苏凤兰. 新疆乡土志稿. 乌鲁木齐：新疆人民出版社，2010. 1990 年版与 2010 年版排版格式不同，前者竖排，后者横排，但所录宣统元年（1909）绘制的《新疆全省舆地图》无异。

编》、揣振宇主编《滇省夷人图说　滇省舆地图说》，亦有贡献。① 山西省图书馆编、张明亮主编之《老地图》，浙江省测绘与地图信息局编制之《浙江古旧地图集》，也颇有价值。②

以上舆图史料的汇编出版，为学界研究和利用这些珍贵舆图提供了方便。但各类地图集的印刷质量不一，研究亦有深浅之别。部分地图集较为追求规模效应，而对印刷版本和纸张的选择较为粗疏，并不便于利用。为适应数字时代的需求，以及考虑到地图开本等特殊限制因素，舆图史料今后应更多转向数字出版。

3. 专题舆图集

从对现有专题舆图集的不完全统计来看，城市舆图集遥遥领先，达 16 种；水道舆图集次之，达 7 种；历史地图、世界舆图、沿海舆图更次之，均为 2 种，总计 29 种。

城市舆图集　2005 年，郑锡煌主编《中国古代地图集——城市地图》专辑，收录散藏于全国多个单位的城市舆图 213 幅，涵盖 82 个城市（其中清代绘制的图幅占到近一半），每幅图后均附有简要的图版说明，并附有专题研究论文 19 篇。③ 这是我国第一部汇集多个城市舆图的舆图集，是城市舆图整理与研究的杰出代表。

在此前后，对单个城市之舆图的系统整理逐渐增多，以北京城最为突出。2005 年，北京市古代建筑研究所与北京市文物局资料信息中心合编《加摹乾隆京城全图》出版。④ 同年，李诚主编《北京历史舆图集》出版，该图集辑录首都图书馆所藏舆图及其他文献中的北京古旧地图共计 750 余幅，分为四卷：第一卷为区域总图、北京城图及城内分区图，收录从宋代到新中国成立之前的地图 145 幅，其中清代地图 30 余幅；第二卷为北京郊区地图 173 幅；第三卷为外文地图和风景名胜图，约 180 幅；第四卷为专题地图，有 250 余幅；其后附有题名为《北京城

---

① 刘昕，刘志盛. 湖南方志图汇编. 长沙：湖南美术出版社，2009；揣振宇. 滇省夷人图说　滇省舆地图说. 北京：中国社会科学出版社，2009.

② 山西省图书馆. 老地图. 张明亮，主编. 太原：山西出版传媒集团・三晋出版社，2010；浙江省测绘与地图信息局. 浙江古旧地图集. 北京：中国地图出版社，2011.

③ 郑锡煌. 中国古代地图集——城市地图. 西安：西安地图出版社，2005：前言. 该书前言载："《中国古代地图集》第一、二、三册为综合地图集，以时代分册。第四册以后为专题地图集，按内容分册，例如本册是城市地图专辑。"

④ 北京市古代建筑研究所，北京市文物局资料信息中心. 加摹乾隆京城全图. 北京：北京燕山出版社，1996.

的历史沿革》的长文以及今人绘制的《北京历史地图》。① 这本图集向我们全面展示了北京城的历史发展及北京城区域景观演变历程。中国国家图书馆从所藏舆图及古籍中遴选出 59 种 113 幅有关北京的中外古旧地图，在测绘出版社的资助下联合编著《北京古地图集》出版。② 该图集中各图按成图时间先后排序，并附有中英对照的文字说明。

表 5-6　　百年来我国城市舆图整理成果不完全统计　　单位：种

城市名称	综合	北京	天津	苏州	杭州	湖州	武汉	咸宁	柳州	广州	东莞	澳门	总计
数量	2	3	1	1	1	1	1	1	1	2	1	1	16

说明：本表据表 5-4 统计数据列出。

除北京城舆图整理成果外，20 世纪 90 年代以来还先后出版了《咸宁市历史地图集》《武汉历史地图集》《澳门历史地图精选》《广州历史地图精粹》《苏州古城地图》《天津城市历史地图集》《杭州古旧地图集》《柳州历史地图集》《东莞历代地图选》《湖州古旧地图集》《图说城市文脉——广州古今地图集》等，涵盖 10 个城市的 11 种舆图集。③ 需要说明的是，《武汉历史地图集》《广州历史地图精粹》分别为武汉、广州的“古地图集”，而非“历史地图集”；《天津城市历史地图集》收录地图 46 幅，其中除第 1—14 幅为天津市城市建设档案馆编绘的元代之前历史地图和现代地图外，其余 32 幅均为明清舆图；《柳州历史地图集》收

---

① 李诚. 北京历史舆图集. 北京：外文出版社，2005.

② 中国国家图书馆，测绘出版社. 北京古地图集. 北京：测绘出版社，2010.

③ 湖北省咸宁市地名领导小组. 咸宁市历史地图集. 咸宁：咸宁市印刷厂，湖北省测绘局印刷厂，1984；《武汉历史地图集》编纂委员会. 武汉历史地图集. 北京：中国地图出版社，1998；中国第一历史档案馆. 澳门历史地图精选. 邹爱莲，霍启昌，主编. 刘若芳，谢小华，编辑. 霍华，摄影. 北京：华文出版社，2000；中国第一历史档案馆，广州市档案局（馆），广州市越秀区人民政府. 广州历史地图精粹. 北京：中国大百科全书出版社，2003；张英霖. 苏州古城地图. 苏州：古吴轩出版社，2004；天津市规划和国土资源局. 天津城市历史地图集. 天津：天津古籍出版社，2004；杭州市档案局（馆）. 杭州古旧地图集. 杭州：浙江古籍出版社，2006；柳州市地方志编纂委员会办公室. 柳州历史地图集. 南宁：广西美术出版社，2006；毛赞猷，李炳球. 东莞历代地图选. 东莞市政协，东莞市档案局（馆），主编. 东莞：东莞市政协文史资料委员会，2006；湖州市地名委员会办公室. 湖州古旧地图集. 北京：中华书局，2009；广州市规划局，广州市城建档案馆. 图说城市文脉——广州古今地图集. 广州：广东省地图出版社，2010. 后又出版了孙逊、钟翀主编的《上海城市地图集成》（上海：上海书画出版社，2017），胡阿祥、范毅军、陈刚主编的《南京古旧地图集》（南京：凤凰出版社，2018）等。

录地图分为两部分，第一部分为明、清、民国时期所绘的柳州古旧地图图版和今人的释文，第二部分为今人所绘的柳州历史政区图和所写释文；《咸宁市历史地图集》收录了5幅清代县志中所附“县境图”。其余舆图集辑录的主要为明清舆图，尤以清代居多，恕不一一详述。

水道舆图集　20世纪80年代，台北成文出版有限公司将清末宗源瀚等纂修、民国徐则恂等修订的《浙江全省舆图并水陆道里记》纳入《中国方志丛书》第47号影印出版。[①] 进入21世纪以来，光绪《京杭运河全图》珍藏版于2004年影印出版。[②] 2007年，应新修清史图录工作之需，天津图书馆从所藏清代彩绘地图中择出10种400余幅水系（道）图以及少数古迹图，整理出版《水道寻往：天津图书馆藏清代舆图选》。[③] 2012年，中国地图出版社将康熙时张鹏翮所绘《黄河全图》《淮河全图》《运河全图》分别重印出版。[④] 此外，学界整理出版的清代综合性图集中也收录了一些河道图。清代河道图存世量较大，今后整理出版仍有较大空间。

除上所述城市、水道舆图集外，其他类舆图集相对较少，在此就不详述。

（三）舆图数字化处理和舆图展

舆图编目和舆图整理出版，为外界了解相关舆图提供了有效信息；但若要研究、利用舆图，最好还是利用原图。因舆图文献多数为珍贵文物，保存不易，一旦破坏，难以恢复，再加上一些单位管理理念有待改善，中国大陆藏图单位大多不愿意提供开放阅览，这就影响了清代舆图研究。即使是影印出版，大多也受制于尺寸、纸张、开本，很难纤细入微地展示地图细节。所以，对今后的舆图出版来说，数字化将是一个必然趋势。目前，国外图书馆在舆图数字化方面已日趋成熟，国内各藏图机构也有

---

① 宗源瀚，等. 浙江全省舆图并水陆道里记. 徐则恂，等修订. 影印本. 台北：成文出版有限公司，1983.

② 国家基础地理信息中心，中国地图出版社. 清代京杭运河全图. 李培，主编. 北京：中国地图出版社，2004.

③ 天津图书馆. 水道寻往：天津图书馆藏清代舆图选. 北京：中国人民大学出版社，2007.

④ 张鹏翮. 黄河全图. 北京：中国地图出版社，2012；张鹏翮. 淮河全图. 北京：中国地图出版社，2012；张鹏翮. 运河全图. 北京：中国地图出版社，2012.

一些可喜进展，尽管离学界的期待还有一段相当的距离。

20 世纪 90 年代以来，海峡两岸开始借助新科技手段对舆图进行拍照、影像处理，尝试建立资料库，以达到舆图保存和利用的双重功效。如 2001 年台北“中央研究院”史语所与台湾重要典藏单位及美国国会图书馆签署合作协议，到 2007 年已实现这些单位典藏地图的数字化处理①；2006 年，台北故宫博物院推出建立“‘国立故宫博物院’明清舆图类文献数据库”计划，如今已基本完成。② 可以预见，这些舆图文献资料库的建立将为学界提供极大的便利。

不仅如此，20 世纪上半叶以来，海外曾多次举行中国古地图展，介绍各国对中国古地图的搜集与收藏情况。③ 20 世纪 80 年代以来，中国舆图文献工作者也先后策划并举办多场不同主题的舆图展，今将所见列表 5－7：

表 5－7　　20 世纪 80 年代以来中国舆图展不完全统计

举办单位	举办时间	舆图展名称
国家图书馆	1985 年	辽、吉、黑、鲁、川、云、贵、鄂等八省地图巡展
	1999 年	古籍展（其中三分之一为古地图）
	2009 年	国家珍贵古籍特展④
	2011 年	西域遗珍——新疆历史文献暨古籍保护成果展⑤

① 范毅军．古图今用：GIS 与历史舆图的数字化//台北故宫博物院．“空间新思维——历史舆图学国际学术研讨会”论文集．会议自印本．2008.

② 冯明珠．“‘国立故宫博物院’明清舆图类文献数据库”建置经纬//台北故宫博物院．“空间新思维——历史舆图学国际学术研讨会”论文集．会议自印本．2008.

③ 孙果清．海外对中国古地图的搜集与收藏．地图，2005（3）.

④ 范俊劼．舆图生辉　纸墨留香——“国家珍贵古籍特展”上的古地图一瞥．中国测绘，2009（4）.

⑤ “2011 年 1 月 26 日在国家图书馆举办西域遗珍——新疆历史文献暨古籍保护成果展，展出了一批清代新疆舆图。”[白鸿叶．“西域遗珍”清代新疆舆图概述．文津流觞，2011（1）：41]

中国地图出版社	20世纪90年代	古旧地图展
香港博物馆	1997年	河岳藏珍：中国古地图展①
台北故宫博物院②	1997年	清代档案中的实用图绘展
	2002年	披荆斩棘——十七世纪后的台湾
	2003年	福尔摩沙——十七世纪的台湾、荷兰与东亚
	2004年	治水如治天下——院藏河工档及河工图展
	2005年	经纬天下——饭塚一教授捐赠古地图展
	2006年	黎民之初：院藏台湾原住民图档文献特展
	2008年	笔画千里——院藏古舆图特展
	2010年	失落的疆域——清季西北边界变迁条约舆图特展
	2012年	水到渠成——院藏清代河工档案舆图特展
		河岳海疆——院藏古舆图特展

① 香港博物馆. 河岳藏珍——中国古地图展. 香港：香港市政局，1997.

② 冯明珠. 清代档案中的“实用图绘”展述介. 故宫文物月刊（台北），1997，166；披荆斩棘——十七世纪后的台湾. 冯明珠，卢雪燕，文字撰述. 台北：故宫博物院，2003；福尔摩沙——十七世纪的台湾、荷兰与东亚. 石守谦，主编. 台北：故宫博物院，2003；林天人. 治水如治天下——院藏河工档及河工图展. 刘铮云，主编. 台北：故宫博物院，2004；冯明珠. 经纬天下——饭塚一教授捐赠古地图展. 台北：故宫博物院，2005；冯明珠，卢雪燕，洪健荣，等. 笔画千里——院藏古舆图特展. 冯明珠，林天人，主编. 台北：故宫博物院，2008；冯明珠. 黎明之初：院藏台湾原住民图档文献特展导览手册. 台北：故宫博物院，2006；陈维新. 失落的疆域——清季西北边界变迁条约舆图特展. 李天鸣，林夫人，主编. 台北：故宫博物院，2010；郑永昌. 水到渠成——院藏清代河工档案舆图特展. 宋兆霖，主编. 台北：故宫博物院，2012；冯明珠，郑永昌，林士铉，等. 河岳海疆——院藏古舆图特展. 林天人，主编. 台北：故宫博物院，2012.

台湾历史博物馆①	1999 年	城市画像——台北古地图展
	2003 年	美丽之岛——台湾古地图与生活风貌展
	2004 年	台北建城 120 周年古地图旧影像文献文物展
	2009 年	台湾中部古地图与自然灾害史料特展
台湾博物馆	2007 年	地图台湾——四百年来相关台湾地图②
广州市档案馆与华南理工大学建筑学院等	2008 年	广州古城历史地图展览③
广东省立中山图书馆	2012 年	图说广府——广州老地图展④

上表所列舆图展分为清代疆域图、边界图、河工图、台湾区域开发和城市演变图、综合图等多种类型。基本上每场舆图展都有导读性之书籍，以中英文对照的形式介绍展览主题、图版位置及内容，其中一些书籍中还附有相关专题学术论文，有利于深化学界对舆图的研究和利用。

① 吴静宜. 城市画像——台北古地图展. 台北画刊，1999，381；台湾历史博物馆编辑委员会. 美丽之岛——台湾古地图与生活风貌展. 台北：台湾历史博物馆，2003；魏德文. 台北建城 120 周年古地图旧影像文献文物展. 高传棋，主编. 台北：台北市政府文化局，2004；林文龙，李淑铃. "台湾中部古地图与自然灾害史料特展"活动报道. 台湾文献，2009，60（4）.

② 吴密察，赖进贵，庄永明，等. 地图台湾——四百年来相关台湾地图. 台湾博物馆，主编. 台北：南天书局，2007.

③ 曾新. 明清广州城及方志城图研究. 广州：广东人民出版社，2013：序言（梁国昭撰写）3. 此次展出均为广州城古地图，详见 http://www.360doc.com/content/11/0911/17/7665965_147502757.shtml。

④ 广东省广府文化研究会秘书处. "图说广府・广州老地图展"在省立中山图书馆举办. 新经济，2012（8）.

另外，学界近年来举办了很多舆图学术交流会，如2008年台北故宫博物院召开了“空间新思维——历史舆图学国际学术研讨会”，并利用微信群、网络远程直播等新形式展开密切交流，这些交流并不限于学术界，而是包括了地图相关管理部门的工作人员，成立了相关工作委员会，对推动清代舆图研究具有积极作用。

第三节　繁盛的全国总图研究

百年清代舆图研究中，以全国总图研究成果较为繁盛，据笔者不完全统计，有研究论文60余篇、著作3部、整理成果9部，其中以清初测绘舆图研究成果居多，其他全国总图研究成果较少。

(一) 康雍乾测绘舆图研究

清康熙朝到乾隆朝，在西方传教士及其先进测绘技术的指导下，进行了全国范围的大地测量，最终绘制成康熙《皇舆全览图》、《雍正十排图》、《乾隆内府舆图》。这是我国地图学史上前所未有的成就，在世界科技史上也具有极其重要的意义。然这些舆图绘成后不久即被深藏于内府，外界难得窥见，清代文献中直接记载康雍乾测绘舆图的资料亦寡少，由此导致其对清代中后期舆图绘制影响不大。①

辛亥革命以来，伴随着整理清宫遗物工作的开展，原藏于内府的康雍乾测绘舆图逐渐被世人发现，我国始有学者着手进行相关研究。此后，康雍乾测绘舆图受到诸多学科关注，这可从学界出版的中国地理学史、地图学史和测绘史著述中得到充分体现，其在清代地图学史上的突

---

① 20世纪30年代初，翁文灏《清初测绘地图考》最早指出了康雍乾测绘舆图影响有限的历史遗憾，其原文为“小有成就，遽自引满，既不将所得结果完全公开，又不造就专门人人继续努力，致以后毫无进步，尤可惜也”[地学杂志，1930 (3)：438]。21世纪以来，孙喆著《康雍乾时期舆图绘制与疆域形成研究》（北京：中国人民大学出版社，2003），牛汝辰《清代测绘科技的辉煌及其历史遗憾》[测绘科学，2004（增刊）]，（美）余定国著、姜道章译《中国地图学史》（北京：北京大学出版社，2006），王一帆《清末地理大测绘——以光绪〈会典舆图〉为中心的研究》（复旦大学博士学位论文，2011）等中均有相关论述。

出贡献和地位也得到了学界认可。[①] 百年来的康雍乾测绘舆图研究大体可分为三个阶段：20 世纪 30 年代初到 40 年代末为兴起阶段，翁文灏、朱希祖等研究康雍乾测绘舆图的过程、方法及版本问题，方豪考证了康熙测绘贵州、云南、台湾、琉球舆图的情况；20 世纪 50—70 年代末为相对沉寂阶段，论著寥寥；20 世纪 80 年代以来为繁荣阶段，学者们在此前研究的基础上，不仅对舆图绘制过程做了更为详细而深入的探究，而且从多角度探讨舆图，包括舆图的投影、绘制方法、精确度考量、不同版本、绘制时间、内容研究，以及区域测绘舆图研究、舆图成就评述、舆图管理及流传研究、参与测绘者之贡献评价等多方面的内容。以下按研究主题分别探讨。

1. 测绘舆图过程及版本研究

20 世纪 20 年代初，沈阳故宫发现康熙《皇舆全览图》铜版。20 年代末，金梁将其重新制版石印，共计 41 幅，题名为《满汉合璧清内府一统舆地秘图》，并作序文充分肯定了此图的价值，然未对其绘制时间做出明确判断。[②] 1930 年，翁文灏《清初测绘地图考》主要据杜赫德(Jean-Baptiste Du Halde)《中华帝国全志》(*Description geographique*,

---

① 地理学史方面，王庸著《中国地理学史》中述及清代的章节为“第一次中国地图的测绘”“近代中国地图的测绘”，赵荣、杨正泰著《中国地理学史·清代》中为“《皇舆全览图》与《乾隆内府舆图》”“《大清会典舆图》”“《历代舆地图》”“译编地图”。地图学史方面，王庸著《中国地图史纲》中为“清初测绘地图及其影响”“近代地图测绘成果”；陈正祥著《中国地图学史》中为“清初的地图测绘事业和皇舆全图”“外国人对中国边区的测绘”“清末和民国的测绘事业”；金应春和丘富科编著《中国地图史话》中为“康熙帝主持测绘全国地图——《皇舆全图》”“乾隆帝主持测绘《西域图志》与《大清一统舆图》”“魏源的《海国图志》——我国自编的第一部世界地图集”“杨守敬历代舆地图”“我国近代的地图测绘”；卢良志编《中国地图学史》中为“我国第一部实测省级地图集——《皇舆全览图》”“《乾隆内府舆图》是全国实测经纬度地图最终完成的标志”“《大清会典舆图》的编制”“我国第一部新法绘制的世界地图集——《海国图志》”“各类历史考证地图集”；（美）余定国著，姜道章译《中国地图学史》中为“传统中国地图学及其西化的问题”；廖克、喻沧著《中国近现代地图学史》中为“清代地图学的主要成就与历史回顾”；喻沧、廖克编著《中国地图学史》中为“清代地理测绘与地图学的主要成就”“清代地理测绘与地图学发展的历史回顾”。测绘史方面，《中国测绘史》编辑委员会编《中国测绘史》第二卷《明代至民国》（北京：测绘出版社，1995）中为第二篇“清代”，葛剑雄著《中国古代的地图测绘》（北京：商务印书馆，1998）中为“黄河正源的测定”“康熙时期的经纬度测量和地图测绘”“乾隆时期的经纬度测定和地图测绘”“康熙《皇舆全览图》和《乾隆内府舆图》”“登上巅峰后的急剧衰落”“中国历史地图集大成之作——杨守敬的《历代舆地图》”“《申报地图》的出版”。

② 今中国国家图书馆藏有 1929 年重新制版《满汉合璧清内府一统舆地秘图》石印本。

historique, chronologique politique, et physique de L'Empire de La Chine et de la Tartarie chinoise)[①] 等四种法文文献，并参考其他中外史籍，系统研究了清初测绘地图的过程，包括康熙测绘的规定尺度、次序、范围及方法等，是国内学界研究清初测绘舆图的奠基之作。[②]

1932 年，北京故宫博物院文献馆发现了原藏于清内务府的舆图铜版共 104 块，朱希祖将其排版重印，题名为《清乾隆内府舆图》，朱希祖、翁文灏二人分别作序，尤其翁文灏所作序文中阐明了《乾隆内府舆图》与沈阳故宫所藏铜版地图的因袭关系及异同，并考证出沈阳故宫之图为康熙年间绘制。[③] 后来，王庸著《中国地理学史》一书中所述“清初测绘地图及其影响”之文字，基本出自翁文灏之文。

1941 年，福克斯（Walter Fuchs）《康熙时代耶稣会教士所绘之中国地图》（*Der Jesuiten-Atlas der Kanghsi-Zeit*）介绍了康熙《皇舆全览图》的 3 个版本，并对其第三个版本，即 32 幅图的最后木刻本之日期提出了新看法。[④] 其后，福克斯编写了《耶稣会教士地图集》一书，分为地图和文字两个部分，地图部分收入康熙《皇舆全览图》36 幅，文字部分又包括研究和地名索引两个小部分，其研究部分概述康熙时全国测绘地图的过程，指出雍正四年（1726）排印的《古今图书集成》之《职方典》中 216 张图与康熙图相同，《乾隆会典》中的图亦是据此图而绘，地名索引部分将满洲、蒙古、新疆、西藏各处所有地名做了满汉两种索引，还附注《乾隆十三排图》上的地名，供读者参考、比较和利用。[⑤]

---

① J. B. 杜赫德. 测绘中国地图纪事. 葛剑雄，译//中国地理学会历史地理专业委员会《历史地理》编辑委员会. 历史地理：第 2 辑. 上海：上海人民出版社，1982.

② 翁文灏. 清初测绘地图考. 地学杂志，1930（3）.

③ 朱希祖. 乾隆内府铜版地图序.（国立中山大学）文史学研究所月刊，1933，1（1）（收入：汪前进. 中国地图学史研究文献集成：民国时期：第 2 册. 西安：西安地图出版社，2007）；翁文灏. 读故宫博物院重印乾隆内府舆图记. 国风半月刊，1932（8）（收入：汪前进. 中国地图学史研究文献集成：民国时期：第 2 册. 西安：西安地图出版社，2007）.

④ 福克斯. 康熙时代耶稣会教士所绘之中国地图. 顾华，译. 中德学志，1941，3（3）（收入：汪前进. 中国地图学史研究文献集成：民国时期：第 2 册. 西安：西安地图出版社，2007）.

⑤ 傅吾康. 评《康熙皇舆全览图研究》. 胡隽吟，译. 中德学志，1944，6（1/2）（收入：明清史国际学术讨论会秘书处论文组. 明清史国际学术讨论会论文集. 天津：天津人民出版社，1982）. 林天人编撰《皇舆搜览——美国国会图书馆所藏明清舆图》载：“1943 年，福克斯《康熙时代耶稣会教士地图集》（*Der Jesuiten-Atlas der Kangshi-Zeit*）在北平辅仁大学影印出版。”（林天人. 皇舆搜览——美国国会图书馆所藏明清舆图. 台北：“中央研究院”数位文化中心，2013：68）

20 世纪 80 年代以来，冯宝琳《康熙〈皇舆全览图〉的测绘考略》详细描述了当时故宫图书馆所藏两幅不同版本的康熙《皇舆全览图》，并介绍了其前后阅过的五个不同版本之康熙《皇舆全览图》①；他的另一篇文章逐一阐述了故宫博物院所藏四部铜版墨印《乾隆十三排图》及其不同的装帧形式。② 赵寰熹在前人研究的基础上对康熙《皇舆全览图》的各个版本进行总结，并做了仔细分辨、对比。③

早期研究中，学界对清初测绘舆图的关注仅限于康熙《皇舆全览图》、《乾隆内府舆图》，并未提及《雍正十排图》。1982 年，於福顺撰写专文探讨《雍正十排图》的内容与特点、绘制年代及不同版本等问题，并肯定了该图在康雍乾测绘舆图中所起的承上启下作用。④ 继其后，冯宝琳撰文介绍故宫博物院所藏四种不同版本的《雍正十排图》，分别为雍正三年（1725）、雍正七年（1729）、雍正八年（1730）苗疆改土归流之后所绘图、雍正初年图；据《养心殿造办处各作成做活计清档》所载有关雍正朝绘制及装裱舆图的记录，推测出当时舆图绘制的具体情形，进而通过与康熙《皇舆全览图》、《乾隆内府舆图》的比较对其价值做出了评判。⑤

2. 区域测绘舆图研究

20 世纪 20 年代以来，学界对清初各区域测绘舆图之情形也有探索。早在 20 世纪 20 年代，日本学者伊能嘉矩就已对台湾测绘舆图有所研究。20 世纪 40 年代以来，我国以方豪为代表的学者们先后研究了东南之台湾、琉球，西南之贵州、云南，以及西北地区舆图绘制的情况。

东南地区测绘舆图研究 伊能嘉矩《台湾文化志》一书中叙述台湾测绘舆图情形，并专门分析了当时台湾测绘的具体范围。⑥ 方豪《康熙五十三年测绘台湾地图考》从文献考辨入手，首先纠正了翁文灏《清初测绘地图考》中有关参与舆图绘制之“传教士人员”的一些错误，进而

---

① 冯宝琳．康熙《皇舆全览图》的测绘考略．故宫博物院院刊，1985（1）．

② 冯宝琳．《皇舆全图》的乾隆年印本及其装帧．故宫博物院院刊，1990（2）．

③ 赵寰熹．《皇舆全览图》各版本对比研究．满族研究，2009（4）．

④ 於福顺．清雍正十排《皇舆图》的初步研究．文物，1983（12）．

⑤ 冯宝琳．记几种不同版本的雍正《皇舆十排全图》．故宫博物院院刊，1986（4）．

⑥ 伊能嘉矩．台湾文化志：中卷．江庆林，刘宁颜，程大学，等译．台中：台湾省文献委员会，1991．

梳理出测绘台湾地图的全过程①；他的《康熙五十八年清廷派员测绘琉球地图之研究》亦是通过对中、日等国文献的考析来探究清廷测绘琉球的动机、经过等，以此揭露出徐葆光撰《中山传信录》一书中故意隐瞒同僚测绘舆图的真相。② 此后很长一个时段内，康雍乾台湾测绘舆图几乎无人问津。直到 1997 年，曹婉如等《清康熙雍正和乾隆时期的台湾地图》探讨了康熙、雍正、乾隆三朝测绘台湾舆图的精确度及图面表示的异同。③ 最近，郭满对康熙《皇舆全览图》台湾后山部分的留白及其在西方传播过程中的流变做了解释。④

西南地区测绘舆图研究　清代文献中记载康熙时贵州余庆段测绘舆图的史料甚少。方豪通过对相关史料的考辨，分析了贵州测绘的参与人员、过程以及成绩。⑤ 由此文可知，康熙贵州余庆测绘尚存疑点很多，待挖掘新史料进行深入研究。后来，方豪又将搜罗到的一则珍贵史料公之于众，余庆测绘过程逐渐明晰。⑥

有关康熙云南测绘的史料亦很匮乏。方豪从《云南事略》《滇南山水纲目》二书中搜得了二则资料。⑦ 方豪撰文对史料中记载的滇黔测绘舆图情况做了深入考证，但因史料记载多不吻合，且又无更多文献可稽，故而至今康熙测绘滇黔舆图过程仍未考证清楚。⑧

西北地区测绘舆图研究　冯立升论述了乾隆时西北地区天文大地测量的过程、方法及意义。⑨ 其后，侯德仁详细论述了乾隆年间新疆测绘

---

① 方豪. 康熙五十三年测绘台湾地图考. 文献专刊，1949，1（1）（收入：汪前进. 中国地图学史研究文献集成：民国时期：第 2 册. 西安：西安地图出版社，2007）.

② 方豪. 康熙五十八年清廷派员测绘琉球地图之研究. 台湾大学文史哲学报，1950，1.

③ 曹婉如，姜丽蓉. 清康熙雍正和乾隆时期的台湾地图//曹婉如，郑锡煌，黄盛璋，等. 中国古代地图集：清代. 北京：文物出版社，1997.

④ 郭满. 康熙《皇舆全览图》中的台湾测绘、流变问题考析. 台湾研究集刊，2019（6）.

⑤ 方豪. 康熙间西洋教士测绘贵州余庆舆图简史. 大风，1945（3）（后更名为《康熙间西士在贵州余庆测绘舆图考》，收入：方豪. 方豪文录. 北平：上智编译馆，1948）.

⑥ 方豪. 康熙间西教士至余庆测绘舆图之一段记载. 益世报史地周刊，1947（54）（收入：汪前进. 中国地图学史研究文献集成：民国时期：第 2 册. 西安：西安地图出版社，2007）.

⑦ 康熙间测绘舆图之云南地方史料. 方豪，摘录//方豪文录. 北平：上智编译馆，1948.

⑧ 方豪. 康熙间测绘滇黔舆图考//方豪六十自定稿：上册. 台北：台湾学生书局，1969.

⑨ 冯立升. 乾隆时期西北地区的天文大地测量及其意义. 中国边疆史地研究，1999（3）.

舆图过程。① 哈斯巴根探讨了康熙朝传教士测绘蒙古舆图诸问题，包括实地测量的时间、参与人员、具体地点及舆图版本等。② 郭美兰《乾隆年间西北地区三次绘图始末》，利用满文文献，发现乾隆年间西域测绘，除了乾隆二十一年（1756）与二十四年（1759）两次测绘获得了西域大量经纬点，奠定了西域制图的测绘基础外，还存在乾隆三十七年（1772）的第三次测绘。③ 靳煜对清代西北三次测绘过程做了更细致的研究。④

3. 舆图测绘技术及其数理研究

1942年，曾世英通过对比18世纪以来测绘的几幅舆图之经纬度差异，认为《乾隆十三排图》“比二百年后英人所制的《泰晤士地图》，至少在各地的位置方面并不逊色”，进而分三个时期分析了经纬度测量对18世纪以来中国绘制舆图之影响。⑤

1990年，汪前进从测绘科技角度对康熙《皇舆全览图》进行定量分析，得出结论认为：杜赫德《中华帝国全志》一书所载经纬度值并非全部实测而成，康熙《皇舆全览图》并不是完全采用该书所有数值，而是采用了一些其他测算值，其精确度在当时的条件下应是“世界一流”的；康熙《皇舆全览图》采用桑逊投影法，而非以前学界认为的梯形投影法。⑥ 其后，刘丽群等运用微分几何方法和GIS技术对康熙《皇舆全览图》和《乾隆十三排图》进行研究，陆俊巍等对康熙《皇舆全览图》进

---

① 侯德仁. 乾隆年间新疆地区的舆图测绘. 文史知识，2008 (8).

② 哈斯巴根. 传教士与康熙朝蒙古舆图的绘制. 中央民族大学学报（哲学社会科学版），2010 (3).

③ 郭美兰. 乾隆年间西北地区三次绘图始末. 满语研究，2013 (1).

④ 靳煜. 清乾隆年间西域测绘再考察//中国地理学会历史地理专业委员会《历史地理》编辑委员会. 历史地理：第30辑. 上海：上海人民出版社，2014；靳煜. 乾隆年间三次西域测绘再分析. 西域研究，2016 (1).

⑤ 曾世英. 经纬度测量与十八世纪以来之中国舆地图. 地质论评，1942，7 (4/5)：164.（收入：汪前进. 中国地图学史研究文献集成：民国时期：第2册. 西安：西安地图出版社，2007）

⑥ 汪前进. 《皇舆全览图》测绘研究. 中国科学院自然科学史研究所博士学位论文，1990；汪前进. 康熙铜版《皇舆全览图》投影种类新探. 自然科学史研究，1991 (2)；汪前进. 《乾隆十三排图》定量分析//曹婉如，郑锡煌，黄盛璋，等. 中国古代地图集：清代. 北京：文物出版社，1997. 翁文灏指出，沈阳及北平故宫所发见之内府舆图皆用梯形投影法。[翁文灏. 读故宫博物院重印乾隆内府舆图记. 国风半月刊，1932 (8)]

行统计分析，两文均得出康熙《皇舆全览图》采用的是桑逊投影法，进一步证明了汪前进研究结论之正确。① 对古地图特别是具有测绘基础的地图进行定量分析，从科技史的角度解读古地图，是目前清代舆图研究中较为稀缺的视角。

继研究康熙《皇舆全览图》之后，汪前进又撰文对《乾隆十三排图》与《西域图志》、《皇舆全览图》的关系以及三图的精确度进行定量比较和分析，认为《乾隆十三排图》与《西域图志》所用经纬度值不同，从而推翻了过去学界认为《乾隆十三排图》西域部分是依据《西域图志》所载经纬度值绘制的观点，得出了《乾隆十三排图》并非全依康熙《皇舆全览图》经纬度值展点，其精确度较康熙《皇舆全览图》要高的结论。②

4. 其他方面

在学界进行清初测绘舆图过程与版本考辨、数理统计及精确度分析的同时，亦有学者研究舆图成就、舆图管理与流传情况、舆图绘制内容等问题。

1976 年，李约瑟（Joseph Needham）著《中国科学技术史》（*Science & Civilisation in China*）简述了康熙测绘舆图情况，并评价康熙《皇舆全览图》"不但是亚洲当时所有的地图中最好的一幅，而且比当时的所有欧洲地图都更好、更精确"③。20 世纪 80 年代以来，任金城撰文系统概述了康熙、雍正、乾隆三朝大规模测绘舆图的历史背景、基本过程、主要成果及其版本、成就等。④ 秦国经等在总结康熙、雍正、乾隆三朝舆图绘制情况的基础上，重点介绍清代舆图房所藏舆图的分类及价值、管理与流传情况。⑤ 曹婉如探讨了康熙测绘舆图在西方的流传及对

① 刘丽群，乔俊军.《皇舆全览图》数学基础的考证与研究. 测绘通报，2007（5）；陆俊巍，韩昭庆，诸玄麟，等. 康熙《皇舆全览图》投影种类的统计分析. 测绘科学，2011（6）.

② 汪前进.《乾隆十三排图》定量分析//曹婉如，郑锡煌，黄盛璋，等. 中国古代地图集：清代. 北京：文物出版社，1997.

③ 李约瑟. 中国科学技术史：第 5 卷地学第 1 分册.《中国科学技术史》翻译小组，译. 北京：科学出版社，1976：235.

④ 任金城. 康熙和乾隆时期我国地图测绘事业的成就及其评价//《科学史集刊》编辑委员会. 科学史集刊 10. 北京：地质出版社，1982.

⑤ 秦国经，刘若芳. 清朝舆图的绘制与管理//曹婉如，郑锡煌，黄盛璋，等. 中国古代地图集：清代. 北京：文物出版社，1997.

其影响，肯定了它在中外地图交流史上的地位。① 汪前进论述了康雍乾测绘朝鲜舆图的具体情况及对朝鲜地图的影响。②

康雍乾测绘舆图得以最终完成，是在官方主持、西方传教士指导、我国各族人民共同努力下的结果，一些学者分别撰文探讨了不同参与者对舆图绘制的贡献。其中，李迪论述了明安图在乾隆新疆回部测绘中的功绩。③ 钮仲勋阐述了满、蒙古、藏等少数民族国人以及西方传教士对清初测绘舆图的贡献。④ 冯宝琳根据所见康熙《皇舆全览图》的不同版本以及《清实录》《清史稿》等文献所载，论证康熙《皇舆全览图》并不单纯由几位外国传教士测绘而成，事实是康熙帝领导下各地官方安排人员共同工作的成果。⑤ 牛汝辰等重点研究清初西方传教士指导下测绘舆图的辉煌成就及其在中国科技史上的地位，同时指出了清初测绘舆图对清后期舆图绘制影响不大，从而使中国科技史错过了与欧洲竞争之机会的历史遗憾。⑥ 李孝聪据康熙朝来华传教士马国贤（Matteo Ripa）遗著《中国圣会和中国学院创办记事》（*Storia della fondazione della congreazione e del collegio dei Cinesi*）所载，评价了马国贤参与刻绘铜版康熙《皇舆全览图》的贡献，以及该图在欧洲的传播与影响。⑦

21世纪以来，有学者研究康雍乾舆图绘制的疆域、地名等内容。孙喆专著《康雍乾时期舆图绘制与疆域形成研究》，通过重点审视康雍乾舆图所绘的疆域范围和疆界模式，探究清代的疆域形成过程及相关问题。孙喆的另一篇文章专门分析了影响康熙《皇舆全览图》绘制的几个

---

① 曹婉如. 中外地图交流史初探. 自然科学史研究，1993（3）.

② 汪前进. 历史上中朝两国地图学交流. 中国科技史料，1994（1）.

③ 李迪. 明安图与清初新疆地图之测绘. 内蒙古日报，1963-02-14；李迪. 明安图在我国地图测绘方面的贡献. 内蒙古师范大学学报（自然科学汉文版），1964（1）.

④ 钮仲勋. 我国各民族对清朝康熙乾隆年间经纬度测量的贡献. 民族研究，1980（3）；钮仲勋. 明清之际西方测绘技术对中国的影响//中国地理学会历史地理专业委员会《历史地理》编辑委员会. 历史地理：第9辑. 上海：上海人民出版社，1990.

⑤ 冯宝琳. 康熙《皇舆全览图》的测绘考略. 故宫博物院院刊，1985（1）.

⑥ 牛汝辰，林宗坚. 明末清初我国测绘科技的人文社会背景分析——传教士与中国测绘科技的发展. 测绘科学，2001（1）；牛汝辰. 清代测绘科技的辉煌及其历史遗憾. 测绘科学，2004（增刊）.

⑦ 李孝聪. 马国贤与铜版康熙《皇舆全览图》的印制——兼论早期中文地图在欧洲的传布与影响//《东吴历史学报》编辑委员会. 东吴历史学报：第4期. 台北：东吴大学，1998.

因素。[①] 牛汝辰系统探索清代测绘舆图情况及其与中国疆域变迁的关系，试图为中国近代边界变迁提供有力证据。[②] 马孟龙注意到穆克登查边与《皇舆全览图》的关系，认为穆克登长白山之行肩负着查边定界和编绘《皇舆全览图》的双重任务，图中标绘的长白山区中朝两国分界应是康熙五十一年（1712）穆克登查边取得的成果。[③] 魏巧燕研究了《乾隆内府舆图》上的满语地名。[④]

与此同时，北京几家单位陆续将不同版本的康雍乾测绘舆图整理出版。2003 年，全国图书馆文献缩微复制中心将清乾隆二十五年（1760）铜版印行《大清一统舆图》，按原图比例改缩为二百万分之一影印发行。[⑤] 2007 年，汪前进、刘若芳整理《清廷三大实测全图集》，将康熙《皇舆全览图》、《雍正十排图》以及《乾隆十三排图》一并印刷出版，图册之前有汪前进长达 3 万余字之序文，详述了清廷三大实测全图的过程，图册之后附有地名册。[⑥] 然而，整理舆图实非易事，孙涛撰文指出并纠正了该图集中康熙《皇舆全览图》的“三排六号”与“五排六号”两图位置错排的现象。[⑦] 2009 年，国家图书馆将馆藏清康熙木刻本《内府舆地全图》影印出版，共 8 册，为《皇舆全览图》的分省、分府图，其沿海省份之省图之后（或前）均附有“沿海道里说”。[⑧] 以上舆图集的整理、出版将为今后研究清初测绘舆图提供更多便利。

韩昭庆对康熙《皇舆全览图》的研究富有新意，她对其进行数字化，正在建立一套清初的地理信息系统，为历史地理、测绘史研究提供了精准支持。[⑨] 正是在此数字化成果帮助之下，她计算出了康熙《皇舆

---

① 孙喆. 浅析影响康熙《皇舆全览图》绘制的几个因素. 历史档案，2012（1）.

② 牛汝辰. 地图测绘与中国疆域变迁——地图主权价值论. 北京：人民日报出版社，2005.

③ 马孟龙. 穆克登查边与《皇舆全览图》编绘——兼对穆克登“审视碑”初立位置的考辨. 中国边疆史地研究，2009（3）.

④ 魏巧燕.《乾隆内府舆图》满语地名探析. 满语研究，2011（2）.

⑤ 乾隆二十五年铜版印行《大清一统舆图》. 北京：全国图书馆文献缩微复制中心，2003.

⑥ 汪前进，刘若芳. 清廷三大实测全图集. 北京：外文出版社，2007.

⑦ 孙涛.《清廷三大实测全图集——康熙皇舆全览图》错排纠谬//中国地理学会历史地理专业委员会《历史地理》编辑委员会. 历史地理：第 26 辑. 上海：上海人民出版社，2012.

⑧ 内府舆地全图. 北京：国家图书馆出版社，2009.

⑨ 韩昭庆. 康熙《皇舆全览图》的数字化及意义. 清史研究，2016（4）.

全览图》的空间范围。[①] 此外，她还利用康熙《皇舆全览图》在西方的传播来探讨欧洲各国对清朝疆域的认识，展现了舆图研究超越文本考证的特殊价值。[②]

（二）其他全国总图研究

学界的清代全国总图研究长期专注于清初测绘舆图，而对清代中后期的舆图关注不足，其实这一时期所绘全国总图是颇为丰富的。较为著名的有《乾隆府厅州县图志》《大清一统舆图》《大清帝国全图》《皇朝一统图》等，管见所及，仅廖克和喻沧合著《中国近现代地图学史》、刘自健主编《中国测绘史》第二卷《明代至民国》中有相关介绍，尚缺较为全面、系统的研究。

同样，清末在全国范围内耗时长久、颇具规模的《大清会典舆图》也一直未引起学界的注意，直到 20 世纪 60 年代初，高儁《明清两代全国和省区地图集编制概况》才简要介绍了在《大清会典舆图》的编绘过程中部分省之地图集的编绘进程。[③] 此后 20 年间，《大清会典舆图》又无人提及，似乎其在清代舆图绘制史上是无足轻重的。1984 年，卢良志编《中国地图学史》一书，始有专节叙述"《大清会典舆图》的编制"，不过其内容多引自以上高儁之文[④]；1998 年，赵荣和杨正泰著《中国地理学史·清代》，书中第五章第二节"《大清会典舆图》"亦多采自高儁之文，总体而言，进展有限。[⑤]

21 世纪初，谢小华从中国第一历史档案馆所藏奏折及台北故宫博物院出版的《宫中档光绪朝奏折》中辑出"各省测绘舆图展限及告成奏折"整理发表，为后人系统研究和利用《大清会典舆图》提供了宝贵的文献资料。[⑥] 2011 年，王一帆博士学位论文《清末地理大测绘——以光绪〈会典舆图〉为中心的研究》，从分析同光年间边疆危机背景下官方

---

① 韩昭庆. 康熙《皇舆全览图》空间范围考//中国地理学会历史地理专业委员会《历史地理》编辑委员会. 历史地理：第 32 辑. 上海：上海人民出版社，2015.

② 韩昭庆. 康熙《皇舆全览图》与西方对中国历史疆域认知的成见. 清华大学学报（哲学社会科学版），2015（6）.

③ 高儁. 明清两代全国和省区地图集编制概况. 测绘学报，1962（4）.

④ 卢良志. 中国地图学史. 北京：测绘出版社，1984：191－198.

⑤ 赵荣，杨正泰. 中国地理学史：清代. 北京：商务印书馆，1998：138－142.

⑥ 谢小华. 光绪朝各省绘呈《会典·舆图》史料. 历史档案，2003（2）.

图志之困境入手，系统复原并较为详细地剖析了清末《大清会典舆图》绘制的整个过程，借此梳理了清末地图学的发展路径。该文作为学界第一篇全面研究《大清会典舆图》的力作，不仅肯定了《大清会典舆图》在清代地图史上的地位，而且在一定程度上扭转了学界的清代全国总图研究重心在康雍乾测绘舆图，而忽视清代后期尤其清末舆图绘制贡献的局面，对推进清代地图学史研究有重要意义。① 胡恒依据档案材料证明了光绪《大清会典舆图》台湾部分来源于《台湾地舆总图》。②

除以上所述之外，李明喜以两种雍正小型全国总图为例，利用清代内务府造办处档案，考察了舆图反映的雍正年间之政区变化。③ 段伟考证了现藏于北京大学图书馆的一套《清朝舆地全图·国朝天下舆地全图》，认为其并非编者所述乾隆二十四年至二十八年（1759—1763）绘制而成，对研究清代行政区划变迁的价值不高。④ 鲍国强对国家图书馆所藏三部原均著录为“（清）黄证孙绘，清乾隆三十二年刻本”的《大清万年一统天下全图》做出仔细比照、核查，并结合乾嘉时期的政区建置沿革及黄氏家族成员进行分析，最终理清了这三部刻本的刊刻时间及前后因袭关系，认为其分别为乾隆三十二年（1767）黄千人重订初刻初印本、乾隆三十二年（1767）黄千人重订初刻后印本和嘉庆黄储文增订重校刻本。⑤ 朱炳贵、张修桂、禹璟等各自撰文探讨了李兆洛对地图学的贡献。⑥ 李明喜博士学位论文《清代全国总图研究》分为五章，即“清前期从传统全国总图的绘制到经纬度实测全国总图的出现”“清代政

---

① 王一帆．清末地理大测绘——以光绪《会典舆图》为中心的研究．复旦大学博士学位论文，2011．

② 胡恒．《台湾地舆总图》与光绪《会典·舆图》关系考实//华林甫，陆文宝．清史地理研究：第 2 集．上海：上海古籍出版社，2016．

③ 李明喜．清代官绘本全国舆图绘制考察——以雍正时期 15 省小总图为中心//社会·经济·观念史视野中的古代中国国际青年学术会议暨第二届清华青年史学论坛论文集：下．会议自印本．2010 年 1 月 16 日．

④ 段伟．《清朝舆地全图·国朝天下舆地全图》绘制时代考//复旦大学历史地理研究中心．历史地理研究：第 3 辑．上海：复旦大学出版社，2010．

⑤ 鲍国强．乾隆《大清万年一统天下全图》版本辨析//国家图书馆善本特藏部．文津学志：第 2 辑．北京：北京图书馆出版社，2007．

⑥ 朱炳贵．清代学者李兆洛对地图学的贡献．地图，2000（2）；张修桂．中国历史地貌与古地图研究．北京：社会科学文献出版社，2006：598－602；禹璟．李兆洛的舆地学成就．陕西师范大学硕士学位论文，2011．

区的划一与一统疆域的奠定对绘制全国总图的推动”“清代传统方格网全国总图的再现”“实测《皇舆全图》的传播对民间绘制全国地图的影响”“晚清全国总图绘制的现代化”，大体梳理了清代全国总图的发展过程和变化趋势。①

再者，傅乐治、冯明珠、陈捷先等分别撰文介绍清代档案、实录中所附舆图，这些舆图因相对分散而学界少有探讨，几位学者之介绍有助于引起学界的注意，同时也表明清代全国总图尚未挖掘和研究的还有很多。②

辛亥革命以来，学界研究全国总图的成果颇为可观，是百年来清代舆图研究中较为繁盛的分支之一，不过，清代前、后期全国总图的研究进展存在很大差距。康雍乾测绘舆图长期以来备受学界关注，研究成果颇丰；而清代中后期传统舆图研究尚显不足，虽然近来略有改观，但与前期相比，仍然差距明显，“前重后轻”现状没有获得根本性改观。由此造成学界过分强调清初测绘成就，而忽略清代中后期所绘传统全国总图及其在清代地图学史上应有的地位和影响。有学者将这种研究现状称为“清代地图学史研究的断裂”现象，并指出 20 世纪之前中国社会传统文化一直占据主导地位，而西方科学知识只能作为客体发挥补充作用，研究范式的本末倒置形成了以往清代地图学研究的偏离。③ 从中国地图本身的发展史研究出发，重新认识清代的舆图绘制成就，加强对清代中后期尤其是清末全国总图的研究，或将促进学界更为清晰地认识并思考我国清代舆图绘制和发展情况及其在中国地图学史上的地位。同时，将中国全国总图的绘制与同期世界其他国家进行比较研究，也是一种路径。

---

① 李明喜. 清代全国总图研究. 北京大学博士学位论文，2011.

② 傅乐治. 奏折录副中的附图. 故宫文物月刊（台北），1986，36；冯明珠. 清代档案中的“实用图绘”展述介. 故宫文物月刊（台北），1997，166；陈捷先. 略述《满洲实录》的附图//台北故宫博物院. “空间新思维——历史舆图学国际学术研讨会”论文集. 会议自印本. 2008.

③ 王一帆. 清末地理大测绘——以光绪《会典舆图》为中心的研究. 复旦大学博士学位论文，2011.

第四节　不均衡的区域性舆图研究

在学界进行全国总图研究的同时，区域性舆图研究也已展开。从现有成果不完全统计来看，相较而言，区域总图研究并不逊色于全国总图研究，而且近十几年有超越的趋势。具体各地区的舆图研究情况很不均衡，以台湾地区舆图研究成果最为丰富，东北地区舆图研究较为突出，其他地区相对较少。

表 5-8　　**百年来清代区域性舆图研究论文统计**　　单位：篇

时段 类别	1912—1949 年	1950—1979 年	1980—1996 年	1997 年以来	总计
东北舆图	2	/	6	10	18
西北舆图	/	/	/	7	7
西南舆图	2	/	5	5	12
东南舆图	/	/	3	3	6
台湾舆图	/	2	9	34	45
香港舆图	—	—	—	—	—
总计	4	2	23	59	88

说明：此表统计不包括通论性文章中涉及的清代区域性舆图研究成果以及方志舆图、海外所藏舆图研究成果，表中“—”表示未知待查，“/”表示“无”。

表 5-9　　**百年来清代区域性舆图研究著作统计**　　单位：部

时段 类别	1912—1949 年	1950—1979 年	1980—1996 年	1997 年以来	总计
东北舆图	/	/	1	/	1
西北舆图	/	/	/	1	1
西南舆图	/	/	/	/	0
东南舆图	/	/	/	2	2
台湾舆图	/	/	3	10	13
香港舆图	/	/	1	/	1
总计	0	0	5	13	18

说明：表中“/”表示“无”。

（一）相对成熟的台湾舆图研究

从台湾舆图绘制史来看，清代是台湾舆图绘制的新时期；已有研究表明，我国历史时期的台湾舆图绘制主要是在清统一台湾之后才逐渐展开的。① 清代台湾舆图绘制成就不仅包括国人绘制的台湾疆域图、沿海图、军事布防图、民番界址图等各种舆图，而且包括荷殖和日据时期所绘的台湾城市、社堡、街道图等。简言之，清代台湾舆图绘制成就在台湾舆图史上是空前的。

"台湾舆图研究"，指的是国内外对清代所绘台湾舆图的研究，而非台湾学界的舆图研究。学界对清代台湾舆图的研究开展较早，以1928年日本学者伊能嘉矩研究康熙测绘台湾舆图为开端。② 此后20年间，台湾舆图研究进展较慢，成果少见。直到1949年，国内始有学者关注清代台湾舆图绘制情况。20世纪八九十年代，清代台湾舆图研究进入高潮期，研究成果显著增多。其中，既有清代台湾地图演变史专题著作，又有针对诸多单幅舆图的深入解析论著，同时还整理出多部舆图集。近年来，清代台湾舆图整理和研究成果更为丰富。就研究主题而言，大致可分为总论性研究、清人所绘传统台湾舆图研究、荷殖和日据时期所绘台湾舆图研究、作为资料的台湾舆图研究四类。

1928年，伊能嘉矩出版积30年精力而作之《台湾文化志》，书中有专章介绍台湾舆图绘制发展历程。③ 1957年，陈正祥探讨了台湾地图演进过程。④ 1991年，林其泉详述台湾历史上的各种不同称呼及地图绘制情况，认为17世纪末清政府统一管理该地后才正式将之命名为"台湾"，国内的台湾舆图主要也是此后绘制的。⑤ 1996年，夏黎明著《清代台湾地图演变史——兼论一个绘图典范的转移历程》一书，是在系统清查现存各种台湾舆图后，对有清一代台湾舆图演变做全面梳理和

---

① 林其泉. 台湾的名称确定及其早期地图的绘制. 中国史研究，1991（2）；曹婉如，姜丽蓉. 清康熙雍正和乾隆时期的台湾地图//曹婉如，郑锡煌，黄盛璋，等. 中国古代地图集：清代. 北京：文物出版社，1997.

② 伊能嘉矩. 台湾文化志：中卷. 江庆林，刘宁颜，程大学，等译. 台中：台湾省文献委员会，1991：289－292.

③ 同②.

④ 陈正祥. 台湾地图之演进. 地理与产业，1957，2（1）.

⑤ 林其泉. 台湾的名称确定及其早期地图的绘制. 中国史研究，1991（2）.

多视角分析的力作。该书探讨了清代台湾舆图的种类、数量、绘制方式、内容及演变历程，分析了政治、文化、区域发展及治台政策对台湾舆图演变的影响。[①] 1997 年，曹婉如等解读了康雍乾时期绘制的八幅具有代表性的台湾舆图，进而从台湾地图演变史的角度进行分析，认为康熙、雍正、乾隆三朝台湾舆图从技术水平和图幅数量来看都是空前的。[②]

20 世纪 60 年代以来，学界开始出现图说结合的清代台湾舆图整理图录，其中尤以 1992 年到 1994 年"中央图书馆"台湾分馆特藏资料编纂委员会编《台湾文献书目解题·第二种地图类》为代表，该套书分为三册，主编为施添福，具体撰者为夏黎明，第一册为《清代台湾全图解题》，第二册为《清代台湾分图解题（上）》，第三册为《清代台湾分图解题（下）》，共收录台湾全图 16 幅、分图 41 幅，每幅图的解说包括图版介绍、绘制方式、内容分析、评述、引用文献、地名索引、在台湾的地理位置及大略范围、原图图版八个部分，系统介绍并分析了现存清代所绘台湾舆图的主要情况，是一套易用的舆图工具书。[③] 庄吉发总编辑《"故宫"台湾史料概述》一书，收录台北故宫博物院所藏台湾总图、府县城图、原住民图像、府县衙图、社港城位置图、府县学图、海战图等多种类型的图幅总计 70 余种，以及今人所写专题论文 17 篇[④]，其中庄吉发《锦绣河山——台湾舆图的绘制经纬》重点解说了各图之绘制内容。[⑤] 2002 年出版的《台湾的古地图：明清时期》《台湾的古地图：日治时期》二书，分别介绍了明清时期、日据时期台湾地图的绘制方法、

---

① 夏黎明. 清代台湾地图演变史——兼论一个绘图典范的转移历程. 台北：知书房出版社，1996.

② 曹婉如，姜丽蓉. 清康熙雍正和乾隆时期的台湾地图//曹婉如，郑锡煌，黄盛璋，等. 中国古代地图集：清代. 北京：文物出版社，1997.

③ 夏黎明. 台湾文献书目解题·第二种地图类：第 1 册. 施添福，主编. 台北："中央图书馆"台湾分馆，1992；夏黎明. 台湾文献书目解题·第二种地图类：第 2 册. 施添福，主编. 台北："中央图书馆"台湾分馆，1994；夏黎明. 台湾文献书目解题·第二种地图类：第 3 册. 施添福，主编. 台北："中央图书馆"台湾分馆，1994.

④ 庄吉发. "故宫"台湾史料概述. 台北：故宫博物院，1995.

⑤ 庄吉发. 锦绣河山——台湾舆图的绘制经纬//"故宫"台湾史料概述. 台北：故宫博物院，1995.

内容及绘制背景、价值及今藏地等。[①] 林惠娟等《台湾地图一百年绘制与典藏发展史》一书，回顾了清代台湾地图绘制发展与演进历程，并详述了台湾典藏地图的机构。[②] 以上著述图文并茂，较为形象、鲜明地展现了清代所绘台湾舆图及其演变历程。

除康雍乾测绘台湾舆图外，研究其他以采用中国传统绘法为主的传统舆图的成果也非常丰富。康熙年间绘制台湾舆图保存至今的重要的有《台湾番社图》和《澎台海图》。

康熙《台湾番社图》，单幅绢地彩绘，现藏于台湾博物馆，未署绘制者名、年代，而据题名为"台湾最古的地图"说明碑上所刻，该图为康熙六十一年（1722）黄叔璥渡台时所绘。[③] 早在 20 世纪二三十年代，日本学者伊能嘉矩、山中樵就分别对《台湾番社图》的作者和成图时间有所考证。伊能嘉矩通过比照该图与《台海使槎录》所载地名之异同，最终推断两者出自同一人，即黄叔璥之手；山中樵则根据图上所绘内容考证，认为其应绘于康熙三十八年至四十三年（1699—1704）。[④] 20 世纪 60 年代中期以来，我国有多位学者对此图有所研究。其中，陈汉光等根据图上注记认为其应绘于康熙二十四年至四十三年（1685—1704），而非康熙末年。[⑤] 阮昌锐、夏黎明分别对该图进行了解说。[⑥] 郑喜夫对该图反映内容的年代（非成图或绘制年代）做了新考，认为其下限亦为康熙四十三年（1704），与诸家同，上限为康熙三十一年（1692），与诸

① 王存立，胡文青. 台湾的古地图：明清时期. 金炫辰，改绘. 台北：远足文化事业股份有限公司，2002；李钦贤. 台湾的古地图：日治时期. 金炫辰，改绘. 台北：远足文化事业股份有限公司，2002.

② 林惠娟，许嘉赞. 台湾地图一百年绘制与典藏发展史. 台北：南天书局，2011.

③ 山中樵. 黄叔璥的台湾番社图. 南方土俗，1931，1（3）（收入：洪英圣. 画说康熙台湾舆图. 台北：联经出版事业公司，2002）. 按：洪先生书中附有日文原文以及与此对照的中译文。

④ 伊能嘉矩. 台湾文化志：中卷. 江庆林，刘宁颜，程大学，等译. 台中：台湾省文献委员会，1991：290；山中樵. 黄叔璥的台湾番社图. 南方土俗，1931，1（3）（收入：洪英圣. 画说康熙台湾舆图. 台北：联经出版事业公司，2002）.

⑤ 陈汉光，赖永祥. 北台古舆图集. 台北：台北市文献委员会，1965.

⑥ 阮昌锐. 台湾古地图//传薪集. 台北：山海文化杂志社，2018；阮昌锐. 康熙台湾舆图//佚名. 典藏版宝岛全览图. 台北：大地地理出版事业股份有限公司，1998：22－23；夏黎明. 台湾文献书目解题·第二种地图类：第1册. 施添福，主编. 台北："中央图书馆"台湾分馆，1992：23－38；夏黎明. 清代台湾地图演变史. 台北：知书房出版社，1996.

家略有出入；并指出台湾“中央图书馆”亦藏有与此相类似之图，迄今还无法证明台湾博物馆所藏本为最初完成之“原图”。① 洪英圣编著《画说康熙台湾舆图》一书，先对该图绘制内容即图面全部地名与文字进行古今对照式详细研究，进而探索该图反映的台湾时空演变、制图历史背景（包括清初对台湾掌握情况、统治方式）②，最后得出该图绘制的是康熙三十五年至四十三年（1696—1704）的台湾情况，故非黄叔璥所作，“如果是黄叔璥请人根据现有资料重新摹绘后，携至北京述职的话，则绘图的年代可能是康熙六十一年至雍正元年”③。该书不仅全面解读了《康熙台湾舆图》所绘内容，而且深入研究了台湾历史和族群分布、演变历程。

康熙彩绘纸本《澎台海图》，现藏于旅顺博物馆。20 世纪 90 年代末，曹婉如从图上所绘地名的行政建置推测此图应绘于康熙五十三年（1714）清廷实测台湾舆图之前，指出该图所绘内容以军事设施为主，并评价其为“清初彩绘台湾地图之佼佼者”④。

雍正年间绘制台湾舆图传世而有所研究的，一为中国国家图书馆所藏纸本彩绘《台湾舆图》，一为陈伦炯所绘中国《沿海全图》。王佳琦曾对纸本彩绘《台湾舆图》做过简略介绍。⑤ 后曹婉如等研究，初步认为该图为雍正元年（1723）所绘。⑥ 陈伦炯彩绘纸本卷轴式中国《沿海全图》，现藏于南京博物院，该卷轴中单独绘有两幅台湾图和一幅台湾后山图。曹婉如等据图上所绘地名的行政建置考证其约绘于雍正元年至八年（1723—1730），并指出“‘台湾后山图’，这是前人所没有绘出的部分……图上的地名虽然不很多，但它是第一幅台湾东部地区图”⑦。

乾隆年间所绘台湾舆图较为丰富，保存至今的有不少，学界相关研究成果较多。曹婉如等对现存乾隆年间彩绘《台湾舆图》情况做了宏观

---

① 郑喜夫.《康熙台湾舆图》内容年代新考. 台湾文献，2001，52（1）.

② 洪英圣. 画说康熙台湾舆图. 台北：联经出版事业公司，2002.

③ 同②242.

④ 曹婉如，郑锡煌，黄盛璋，等. 中国古代地图集：清代. 北京：文物出版社，1997：2.

⑤ 王佳琦. 清代绘制的台湾地图说明. 文物参考资料，1955（5）.

⑥ 同④80.

⑦ 同④80.

概述。[①] 吕荣芳撰文介绍厦门大学人类学博物馆珍藏《清初手绘台湾地图》，指出该图采用立体彩绘手法，经其考证应为乾隆统一中国版图、用兵台湾的军事地理，绘制时间下限当在乾隆五十一年（1786）林爽文起义之前。[②] 此后，曹婉如等发现台湾图书馆亦藏有一幅与上图内容基本相同的彩绘本《台湾地图》，经考证认为该图绘制时间当在乾隆五十二年（1787）之前，与吕荣芳观点基本相同。[③]

乾隆彩绘纸本《台湾舆图》原藏于国立北平图书馆，后台湾“中央图书馆”代管并影印发行，现藏于台北故宫博物院。黄典权研估出其绘制年代下限为乾隆三十二年（1767）。[④] 施添福提出了不同看法，认为似应为乾隆二十一年至二十四年（1756—1759）甚至更早绘制而成。[⑤] 曹婉如等对该图做了简要介绍，夏黎明对其内容进行了详细解读。[⑥] 洪英圣编著《画说乾隆台湾舆图》一书[⑦]，对该图的绘制内容即图面全部地名与文字进行古今对照，统计并分析图中的台湾古聚落、汉人聚落、驻军数量及其分布情况，最后得出该图呈现的可能是乾隆二十七年至三十二年（1762—1767）的台湾社会状况。[⑧]

乾隆末年彩绘纸本《七省沿海图》，传世摹绘本较多。曹婉如等编《中国古代地图集·清代》一书收录中国历史博物馆（今中国国家博物馆）所藏咸丰十年（1860）彩色摹绘本，认为该图是以雍正初年陈伦炯所绘《沿海全图》为底图，进而补充、修改而成，并据图上之地名及文字注记考证出该图当绘于乾隆五十二年（1787）之后、嘉庆元年

---

① 曹婉如，郑锡煌，黄盛璋，等. 中国古代地图集：清代. 北京：文物出版社，1997：80-81.

② 吕荣芳. 清初手绘台湾地图考释. 文物，1979（6）.

③ 同①81.

④ 黄典权.《台湾地图》考索//台湾省文献委员会. 台湾省文献委员会庆祝成立四十周年纪念论文专辑. 台北：国史馆台湾文献馆，1988.

⑤ 施添福.“台湾地图”的绘制年代. 台湾风物，1988，38（2）.

⑥ 曹婉如，郑锡煌，黄盛璋，等. 中国古代地图集：清代. 北京：文物出版社，1997：80-81；夏黎明. 台湾文献书目解题·第二种地图类：第2册. 施添福，主编. 台北：“中央图书馆”台湾分馆，1994：123-156.

⑦ 洪英圣. 画说乾隆台湾舆图. 台北：联经出版事业公司，2002.

⑧ 同⑦260.

（1796）之前。[①]

台北“中研院”史语所傅斯年图书馆收藏有一幅彩绘纸本乾隆台湾古地图长卷，因该图卷首题词为“图内民番界址”，故今人多将其称为《台湾民番界址图》。自 20 世纪 90 年代以来，先后有多位学者对其有所研究。施添福考证出该图应为乾隆二十五年（1760）闽浙总督杨廷璋“清厘台属边界”时绘制。[②] 柯志明著《番头家：清代台湾族群政治与熟番地权》一书，虽探讨重心不在此图，但作者据图上所绘地名，同时参照相关文献推定出此界址线周边各点的现今位置和地名，进而以今天的《台湾新地形构造形态图》为底图绘制出《台湾番界图》，较为清晰地反映出当时台湾的民番分界。[③] 台北南天书局与“中研院”史语所合作出版该图卷，序言中对其得名缘由、现藏情况及相关绘本做了介绍，指出该图的史料价值在于山前地带从南到北所画的红色和蓝色线条，即“民番界址线”，并附以详考式的评述。[④] 此后，魏德文也撰文介绍该图绘制内容，并评估其史料价值。[⑤] 林玉茹等则对现藏于故宫博物院的《台湾田园分别垦禁图说》进行了极为详尽的解读，并且邀请了 GIS 相关专业的研究人员加入，组织跨学科团队，其对舆图的印制与解读堪称典范。[⑥]

晚清所绘台湾舆图保存至今的不少。台北故宫博物院藏有一本镌刻于清光绪五年（1879）的台湾舆图。黄清琦编著《台湾舆图暨解说图研究》一书，将该图复刻出版，并抽出图中所绘不同类型的主题内容，利用 GIS 技术分别制成一张张历史地图，每张图后附有详细的地图解说，为非地图学专业读者阅览和利用该图提供了极大便利。[⑦]

---

① 曹婉如，郑锡煌，黄盛璋，等. 中国古代地图集：清代. 北京：文物出版社，1997：81.

② 施添福. 红线与蓝线——清乾隆中叶台湾番界图. 台湾史田野研究通讯，1991，19.

③ 柯志明. 番头家：清代台湾族群政治与熟番地权. 3 版. 台北：“中央研究院”社会学研究所，2003：161－162.

④ 杜正胜. 台湾民番界址图说略//“中央研究院”历史语言研究所，《古今论衡》编辑小组. 古今论衡：第 8 期. 台北：“中央研究院”历史语言研究所，1998.

⑤ 魏德文.《台湾民番界址图》概说. 民族文献双月刊，2012（1）.

⑥ 林玉茹，詹素娟，陈志豪. 紫线番界：台湾田园分别垦禁图说解读. 台北：“中央研究院”台湾史研究所，2015.

⑦ 黄清琦. 台湾舆图暨解说图研究. 台南：台湾历史博物馆，2010.

台湾图书馆购得一幅晚清《基隆海市图》，署名为上海人姚鸿。其后，陈宗仁撰写多篇文章介绍了该图绘制的经过和内容、社会历史背景及相关事件的来龙去脉等。① 尤其是他的《洋务视野下的地理描绘——试析台湾汉学研究中心藏晚清“基隆海市图”》一文，分析了图上的两处题款并指出其中可能存在讹误，结合实地勘察推断姚鸿当时驻足观察之地应在基隆港西岸码头背后的高地，最后认为此图当应洋务和海防的需求而绘制。

关于荷殖和日据时期所绘台湾舆图的整理与研究，江树生翻译《十七世纪荷兰人绘制的台湾老地图》一书出版，原书是荷兰人格斯·冉福立（Kees Zandvliet）在搜集欧洲多家机构所藏的荷兰人所绘台湾古地图之后，经多次增补而成，主体内容分为图版篇、解读篇、论述篇三个部分。②“图版篇”收录了1592—1667年荷兰人所绘的37幅台湾老地图，“解读篇”按荷兰人殖民统治台湾的先后次序，分八个专题对这37幅地图进行拆散、比较和分析，“论述篇”分为七章叙述荷兰人绘制台湾地图的历史。2006年，吕理政等主编《经纬福尔摩沙：16—19世纪西方人绘制台湾相关地图》，分为地图导读、地图选要图说、馆藏地图图录三个部分，探讨了16—19世纪西方人绘制台湾相关地图的情况。③同年还出版了一部也是现今唯一一部针对荷兰人所绘台湾舆图的研究专著，即翁佳音的《大台北古地图考释》。④ 该书主要运用文献考订法，并结合语言、考古、地名学研究方法，来解读荷兰人于1645年前后所绘《大台北古地图》，进而对前人的一些观点做出修正，如认为1898年伊能嘉矩提出用“凯达格兰”来称呼该图北部地区的原住民是不恰当的，用“马塞族”较为合适，对大台北番社地点所包括的原住地和迁出

---

① 陈宗仁. 姚鸿“基隆海市图”简介.“国家图书馆”馆讯（台北），2003（2）；陈宗仁. 略论晚清台北与上海的关系——以“国家图书馆”藏基隆海市图为例//台北市文献委员会. 第二届“台北学”国际学术研讨会论文集——航向世界的台北 探寻华人的海洋文化. 台北：台北市文献委员会，2006；陆宗仁. 洋务视野下的地理描绘——试析台湾汉学研究中心藏晚清“基隆海市图”//第二届地方文献国际学术研讨会论文汇编. 会议自印本. 2007.

② 格斯·冉福立. 十七世纪荷兰人绘制的台湾老地图. 吴美云，总编辑. 江树生，译. 台北：英文汉声出版有限公司，1997.

③ 吕理政，魏德文. 经纬福尔摩沙：16—19世纪西方人绘制台湾相关地图. 台北：台湾历史博物馆筹备处，南天书局，2006.

④ 翁佳音. 大台北古地图考释. 台北县：稻香出版社，2006.

地也逐一做了修正。

学界研究日据时期所绘台湾舆图的成果，有李钦贤编著《台湾的古地图：日治时期》一书，该书以图说结合的形式，介绍了日据时期台湾地图的绘制方法、内容、背景及价值、今藏地等。① 魏德文等著《测量台湾：日治时期绘制台湾相关地图 1895—1945》，分为地图导读、地图选要图说、馆藏地图图录三个部分，来探讨该馆所藏日据时期所绘台湾舆图情况。② 另外，这方面的成果还有黄武达编著的《日治时期台湾都市发展地图集：1895—1945》。③

"舆图也是史料。"④ 图上所绘内容既反映了特定时段的地理形态，同时也反映了时人的文化认知。一些学者利用清代台湾舆图进行了专题研究，如舆图与台湾开发史研究、舆图与台湾城市空间演变研究等。

关于舆图与台湾开发史研究，维坦特（Christine Vertente）等著《先民的足迹——古地图话台湾沧桑史》、施淑宜总编《海国图索——台湾自然地理开发（1805—1945）》，通过古地图展示了清代台湾开发过程和演变史。⑤ 苏启明撰文从清代台湾老地图看台湾开发历程。⑥ 许毓良对国家图书馆所藏一幅《台湾图》做出了考证、分析，认为这幅地图为光绪七年至十二年（1881—1886）绘制，或许更名为《清末台湾建省前后南投山区图》更为贴切，对清末南投开发史研究具有三个方面的重要史料价值，同时对图中所绘南北投堡、沙连下堡、沙连堡等地名做了考证。⑦

关于舆图与台湾城市空间演变，一些学者选取一定时段内所绘的多

---

① 李钦贤. 台湾的古地图：日治时期. 金炫辰，改绘. 台北：远足文化事业股份有限公司，2002.

② 魏德文，高传棋，林春吟，等. 测量台湾：日治时期绘制台湾相关地图 1895—1945. 台北：台湾历史博物馆，南天书局，2008.

③ 黄武达. 日治时期台湾都市发展地图集：1895—1945. 台北：南天书局，2006.

④ 华林甫. 英国国家档案馆庋藏近代中文舆图的价值//黄爱平，黄兴涛. 西学与清代文化. 北京：中华书局，2008：464.

⑤ 维坦特，许雪姬，吴密察. 先民的足迹——古地图话台湾沧桑史. 台北：南天书局，1991；施淑宜. 海国图索——台湾自然地理开发（1805—1945）. 台北：立虹出版社，1996.

⑥ 苏启明. 从老地图看台湾之开发. 历史文物，2003，122.

⑦ 许毓良. 清末台湾的埔里社厅——以北京国家图书馆所藏《台湾图》为例的讨论//台北故宫博物院."空间新思维——历史舆图学国际学术研讨会"论文. 会议自印本. 2008.

幅台湾舆图，通过比较各图标记的地物的不同来探讨台湾城市空间的变迁过程。黄天横《清末、日据、光复当初之台南市街图》一文，介绍了其收录的光绪元年至民国三十四年（1875—1945）所绘的十数张台南市街图，借此展示台南城市的演变历程。① 另外，这方面的研究成果还有谢晓琪之《嘉义市市街空间变迁之研究——以清代至日治时期地图为例》，等等。②

舆图绘制本身正体现着当时人的空间观念和文化认知研究。夏黎明《国家统治与知识生产：清代台湾地图的绘制与区域发展》，从传统中国国家统治层面，认为方志和舆图是朝廷为有效管理与控制地方而进行的系统地理知识生产，进而从治台政策和台湾区域发展这两个方面探讨国家统治政策与舆图绘制的关系。③ 夏忠平用“文化历史地理学”观点来诠释台湾地图中的文化意涵。④ 林天人对舆图提出了一种新的历史解释，并希望学界从探讨舆图绘制的过程，转而探究地图本身所反映的更高程度的理性或精确度。⑤ 这些不同的思维方式和研究视角为近年来台湾舆图研究注入了新的活力。

（二）东北边疆舆图考证与边界问题研究

20 世纪 30 年代，孟森考证《宣统三年调查之俄蒙界线图》，指出了图上所绘几处卡伦的错讹。⑥ 吴志顺对燕京大学图书馆新购《奉天全省舆图》进行了考证，认为其应绘于光绪三十三年（1907）之后。⑦ 20 世纪 80 年代以来，学界研究清代东北边疆舆图的成果较为突出，其中满文舆图是研究焦点。

---

① 黄天横. 清末、日据、光复当初之台南市街图. 台南文化，1990，29.

② 谢晓琪. 嘉义市市街空间变迁之研究——以清代至日治时期地图为例. 云林科技大学文化资产维护系硕士班硕士学位论文，2007；赖志彰. 地图作为地方开发、地区发展、市街研究的实际操作——以南台湾相关研究题材为例//台北故宫博物院. “空间新思维——历史舆图学国际学术研讨会”论文集. 会议自印本. 2008.

③ 夏黎明. 国家统治与知识生产：清代台湾地图的绘制与区域发展. 兴大历史学报，2004，15.

④ 夏忠平. 地图的文化历史地理学观点——诠释台湾地图史中地图的文化意义. 台湾师范大学硕士学位论文，1996.

⑤ 林天人. 地图——权力的视野　想象的空间. 故宫文物月刊（台北），2008，304.

⑥ 孟森. 宣统三年调查之俄蒙界线图考证. 图书季刊，1936，3（3）（收入：汪前进. 中国地图学史研究文献集成：民国时期：第 2 册. 西安：西安地图出版社，2007）.

⑦ 吴志顺. 评奉天全省舆图. 禹贡半月刊，1934，2（2）.

焦点之一为台北故宫博物院所藏一幅题意为“原内大臣郎谈等所绘《九路图》”的彩绘满文舆图。吉田金一考证认为该图系郎谈康熙二十八年（1689）所绘，是中俄尼布楚谈判时清政府代表所用地图。① 我国学者刘远图、薛虹均赞同其说，二人还根据《九路图》之绘制内容来探究中俄划界的相关问题。吴雪娟利用满文档案研究指出该图应名《九路图》，纠正了前人称其为《吉林九河图》之误，并对康熙二十九年（1690）“九路”巡边过程进行了系统考察。② 至此，“九路”巡边及《九路图》绘制过程基本理清。

焦点之二为台北故宫博物院珍藏纸本彩绘满文《黑龙江流域图》。卢雪燕撰文介绍该图内容、范围，推测该图应成于康熙四十九年（1710），为康熙《皇舆全览图》的早期成果，并对其史料价值给予了极高评价。③ 此后，孙喆推测此图绘制时间大概在康熙三十一年至四十八年（1692—1709）。④ 吴雪娟则利用清代黑龙江将军衙门满文档案对此图进行重新考证，提出了与卢、孙二人不同的看法，认为该图为康熙《大清一统志》之《黑龙江图》，属于《大清一统志》的底本资料。⑤ 承志从该图所绘格尔必齐河东岸的界碑位置入手，利用满文和中外史料分析，认为此图是《中俄尼布楚条约》签订后，在康熙二十九年（1690）开始的国境立碑计划和巡边背景下绘制而成的，地图上注明的“康熙四十九年十一月二十五日”应是其绘制年份；并指出“台北‘故宫博物院’藏有多幅康熙时期的满文舆图，同黑龙江相关的舆图还有十几幅，今后有必要将这些舆图与其他国家收藏的相关舆图进行综合比较研究”⑥。

同时，薛虹对其早年有幸购得、现藏于东北师范大学历史系的一幅彩绘纸本满文黑龙江地图进行研究，认为其应绘于嘉庆末年至道光六年（1826），很可能是黑龙江将军衙门收藏的实测图，并结合同类舆图所绘，总结出清代黑龙江舆图中格尔必齐河绘制的两个系统，进而验证出此图

① 吉田金一. 郎談の吉林九河図とネルチンスク条約. 東洋學報，1980，62（1/2）.
② 吴雪娟. 郎谈《九路图》与“九路”巡边考. 历史档案，2009（1）.
③ 卢雪燕. 院藏康熙满文本“黑龙江流域图”考介. 故宫文物月刊（台北），2001，225.
④ 孙喆. 从两幅地图看 18 世纪初期清人对黑龙江流域的认识. 中国地方志，2006（6）.
⑤ 吴雪娟. 康熙《大清一统志·黑龙江图》考释. 中国地方志，2009（11）.
⑥ 承志. 尼布楚条约界碑图的幻影——满文《黑龙江流域图》研究. 故宫学术季刊（台北），2011，29（1）.

的格尔必齐河画法是正确的。① 孙喆从满文《黑龙江流域图》、康熙《皇舆全览图》来分析18世纪初清人对黑龙江流域的认识。② 承志利用相关满文档案来解读满文《乌喇等处地方图》，认为该图与康熙二十九年（1690）宁古塔将军巴海等巡边有直接关系，并肯定了其史料价值。③

与此同时，一些学者对所见的东北疆域图进行了考证分析和内容介绍。鞠殿义等考证出吉林省档案馆所藏的一幅不著名称、撰者和绘制时间的舆图为清末曹廷杰所撰《东三省舆地图说》之图，并肯定了其对东北史地研究的价值。④ 纪凤辉利用档案资料，对光绪二十五年（1899）《黑龙江舆图》上所绘的三个哈尔滨地名做出考证，指出了哈尔滨的原址。⑤ 于泾等撰文详细解说了北京图书馆（今中国国家图书馆）收藏之光绪二年（1876）《长春厅舆地全图》的绘制内容。⑥ 王绵厚撰文介绍辽宁省博物馆庋藏彩绘纸本《柳边图》所绘内容，认为其成图时间较图上所绘内容为晚，应在清末同治、光绪年间。⑦

（三）东南舆图研究

东南舆图研究成果涉及澳门、台湾、钓鱼岛及其附属岛屿、南海诸岛及其他沿海舆图等多个方面，台湾舆图研究在前文已探讨，沿海舆图将列入“专题舆图研究”中论述，以下仅介绍学界研究澳门、钓鱼岛及其附属岛屿、南海诸岛舆图的情况。

嘉庆十三年（1808）《澳门形势图》，现藏于中国第一历史档案馆，作者佚名。汤开建从探究该图的绘制背景入手，得出其为两广总督吴熊光于当年十月二十七日“向嘉庆帝呈报英兵未退情形事奏折中附呈之图”，然后分析图上地名、文字说明及其史料价值，认为该图是现存澳门古图中“极为稀罕珍贵”的一幅。⑧

---

① 薛虹．彩绘满文黑龙江地图和格尔必齐河的位置．清史研究，1993（4）．

② 孙喆．从两幅地图看18世纪初期清人对黑龙江流域的认识．中国地方志，2006（6）．

③ 承志．满文《乌喇等处地方图》考．故宫学术季刊（台北），2006，26（4）．

④ 鞠殿义，佟铮．《东三省地舆全图》研究．社会科学战线，1986（2）．

⑤ 纪凤辉．《黑龙江舆图》与哈尔滨地名．学习与探索，1990（4）．

⑥ 于泾，孙彦平．《长春厅舆地全图》考释．社会科学战线，1991（2）．

⑦ 王绵厚．清彩绘柳边图考略//曹婉如，郑锡煌，黄盛璋，等．中国古代地图集：清代．北京：文物出版社，1997．

⑧ 汤开建．嘉庆十三年《澳门形势图》研究．广西民族学院学报（哲学社会科学版），2000（2）．

郑海麟《钓鱼台列屿之历史与法理研究》一书之下编“钓鱼岛列屿相关地图考释”，对所见“明清时期中国人所绘钓鱼岛列屿地图”“甲午战前琉球古地图”“明清时期西洋人所绘钓鱼岛列屿地图”“战后钓鱼岛列屿地图”分别进行了图文对照形式的简要考释①；其后附有专文解说日本学者林子平（1738—1793 年）所绘《三国通览图说·琉球三省并三十六岛之图》，指出图中所绘钓鱼岛及其附属岛屿与中国大陆所用颜色相同，皆为淡红色，领土意思十分明确，是当时中国领有钓鱼岛及其附属岛屿的铁证。鞠德源著《日本国窃土源流　钓鱼列屿主权辨》一书之中篇择专章对“台湾附属岛屿东北诸岛古地图”做出考析；下篇“铁案如山证据说”分为图说和图版两个部分，对明清以来中外所绘 80 种钓鱼岛及其附属岛屿古旧地图（其中清时期所绘 50 种）进行解读，证明其明清时期就为中国管辖领土的历史真相，揭露了日本窃取中国领土过程中所造的各种伪证。② 该书不仅向我们展示并系统研究了明清时期钓鱼岛及其附属岛屿舆图，而且还结合其他史料较为全面、详细地梳理了钓鱼岛及其附属岛屿的地名演变过程，是一部深入研究钓鱼岛及其附属岛屿历史主权归属的力作。此后，牛汝辰亦通过对舆图标示地名的研究，证明了钓鱼岛及其附属岛屿自古就属于我国领土主权管辖的史实。③ 韩昭庆撰文从甲午战前欧洲人所绘中国地图看钓鱼岛的历史。④ 吴凤斌结合明清古地图及相关史料所载进行研究，证明南海诸岛自古以来就是我国领土。⑤

（四）西南舆图研究

20 世纪 30 年代，许道龄主要依据文献记载，系统梳理光绪《广西中越全界图》的绘制背景和过程，认为这幅图是研究中国近代边疆的重

---

① 郑海麟. 钓鱼台列屿之历史与法理研究. 香港：明报出版社，1998：191－252.

② 鞠德源. 日本国窃土源流　钓鱼列屿主权辨. 北京：首都师范大学出版社，2001；鞠德源. 从地图看钓鱼岛列岛的主权归属. 地图，2004（1）.

③ 牛汝辰. 地图测绘与中国疆域变迁——地图主权价值论. 北京：人民日报出版社，2005：260－280.

④ 韩昭庆. 从甲午战争前欧洲人所绘中国地图看钓鱼岛列岛的历史. 复旦学报（社会科学版），2013（1）.

⑤ 吴凤斌. 明清地图记载中南海诸岛主权问题的研究. 南洋问题，1984（4）（后更名为《古地图记载南海诸岛主权问题研究》，收入：吕一燃. 南海诸岛　地理·历史·主权. 哈尔滨：黑龙江教育出版社，1992）.

要史料。①

20 世纪 80 年代初，黄盛璋以 1901 年“邹代钧图”为分界线，将中国近代有关中印边界的画法分为两个阶段分别进行阐述、分析。② 20 世纪 90 年代，房建昌、王学清等各自撰文详细论述清代西藏测绘史及相关地图绘制情况。③ 21 世纪伊始，傅林祥介绍上海图书馆所藏一套纸质彩绘光绪贵州省各府州《总图》之内容，并探讨了其在历史地理研究中的价值。④ 覃影、白鸿叶对现存四套《云南全省舆图》稿本及其相关的光绪《大清会典舆图》奏报问题做出考辨，得出云南省图书馆藏本与国家图书馆所藏乙本的底稿相同，西南民族大学藏本与国家图书馆所藏甲本的底稿相同，即《云南全省舆图》实际地方两套、中央两套，这四套舆图均为光绪《大清会典舆图》编修的稿本之一。⑤ 覃、白二人的另一篇文章以西南民族大学本《云南全省舆图》为研究对象，通过对《续云南通志稿》之《云南全省舆图》和《大清会典舆图》之舆图资料来源的探究，揭示出《云南全省舆图》稿本的流向以《续云南通志稿》为主，唐炯于光绪二十四年（1898）、二十七年（1901）前后两次在四川岳池县刊刻《续云南通志稿》，是此舆图稿本资料流落四川的主要原因。⑥ 白鸿叶还撰文概述国家图书馆藏清末广西舆图情况，指出清末广西舆图共有 30 余种，大致分为政区图、军事图、交通图、名胜图四类，其中以政区图居多。⑦ 另外的相关成果还有蓝勇主编的《重庆古旧地图研究》。⑧

---

① 许道龄. 跋《广西中越全界图》. 禹贡半月刊，1936，6（6）.

② 黄盛璋. 中国地图有关中印边界的画法的分析研究//中国科学院地理研究所. 边界历史地理研究论丛. 内部资料. 1980.

③ 房建昌. 近代西藏测绘史略. 中国历史地理论丛，1993（4）；房建昌. 西藏测绘史略. 西藏研究，1994（1）；房建昌. 清代西藏历史地图的编纂、史料及方法//中国地理学会历史地理专业委员会《历史地理》编辑委员会. 历史地理：第 24 辑. 上海：上海人民出版社，2010；王学清，邓恒祥. 清代、民国时期的西藏测绘考略. 西藏研究，1994（3）.

④ 傅林祥. 清光绪年间贵州省各府州《总图》述评//复旦大学历史地理研究中心. 面向新世纪的中国历史地理学——2000 年国际中国历史地理学术讨论会论文集. 济南：齐鲁书社，2001.

⑤ 覃影，白鸿叶.《云南全省舆图》稿本及其奏报问题考辨//国家图书馆古籍馆. 文津学志：第 4 辑. 北京：国家图书馆出版社，2011.

⑥ 覃影，白鸿叶.《云南全省舆图》稿本的资料流向研究//《文津学志》编委会. 文津学志：第 6 辑. 北京：国家图书馆出版社，2013.

⑦ 白鸿叶. 国家图书馆藏清末广西舆图概述//国家图书馆古籍馆. 文津学志：第 4 辑. 北京：国家图书馆出版社，2011.

⑧ 蓝勇. 重庆古旧地图研究. 重庆：西南师范大学出版社，2013.

(五) 西北舆图研究

陈维新据台北故宫博物院所藏有关清代以及清末民初中俄西北边界条约的舆图和档案，解读了同光年间伊犁交涉过程及边界变动情况。[①]徐艳磊撰文概述了清代所绘三类宁夏舆图及今天的馆藏情况。[②] 李新贵等对中国科学院藏《甘肃省彩绘山水画舆地图》进行解析，怀疑其图名为后人所加，故取名为《西宁青海全图》更符合绘图本义，并指出这是一幅反映道光二年（1822）青海地区的蒙古、番部分布的区域性舆图，描绘了蒙古、番部的分布及其周边的城市、关隘等。[③] 白鸿叶据 2011 年国家图书馆举办“西域遗珍”展览上所见的清代新疆舆图，简要梳理了清代新疆舆图测绘的发展脉络。[④] 刘传飞对清末新疆舆图测绘活动的史实进行了订正，指出《新疆四道志》有很大可能是张起宇在测绘完全疆后撰写的“全疆图说”定本；国家图书馆所藏《新疆省舆地图说》当是新疆赍送会典馆的图说部分；台湾成文出版社 1968 年影印的《旧刊新疆舆图》应该是会典馆所藏《大清会典舆图》新疆部分经修改后的坊间刊本。[⑤]

除了全国总图，其他与政区相关的地图基本都为区域性舆图。百年来的清代区域性舆图研究已取得可喜的成绩，是清代舆图研究中较为突出的分支之一。随着舆图不断被发现，或考证舆图本身，或以舆图为材料还原历史的细节，这一领域有望继续保持繁荣景象。不过，学界对区域性舆图的研究很不均衡，以台湾舆图研究较为成熟，成果最为丰硕，东北舆图研究成果较为可观，而其他地区舆图研究成果较少。从边疆和内地来衡量，明显边疆舆图研究较为兴盛，而内地各省或各地区舆图研究明显薄弱。

---

① 陈维新. 中俄两国霍尔果斯河界图解密. 故宫文物月刊（台北），2008，304；陈维新. 同、光年间中俄伊犁边界交涉探讨——以中俄订定之条约及界图为例//台北故宫博物院. “空间新思维——历史舆图学国际学术研讨会”论文集. 会议自印本. 2008；陈维新. 失落的疆域——清季西北边界变迁条约舆图特展. 李天鸣，林天人，主编. 台北：故宫博物院，2010.

② 徐艳磊. 宁夏舆图研究. 宁夏大学硕士学位论文，2013.

③ 李新贵，白鸿叶.《甘肃省彩绘山水画舆地图》初探. 故宫博物院院刊，2013（5）.

④ 白鸿叶. “西域遗珍”清代新疆舆图概述. 文津流觞，2011（1）.

⑤ 刘传飞. 清光绪前中期新疆普通地图的绘制及其相关问题研究. 中国历史地理论丛，2016（2）.

第五节 新说纷呈的专题舆图研究

辛亥革命以来，专题舆图研究开展较早，但进展缓慢，研究成果较为分散、零碎，不过总体数量还算可观。以下大体归纳为城市舆图研究“由点到面”的逐步扩展，河道、沿海舆图系统研究的开端，世界舆图研究，方志舆图研究，其他专题舆图研究五个部分，逐一探讨。

表 5-10　百年来清代专题舆图研究论文分类统计　单位：篇

类别＼时段	1912—1949 年	1950—1979 年	1980—1996 年	1997 年以来	总计
城市图	3	/	3	32	38
河道图	2	/	5	38	45
沿海图	1	/	/	12	13
军事图	/	1	3	18	22
世界图	1	/	2	10	13
历史沿革图	/	/	4	6	10
方志图	/	/	4	26	30
陆上交通图	/	/	1	1	2
总计	7	1	22	143	173

表 5-11　百年来清代专题舆图研究著作分类统计　单位：部

类别＼时段	1912—1949 年	1950—1979 年	1980—1996 年	1997 年以来	总计
城市图	/	/	/	1	1
河道图	/	/	/	1	1
沿海图	/	/	3	1	4
军事图	/	/	/	1	1
总计	0	0	3	4	7

说明：以上二表中“/”表示“无”，清代专题舆图整理成就见本章第二节，此表统计较本章第二节各表增加了海外所藏中文专题舆图的研究成果。

（一）城市舆图研究“由点到面”的逐步扩展

学界对清代城市舆图的研究，始于20世纪30年代的北京城舆图研究。20世纪80年代以来，以侯仁之为代表的北京大学历史地理研究团队，结合我国历史城市地理研究展开了清代城市舆图研究。从现有清代城市舆图研究成果来看，北京城舆图研究成果较为丰硕，盛京、苏州、上海、澳门等城市舆图研究成果相对较少，其他城市舆图研究成果更少。

1. 北京城舆图研究

鉴于朱竞梅《清代北京城市地图研究的总结与思考》已对20世纪的北京城舆图研究做出回顾①，我们在此就不再赘述，仅做一点补充。1997年以来，加拿大学者许进雄、我国学者孙果清分别撰文对《彩色道光北京内外城全图》进行研究，两人研究思路很相似，皆通过对图上所绘受封府第的年代来考证该图绘制时间，许进雄认为是道光二十六年（1846），而孙果清推断应是道光二十五年（1845），近乎相同。② 朱竞梅著《北京城图史探》是一部北京城地图发展史研究专著。③ 该书第二、三、四章在总结了清代以来的北京城舆图绘制情况后，从社会历史背景分析北京城舆图演进过程，并将舆图绘制方法与描述内容紧密结合起来探讨北京城市发展演变过程，文末附有“现存北京古地图图目”，为后来者查找、利用提供了线索。当然，关于北京城舆图的研究，仍有待补充新发现并深入对地图本身的探讨。

2. 盛京城舆图研究

王明琦对绢本《盛京城阙图》中所绘六部分建筑进行考证，认为：图中所反映的沈阳城当是后金天聪五年（1631）增拓沈阳城后之面貌；所反映的努尔哈赤居住宫室，当是其迁都沈阳后居住的宫室经过皇太极重修之后到康熙二十三年（1684）的面貌；所展示的盛京宫殿是沈阳故宫的早期建筑，建成于崇德二年（1637）；所反映的诸王府第当是顺治六年至康熙十三年（1649—1674）的面貌；六部三院和府县的建筑年代

---

① 朱竞梅. 清代北京城市地图研究的总结与思考. 北京社会科学，2001（3）.

② 许进雄. 19世纪北京地图——步军营委署步军校的官厅部署//唐晓峰，李零. 九州：第1辑. 北京：中国环境科学出版社，1997；孙果清. 彩色道光北京内外城全图//郑锡煌. 中国古代地图集——城市地图. 西安：西安地图出版社，2005.

③ 朱竞梅. 北京城图史探. 北京：社会科学文献出版社，2008.

又当在康熙四年（1665）之后，但其下限仍不能超过康熙十三年（1674）。① 王绵厚考证认为，该城阙图可能是在奉天府设置承德县后于康熙三年至八年（1664—1669）绘成的，进而从城市地图学史的角度对该图绘制的历史背景、内容及文物价值等做了深入探讨。②

3. 苏州城舆图研究

学界研究的清代苏州城舆图主要有二：一为乾隆《姑苏城图》，二为《清苏城全图》。乾隆《姑苏城图》为乾隆十年（1745）苏州知府傅椿主持绘制，木版印刷，乾隆四十八年（1783）重刻。该图被收入曹婉如主编之《中国古代地图集・清代》，张英霖撰文考证出其绘制者为乾隆时宫廷画家苏州人徐扬，并通过将其与宋、明以来的苏州城舆图进行比较，认为该图是至今所见苏州古城图中最为详尽的一幅。③ 范金民《清代苏州城市工商繁荣的写照——〈姑苏繁华图〉》《〈姑苏繁华图〉：清代苏州城市文化繁荣的写照》二文，亦对该图所绘内容进行了考察，前文强调图中所绘各类店铺市招及其反映的苏州城市的繁华景象；后文着重对图中所绘科举教育、戏曲丝竹、婚礼习俗、园林艺术等场景进行描述，认为该图是全面展示 18 世纪早中期苏州城市风貌的宝贵文化遗产。④ 双色石印《清苏城全图》，未署绘者名和绘制日期。朱明霞据图中所绘医院、书院考证出其应绘于光绪九年至二十七年（1883—1901），并计算出全图平均比例尺为 1∶5 710，然后集中介绍了图中所绘的河道、桥梁、街道、官署、寺庙、教会、军事机构、园林等各类地物名称。⑤

4. 上海城舆图研究

叶凯蒂《哪里是上海？——十九世纪上海地图与城市形象的争夺战》一文，通过比较 1817 年以来中、西人士所绘上海舆图之主体内容的差异，来体现各自不同的理想社会秩序与生活方式，由此诠释出地图

---

① 王明琦.《盛京城阙图》的内容与年代. 社会科学辑刊，1986（4）.

② 王绵厚. 盛京和盛京城阙图考略//郑锡煌. 中国古代地图集——城市地图. 西安：西安地图出版社，2005.

③ 张英霖. 对乾隆姑苏城图的一些探索//曹婉如，郑锡煌，黄盛璋，等. 中国古代地图集：清代. 北京：文物出版社，1997.

④ 范金民. 清代苏州城市工商繁荣的写照——《姑苏繁华图》. 史林，2003（5）；范金民.《姑苏繁华图》：清代苏州城市文化繁荣的写照. 江海学刊，2003（5）.

⑤ 朱明霞. 清苏城全图初探//曹婉如，郑锡煌，黄盛璋，等. 中国古代地图集：清代. 北京：文物出版社，1997.

所反映的中、西方在上海政治与文化上的分歧和潜力；同时，作者认为上海地图还在一定程度上反映了人们的心态，并促成了这一时期上海取得社会价值上的共识。① 傅林祥通过对元、明、清上海地图的比照研究，分析了上海城市化的历史进程。② 钟翀考察 1814—1918 年上海城市舆图的绘印情况及形态特征，归纳出近代早期上海城市地图的四个谱系，并初步探讨了这些城市地图之绘制者、传播与使用情况等。③ 2017 年出版的《上海城市地图集成》汇集了 1504—1949 年 217 种与上海相关的古舆图和近现代地图，印制精美，规模最大，整理齐备。④

5. 重庆城舆图研究

姜丽蓉对清末绘制的三幅大小基本相同的重庆府治舆图——国璋主持测绘之《重庆府治全图》、张云轩绘制之《重庆府治全图》、刘子如绘制之《增广重庆地舆全图》——进行比较，测算出其比例尺约为 1∶4 000，并推断出张图最迟绘制于光绪十六年（1890）、刘图最迟绘制于光绪二十六年（1900），认为这三幅地图既有许多相同之处，又各有特色，是研究重庆城市发展的重要历史文物，也是研究清末城市地图绘制技术的实物资料。⑤ 此后，邓晓对《增广重庆地舆全图》做出专门考辨，认为其应绘于 1898 年之后、1902 年之前，而以 1898—1900 年最有可能，并对其价值进行了详细评析。⑥

6. 广州城舆图研究

曾新著《明清广州城及方志城图研究》一书，先通过系统回顾明清时期所绘广州城图的总体情况，认为清代在数量上较明代明显增加，绘制方法也更具科学性，据其绘制方式和内容，可以道光朝为界分为前、后两大时段；然后分别研究康熙《广东通志》、乾隆《广州府志》、道光《广东通志》中的广州城图，分析其绘制特点，逐一考释所绘地物名称，

---

① 叶凯蒂. 哪里是上海？——十九世纪上海地图与城市形象的争夺战. 二十一世纪，1998，48.

② 傅林祥. 上海城市化进程的古旧地图反映//郑锡煌. 中国古代地图集——城市地图. 西安：西安地图出版社，2005.

③ 钟翀. 近代上海早期城市地图谱系研究. 史林，2013（1）.

④ 孙逊，钟翀. 上海城市地图集成. 上海：上海书画出版社，2017.

⑤ 姜丽蓉. 三幅重庆府治全图的比较//曹婉如，郑锡煌，黄盛璋，等. 中国古代地图集：清代. 北京：文物出版社，1997.

⑥ 邓晓.《增广重庆地舆全图》考辨. 西南大学学报（社会科学版），2008（2）.

并据此推断各时段广州城的布局演变。[①] 该书既是一部系统研究广州城舆图的专著，也是一部利用广州城舆图文献探讨广州城布局演变的著作。

7. 其他城市舆图研究

姜丽蓉择取清末所绘具有代表性的四幅四川省城街道图，考订其绘制年代、绘法、特点、价值，并试图借此了解成都的城市规模与建设以及相关的社会、经济、文化全貌。[②] 李孝聪介绍中国历史博物馆（今中国国家博物馆）所藏纸本彩绘《云南省城地舆全图》，认为图中所绘表现了清末昆明的城市形态，并据此分析了元、明、清昆明城的地域结构和功能布局演变过程及其对现代昆明城市发展的影响。[③] 任金城《天津城市聚落的兴起发展及其变化》一文，对照《津门保甲图说》之《清代天津县城内图》《清代天津县城北门外图》，描述天津开埠前的城市扩展过程与开埠后［即咸丰十年至光绪二十九年（1860—1903）］的租界扩展过程及其面积。[④] 阙维民对杭州城发展演变历程及其古地图的源流、绘制和保存情况做了综述，并将清代作为其中一个时段着重介绍。[⑤] 钟翀重点考察清末民初日本人利用西方近代测绘技术绘制的两湖城镇地图情况，肯定其绘印质量高于同时代的其他舆图，在两湖地区地图学史上有着重要意义。[⑥]

另外，杨文衡《太原城市地图及太原城市发展演变史略》、任云英等《古城西安的发展变迁》、王乃昂等《兰州的城址变迁与城市发展》《武威的变迁：从河陇古都到一般城市》、翟忠义《济南城市发展史略》等区域城市发展史通论性文章，从舆图与城市布局演变研究的视

① 曾新. 明清广州城及方志城图研究. 广州：广东人民出版社，2013.

② 姜丽蓉. 从清末地图看成都//郑锡煌. 中国古代地图集——城市地图. 西安：西安地图出版社，2005.

③ 李孝聪. 清末云南省城图与昆明城市建设发展史//郑锡煌. 中国古代地图集——城市地图. 西安：西安地图出版社，2005.

④ 任金城. 天津城市聚落的兴起发展及其变化//郑锡煌. 中国古代地图集——城市地图. 西安：西安地图出版社，2005.

⑤ 阙维民. 杭州城市发展与杭州城池地图概述//郑锡煌. 中国古代地图集——城市地图. 西安：西安地图出版社，2005.

⑥ 钟翀. 两湖地区早期日制近代都市图初探//徐少华. 荆楚历史地理与长江中游开发——2008年中国历史地理国际学术研讨会论文集. 武汉：湖北人民出版社，2009.

角，探讨了历史时期太原、西安、兰州、武威、济南等城市的发展演变过程。①

就城市舆图的研究成果而言，大致可分为三类：一类是对城市舆图的考证性研究，包括对城市舆图本身绘制者、时间的考证，绘制内容和史料价值的分析等；一类是利用城市舆图进行历史城市地理研究，即通过比较同一城市不同时段所绘舆图中地物之差异，探讨城市空间演变和发展进程；一类是城市舆图与人们的文化认知、空间观念研究，特别是通过对同一时段之不同绘制者所绘同一城市舆图内容的比较来揭示不同人士之文化认知的差异。

总之，清代城市舆图研究开展早，成果较多，但不同城市之间差别较大。北京城舆图研究开展较早且较为成熟，盛京、苏州、上海、重庆、广州、成都等城市舆图研究开展较晚且成果相对不多，其他城市舆图尚待系统研究，现今城市舆图研究正呈现出从北京向全国各大城市逐渐扩展的趋势。在研究方法上，除了对舆图的传统考证之外，将舆图作为一种独有的文献发挥其在反映城市空间格局上的价值，深度介入城市史的问题意识，将是推进城市舆图研究的关键。城市古旧地图集亦因适应当代各城市文化建设的迫切需要而不断涌现。

（二）河道、沿海舆图系统研究的开端

学界对清代河道、沿海舆图的研究始于20世纪三四十年代，此后40年间几无进展，直到20世纪80年代，始有零星的几篇黄河、运河、长江河道图专题论文出现，还有沿海图研究专著问世。近年来，水道舆图受到关注，研究著作和整理成果相继出版，主要集中于北京河道图、黄河图、运河图、长江河道图。

---

① 杨文衡．太原城市地图及太原城市发展演变史略//郑锡煌．中国古代地图集——城市地图．西安：西安地图出版社，2005；任云英，朱士光．古城西安的发展变迁//郑锡煌．中国古代地图集——城市地图．西安：西安地图出版社，2005；王乃昂，郭建英．兰州的城址变迁与城市发展//郑锡煌．中国古代地图集——城市地图．西安：西安地图出版社，2005；王乃昂，程弘毅．武威的变迁：从河陇古都到一般城市//郑锡煌．中国古代地图集——城市地图．西安：西安地图出版社，2005；翟忠义．济南城市发展史略//郑锡煌．中国古代地图集——城市地图．西安：西安地图出版社，2005．

1. 水道舆图研究

北京河道图研究 卢杰结合文献所载，考证认为《京师城内河道沟渠图》当绘于光绪十一年（1885）三月之后、十三年（1887）之前，应为光绪十二年（1886）派员浚治城内外河道的稿本。① 王淑芳撰文介绍了故宫博物院图书馆所藏《圆明园、绮春园、长春园三园地盘河道全图》的绘制内容和绘制者。②

黄河图研究 学界对清代黄河图研究的焦点之一为康熙绢本彩绘《黄河图》，该图原藏于台北“中央图书馆”，今藏于台北故宫博物院，1986 年日本东京二玄社将其缩印出版③，20 世纪 90 年代末以来整理出版的舆图集，如《中华古地图珍品选集》《治水如治天下——院藏河工档与河工图展》等，均收录了此图。④ 现今成果主要介绍其绘制作者、年代、内容及学术价值，对其绘制时间分歧较大。台湾编《“国立中央图书馆”善本书目》中将其绘制年代定在明代。⑤ 日本学者船越昭生考证该图应是周洽组织人员于康熙三十年（1691）前后所绘，非一时一人完成，当为《靳辅图》的稿本或副本。⑥《中华古地图珍品选集》将此图绘制年代定在康熙中晚期。林天人则认为此图绘于康熙十九年（1680）至康熙末年。⑦ 席会东认为其绘制年代当在康熙二十四年（1685）之后、三十年（1691）之前，并将该图与今藏于中国第一历史档案馆的一幅康熙绘本《黄河图》进行比较，发现两图为同一幅图的不同绘制本，进而结合相关档案文献详细分析了两图的绘制经过及价值。⑧ 因有坚实档案资料支撑，康熙《黄河图》绘制的原委得以澄清。另外，蔡泰彬论证 1969 年复制出版的《黄河万里图》应为康熙十六年

---

① 卢杰．京师城内河道沟渠图考．中和月刊，1940，1（3）（收入：汪前进．中国地图学史研究文献集成：民国时期：第 2 册．西安：西安地图出版社，2007）．

② 王淑芳．圆明园、绮春园、长春园三园地盘河道全图．故宫博物院院刊，1991（2）．

③ 靳辅．黄河图．周洽，绘．东京：二玄社，1986．

④ 中国测绘科学研究院．中华古地图珍品选集．哈尔滨：哈尔滨地图出版社，1998；林天人．治水如治天下——院藏河工档及河工图展．刘铮云，主编．台北：故宫博物院，2004．

⑤ “中央图书馆”特藏组．“国立中央图书馆”善本书目．台北：“中央图书馆”，1986：341．

⑥ 船越昭生．康熙《黄河图》考说．葛蓬天，编译．中国历史地理论丛，1988（1）．

⑦ 林天人．治水如治天下——院藏河工档及河工图展．刘铮云，主编．台北：故宫博物院，2004：4－6．

⑧ 席会东．清康熙绘本《黄河图》及相关史实考述．故宫博物院院刊，2009（5）．

至二十六年（1677—1687）河道总督靳辅派人所绘，而非李锡甫认为的绘于明嘉靖年间。[①] 曹玉凤等《中国古地图上的黄河》一文，分别对清代所绘的四幅黄河图——康熙《黄淮河流故道入海图》、康熙《黄淮不循故道海口淤垫图》、康熙《黄河图》、乾隆《开归陈汝四郡治河图》做了介绍，并肯定了其价值。[②]

学界对清代黄河图研究的焦点之二为《河源图》。早在 1948 年，周东郊就结合文献所载简述了康、乾两朝探寻河源的过程和成绩，由此揭开了《河源图》研究的序幕。[③] 黄盛璋《黄河上源的历史地理问题与测绘的地图新考》一文，首先梳理康、乾两朝测绘河源及编制《河源图》的具体过程，指出了康熙《皇舆全览图》9 号图和 16 号图之来源；然后揭示出乾隆四十七年（1782）阿弥达探寻河源后进呈的《黄河源图》（现藏于故宫博物院，彩绘本）为应付乾隆帝任务而作，其中存在着诸多弄虚作假之处，后人一般认为黄河发源于噶达素齐老山即为其所致；进而指出了清代所绘地图及 19 世纪末 20 世纪初来华人士测绘地图中鄂陵湖、扎陵湖位置颠倒的现象，认为二湖之名最初是不是藏语还需研究，乾隆续修《大清一统志》认为星宿川是柏海东黄河的别名也是错误的。这篇长文系统探讨了康、乾两朝测绘《河源图》的过程，并对黄河上源诸多历史地理问题提出了新解。[④] 台北故宫博物院收藏了多幅黄河图，林天人从中发现了所绘河源地区的几种不同情况，并借此对历史时期关于河源的认识及其演变过程进行了梳理。[⑤] 李新贵系统研究了先秦至明清时期黄河河源的绘制体系及其特征，将其归纳为“两个阶段五大体系”，第一阶段为《禹贡》《汉书》体系，第二阶段为唐代初探、《元史》、清初测绘体系，前一阶段的河源绘制反映了人们基于传世文献对河源的认知，后一阶段的河源绘制则是实地探索的结果，

---

① 李锡甫．黄河万里图地理考证．国立编译馆馆刊（台北），1969，4（1）；蔡泰彬．论证《明代御制黄河万里图》应绘制于清康熙时期．白沙历史地理学报，2006（2）．

② 曹玉凤，张静毅．中国古地图上的黄河．黑龙江史志，2009（19）．

③ 周东郊．满清康乾两朝探究河源纪略．西北论坛，1948，1（5）．

④ 黄盛璋．黄河上源的历史地理问题与测绘的地图新考//历史地理论集．北京：人民出版社，1982．

⑤ 林天人．黄河远上白云间——关于河源认识之探讨//台北故宫博物院．“空间新思维——历史舆图学国际学术研讨会”论文集．会议自印本．2008．

提出《河源图》的绘制经历了由曲线到葫芦形再到范围线绘制的演进历程。①

运河图研究 任金城《关于清代的京杭运河地图》一文，在回顾我国运河演变历程的基础上，归纳出清代京杭运河图的四种主要类型：运河河工图、长江运河合图、皇帝南巡图、其他专题图。② 王耀从地图学角度对国内外所藏的六幅运河图进行解读，总结出清代运河全图的绘制技法、装订特点和类型。③ 李孝聪等编著《淮安运河图考》一书，既是淮安地区水道舆图汇集，也是较为系统的运河图研究著作。该书汇集了明清时期所绘着重表现淮安地区的水道舆图以及图集中所绘淮安分图，按绘图先后时序将清代分为康熙、乾隆、嘉道咸同年间三个时段，各时段下分类介绍每幅舆图的内容、藏地，并分析其反映的河渠变动及运河沿岸地区的重要地理信息。④ 胡强等综合运用数据分析、文献考证、实地考察等方法，研究清代京杭大运河“清口地区”的河道演变过程，并分析其原因。⑤

区别于上述以黄、运河图为单独选题的研究成果，李孝聪《黄淮运的河工舆图及其科学价值》论述了中国水利舆图的源流、分类，并以国内外所藏清代水利舆图为例，探讨河渠水利舆图所具有的重要史料价值。⑥ 席会东《清代黄、运河图研究》系统梳理清代黄、运河专题舆图的发展脉络，并结合多种史料，对顺康、雍乾嘉道、咸同光宣时期的代表性舆图进行重点解读，进而分析与其相关的河道演变及治河方略等历史地理问题，最后归纳出清代黄、运河图演变的时空特征，是学界第一

---

① 李新贵. 黄河河源绘制体系的初步研究//国家图书馆古籍馆. 文津学志：第 5 辑. 北京：国家图书馆出版社，2012.

② 任金城. 关于清代的京杭运河地图//曹婉如，郑锡煌，黄盛璋，等. 中国古代地图集：清代. 北京：文物出版社，1997.

③ 王耀. 清代京杭大运河全图初探. 故宫博物院院刊，2008 (2).

④ 李孝聪，席会东. 淮安运河图考. 北京：中国书籍出版社，2008.

⑤ 胡强，陈合爱，刘成林，等. 集成古地图与多源空间数据的清口河道演变研究. 江西水利科技，2008 (3).

⑥ 李孝聪. 黄淮运的河工舆图及其科学价值. 水利学报，2008 (8).

篇以黄、运河专题舆图为研究对象的博士学位论文。①

长江河道图研究 20世纪90年代以来，学界逐渐出现清代长江河道图研究成果。其中，以蓝勇对长江三峡及上游航道图研究为代表，他撰文宏观概述近代以来三峡航道图的编纂过程及主要成果②，探讨“三峡最早的河道图《峡江图考》”的编纂过程及版本、价值等③，介绍国内外所藏三幅乾隆《金沙江全图》，并比较各版本的具体内容及价值。④另外，张修桂撰文研究同治八年（1869）马征麟《长江图说》之编绘背景、绘制方法及价值。⑤ 林加丰专研台北故宫博物院所藏雍正《长江图》，通过对图中所绘各种地物及所写警语之解析，得出该图应是当时一幅重要的航行信息地图。⑥

除此之外，王美苏考证《云南省城六河图说》应成于雍正六年（1728），而非方国瑜所言之雍正八年（1730）⑦，《昆阳海口河图说》与《云南省城六河图说》并非同一时期编绘。⑧ 丁一撰文追溯并探讨元、

---

① 席会东. 清代黄、运河图研究. 北京大学博士学位论文，2011. 在此前后，席会东还陆续发表了多篇清代黄、运河图专题研究论文，除前文所述《清康熙绘本〈黄河图〉及相关史实考述》一文外，还有：《王石谷全黄图》研究. 故宫博物院院刊，2010（1）；台北故宫藏雍正《豫东黄河全图》研究. 中国历史地理论丛，2011（3）；欧洲所藏清代《南河图》研究. 中国国家博物馆馆刊，2011（7）；高斌《南河图说》与乾隆首次南巡研究. 中国历史地理论丛，2012（2）；国家图书馆藏“全漕运道图”与乾隆朝漕政//国家图书馆古籍馆. 文津学志：第5辑. 北京：国家图书馆出版社，2012；海内外藏乾隆绘本《黄运湖河全图》与《南巡盛典》系列舆图研究//《文津学志》编委会. 文津学志：第6辑. 北京：国家图书馆出版社，2013；美国国会图书馆藏《豫东黄河全图》与乾隆朝河南河患治理. 西北大学学报（哲学社会科学版），2013（4）；河图、河患与河臣——台北“故宫”藏于成龙《江南黄河图》与康熙中期河政. 中国历史地理论丛，2013（4）；九曲黄河方寸中——美国国会图书馆藏《江南黄河堤工图》研究. 殷都学刊，2013（2）；晚清黄河改道与河政变革——以“黄河改道图”的绘制运用为中心. 中国历史地理论丛，2013（3）；海外藏康熙《黄运两河全图》研究. 中国国家博物馆馆刊，2013（10）。

② 蓝勇. 近代三峡航道图编纂始末. 近代史研究，1994（5）.

③ 蓝勇. 三峡最早的河道图《峡江图考》的编纂及其价值. 文献，1995（1）.

④ 蓝勇，金兰中. 清乾隆《金沙江全图》考. 历史研究，2010（5）.

⑤ 张修桂. 马征麟长江图研究//曹婉如，郑锡煌，黄盛璋，等. 中国古代地图集：清代. 北京：文物出版社，1997.

⑥ 林加丰. 院藏清雍正朝“长江图”解码. 故宫文物月刊（台北），2008，304.

⑦ 方国瑜. 云南史料目录概说：第2册. 北京：中华书局，1984：721.

⑧ 王美苏. 关于《云南省城六河图说》的几个问题//重庆市地理学会历史地理专业委员会，西南大学历史地理研究所. 西南史地：第1辑. 成都：巴蜀书社，2009.

明、清时期中国古地图中江南水系的两种对立绘法。[①]

与政区舆图研究的兴盛相比，学界的清代河道图研究总体成果主要集中在黄河、运河上，这与黄河、运河在清朝的重要性及留下的舆图数量更多有关，是舆图留存状况的客观反映，但其他河图存世量仍然非常可观，特别是近代以来，随着西方人前来测绘及国内测绘学堂学人的努力工作，新式水道舆图大量出现，且呈现出与传统舆图截然不同的面貌，值得关注。此外，现有研究中，考订舆图作者、绘图年代及内容的较多，真正将其用于河道变迁、水文分析等地理研究的还较少。

2. 沿海舆图研究

1935 年，吴志顺对光绪二十五年（1899）版《江浙闽沿海图》进行校对，指出该图采用的是梅尔喀达尔圆柱投影法，经过了实地调查和测量。[②] 20 世纪 80 年代以来，汪家君从海洋测绘学角度研究近代海洋舆图，先后著有《近代历史海图及应用文集》和《近代历史海图研究》二书。[③]《近代历史海图及应用文集》一书收录此前作者发表的关于近代海图研究与应用的 10 篇文章，主要侧重于介绍近代海图研究的理论构建与研究方法。《近代历史海图研究》一书则系统研究了 19 世纪初到辛亥革命这一阶段的近代海图绘制情况，并分别对《盛京七省洋图与七省沿海全图》《晚清时期中国海区的英版航海图》《八省沿海全图与御览江浙闽沿海图》进行详细考证，还提出了编绘近代海图集的设想和具体方案。

21 世纪以来，孟东平将《甲申浙东海防图》上所附文字部分即“图说”发表，这些文字叙述了光绪十年（1884）浙江巡抚刘秉璋所绘中法浙江镇海之战的图卷情况，为研究中法战争提供了珍贵资料。[④] 陈波等以现存明清海图为中心，探究了当时的北洋航线。[⑤] 孙靖国对中国科学院国家科学图书馆所藏明清沿海舆图有较为系统而专深的研究，他

① 丁一.“源流派分”与“河网密切”——中国古地图中江南水系的两种绘法. 中国历史地理论丛，2011（3）.

② 吴志顺. 江浙闽沿海图校记. 禹贡半月刊，1935，3（11）.

③ 汪家君. 近代历史海图及应用文集. 北京：测绘出版社，1989；汪家君. 近代历史海图研究. 北京：测绘出版社，1992.

④ 孟东平. 甲申浙东海防图说. 安徽史学，2000（2）.

⑤ 陈波，刘迎胜. 明清时代的北洋航线——以现存明清时期的海图为中心//萧婷. 东亚经济与社会论丛. 威斯巴登，2006.

的一篇文章概述了该馆所藏 16 种明清沿海舆图，探究其来源，并选取其中价值较高的 12 种，分为海防图、沿海图、海塘图和港口图四类，逐一叙述其描绘内容，考订其年代，评价其学术与史料价值。① 孙靖国的另一篇文章专门研究该馆所藏一幅纸本《直隶沿海各州县入海水道及沙碛远近陆路险易图说》，描述其形制及绘制内容，通过对其督绘者周馥之生平和相关政绩、历史背景的爬梳，考释出此图是光绪年间周馥为辅助直隶总督李鸿章治理直隶河道与建设北洋国防而绘制的，对研究近代北洋海防情况有重要的史料价值。② 孙靖国还有专文简要介绍中国国家图书馆所藏一幅乾隆二十一年（1756）彩绘《封舟出洋顺风针路图》，指出该图记录了福建到琉球群岛的航程，更为重要的是图中准确地描绘并标注了我国的钓鱼岛、黄尾屿、赤尾屿等岛屿，表明钓鱼岛列屿当时属于中国领土。③ 梁二平著《中国古代海洋地图举要》一书，主要通过整理我国古代的海图来反映古人的海洋观念和对世界的认知。④

值得一提的是，不同于以上对清代官方主持所绘、宫廷所藏而得以流传下来的清代舆图之研究，章巽对偶得之民间所绘旧抄本古航海图做出了考释，对各图所绘内容、地名、针位及船路、其他注记等一一做出说明和考证，并论述了我国古代航海图发展过程中的一些情况。⑤ 周运中考证出章巽《古航海图考释》一书中未考出以及误考的大部分地名，并判断此古航海图应成于康熙五十年（1711）之后。⑥

总之，学界研究清代沿海舆图的成果已较为系统地介绍了清代所绘沿海舆图之整体情况，对少数的单幅海防图、航道图做出了较为深入的考证性研究。近年来，随着海洋史研究异军突起，沿海舆图受到了越来越多的关注。

---

① 孙靖国. 中国科学院国家科学图书馆藏明清沿海舆图概述//国家图书馆古籍馆. 文津学志：第 5 辑. 北京：国家图书馆出版社，2012.

② 孙靖国.《直隶沿海各州县入海水道及沙碛远近陆路险易图说》考释//《文津学志》编委会. 文津学志：第 6 辑. 北京：国家图书馆出版社，2013.

③ 孙靖国. 清代册封琉球航路地图——《封舟出洋顺风针路图》. 地图，2013（1）.

④ 梁二平. 中国古代海洋地图举要. 北京：海洋出版社，2011.

⑤ 章巽. 记旧抄本古航海图——附论我国古代航海地图发展过程中的一些情况//朱东润. 中华文史论丛：第 7 辑　复刊号. 上海：上海古籍出版社，1978；章巽. 古航海图考释. 北京：海洋出版社，1980.

⑥ 周运中. 章巽藏清代航海图的地名及成书考. 海交史研究，2008（1）.

(三) 世界舆图研究

学界对清代所绘世界舆图的关注逐渐升温，南怀仁（Ferdinand Verbiest）《坤舆全图》《坤舆图说》《坤舆格致略说》、蒋友仁《坤舆全图》、叶子佩《万国大地全图》和魏源《海国图志》皆受到众多关注。

方豪《跋〈坤舆格致略说〉抄本》介绍了当时北京大学图书馆所藏的《坤舆格致略说》抄本，指出其大部分内容移录自南怀仁之《坤舆全图》。[①] 曹婉如等编《中国古代地图集·清代》一书收录了《坤舆全图》，木刻本着色，八幅拼接。汪前进撰文介绍该图的基本内容，计算出其比例尺为 1∶1 700 万，通过比较得出其绝大部分资料来自艾儒略之《职方外纪》和利玛窦之《坤舆万国全图》，《坤舆全图》和《坤舆图说》的一些内容完全相同，后者存在增加一段、整段修改以及修改部分词语的现象。[②] 澳籍学者王省吾系统介绍澳大利亚国家图书馆所藏彩绘本《坤舆全图》的情形，包括该图之发现经过、结构和内容、资料来源、与刻本的关系以及各种版本等，最后考证出其为当时的进呈御本，制作于 1670 年之前。[③] 崔广社研究认为《坤舆图说》是为解说《坤舆全图》而作。[④] 邹振环在上海图书馆发现《坤舆格致略说》康熙十三年（1674）刻本，将之与抄本做比照，对比其与《坤舆图说》之内容，得出《坤舆格致略说》为《坤舆图说》的前身，《坤舆全图》与《坤舆图说》皆是在其基础上编绘而成，由此纠正了学界长期以来一直以为该书成于康熙十三年（1674）、当在《坤舆全图》绘制之后的错误认识。[⑤] 卢雪燕撰文概述南怀仁《坤舆全图》的贡献及其在西方近代地理知识向中国传播过程中的重要地位。[⑥] 鞠德源撰文概述《坤舆全图》的内容及其对中国

---

① 方豪. 跋《坤舆格致略说》抄本. 益世报（天津）人文周刊，1947-05-19（收入：方豪. 方豪六十自定稿：下册. 台北：台湾学生书局，1969).

② 汪前进. 南怀仁《坤舆全图》研究//曹婉如，郑锡煌，黄盛璋，等. 中国古代地图集：清代. 北京：文物出版社，1997.

③ 王省吾. 澳大利亚国家图书馆所藏彩绘本——南怀仁《坤舆全图》//中国地理学会历史地理专业委员会《历史地理》编辑委员会. 历史地理：第 14 辑. 上海：上海人民出版社，1998.

④ 崔广社.《四库全书总目・坤舆图说》提要补说. 图书馆工作与研究，2003（1).

⑤ 邹振环. 南怀仁《坤舆格致略说》研究//荣新江，李孝聪. 中外关系史：新史料与新问题. 北京：科学出版社，2004.

⑥ 卢雪燕. 南怀仁《坤舆全图》与世界地图在中国的传播. 故宫文物月刊（台北），2008，304.

地图事业的积极影响，并详细分析了该图的绘法，结果表明该图吸取了当时中国西北地区的最新测绘成果及世界地理的最新发现成果。①

1984年，王海航一则短讯简要介绍了石家庄市文物保管所新发现的一套八轴《万国大地全图》，为学界提供了这套珍贵地图的信息。②其后不久，他又撰文详述了该图的绘制缘由及特点。③李胜伍主编之《清代国人绘制的世界地图——〈万国大地全图〉》，是对该图进行系统整理和研究的作品。汪前进作序，概述此图刊刻时间、底图资料来源、学术价值等；李胜伍撰文探讨该图的基本内容、源流、特点以及较南怀仁《坤舆全图》的进步之处。其后附有该图图版说明、图版和注记。④金应春、钮仲勋等分别从地理学史角度探讨《海国图志》对中国古代地图发展的贡献，认为该书是中国人编纂的第一部世界地图集，起着填补空白的作用。⑤成一农梳理了现有中文舆图中所绘今"波斯湾"地名的演变历程，认为最晚在19世纪中期，我国已开始使用"波斯湾"这一译法，并基本成为一种标准。⑥

清史研究一向十分关注中西文化交流，舆图在中西地理知识传播史上所占地位非常突出，理应受到更多关注。不过，目前学界比较关注海外的中文舆图，对西文舆图中的中国虽然已有一些研究，但还比较少见。澳门科技大学图书馆主持的"全球地图中的澳门"项目虽以澳门为题，但其实不拘于澳门，涉及广泛意义上的中国。此外，还有香港科技大学及世界其他各国建置的地图数据库，其中关于中国的西文舆图不胜枚举，今后应当引起更大的关注与更多的利用。

(四) 方志舆图研究

方志舆图是我国古代舆图的重要组成部分，清代所绘方志舆图数量

---

① 鞠德源. 蒋友仁绘《坤舆全图》//曹婉如，郑锡煌，黄盛璋，等. 中国古代地图集：清代. 北京：文物出版社，1997.

② 王海航. 一套珍贵的《万国大地全图》. 河北学刊，1984 (3).

③ 王海航，姚顺滨.《万国大地全图》初探. 测量员，1986 (2).

④ 李胜伍. 清代国人绘制的世界地图——《万国大地全图》. 北京：中国大百科全书出版社，2002.

⑤ 金应春，丘富科. 中国地图史话. 北京：科学出版社，1984：145-147；钮仲勋. 海国图志对中国古代地图发展的贡献//曹婉如，郑锡煌，黄盛璋，等. 中国古代地图集：清代. 北京：文物出版社，1997.

⑥ 成一农. 中文舆图中所载今"波斯湾"地名的演变//国家图书馆古籍馆. 文津学志：第4辑. 北京：国家图书馆出版社，2011.

之多在我国历史上是空前的，然而长期以来未能引起学界的关注。20世纪90年代以来，一些学者如唐雅芝、阙维民、苏品红等所撰的通论性方志地图研究成果才提及清代方志地图的发展特点、绘制准则、与普通地图的异同、资料价值等。①

赖弘文的硕士学位论文《清代方志地图研究》，为所见第一篇系统研究清代方志地图的作品。该文按照各省方志的多寡，从中随机抽取出清代300种方志中的2 000余幅地图，逐一探讨各图的特征，比较其与明代方志地图之异同，并论述方志地图在历史地理学研究以及乡土地理教学中的价值。② 其后，史五一撰文简要分析清代方志舆图的特征、地位、价值以及思想等。③ 张俊贤对比研究清代方志中的地图与文字，认为两者之较量是政治与科学竞争的体现。④

具体各地区的清代方志研究现已有一定进展。汤开建对雍正《广东通志》、道光《新修香山县志》中所附澳门图及澳门相关地名进行研究，借此揭示澳门城市的历史发展；同时，他在清代澳门军事设施建置、澳门华人庙宇的起源等问题上也提出了独到见解。⑤ 洪健荣探讨了清代台湾方志舆图所反映的政治文化意识。⑥ 郭声波等考证了明清方志舆图和海洋舆图中标示的香港南部地区诸岛的名实演变过程。⑦ 刘平平撰文简要介绍了浙江古代方志中的地图。⑧ 张安东统计分析出清代安徽方志中舆图所占比例，并考察了安徽方志舆图的功用、绘制

① 唐雅芝. 方志地图的起源和发展. 社会科学战线，1991（3）；阙维民. 中国古代志书地图绘制准则初探. 自然科学史研究，1996（4）；苏品红. 浅析中国古代方志中的地图. 文献，2003（3）.

② 赖弘文. 清代方志地图研究. 台北："中国文化大学"硕士学位论文，1997.

③ 史五一. 简析清代方志中的舆图. 广西地方志，2009（1）；史五一. 明清时期方志中的图学思想简述. 中国地方志，2006（1）.

④ 张俊贤. 清代地方志中的地图与文字. 中国海洋大学硕士学位论文，2009.

⑤ 汤开建. 雍正《广东通志・澳门图》研究. 暨南学报（哲学社会科学版），2000（6）；汤开建. 新见史料两题研究. 文化杂志，2000年春夏；汤开建. 祝淮《新修香山县志》澳门图研究. 暨南学报（哲学社会科学版），2000（3）.

⑥ 洪健荣. 知识/权力的空间：清代台湾方志舆图中的政治文化意识//台北故宫博物院."空间新思维——历史舆图学国际学术研讨会"论文集. 会议自印本. 2008.

⑦ 郭声波，鲁延召. 明清文献舆图所载香港南部诸岛名实演变研究//北京大学中国古代史研究中心. 舆地、考古与史学新说——李孝聪教授荣休纪念论文集. 北京：中华书局，2012.

⑧ 刘平平. 浙江古代方志地图文献考. 中国地方志，2004（11）.

人员之身份、资料来源、变化趋势等。[①] 董枫通过比较四幅出自明清府、县志之泰顺县域地图的异同，分析了时人地理认知的差异。[②] 于风军对陕西明代至民国时期所绘方志舆图及图上符号所表示的历史景观进行研究，由此分析舆图表达的历史空间结构及其变迁的客观性与主观性。[③] 此外，还有一些硕士学位论文以方志舆图为选题。

方志舆图研究之所以重要，是因为方志舆图应用广泛，也代表着一般化的地图知识水平，很大程度上反映着清代地图绘制和应用的基本面貌；而《皇舆全览图》虽然绘制水平很高，得到众多研究的关注，但就其在清代发挥的实质作用而言，显然并非如此。方志舆图概述性研究较多，但显然是非常不够的，对各区域的细化研究需要继续开展。但现有的方志舆图研究一定程度上仍采用"集萃法"，选择个别志书和舆图进行分析，而非竭泽而渔式地全面收集某区域内现存方志所有地图，建立小型方志舆图数据库后，再对其进行数据分析。也正因如此，对于方志舆图的编绘到底是计里画方为主，或是传统示意性绘法为主，不同时代有什么变化，还一直没有得出坚实的结论；对于近代直至民国，新式地图绘法如何一步步渗入地方志绘图实践中，也缺乏系统的揭示。这些已经对我们理解清代舆图的总体面貌造成了不利影响。

（五）其他专题舆图研究

1. 军事舆图研究

辽宁大学历史系编辑《盛京吉林黑龙江等处标注战迹舆图》，作为《清初史料丛刊》第十四种内部发行。[④] 该图册之首附有 1776 年乾隆特旨绘制满汉《盛京吉林黑龙江等处标注战迹舆图》局部图及今人仿照原图按 1∶25 比例缩小绘制的简图。图后有专题研究论文两篇：一为李凤舞等《〈盛京吉林黑龙江等处标注战迹舆图〉考略》，指出该图是描绘清朝开国时期的历史地图，"详细标注了努尔哈赤统一女真各部、后金与

---

① 张安东．清代安徽方志舆图之解读．巢湖学院学报，2008（2）．

② 董枫．明清县域地图与地方地理认知——以明清之际泰顺县域地图的分析为中心．复旦学报（社会科学版），2012（1）．

③ 于风军．明至民国时期方志舆图中韩城县境的景观格局与景观变迁．中国历史地理论丛，2004（1）；于风军．符号、景观与空间结构——基于陕西方志舆图（明至民国）的景观历史地理研究．陕西师范大学博士学位论文，2005．

④ 辽宁大学历史系．盛京吉林黑龙江等处标注战迹舆图．沈阳：辽宁大学历史系，1981．

明朝的战迹及其地理位置，具有较高的学术价值”①，并据满文老档、太祖实录等将图中所标鄂多哩城、完颜城、赫图阿拉、镇东堡、正安堡、皮岛等位置的明显错误一一纠正，最后还列表解说图中所绘 144 处地点；二为和田青《关于〈盛京吉林黑龙江等处标注战迹舆图〉》，详述该图编绘的重要历史背景及过程。周伟洲撰文介绍 1972 年入藏陕西博物馆的一幅新疆地图，通过对该图原先持有者清末桂锡桢之生平经历的分析，认为其应是桂锡桢随左宗棠平定新疆时用的军事舆图，当绘于光绪初年（1875—1876 年），不过绘图者不明；他认为此图从绘制水平来看价值不高，但它是平定新疆内乱的历史见证，反映了清末新疆的地理状况，具有一定的史料价值。② 李天鸣利用台北故宫博物院所藏乾隆年间西北回民起义的作战图，分别探讨了苏四十三之役、石峰堡之战的过程，认为这些图为研究战役提供了极大便利，真正起到了“左图右史”的作用。③ 李新贵对北京大学图书馆所藏一幅不著绘者的彩绘传统山水画式舆图《宁夏镇营堡关隘卫所河道图》做出初步考证，认为此图绘制于同治十一年（1872）前后，反映了清军平定回民起义后对宁夏镇绿营兵制的重新部署，以及河渠兴修、农业发展的情况。④

2. 陆上交通舆图研究

黄盛璋对其新发现的《晚清勘测丝绸之路之实测地图》进行探究，得出该图是 1889—1890 年我国新疆地方政府委派官员郝永刚、贺焕湘、刘和清探测汉玉门、阳关两路时所绘，“至少比斯坦因实测地图早三十年，因而在测绘史上也有其一定地位”⑤。北京大学图书馆编《皇舆遐览：北京大学图书馆藏清代彩绘地图》一书收录了一幅清末《西藏全图》，这是该书中唯一一幅西藏地图，阿音娜结合相关文献解读该图中

---

① 辽宁大学历史系. 盛京吉林黑龙江等处标注战迹舆图. 沈阳：辽宁大学历史系，1981：9.

② 周伟洲. 一幅珍贵的清代新疆军事地图. 历史月刊，1994，75.

③ 李天鸣. 院藏清代“作战态势图”与战史研究——以苏四十三之役为例. 故宫学术季刊（台北），2003，20（3）；李天鸣. 作战态势图与苏四十三之役. 故宫文物月刊（台北），2008，304；李天鸣. 乾隆石峰堡之战和石峰堡战图//台北故宫博物院. “空间新思维——历史舆图学国际学术研讨会”论文集. 会议自印本. 2008.

④ 李新贵. 北京大学图书馆藏《宁夏镇营堡关隘卫所河道图》初步研究//国家图书馆古籍馆. 文津学志：第 4 辑. 北京：国家图书馆出版社，2011.

⑤ 黄盛璋. 晚清对丝绸之路的勘察和实测地图的发现. 西域研究，1991（1）：70.

的驿站地名，并复原出清代川藏交通情况。① 对于清末邮政图的研究，已结合GIS技术进行数字化，以扎实的数据基础还原近代中国市场网络，成为舆图研究中的一个亮点。②

3. 历史沿革地图研究

20世纪末以来，曹婉如等撰文探讨了清人所绘历史地图的整体成就。曹婉如指出清人编绘的历史沿革地图较多，“多以历代纂修的正史地理志为依据”是其特点；认为中国科学院图书馆［今中国科学院文献情报中心（国家科学图书馆）］收藏的一部佚名《历代地理志图》可能是道光朝六严所绘；并分别对同治朝厉云官《历代沿革图》和马征麟《历代地理沿革图》、光绪时杨守敬《历代舆地图》做了详细介绍。③ 辛德勇总结了19世纪后半期以来清朝学者编绘历史地图的主要成就。④ 甄国宪、陈芝、丘富科等先后对杨守敬《水经注图》有所研究。⑤ 尤其是丘富科《杨守敬〈水经注图〉考释》一文，阐述了《水经注图》的绘制过程、方法、内容及价值，指出《水经注疏》和《水经注图》是相互依存、互为补充的姐妹篇。禹璟略为介绍了李兆洛《历代地理沿革图》的绘制背景、方法及内容，并发表了评价。⑥

第六节　海外中文舆图搜访与研究

早在20世纪前中期，国外即有学者就所见各国珍藏之中文舆图进

① 阿音娜. 舆图中的川藏交通——解读清末彩绘地图《西藏全图》. 西藏研究，2011（1）.

② 王哲，刘雅媛. 近代中国邮政空间研究——基于多版本邮政舆图的分析. 中国经济史研究，2019（2）.

③ 曹婉如. 论清人编绘的中国历史地理集//曹婉如，郑锡煌，黄盛璋，等. 中国古代地图集：清代. 北京：文物出版社，1997.

④ 辛德勇. 19世纪后半期以来清朝学者编绘历史地图的主要成就. 社会科学战线，2008（9）.

⑤ 甄国宪. 对《水经注图》的几点浅见. 地图，1988（1）；甄国宪.《水经注图》考述. 地图，1992（4）；陈芝.《水经注图》探源——兼论对历史地图的研究方法. 地图，1993（4）；丘富科. 杨守敬《水经注图》考释//曹婉如，郑锡煌，黄盛璋，等. 中国古代地图集：清代. 北京：文物出版社，1997.

⑥ 禹璟. 李兆洛的舆地学成就. 陕西师范大学硕士学位论文，2011.

行研究。[①] 国内学者对海外所藏中文舆图的搜访与研究，始于20世纪80年代，以台湾学者为先；20世纪90年代以来，大陆学者呈现出后来者居上的趋势。现在，对海外中文舆图的搜访与研究越来越呈现出繁荣之势。这自然是学术发展的自然规律，但也与世界范围内馆藏数字化发展浪潮，在线查找与阅览地图越来越便利有关。

1987年，台湾学人陈富美《中国地图之研究》系统介绍了奥地利国家图书馆所藏中外文中国古旧地图33种。[②] 20世纪90年代初，大陆学人侯仁之、李孝聪等对英国所藏清代北京城舆图有所研究。[③]

此后，李孝聪长期到欧美搜访中文古地图，先后撰有《欧洲收藏部分中文古地图叙录》《美国国会图书馆藏中文古地图叙录》两部著作及一系列相关论文。[④] 这两部著作均采取中英文对照的形式：前书前言部分逐一介绍欧洲保存明清地图相对丰富的十几家机构，图说部分介绍各图编号、所绘内容、特点，并考证其绘制年代；后书概括介绍美国国会图书馆所藏舆图之来源及其收藏情况，并介绍各图编号、所绘内容、特点，对其绘制年代一一做了考证。这两部著作为我们了解这些海外中文古地图提供了有效信息，是我国系统搜寻和整理海外所藏中文舆图的开端。紧追其后，陆续有学者对美国国会图书馆所藏中文古地图进行探究。陈波就《山东、直隶、盛京海疆图》之成图时间提出了与李孝聪不

① 关于海外学者对清代中文舆图的研究，参见：姜道章. 二十世纪欧美学者对中国地图学史研究的回顾. 汉学研究通讯，1998（2）。

② 陈富美. 中国地图之研究. 台湾师范大学地理研究报告，1987，13.

③ 侯仁之. 记英国国家图书馆所藏《清雍正北京城图》——补正《北京历史地图集》明清北京城图//中国地理学会历史地理专业委员会《历史地理》编辑委员会. 历史地理：第9辑. 上海：上海人民出版社，1990；李孝聪. 记英国伦敦所见四幅清代绘本北京城市地图//袁行霈. 国学研究：第2卷. 北京：北京大学出版社，1994.

④ 李孝聪. 欧洲收藏部分中文古地图叙录. 北京：国际文化出版公司，1996；李孝聪. 美国国会图书馆藏中文古地图叙录. 北京：文物出版社，2004. 20世纪90年代中期以来，李孝聪撰写的相关论文有：欧洲所藏部分中文古地图的调查与研究//袁行霈. 国学研究：第3卷. 北京：北京大学出版社，1995；传入欧洲的中国古地图. 文化历史地理，1995（7）；流失欧洲的中国古地图. 中国测绘，2002（4）；在美国的中文古地图. 中国国家地理，2003（2）；美国国会图书馆的中文舆图特藏//荣新江，李孝聪. 中外关系史：新史料与新问题. 北京：科学出版社，2004；中国古地图的调查与地图学史领域的国际汉学研究//《国际汉学研究通讯》编辑委员会. 国际汉学研究通讯：第1期. 北京：中华书局，2010。

同的看法，认为其应为明代而非清前期所绘。① 王大学将《松江府海塘图》成图年代精确到乾隆十七年（1752）。② 覃影等探讨了《全川营汛增兵图》对研究清代厅城和绿营驻地的重要史料价值。③

关于美国国会图书馆所藏之中文地图，林天人从该馆所藏 1900 年前的中文古地图中遴选出 157 组（幅、卷）地图汇编成《皇舆搜览——美国国会图书馆藏明清舆图》一书，其中绝大部分为清代舆图。该书"图说部分及说明"按舆图主题内容分为全国政区总图、地方行政区图、河运水利及河工图、军事交通图、城市地图、边界及周边国家、山陵寺庙宫苑帝陵、民生经济图、复合式地图九大类，每类以一图一说的方式，采用中英双语形式介绍舆图的信息，并列出国内所藏可与之对应研究的同一系列舆图，最后附"美国国会图书馆地图部所藏二十世纪前与中国相关古地图清单"。④ 此书的舆图图版均为彩印，清晰、美观。此外，大英图书馆、法国国家图书馆所藏中文舆图也被陆续精美影印出版。⑤ 台湾"中央研究院"还建置了"数位方舆"系统，以数字平台的方式展示高清地图图版，此举将大大促进学界对这批舆图的利用与研究。⑥

21 世纪初以来，华林甫著《英国国家档案馆庋藏近代中文舆图》一书，汇集了他对这批舆图的研究成果，该书分为中英文前言、专题研究（三篇论文）、舆图及其解读三个部分，对近代史诸多领域的研究产生了积极影响。⑦ 郑永华利用档案和其他文献史料对该馆所藏 6 幅"两

---

① 李孝聪. 中国历史上的海洋空间与沿海地图//萧婷. 东亚经济与社会论丛，威斯巴登，2006；陈波. 美国国会图书馆藏《山东、直隶、盛京海疆图》发微//中国地理学会历史地理专业委员会《历史地理》编辑委员会. 历史地理：第 25 辑. 上海：上海人民出版社，2011.

② 王大学. 美国国会图书馆藏《松江府海塘图》的年代判定及其价值. 中国历史地理论丛，2007（4）.

③ 覃影，李孝聪.《全川营汛增兵图》的价值. 地图，2004（5）；覃影. 美国国会图书馆藏《全川营汛增兵图》考释. 故宫博物院院刊，2011（1）.

④ 林天人. 皇舆搜览——美国国会图书馆所藏明清舆图. 台北："中央研究院"数位文化中心，2013.

⑤ 林天人. 方舆搜览——大英图书馆所藏中文历史地图. 台北："中央研究院"台湾史研究所，2015；谢国兴，陈宗仁. 地舆纵览——法国国家图书馆所藏中文古地图. 台北："中央研究院"台湾史研究所，2018.

⑥ https：//digitalatlas. asdc. sinica. edu. tw/index. jsp.

⑦ 华林甫. 英国国家档案馆庋藏近代中文舆图. 上海：上海社会科学院出版社，2009. 此前发表的相关论文有：华林甫. 英藏清军镇压早期太平天国地图考释. 历史研究，2003（2）。

广洪兵起事舆图”，包括广东洪兵围攻广州军事舆图 3 幅、“河南”（珠江以南）鏖战舆图 2 幅、关于平洲的舆图及其档案 1 幅，分别给予了详细考释。① 乌云毕力格、那顺达来编著《蒙古游牧图——日本天理图书馆所藏手绘蒙古游牧图及研究》一书，收录了日本天理大学图书馆庋藏清末民初蒙古各旗游牧地界址的地图 45 幅。② 华林甫等《德国普鲁士文化遗产图书馆藏晚清直隶山东县级舆图整理与研究》一书，收集了德国普鲁士文化遗产图书馆所藏 160 幅关于晚清直隶和山东的县级舆图，其中直隶省舆图 99 幅，涉及 91 个州县，山东省舆图 61 幅，涉及 56 个州县，是原汁原味的地方衙门作品。③ 此外，德国普鲁士文化遗产图书馆东方写本部藏有晚清吉林舆图 18 幅，华林甫等陆续写作了专题研究论文予以揭示。④

另外，李弘祺介绍了耶鲁大学所藏一册清代航海图，指出其应是累世沿袭而成，祖本应溯自明代，与章巽所获之《古航海图》有诸多相似之处；丁一对该图册之北洋部分做出考释，并对其航线进行了详细研究。⑤

21 世纪以来，有学者展开了对东北亚地区所藏中文舆图的搜访与研究。李明喜《韩国收藏中国古地图的情况及其研究》，介绍了李明喜自己调查出的今韩国主要大学图书馆与博物馆收藏的 70 余幅中文古地图，指出其中大部分属于清代舆图，将其分为“混一疆理图”“广舆图”

---

① 郑永华. 广东洪兵围攻广州军事舆图初考——英国国家档案馆所藏两广洪兵起事舆图考释之一. 清史研究，2006 (1)；郑永华. 省河之南的鏖战——英国国家档案馆所藏两广洪兵起事舆图考释之二. 学术研究，2007 (7)；郑永华. 广东洪兵围攻广州军事舆图考释之三——关于平洲的舆图及其档案. 中国历史地理论丛，2008 (4).

② 乌云毕力格，那顺达来. 蒙古游牧图——日本天理图书馆所藏手绘蒙古游牧图及研究. 北京：北京大学出版社，2014.

③ 华林甫，李诚，周磊. 德国普鲁士文化遗产图书馆藏晚清直隶山东县级舆图整理与研究. 济南：齐鲁书社，2015.

④ 华林甫. 德国庋藏晚清吉林舆图的初步考释——德藏晚清吉林舆图研究之一. 社会科学战线，2017 (4)；萧凌波. 清末地图上的五常厅——德藏晚清吉林舆图研究之二. 社会科学战线，2018 (3).

⑤ 李弘祺. 美国耶鲁大学图书馆珍藏的古中国航海图. 中国史研究动态，1997 (8)；丁一. 耶鲁藏清代航海图北洋部分考释及其航线研究//中国地理学会历史地理专业委员会《历史地理》编辑委员会. 历史地理：第 25 辑. 上海：上海人民出版社，2011.

“皇舆全览图”三种系统，探讨其发展趋向。①

总之，国内学界对海外舆图的搜访与研究起步较晚，现今正处于海外舆图整理热潮兴起之际、方兴未艾之时。可以预料，随着中外学术交流的日益深入，加上中国对全球中文书籍的调查工作逐步展开，将会有更多的海外所藏中文古舆图被介绍回国内，实现舆图的数字化回归。

舆图本身也是一种文献史料，也受到历史学、历史地理学及地图学史研究者的共同关注，不同专业或学科的研究者对舆图的研究视角不一：或主要对舆图文献进行考证，进行文献学解析；或结合相关专题进行清史相关问题的历史学分析；或侧重对舆图的比例尺、经纬度等技术问题的考察。20 世纪 80 年代之前，学界多注重对舆图绘制情况的考订，此后随着研究的深入，视角逐渐多元化：其一，较为关注舆图的科学性或准确性，并计算出比例尺、经纬度及其精确度等；其二，在对舆图进行深入考证、分析的同时，试图结合相关专题探讨我国清代的历史、地理问题，较为突出的是边疆地区舆图与边界问题研究、城市舆图与城市演变研究；其三，对舆图绘制者进行考察，通过比较同一区域不同作者所绘舆图内容的差异，探究当时人的思想、心理及社会文化认知等。

目前舆图研究成果日益增多，研究方法也逐渐多元，这当然是非常可喜的，但研究中存在的问题也日益凸显。

问题一，如何脱离舆图本身的考订而切近史学或地理学的问题脉络。如果仅仅利用文献学的方法来进行舆图研究而不注重舆图的史学价值，特别是不注重将其与文本相比的独特性展示出来，并用于解决传统文献无法解决的问题，那么舆图研究的价值就会被大大削弱。从这一角度来讲，华林甫提出“舆图也是一种史料”是一个极其重要的提醒。

问题二，如何将技术史的研究视角更多纳入舆图研究。舆图本身是科技史的重要内容，一般而言，均有内史与外史两种研究倾向。舆图研究目前更多是采用史学的研究视角，这与这一行业的从业者大多是史学出身有关，但缺少了对科技本身的技术史分析，基于文本与文献研究，实际上面临着解读上的风险。近年来的舆图研究中逐渐利用 GIS 技术，这一趋势值得继续跟进。

---

① 李明喜. 韩国收藏中国古地图的情况及其研究. 北京大学硕士学位论文，2006.

问题三，如何做好基础工具的建设工作。目前，舆图研究虽然兴盛，但不得不说“家底”是不清楚的，除了编绘中国古地图目录、绘图者名录之类的工具书或数据库之外，还需要将眼光从那些经典地图之上移开，逐一收集和整理方志中的地图、文集中的地图。只有有了“家底”，对于清朝地图绘制的整体面貌，包括计里画方方法的应用、西方绘图方法的逐渐渗入过程，才有坚实的基础可言，否则，基于印象式的推论，终究不如严谨的计量站得住脚。

问题四，如何引入多学科的研究，包括理论方法的推陈出新。目前，清代舆图研究仍以史学考据为主。但舆图本身除了作为一种地图、一种史料之外，还是一种艺术品，如何从艺术、图像的角度予以再解读，从而推动对舆图信息的“无限榨取”，也是值得思考的。对于中西之间知识的传播，对于各舆图之间的知识流转，同样需要放在某个谱系之下，借鉴思想史的某些做法进行探究。

第六章　清代自然地理若干专题研究进展[*]

第一节　海岸线盈缩

我国拥有绵长的海岸线，是世界上海岸线最长的国家之一。清初我国东部地区的海岸线，北起中俄边界乌第河入海口，南到图们江口，因朝鲜半岛阻隔而中断，后续起鸭绿江口，南到中越边界的北仑河口；1858 年《中俄瑷珲条约》和 1860 年《中俄北京条约》签订后，我国海岸内缩到以鸭绿江口为起点，终点大致不变，全长达 1.8 万多公里。①整个海岸格局大体以浙江宁波以南为界，此线以北为山地丘陵和平原海岸交错分布，以南基本为山地丘陵海岸。

我国历史时期海岸线演变的总趋势表现为低平原海岸变化明显，而

---

* 关于清代气候状况，研究成果众多，已有了很好的研究述评，此处不再涉及，参见：杨煜达．清代云南季风气候与天气灾害研究．上海：复旦大学出版社，2006：学术史回顾部分；满志敏．中国历史时期气候变化研究．济南：山东教育出版社，2009；杨煜达，王美苏，满志敏．近三十年来中国历史气候研究方法的进展——以文献资料为中心．中国历史地理论丛，2009（2）；杨煜达．历史自然地理研究十年：总结与展望．中国历史地理论丛，2011（3）；萧凌波．清代气候变化的社会影响研究：进展与展望．中国历史地理论丛，2016（2）。

①　中国科学院《中国自然地理》编辑委员会．中国自然地理：总论．北京：科学出版社，1985：89.

山地丘陵海岸侵蚀幅度较小，基本轮廓变化不大。相较明代及更早时期而言，清代我国东部平原海岸线变化幅度较大，人类活动对海岸线盈缩的影响更为突出。清代中后期，随着辽河中上游的植被破坏，辽河入海泥沙增多，海口堆积加速，海岸线迅速向外推进；咸丰五年（1855）黄河改道后，苏北黄河入海口和渤海湾入海口呈现此消彼长的趋势；长江和珠江流域中下游地区的山地开发、人为筑堤等，均促使长江三角洲、珠江三角洲及其河口地区沙洲成陆，海岸线不断向前伸展，其他地区海岸线大多也不同程度地向海推进。

百年来的清代海岸线盈缩研究成果，主要包含于历史时期的海岸线变迁成果中，专题研究成果虽然较少，但现已在环渤海、苏北、长江三角洲、珠江三角洲海岸线研究方面获得较大进展。

民国以来，学界始对清代海岸线进行研究，但较为零星、分散，进展缓慢，直到20世纪80年代才逐渐走向系统、深入，进展较快。特别是1982年谭其骧等主编《中国自然地理·历史自然地理》的出版，代表了历史自然地理研究的最高水平，其中涉及清代的部分也是权威成果。① 由陈吉余执笔撰写的《历史时期的海岸变迁》，按我国东部地区海岸线从北到南的顺序，分别探讨了下辽河海岸、渤海湾海岸、苏北海岸、长江河口和长江三角洲、钱塘江河口和杭州湾、珠江三角洲和基岩海岸的历史变迁。② 谭其骧主编《中国历史地图集》第八册《清时期》，绘出了嘉庆二十五年（1820）全国总图和各省图以及光绪三十四年（1908）全国总图，初步复原了嘉庆二十五年东部海岸情况，同时也从全国尺度反映出嘉庆二十五年后的海岸演变概况。

2013年，邹逸麟、张修桂主编《中国历史自然地理》，其中第五篇“历史时期海岸的演变”吸收了新的研究成果，将我国东部地区海岸区分为环渤海平原海岸、江苏海岸、上海海岸、华南和台湾海岸的历史演变，共四个部分，各区下再细分进行各段海岸线的具体研究，比上述1982年陈文新增了滦河三角洲、黄河三角洲、莱州湾、韩江三角洲、

---

① 中国科学院《中国自然地理》编辑委员会. 中国自然地理·历史自然地理. 北京：科学出版社，1982.

② 陈吉余. 历史时期的海岸变迁//中国科学院《中国自然地理》编辑委员会. 中国自然地理·历史自然地理. 北京：科学出版社，1982.

台湾西海岸的历史演变部分，内容更全也更深入，成为百年来海岸线研究的集成之作。①

(一) 环渤海平原海岸线变迁研究

环渤海平原海岸线主要包括辽东湾、渤海湾和莱州湾海岸线，清代这三段海岸线都有明显的向海延伸趋势。

1. 辽东湾中西部及渤海湾西岸海岸延伸研究

20 世纪 60 年代初以来，先后有罗玉堂、陈吉余、林汀水、韩茂莉等撰文对辽东湾中西部海岸历史变迁进行研究。罗玉堂等人的文章主要根据调查资料及相关数据，计算出辽河三角洲 19 世纪末以来，以大约 2 米/年的速率向海推进。② 陈吉余的文章探讨下辽河平原海岸，包括辽河三角洲、大小凌河三角洲和盘锦湾海岸的历史演变情况，还绘出了下辽河平原历史变迁图，其中勾画出 17 世纪、19 世纪后期到 20 世纪前期的下辽河海岸线，由此大体复原出清代前后海岸线的延伸情况。③ 林汀水的文章全面探讨历史时期辽东湾海岸的变迁，逐一考证山海关外至天桥厂（或场）、小凌河和大凌河河口、绕阳河和双台子河、辽河下游、盖县以南海岸线的形成和扩展过程，然后绘出各段海岸线变迁图，初步描绘出各时期包括清代的海岸线。④ 韩茂莉的文章在已有研究基础上，总结出历史上下辽河海岸线主要受泥沙淤积向海推移的结论，指出辽东湾海岸线的延伸与辽河水系泥沙运送有关，还与大小凌河三角洲的发育有直接关系。⑤ 渤海湾西岸存在多道贝壳堤，王颖从地貌学、沉积学与历史地理学角度进行探讨，得出第Ⅰ道贝壳堤（北起高尚堡，沿今海岸线南至大口河）到明末已形成，其后基本稳定，直到清咸丰五年（1855）黄河北归后又逐渐向外淤，天津新港一带 400 年来淤涨仅 1 公里左右，而今后黄河不会经海河入海，泥沙来源已基本消除，因此天津

---

① 邹逸麟，张修桂. 中国历史自然地理. 北京：科学出版社，2013：515－650.

② 罗玉堂，章文溶. 辽河三角洲平原地貌的特征和发育过程及其对农业的意义//中国地理学会地貌专业委员会. 中国地理学会 1963 年年会论文选集：地貌学. 北京：科学出版社，1965.

③ 陈吉余. 下辽河海岸的历史变迁//中国科学院《中国自然地理》编辑委员会. 中国自然地理·历史自然地理. 北京：科学出版社，1982.

④ 林汀水. 辽东湾海岸线的变迁. 中国历史地理论丛，1991 (2).

⑤ 韩茂莉. 辽东湾海岸的演变//邹逸麟，张修桂. 中国历史自然地理. 北京：科学出版社，2013.

新港在近期不会因海岸的自然淤涨而受到不利影响。① 陈吉余进一步指出这条贝壳堤是 19 世纪中叶以前海岸线的标志，黄河改从山东入海后，此堤前面堆积成广阔的淤泥滩。② 21 世纪以来，学界研究认为第Ⅰ道贝壳堤为近千年来海浪冲击而形成，1855 年黄河改道经大清河入海后，这道堤外侧形成狭窄的淤泥质海滩，而贝壳堤南段受沿岸流冲刷，难以形成滩地，直逼海岸。③

2. 黄河改道与三角洲淤积延伸研究

今天的黄河三角洲处于渤海湾和莱州湾之间。邹逸麟研究黄河三角洲海岸的历史变迁，认为北宋到清初这段海岸较为稳定，元、明至清初在利津、沾化县境内所置 10 余处盐场大致反映了当时的海岸线；咸丰五年（1855）黄河改道后，随着黄河尾闾段河道的不断摆动，河口泥沙以舌状不断向海延伸，1855—1934 年形成以宁海为顶点，北起徒骇河口、南至支脉沟的近代黄河三角洲扇形地带，面积约 5 450 平方公里。④

20 世纪 80 年代以来，朱起茂、庞家珍、尹延鸿等相继撰文探讨咸丰五年（1855）黄河下游改道后三角洲海岸线的变迁问题。⑤ 朱起茂的文章研究认为，1877—1938 年黄河三角洲海岸线长 142 公里，造陆面积达 1 370 平方公里，造陆速度 22.8 平方公里/年，延伸距离 9.6 公里，延伸速度 160 米/年；庞家珍等人的文章指出，1855 年来黄河行河岸段的海岸线迅速向前淤进，停止行河岸段的海岸线又有所后退，在海岸线延伸过程中，泺口站以沿程淤积为主，利津站则以溯源堆积为主；尹延鸿等人的文章绘出了咸丰五年（1855）以来黄河三角洲与莱州湾不同的海岸线变化图，其中包括 1855 年黄河高低潮海岸线，计算出不同时期的海岸线变化与冲淤速率，认为 1855 年黄河三角洲海岸线大致在河口、

---

① 王颖. 渤海湾西部贝壳堤与古海岸线问题. 南京大学学报（自然科学版），1964（3）.

② 陈吉余. 渤海湾海岸的历史变迁//中国科学院《中国自然地理》编辑委员会. 中国自然地理·历史自然地理. 北京：科学出版社，1982.

③ 韩昭庆. 邹逸麟，等. 渤海湾西部海岸的演变//邹逸麟，张修桂. 中国历史自然地理. 北京：科学出版社，2013.

④ 邹逸麟. 黄河三角洲海岸的演变//邹逸麟，张修桂. 中国历史自然地理. 北京：科学出版社，2013.

⑤ 朱起茂. 黄河下游河床演变与河口淤积延伸. 地理研究，1982（4）；庞家珍，姜明星. 黄河河口演变（Ⅱ）kl——（二）1855 年以来黄河三角洲流路变迁及海岸线变化及其他. 海洋湖沼通报，2003（4）；尹延鸿，周永青，丁东. 现代黄河三角洲海岸演化研究. 海洋通报，2004（2）.

渔民洼一线，其后50年间主要向东淤进直至五号桩区域，共向前推进约20公里，平均400米/年，1904—1929年则主要向北淤进，直达现在的挑河口和套尔河口一线，共淤进约18公里，平均720米/年。

山东《黄河志》所写《黄河河口变迁》追溯了铜瓦厢改道后河口海岸线变迁、河口造陆和泥沙分布情况。① 钮仲勋等绘制《历史时期黄河下游河道变迁图》，用红色的线绘出黄河渤海湾入海口四道贝壳堤及两千年前的海岸线、1855年海岸线以及三条宋代以来的苏北海岸线，分别为北宋范公堤、明嘉靖时海岸线、清光绪时海岸线。该图清晰地复原出宋代以来黄河下游尾闾段河道演变大势，反映了河口变迁及海岸线伸缩趋势和大体范围，作者另附“图说”中，综合利用文献所载、贝壳堤遗址及^{14}C测年技术，概述渤海湾、苏北海岸线伸缩情况，认为海岸线的变迁与河口变迁密切相关。②

3. 滦河三角洲海岸线变迁研究

陈吉余认为，直到19世纪末滦河三角洲伸展缓慢，此后由于上游围场开禁放垦，导致水土流失严重、入海泥沙增多，使得海岸线伸展迅速增快。③ 张修桂通过对全新世中期以来滦河三角洲海岸演变的系统研究，绘制出这段海岸的历史变迁图，反映出宋元之前、明、清至今等不同历史阶段的海岸推移情况，指出明清老滦河口发育较为典型，明天启时祥云岛还是近海岸的一个小岛，清康熙后期已靠在海岸上。④

4. 莱州湾海岸演变研究

王守春指出，全新世以来莱州湾海岸演变的总趋势是从大陆向大海方向逐渐推进，并绘制出历史时期莱州湾海岸线变迁图，其中包括1855年莱州湾西段海岸线。他指出这段海岸线受黄河河道演变和入海泥沙影响，在整条莱州湾海岸线中变化最为显著。⑤

---

① 济南水文总站黄河志编办. 山东黄河志试写稿选载——黄河河口变迁. 黄河史志资料，1984（2）.

② 钮仲勋，等. 历史时期黄河下游河道变迁图. 北京：测绘出版社，1994.

③ 陈吉余. 渤海湾海岸的历史变迁//中国科学院《中国自然地理》编辑委员会. 中国自然地理·历史自然地理. 北京：科学出版社，1982.

④ 张修桂. 滦河三角洲海岸的演变//邹逸麟，张修桂. 中国历史自然地理. 北京：科学出版社，2013.

⑤ 王守春. 莱州湾海岸的演变//邹逸麟，张修桂. 中国历史自然地理. 北京：科学出版社，2013.

（二）江浙海岸线演变研究

江浙海岸线主要指今江苏到浙江宁波以北的海岸线。20 世纪 20 年代初，李长傅《江浙海岸变迁之研究》的发表标志着系统研究这段海岸线变迁的开始。① 进入 20 世纪 50 年代，以谭其骧、陈吉余、张修桂为首的学者，在上海成陆、长江河口发育问题研究上有较大进展。20 世纪 80 年代以来，江苏海岸线演变研究兴起，尤其学界对黄河北归前后苏北海岸进退情况有较为深入的研究，成果也很突出，对南通成陆、三余湾、启（东）海（门）平原形成过程均有详细探讨，钱塘江口和杭州湾研究也略有进展。

今江苏海岸线从北到南，依次包括苏北的海州湾、废黄河口和黄河三角洲、滨海平原和苏南的三余湾、启海平原地区，苏北海岸的历史变迁与黄河下游河道摆动有直接关系，而苏南海岸的演变受长江河口发育影响较大。郭瑞祥对新石器时期以来江苏各段海岸线的演变做了专门研究，指出其经历了淤积—侵蚀—相对稳定—淤积—侵蚀的交替演变过程，推算出 1855 年黄河改道前后不同地区海岸的推移或侵蚀速率，指出 1128—1855 年黄河南徙使海岸迅速向海推进，而黄河北徙后废黄河尾闾段控制范围内又转为侵蚀，致使 1 200 平方公里的土地又沦为沧海。② 张忍顺结合清初苏北沿岸所设墩台和文献所载，分别论述了废黄河口、范公堤以东、三余湾海岸线的变迁和南通、启海平原的淤积过程，绘制出苏北各时期的海岸线，反映了清代海岸线的基本轮廓和伸缩趋势。③ 邹逸麟、张修桂主编《中国历史自然地理》一书第十五章“历史时期江苏海岸的演变”即为张忍顺执笔，对清初、乾隆中期、光绪年间苏北的海岸线分别进行考述和复原，对苏南三余湾的成陆过程、启海平原历史时期的陆沉和清代的再现过程有简要总结。④

---

① 李长傅. 江浙海岸变迁之研究. 地学杂志，1922（4）；1922（5）.

② 郭瑞祥. 历史时期江苏海岸演变与现代地貌特征//江苏省科学技术委员会，江苏省科学技术协会. 江苏省海岸带、海涂资源综合考察及综合开发利用学术论文选编：第 1 集. 1981. 其后吴必虎《历史时期苏北平原地理系统研究》（上海：华东师范大学出版社，1996）一书第二章“环境演变”，对苏北海岸古今塑造过程的探讨多参考郭文。

③ 张忍顺. 历史时期江苏海岸线的变迁//中国第四纪研究委员会，中国海洋学会. 中国第四纪海岸线学术讨论会论文集. 北京：海洋出版社，1985.

④ 张忍顺. 历史时期江苏海岸的演变//邹逸麟，张修桂. 中国历史自然地理. 北京：科学出版社，2013.

1. 苏北海岸演变趋势及伸缩速率研究

陈吉余认为，黄河夺淮前苏北海岸线相对稳定，夺淮后逐渐淤涨，黄河北移后苏北北段海岸线以不同的速度后退，只有连云港以北的海州湾仍在淤涨；他绘出了苏北海岸历史变迁图，反映出清初海岸轮廓及其后的演变情况。① 凌申撰文分 1128 年之前、1128—1495 年、1495—1855 年、1855 年黄河北徙后共四个时段，探讨黄河南、北迁徙与苏北海岸线的变迁情况，指出 1495—1855 年入海泥沙较为集中，苏北海岸东进速度快、幅度大，以云梯关至废黄河口段最快，比其南北两侧海岸快 48%～66%，形成弓形海岸，最远延伸地方距今废黄河口 22.3 公里；1855 年黄河北徙后，苏北海岸线在射阳县、大喇叭口以北段以蚀退为主，以南段仍以淤涨为主，大丰、东台淤涨最快；黄河南徙给苏北沿海带来大量泥沙，深刻影响着苏北海岸线的变迁，对弶港以北段海岸线影响尤其明显。② 凌申的另一篇文章对历史时期江苏古海塘的修筑及演变做出研究，从中反映出不同时期的海岸线消长情况。③

2. 海州湾及云台山成陆研究

学界对明朝到清朝中期海岸淤积及周边岛屿的并岸过程、清朝后期的冲刷情况，以及黄河南徙前后海州湾形态交替演变过程均有探讨，在云台山的成陆过程和时间问题上，各位学人提出了不同见解。20 世纪 20 年代初，李长傅研究指出，乾隆后期云台山完全成陆。王宝灿、陈吉余等据志书记载，指出 17 世纪末云台山仍在海中，康熙五十年（1711）云台山成陆，周围诸山也陆续成为陆屿。④ 郭瑞祥研究认为，从明弘治七年（1494）到道光年间云台山地区许多海峡先后淤积成陆，而云台山北面之水道约在 19 世纪 30 年代淤塞，到 50 年代初与陆地相连，其成陆经历了 200 多年。云台山北部之海州湾，除了南部有淤涨外，北部还有很缓慢的蚀退；不仅如此，海岸地貌形态和动态物质均发

① 陈吉余. 苏北海岸的历史变迁//中国科学院《中国自然地理》编辑委员会. 中国自然地理·历史自然地理. 北京：科学出版社，1982.

② 凌申. 黄河南徙与苏北海岸线的变迁. 海洋科学，1988 (5).

③ 凌申. 历史时期江苏古海塘的修筑及演变. 中国历史地理论丛，2002 (4).

④ 王宝灿，虞志英，刘苍字，等. 海州湾岸滩演变过程和泥沙流动向. 海洋学报（中文版），1980 (1)；陈吉余. 苏北海岸的历史变迁//中国科学院《中国自然地理》编辑委员会. 中国自然地理·历史自然地理. 北京：科学出版社，1982.

生了变化，从曲折侵蚀性的岩岸、沙岸逐渐转化为平直的淤泥质堆积海岸；黄河下游北徙后连云港海岸带近百年不但未淤，反而有所冲刷，海峡南部更为明显，海州湾处于轻微冲刷中。① 郑宝恒等认为，海州地区历史上海陆变迁不大，仅向东稍有扩展，云台山地区在康熙末年以后成陆。② 黄志强等据赣榆县（今江苏省连云港市赣榆区）境内四条贝壳堤，分析苏北废黄河以北地区的海岸线变迁，研究得出历史时期江苏北部海岸线渐次向海推进，同时出现过若干次规模不同的反向后退，并绘制出《历史时期海州湾海岸线的变化图》，指出清代中后期的海岸线，自小东关以东，经后坨、黄沙，北延至赣榆城东南。③

3. 废黄河口及三角洲研究

学界较为一致地认为，明中叶黄河全流夺淮之前河口移动缓慢，夺淮后加快，大多推测出各时期河口推移位置，估算出不同时期的推进速率和面积，虽然不同学者推算时所选具体时段不完全相同，最后得出的伸缩数据也不尽一致，但相差不大。20 世纪 80 年代初，郭瑞祥认为，宋、元直到明初黄河入海口基本还在云梯关附近，其后逐渐向东北移动，到 1700 年河口已移到八滩以下，1811 年河口沙嘴已接近六洪子以东，1128—1855 年这 700 多年间，河口共向海延伸 90 公里左右，而 1578—1810 年这 200 多年间河口外延 60 公里；黄河下游北徙后苏北海岸侵蚀速度相当快，从 1855 年到 20 世纪 30 年代，黄河又呈鸭嘴状向海突出，被侵蚀约 12 公里，灌河口的开山原本已与大陆相连，其后又成为海中孤岛，北部小丁港一带海岸自 1855 年至今蚀退约 3 公里，从双洋河口到小丁港 150 多公里的海岸线上，共被侵蚀 1 200 平方公里土地。④ 陈吉余据文献记载推算出，1578—1776 年河口以每年 200～250 米的速度向海伸展，到 1855 年黄河决口北徙前，河口又向外伸展 20 多

---

① 郭瑞祥. 历史时期江苏海岸演变与现代地貌特征//江苏省科学技术委员会，江苏省科学技术协会. 江苏省海岸带、海涂资源综合考察及综合开发利用学术论文选编：第 1 集. 会议自印本. 1981.

② 郑宝恒，王天良. 连云港市的水陆变迁//复旦大学历史地理研究所. 历史地理研究：第 2 辑. 上海：复旦大学出版社，1990.

③ 黄志强，杨达源，张传藻. 江苏北部海岸与湖泊的演变//中国地理学会历史地理专业委员会《历史地理》编委会. 历史地理：第 7 辑. 上海：上海人民出版社，1990.

④ 同①.

公里。[①] 朱起茂分析历史上黄河下游河床演变与河口淤积延伸的关系，得出1578—1855年这277年间，苏北海岸线长150公里、造陆面积6 000平方公里，造陆速度21.6平方公里/年，延伸距离74公里，延伸速度267米/年。[②] 张忍顺认为，黄河河口的延伸分为两个阶段，明中期以前较为缓慢，其后因黄河全流夺淮和人为的“束水攻沙”，河口延伸大大加快，1500—1826年延伸70公里，平均每年约215米，而在1747—1826年河口延伸达25公里，平均每年约316米，他估计，1826—1855年河口还向外延伸9公里，在今天河口外25公里，黄河三角洲造陆速度亦由3.2平方公里/年增加到15.5平方公里/年，1747—1855年黄河三角洲成陆2 360平方公里，每年海岸线平均推进150米；黄河北归后废黄河口急剧后退，苏北中部海岸继续淤涨，不过逐渐减缓。[③] 李元芳也认为苏北废黄河三角洲的演变可大致以1578年为间隔，前期为径流一潮汐型，河口造陆面积约2 300平方公里，后期为径流一波浪型，输送黄河泥沙增多，河口迅速延伸，造陆面积约6 700平方公里，另有水下三角洲面积约2 500平方公里，与此同时基准面相对抬升，引起的溯源淤积至少可上溯至河南境内，而各地淤积厚度不等。[④]

4. 岸外沙洲并岸及滨海平原形成、演变研究

20世纪20年代初，李长傅已指出范公堤以东、海门以北的滨海平原地区从明弘治六年（1493）黄河南徙后，逐渐向东淤积达百余里。[⑤] 近60年后，郭瑞祥同样认为，这段海岸线在黄河南徙前基本还在范公堤附近，黄河南徙后海岸线向外延伸情况与黄河河口一样，宋、元到明初向外延伸较慢，其后增快，明末海岸线在盐城东20公里，清中叶（18世纪70年代）在盐城东50公里之外，到咸丰五年（1855）东台一带的海大约在范公堤30公里之外；黄河北归后滨海平原海岸继续淤涨，尤以南部淤涨为快。其后，张忍顺明确指出，滨海平原形成是近岸沙洲

---

① 陈吉余. 苏北海岸的历史变迁//中国科学院《中国自然地理》编辑委员会. 中国自然地理·历史自然地理. 北京：科学出版社，1982.

② 朱起茂. 黄河下游河床演变与河口淤积延伸. 地理研究，1982（4）.

③ 张忍顺. 苏北黄河三角洲及滨海平原的成陆过程. 地理学报，1984（2）.

④ 李元芳. 废黄河三角洲的演变. 地理研究，1991（4）.

⑤ 李长傅. 江浙海岸变迁之研究. 地学杂志，1922（4）；1922（5）.

并岸的结果，至迟在乾隆时就有大片岸外沙洲，到光绪年间这些沙洲与岸滩相并，并陆续缓慢向海均匀地淤涨，明代中期以前，滨海平原的平均造陆速度为2.7平方公里/年，明代中期以后增加到10平方公里/年。① 他还撰写专文探讨唐宋以来江苏岸外沙洲的演变情况，指出：黄河夺淮前江苏中部的岸外存在“海中洲”，江苏南部沿海形成的沙滩主要是暗沙；黄河南北分流时，三余湾口逐渐淤高为明沙，明中叶黄河全流夺淮后，岸外沙洲多发育为明沙；1855年黄河北归后，五条沙被夷平，大沙先淤积后夷平。②

5. 长江口地区主泓南移及苏南、长江三角洲演变研究

民国初期到20世纪30年代，海登施塔姆（Von Heindenstam）、丁文江等中外学者陆续发表文章探讨长江三角洲的发展趋势，推算其伸展速率，开启了长江三角洲演变研究。然而，这一时期的研究存在诸多问题，如分析因素单一、资料片面、以个别岸段之演变速率代替整个三角洲的发育史等，引起了学界的一些批评。20世纪50年代，陈吉余结合野外调查、方志记载、堤塘遗址及近年测量数据，以南京作为顶点，对三角洲江口地段的发育过程和原因进行了初步研究，认为两千年来其发育总趋势是向海洋方向推展，伸展速率又因时因地而有不同，江口段的最大改变不在于海岸带的伸展，而在于江口段宽度的日益紧缩，自然因素对长江三角洲之发育的影响最明显，同时人为因素在历史时期长江三角洲之发展过程中是不可忽视的。③ 20世纪70年代末，陈吉余又撰文将两千年来江口发育模式概括为“南岸边滩推展、北岸沙岛并岸、河口束狭、河道成形、河槽加深”五个方面。④ 我们在此将具体各段海岸的研究情况概述如下：

苏南海岸线包括三余湾、启海平原及长江口北支北岸线，即今南通市所辖范围。20世纪70年代末以来，学界对历史时期南通地区成陆过程，尤其明清三余湾的成陆、启海平原的塌涨和重新形成过程有

---

① 张忍顺. 苏北黄河三角洲及滨海平原的成陆过程. 地理学报，1984（2）.

② 张忍顺. 历史时期的江苏岸外沙洲（五条沙）及其演变//中国地理学会历史地理委员会《历史地理》编辑委员会. 历史地理：第8辑. 上海：上海人民出版社，1990.

③ 陈吉余. 长江三角洲江口段的地形发育. 地理学报，1957（3）.

④ 陈吉余，恽才兴，徐海根，等. 两千年来长江河口发育的模式. 海洋学报（中文版），1979（1）.

深入研究。

陈吉余指出，18 世纪海门诸沙并岸，19 世纪末到 20 世纪初启东诸沙并岸。① 陈金渊结合文献和考古成果，详细探讨南通地区的成陆过程及其主要原因，认为宋代时海门县（今江苏省南通市海门区）境几乎全部陆沉，到清康熙末年海门县故地除吕四之外，基本坍没，清中叶以来海门重新成陆，启海平原重新形成，这既是近 200 年间长江泥沙淤涨的结果，也与人工围垦有关。② 张忍顺指出，19 世纪末三余湾已基本成陆，启海平原在康熙末年停止坍塌，转为淤积，很快涨出不少小洲，因此乾隆年间划出新置海门厅，乾隆末年已涨接通州，光绪十二年（1886）外沙与海门厅连成一片，塘芦港变为一水道，至此启海平原重新形成。③ 冯义撰写专文对三余湾海岸的形成及演变进行研究，认为三余湾形成后最初 600 年间海岸变化缓慢，到明末湾内迅速淤积，其后约 300 年间三余湾淤积速度很快，到清末三余湾大部分已淤积成陆，接近现今海岸线，各段淤积速度不同，清末的海湾形态由原来的“C”形演变为近似“L”形的形态。④

21 世纪初，王庆等指出康熙后期因长江主流南移、沙岛并岸，长江口北支北岸由坍没转为迅速淤涨，河道也逐步向东南推展，由此导致输入苏北海岸的泥沙减少，苏北辐射沙脊向北移动，更依靠黄河泥沙来源，该河道地貌演变直接促成了现代苏南海岸的形成。⑤ 李朋借助 GIS 技术研究启东建县前的崇明外沙（属于江口崇明沙群的一部分）的聚落动态演变过程，认为直到 19 世纪中叶崇明外沙的各沙洲基本各自发展，

---

① 陈吉余，恽才兴，徐海根，等. 两千年来长江河口发育的模式. 海洋学报（中文版），1979（1）.

② 陈金渊. 南通地区成陆过程的探索//中国地理学会历史地理委员会《历史地理》编辑委员会. 历史地理：第 3 辑. 上海：上海人民出版社，1983；陈金渊. 南通成陆. 陈炅，校补. 苏州：苏州大学出版社，2010.

③ 张忍顺. 历史时期江苏海岸线的变迁//中国第四纪研究委员会，中国海洋学会. 中国第四纪海岸线学术讨论会论文集. 北京：海洋出版社，1985；张忍顺. 历史时期江苏海岸的演变//邹逸麟，张修桂. 中国历史自然地理. 北京：科学出版社，2013.

④ 冯义. 三余湾海岸的形成及其演变. 海洋通报，1993（4）.

⑤ 王庆，刘苍字. 历史时期长江口北支河道演变及其对苏北海岸的影响//中国地理学会历史地理委员会《历史地理》编辑委员会. 历史地理：第 17 辑. 上海：上海人民出版社，2001.

1885年十三沙基本确定了各自的范围，此后进一步扩大、合并，到宣统二年（1910）全部合并，并岸后的形状基本处于东面扩张、南面收缩的动态变化中。①

6. 上海地区成陆及长江口南岸海岸线演变研究

20世纪下半叶以来，学界从考古学、历史地理学角度，对上海地区成陆的过程、趋势以及长江口南岸各段海岸线的具体坍涨变化情况做出细致而深入的探讨，取得了重大成绩。

1973年，谭其骧《上海市大陆部分的海陆变迁和开发过程》，从考古学、历史地理学角度，在之前发表的《关于上海地区的成陆年代》和《再论关于上海地区的成陆年代——答丘祖铭先生》两文的基础上进行扩充、修正，批判了海登施塔姆、丁文江用形而上学思想判断长江输沙量及长江三角洲推进速度一成不变的错误看法，认为上海按其成陆过程可分为冈身地带、冈身以内、冈身以外里护塘以内、里护塘以外这四个迥然不同的区域，里护塘以外部分在近四五百年间成陆，至迟在明后期，即16世纪初叶上海大陆呈现出东北坍没、南部沉陷的现象，具体各段海岸线的发育情况因时因地不一，自太仓至川沙高桥港口附近受到严重冲刷，有所坍没，从高桥港以南泥沙开始沉积，陆地稍有增长，沿此越往南沉积量越大，南汇嘴一带伸展最快，从南汇嘴往奉贤的海岸也在向外伸展，到雍正三年（1725）置南汇、奉贤二县，说明海岸推进到了里护塘一线，此后继续延伸到里护塘以外，南部边缘金山城明末清初陆沉最严重，雍正朝以后200多年间基本稳定；几百年来长江口南岸岸线的内坍现象逐渐从西北扩向东南，清末以来高桥港以南的九团地带也有所坍进。② 其后，陈家麟进一步探讨了长江口南岸线的历史变迁，对明中叶到清代这一岸线坍涨问题做出详细解释，认为这段岸线的演变以黄家湾为线分为南、北两段，北段蚀退、南段淤涨。③ 历代人工兴建海塘是海岸线伸缩的标志，祝鹏综合利用方志、海塘遗迹来推测南朝以来上海陆地的形成、演变过程，逐一探讨宝山、川沙、南汇、奉贤、金山

① 李朋. 崇明外沙的聚落与海岸线变迁研究. 复旦大学硕士学位论文，2008.

② 谭其骧. 上海市大陆部分的海陆变迁和开发过程. 考古，1973（1）；谭其骧. 关于上海地区的成陆年代. 文汇报，1960（15）；谭其骧. 再论关于上海地区的成陆年代——答丘祖铭先生. 文汇报，1961（10）.

③ 陈家麟. 长江口南岸岸线的变迁. 复旦学报（社会科学版），1980（历史地理专辑）.

的海岸线和海塘修筑情况，并推算海岸延伸长度，分析其变化成因。①

20 世纪 90 年代以来，张修桂吸收近 30 年来的最新资料，概括论述上海大陆地区的成陆过程，并对长江口南岸各段海岸线的沧桑变化提出新认识，认为距今六七千年来上海成陆过程可分为五个阶段，而近 1 000 年来浦东东部的成陆过程可以东、西沙带为界，分为前后两个 500 年，西沙带以东的滨海地带都是近 600 年来发育形成的新浦东。② 此前，张修桂还有专文对金山海岸线变迁做系统研究，认为金山一带海岸线在 15 世纪 60 年代已基本形成，清康熙、雍正年间潮流冲击海岸强烈，乾隆年间以后金山嘴自东向西移，到光绪年间主体部分已移到金山卫南滩地一带。③ 其后，张修桂著《中国历史地貌与古地图研究》④、邹逸麟和张修桂主编《中国历史自然地理》中关于上海成陆及上海岸线演变的章节，大体源于此。

7. 崇明岛及周边各岛演变研究

20 世纪 50 年代，陈吉余已指出，现在的崇明岛是在 16 世纪的“长沙”岛基础上发展、淤积而成的，该岛上最悠久的土地也鲜有超过 400 年历史的。⑤ 20 世纪 80 年代，魏嵩山、褚绍唐分别撰文论述崇明岛的历史演变和形成过程：魏文认为清代以来崇明岛总的演变趋势是南坍北涨，但南坍小于北涨，岛南海岸线基本上变迁不大，根据长江河口演变规律，今后势必与北岸归并⑥；褚文认为 17 世纪崇明县城迁长沙之后至今为该岛的稳定和扩大时期，现在全岛渐呈向北岸靠拢的趋势，崇明岛的变迁与江流的分支、潮流进退及人工围堤等都有密切关系。⑦

21 世纪初，张修桂指出，崇明岛形成研究的较大难度是，不可能对文献记载的沙洲一一定位，此前魏、褚二文中存在相关沙洲定位失误问题。因此，他据 20 世纪 80 年代发现的滨岸沙带和 ^{14}C 测年结果，对

① 祝鹏. 上海市陆地的形成和历代海塘. 上海社会科学院学术季刊，1985（3）.

② 张修桂. 上海地区成陆过程概述. 复旦学报（社会科学版），1997（1）.

③ 张修桂. 金山卫及其附近一带海岸线的变迁//中国地理学会历史地理专业委员会《历史地理》编辑委员会. 历史地理：第 3 辑. 上海：上海人民出版社，1983.

④ 张修桂. 中国历史地貌与古地图研究. 北京：社会科学文献出版社，2006.

⑤ 陈吉余. 长江三角洲江口段的地形发育. 地理学报，1957（3）.

⑥ 魏嵩山. 崇明岛的形成、演变及其开发的历史过程. 学术月刊，1983（4）.

⑦ 褚绍唐. 崇明岛的变迁. 地理研究，1987（3）.

唐武德年间成洲的东沙进行准确定位，认为明末清初之际崇明岛完成了大型沙洲合并过程，东西已达140余里，基本接近目前崇明岛长度，南支江面随之展宽，咸丰五年（1855）黄河北流后，海岸沙洲发育稳定，并以靠岸为主要动力，认为崇明岛经历了唐初雏形、宋元扩展、明代合并至明末清初最终形成的过程，这1 000年间崇明岛的冲淤变化与沙洲的坍涨合并同步进行，清初以来崇明岛经受的冲淤变化仍然相当剧烈，也永远不会停息，清初以来崇明岛的冲淤变化趋势是南坍北涨，北涨大于南坍，东西缓慢扩展，西扩大于东展。① 相比崇明岛而言，长兴、横沙形成较为滞后，到清后期才成型。张星煌《横沙小志》指出，道光年间横沙出水②；陈家麟研究认为，横沙在咸丰八年（1858）露出水面，其他沙洲则均在嘉庆中叶之后出水，崇宝沙已在光绪时坍没。③

另外，20世纪60年代以来，陈吉余等结合文献资料、海塘遗迹和实地考察，探讨钱塘江河口和杭州湾的历史变迁，得出：12世纪前杭州湾到钱塘江口较为顺直，17世纪以前江流海潮多由南大门出入，海门以内也有很大变化，南岸虽有涨坍，但大体遵循西陵、坎山（原名龛山）、瓜沥、马鞍山一线，北岸即海宁海岸多次大涨大坍；17世纪末南大门的口外沙洲淤积成陆，水流改由中小门入，但因水流不畅，到18世纪改为全由北大门出入，直至今日，北门冲开后，南门、中门淤塞，形成现在的南沙。④

（三）南部山地丘陵海岸研究

我国的山地丘陵海岸（主要是基岩海岸），除了北部的辽东半岛、山东半岛，其他主要分布在杭州湾以南地区。陈吉余指出，基岩海岸的轮廓在历史时期没有大的变化，但每个具体岸段都经历着一定的变化，并以浙江、福建、台湾、两广地区为例，探讨不同岸段的侵蚀或堆积情况，分析认为基岩海岸岸线曲折、多良港，然历史时期很多港湾发生过较大变化：这一方面是因为它们相对波浪作用而言，处于隐蔽岸段，物

① 张修桂. 崇明岛形成的历史过程. 复旦学报（社会科学版），2005（3）.

② 张星煌. 横沙小志. 地学杂志，1934（2）.

③ 陈家麟. 长江口南岸岸线的变迁. 复旦学报（社会科学版），1980（历史地理专辑）.

④ 陈吉余，罗祖德，陈德昌，等. 钱塘江河口沙坎的形成及其历史演变. 地理学报，1964（2）；陈吉余. 钱塘江河口和杭州湾的历史变迁//中国科学院《中国自然地理》编辑委员会. 中国自然地理·历史自然地理. 北京：科学出版社，1982.

质易于沉积；另一方面是因为山溪性河流带来的泥沙堆积在河口或扩展到邻近的海岸，使港湾淤浅。① 正因基岩海岸历史时期变化幅度较小，故百年来学界关注不足，主要对其变化幅度相较明显的区域即珠江三角洲做出较为系统的研究，浙闽台粤局部海岸变迁也有探讨，其他地区关注甚少。

珠江今有八门入海，受各河道流向、泥沙淤积及沿海潮流影响，珠江三角洲的形成和发育模式自有规律，最终形成复合型三角洲。相较黄河、长江三角洲而言，学界对珠江三角洲关注较少。尽管早在 20 世纪前中叶学界就已对珠江三角洲的冲积、形成过程有所探讨，但直到 20 世纪 70 年代才将研究细化到清代，对 300 多年来的三角洲发育情况和原因做出探究。20 世纪 80 年代以来，陆续有学者从河口海岸学、历史地理学、地貌学等角度，对珠江三角洲整体发育过程和原因，以及一些代表性亚三角洲的历史演变过程做出较为系统而深入的研究。

陈吉余通过对珠江三角洲历史变迁的初步研究，认为：到 18 世纪，三角洲前缘推展到磨刀门附近，香山已与三角洲相连，18 世纪以后主要淤涨于磨刀门、香山海和狮岭海，19 世纪以来以蕉门和万顷沙、灯笼沙淤涨最快；乾隆年间以后，河口沙滩的利用及采用人工促淤措施导致三角洲向海伸展，降低了汊河的水面比降，洪灾日益增多，与其他三角洲一样，珠江三角洲的迅速增长和流域的山地开发关系密切。② 周源和认为，珠江三角洲的成陆过程可分为汉晋海湾时代、唐宋“洲潭岛屿”时代、明清陆地大发展时代、晚清口门淤积时代四个阶段，进而对珠江三角洲开发、利用过程中的水利和水患关系进行了讨论。③ 黄镇国等著《珠江三角洲形成发育演变》一书，认为历史上珠江三角洲滨线的推移分为六个时期，总体而言，珠江三角洲平原的伸展速度越来越快，

---

① 陈吉余. 基岩海岸的历史变迁//中国科学院《中国自然地理》编辑委员会. 中国自然地理·历史自然地理. 北京：科学出版社，1982.

② 陈吉余. 珠江三角洲的历史变迁//中国科学院《中国自然地理》编辑委员会. 中国自然地理·历史自然地理. 北京：科学出版社，1982.

③ 周源和. 珠江三角洲的成陆过程//中国地理学会历史地理专业委员会《历史地理》编辑委员会. 历史地理：第 5 辑. 上海：上海人民出版社，1987；周源和. 珠江三角洲形成过程水利和水害的演化//复旦大学历史地理研究所. 历史地理研究：第 2 辑. 上海：复旦大学出版社，1990.

不同地区伸展速度变化也有差异。① 另外，徐俊鸣撰文对广州市区水陆变迁进行了初步探讨。②

珠江三角洲之形成、发育与各河道口门变迁密切相关。司徒尚纪探究岛丘和口门作用对珠江三角洲发育模式的影响，认为该三角洲历史时期的演变不是一条连续曲线，而是由若干条环溺谷湾中基岩岛或台地的闭合曲线或边缘曲线组成，说明基岩岛或台地作为沉积核心在起控制作用，宋代以来三角洲土地的开发、利用不断提高，尤其清代三角洲成沙和围垦面积比明代有所增长，珠江河口不断淤积、下移，水患也随之加剧。③ 李平日概括指出，珠江三角洲与黄河、长江三角洲等有四个方面的显著不同，即岛丘众多、多江汇聚、多口入海、水网纵横，进而对六千年来珠江三角洲的演变做出系统而深入的研究，绘制出该三角洲岸线演变图。④

关于珠江三角洲亚三角洲也有不少研究。曾昭璇等从历史地貌学角度，对西江下游冲决三角洲的形成、发育史做出专门研究。⑤ 曾氏的另一篇文章认为，斗门冲决三角洲的最大特点是发育于珠江三角洲外缘区，南部沙田形成年代则多在清代，目前斗门三角洲仍在向海扩展中。⑥ 乔彭年对珠江河口湾伶仃洋的淤积发展、泥沙来源、淤积年限进行分析，得出伶仃洋属于径流作用为主的潮汐河口，泥沙主要来自西部浅滩，淤积的终极年限为 490 年。⑦

关于温州沿海平原成陆，吴松弟研究了历史时期温州沿海平原的成陆过程及其原因，绘制出成陆过程示意图，包括清光绪年间海岸线，大

---

① 黄镇国，李平日，张仲英，等. 珠江三角洲形成发育演变. 北京：科学普及出版社广州分社，1982.

② 徐俊鸣. 广州市区的水陆变迁初探. 中山大学学报（自然科学版），1978（1）.

③ 司徒尚纪. 岛丘和口门作用与珠江三角洲发育模式的历史地理研究//中国地理学会历史地理专业委员会《历史地理》编辑委员会. 历史地理：第 19 辑. 上海：上海人民出版社，2003.

④ 李平日. 珠江三角洲海岸的演变//邹逸麟，张修桂. 中国历史自然地理. 北京：科学出版社，2013.

⑤ 曾昭璇，黄少敏. 西江下游中山冲缺三角洲地貌发育的历史分析. 华南师院学报（自然科学版），1980（2）.

⑥ 曾昭璇. 斗门冲决三角洲发育史——扩大农田面积的优良模式//岭南史地与民俗. 广州：广东人民出版社，1994.

⑦ 乔彭年. 珠江河口湾伶仃洋淤积的初步研究. 海洋学报（中文版），1988（2）.

致复原了唐代到清末的沿海平原成陆过程。① 其后，吴氏又分别探讨了瓯江、飞云江、鳌江（别称敖江）河口平原的成陆过程，及温州主要海塘、塘河的兴修与沿海平原开发问题。② 另外，张叶春对瓯江口平原形成过程做出了专门探讨。③

关于福建和台湾海岸演变，陈吉余指出泉州港近二三百年来淤浅迅速、难以行舟，主要是沿海地区森林砍伐所致。④ 林汀水以文献所载为据，分析历史时期“福州古湾”的变迁，绘制出福州古湾水陆变迁图，其中包括清代沙洲、海岸线，分别论述北湾、南湾、海中孤岛的演变。⑤ 曾昭璇按海岸地貌将台湾西部平原海岸分为北段平原岸、中段三角洲岸和南段潟湖平原岸，探讨各段海岸地貌的古今形成、演变。⑥ 陈吉余指出，一些山地丘陵海岸历史时期形成了三角洲型海岸，典型的有台湾的曾文溪三角洲，并绘制出台湾西海岸历史变迁图。⑦ 赵焕庭研究了台湾北段扇形倾斜平原海岸、中段扇形倾斜平原海岸和岸外沙坝-潟湖体系、南段高雄平原和沙坝-潟湖体系的历史演变，详细论述了各段海岸线清代港湾的停泊及其后的淤积情况。⑧

关于韩江三角洲，李平日主要利用^{14}C测年技术研究六千年来韩江三角洲的发育模式和演进情况，认为滨线伸展速度主要受海平面升降、外动力条件（河流、波浪）、地形边界条件三个因素制约。⑨ 其后，李平日等著《韩江三角洲》，书中第五章将三千年来的三角洲演变分为汉代、唐代、宋末、清代、现代五个时期分别进行探讨，认为距今 700～

---

① 吴松弟．浙江温州地区沿海平原的成陆过程．地理科学（中文版），1988（2）．

② 吴松弟．温州沿海平原的成陆过程和主要海塘、塘河的形成．中国历史地理论丛，2007（2）．

③ 张叶春．浙江瓯江口地区平原形成过程．西北师范大学学报（自然科学版），1990（4）．

④ 陈吉余．基岩海岸的历史变迁//中国科学院《中国自然地理》编辑委员会．中国自然地理・历史自然地理．北京：科学出版社，1982．

⑤ 林汀水．历史时期“福州古湾”的变迁//中国地理学会历史地理专业委员会《历史地理》编辑委员会．历史地理：第 23 辑．上海：上海人民出版社，2008．

⑥ 曾昭璇．台湾西部平原海岸地貌．海洋科技资料，1977（3）．

⑦ 同④．

⑧ 赵焕庭．台湾岛西部平原海岸的演变//邹逸麟，张修桂．中国历史自然地理．北京：科学出版社，2013．

⑨ 李平日．六千年来韩江三角洲的滨线演进与发育模式．地理研究，1987（2）．

150年的韩江三角洲地貌发育具有沙垅规模较大、风积作用显著的特征。[①] 邹逸麟、张修桂的《中国历史自然地理》一书中的相关章节也为李平日执笔，将韩江三角洲东南部的五道沙堤作为海岸线演进的重要标志，结合村庄建立时间、史籍所载、^{14}C测年技术等来推断清代的岸线，绘制出韩江三角洲历史时期海岸线图，其中绘出清代（距今150年）海岸线。[②]

我国今天广袤的海岸带是在漫长的岁月中形成的，清代海岸线的盈缩是对明代甚至更早时期的承继和发展，受各段海岸地质地貌、河流迁徙和水沙变化、潮流及人类改造活动（包括修筑海塘、垦殖开发、渔盐业生产、港口贸易）等诸多因素影响，可谓是自然和人为共同作用的结果。研究海岸线的历史变迁对当今海岸管理、城市选址等均有经世致用价值。此外，海岸带研究是历史地理学、地质学、考古学、海洋学、沉积学、地貌学等多学科交叉、共同研究的领域。尤其近年来，多学科交叉研究及最新技术手段运用更为明显，如用^{14}C测年技术测定古遗迹年代，推断海岸位置，而文献所载海塘和堤坝遗迹、新村落形成或政区建置变更等均成为考察不同时段海岸伸缩演变的重要线索或标志；再如，将历史时期海平面涨退位置整理成数据，然后推算并分析海岸的平均伸缩率和造陆面积。今后海岸线盈缩研究中多学科交叉、新技术运用将会愈来愈明显。

近年来已有学者指出，河湖与海岸的变迁是相互联系的，要实现区域整合，从相互影响角度来研究其历史变化。[③] 今后的海岸线盈缩研究，其内容和范围不能限于岸线本身，而要深化扩展到沿岸河海体系，综合考虑沿岸区域自然和人为经济发展因素，甚至还要考虑整条河的历史变迁对海岸盈缩的影响；不仅如此，研究中还要充分考虑全球气候和海洋环流变迁的大背景、地质地貌及地壳运动对海岸线变迁的影响，尽可能利用最新的技术手段，综合运用历史文献资料所载和^{14}C测年技术、地层钻孔技术等，以跨学科研究方法的融合推进历史海岸盈缩研究。

---

① 李平日，黄镇国，宗永强，等. 韩江三角洲. 北京：海洋出版社，1987：第5章.

② 李平日. 韩江三角洲河道与海岸的演变//邹逸麟，张修桂. 中国历史自然地理. 北京：科学出版社，2013.

③ 满志敏. 历史自然地理学发展和前沿问题的思考. 江汉论坛，2005 (1).

第二节　黄河河道变迁

黄河是中华民族的母亲河，但也因频繁的决溢改道而给沿岸人民带来了沉重灾难。有清一代河患亦很剧烈，康熙时“河务”更被列为三大要务之一。就地理而言，清代关于黄河最重要的事件是咸丰五年（1855）铜瓦厢决口，此次改道后，黄河河道北流入渤海并延续至今，因此黄河改道问题引发了学人较多的关注，在黄河变迁史研究中具有一席之地。此外，在黄河中游等区域，黄河也发生过程度较轻的改道，一并也在历史地理研究的视野之内。不过，在 20 世纪 80 年代以前，黄河变迁史研究关注的重点还在清代以前，之后随着研究的深入和细化，清代部分才日渐受到重视，不仅对铜瓦厢改道的研究日渐增多，对于学界此前甚少提及的历史上黄河上、中游河道变动，包括甘肃、宁夏、内蒙古、山陕交界地区清代河道摆动、变迁情况，均有较为深入的探讨。

（一）黄河六徙说

历史时期黄河下游决溢改道频繁，重大的决口、改道一直是学界研究的重点。

自清代以来，陆续有学人对历史上的黄河改道问题提出不同见解。其中较具代表性的是康熙时胡渭《禹贡锥指》一书，书中提出黄河历史上共发生五次大变，分别为周定王五年（公元前 602）、王莽始建国三年（公元 11）、宋仁宗时分为二派、金章宗明昌五年（1194）分为二派、元世祖至元中，此即著名的“五徙说”。① 自胡渭“五徙说”提出以来，学界一直奉其说。民国时期，又在其基础上增加咸丰五年（1855）河决铜瓦厢北徙，形成“黄河六徙说”。尽管这一划分存在些许不妥之处，但直到 20 世纪 50 年代初，研究黄河史的学者还在很大程度

---

① 胡渭．禹贡锥指．邹逸麟，整理．上海：上海古籍出版社，1996．按：邹逸麟总结了《禹贡锥指》对黄河变迁史研究做出的重大贡献，表现为：第一，对黄河上、中、下游变迁做出了全面探讨；第二，创立了黄河五大变迁说。此后 200 余年间直到 20 世纪 50 年代出版的黄河史论著都沿用“五徙说”，参见：胡渭．禹贡锥指．邹逸麟，整理．上海：上海古籍出版社，2006：前言 14－16。

上沿用其说。[①] 正如谭其骧所言，尽管胡渭的观点在划分每次改道的标准年代上存在可商榷之处，还有待进一步研究，但暂不妨沿用其说。[②] 不过，1957 年岑仲勉出版《黄河变迁史》一书，直言不应沿袭其错误观点，而应澄清此问题的真相。[③] 该书对历史上黄河重大改道标准及其观点提出了新的认识。继其后，到 20 世纪 80 年代初，谭其骧、史念海、邹逸麟等先后有专文说明"黄河六徙说"之缺失，对于何者算重大改道存在不同认识，但对铜瓦厢决口应列为一次大改道则无异议。[④]

1982 年，《中国自然地理・历史自然地理》之第四章，由邹逸麟等三人执笔"黄河"一节，其中确定了黄河重大改道的三条标准：(1) 河道有较大幅度的改流，并有一条或数条固定的河床；(2) 改道后的河道稳定了一段比较长的时间；(3) 改道后，河道变迁的具体特点与原河道有所不同。之后进而确认历史上黄河下游发生过六次重大改道，分别为：战国筑堤后的河道（即"大河故渎"）、王景治河后形成的新河道、北宋庆历八年（1048）黄河北支和东支分流、南宋建炎二年（1128）河决由泗入海、金元之际黄河三股分流、咸丰五年（1855）铜瓦厢改道。[⑤]

（二）铜瓦厢河道变迁

清人孙嘉淦、翁同龢认为顺康以来黄河北决者 19、南决者 11，是

---

① 林修竹. 历代治黄史. 徐振声，编辑. 潘镒芬，绘图. [出版地不详]：山东河务总局，1927；张含英. 黄河改道之原因//治河论丛. 上海：国立编译馆，1936；韩仲文. 清末黄河改道之争议. 中和，1942 (10)；存吾. 黄河之概观——历史上之黄河变迁观. 地学杂志，1921 (9/10)；吴君勉. 古今治河图说. 诸青来，武两轩，鉴定. [出版地不详]：水利委员会，1942. 按：林著在胡渭"五徙说"的基础上加上铜瓦厢改道，提出"六徙说"，张含英、韩仲文采纳其观点，而存吾、吴君勉也采纳了黄河"六徙说"，不过他们将第五徙定在明弘治年间而非元代。

② 谭其骧. 黄河与运河的变迁. 地理知识，1955 (8).

③ 岑仲勉. 黄河变迁史. 北京：人民出版社，1957.

④ 谭其骧.《山经》河水下游及其支流考//黄河史论丛. 上海：复旦大学出版社，1986；谭其骧. 西汉以前的黄河下游河道//中国地理学会历史地理专业委员会《历史地理》编辑委员会. 历史地理：创刊号. 上海：上海人民出版社，1981；史念海. 由历史时期黄河的变迁探讨今日治理黄河的方略. 中国历史地理论丛，1981 (1)；邹逸麟. 金明昌五年河决算不上一次大改道//谭其骧. 黄河史论丛. 上海：复旦大学出版社，1986. 学界关于黄河长期夺淮时间及其过程问题的争议，参见：韩昭庆. 黄淮关系及其演变过程研究. 上海：复旦大学出版社，1999。

⑤ 中国科学院《中国自然地理》编辑委员会. 中国自然地理・历史自然地理. 北京：科学出版社，1982：49－51. 按：邹逸麟首次提出南宋建炎二年（1128）杜充决河为黄河史上的第四次改道。

因为南方地势比北方高，所以“南徙难而北徙易”，岑仲勉《黄河变迁史》通过统计证明这一观点是不符合实际情况的，事实上清咸丰五年（1855）前，黄河决大清河或张秋镇的只有 6 次，而决入贾鲁河、涡河的却有 9 次，夺颍、夺涡的事明清两代屡屡发生，说明黄淮混流或黄淮合流在历史上未曾停止过，更不能算作一次大徙；第十四节“清代的河防”，按照黄河决溢改道及防治情况，将清代之河患分为清初顺治元年到康熙十五年（1644—1676）、靳辅和张鹏翮治河时期、康熙末年到乾隆末年、嘉庆到铜瓦厢改道、铜瓦厢改道以来这五个时期分别进行探讨，每个时期均附有河决河患表，其中靳辅和张鹏翮治河时期是清代黄河最安稳的时期，铜瓦厢改道后河决入淮、入江苏分别两次，由此认为黄河北徙后河患不比向南夺取淮河河道入海时少。此书对清代河道演变的研究明显更系统、详细、深入，可谓是系统研究清代黄河变迁之力作。

20 世纪 80 年代以来，研究黄河变迁史、黄河水利史以及黄淮（海）关系史的成果相继问世，还出现了全面探讨黄河上、中、下游河道变迁的专著。不仅如此，学界还绘出了较为精确的历史时期黄河变迁图。

1982 年《中国自然地理·历史自然地理》，论述了历史上黄河下游的 6 次重大改道，按照下游河道的具体条件和演变特点，分为九个阶段，其中第八阶段明嘉靖二十年至清咸丰四年（1541—1854）、第九阶段咸丰五年（1855）河决铜瓦厢至新中国成立，该书是全面论述历史时期包括清代黄河河道变迁的杰出成果，非常清晰地反映出清代不同时段不同河段的河道演变过程和前因后果。另外，邹逸麟著《千古黄河》第四部分，分别详述历史时期黄河上、中、下游河道变迁幅度较大的河段，包括银川、河套、禹门口至潼关、孟津东至武陟及下游河道的情况，也涉及清代部分。① 钮仲勋等绘制《历史时期黄河下游河道变迁图》，用红色的线绘出历史上的黄河古河道 24 条，其中明清时期 2 条，分别为明万历至清咸丰五年（1855）主故道、清乾隆四十八年（1783）分流河道，还绘出黄河入海口海岸线，较为精确地再现了历史时期黄河下游河道及其演变情况。作者另附“图说”，概述历史上黄河下游河道

① 邹逸麟. 千古黄河. 香港：中华书局，1990.

变迁的趋势。[①] 王京阳对清代铜瓦厢改道前的黄河决口改道及其治理情况做了初步探讨。[②] 王质彬等对嘉道年间黄河决溢情况及其原因做出考析，认为这段时间河患多、投资大、收效微。[③] 另外，韩昭庆著《黄淮关系及其演变过程研究》，明清为研究重点之一，建构了黄河、淮北水系和人类活动三者关系演化的一个模式。[④]

颜元亮分别撰文对清代铜瓦厢改道前的黄河下游河道情况、改道后的新河道演变情况进行了仔细探讨。[⑤] 前文主要根据文献分析并计算出改道前黄河的河床、淤积速度、临背差与坡降，认为铜瓦厢决口前黄河已日趋恶化，悬河很明显，坡降平缓，淤积严重，决口频繁，构成了决口改道的自然条件。后文根据清宫档案、奏折、官方奏报记载，分析了决口后新河道的演变与形成过程，以及决口、改道造成的灾害损失。钱宁对黄河铜瓦厢决口后下游河道从泛流到逐渐稳定的过程、大清河河道的变化等问题进行研究，得出：决口后 20 年间为黄河泛流期；光绪元年（1875）张秋镇以上开始筑堤后，河道淤积位置下移，齐东以下岁岁决口；20 世纪以来，随着河床堆积到陶城埠以上，决口地点逐渐移到濮阳、高村上下游，而泥沙落淤、河床堆积抬高是造成险情的主要原因。[⑥]

黄河改道的地理背景受到学界的重视。徐福龄对元代以前、明清时期及咸丰五年（1855）以来下游河道演变做古今比较研究，通过对河南武陟沁河口至东坝头段、兰考东坝头以下至废黄河口段、东坝头以东现行河道演变情况的对比研究，认为从河道淤积的发展情况来看，现行河道还没有达到故道那样的严重程度。[⑦] 他的另一篇文章亦通过对明清故道和现行河道的比较研究，指出经过水沙综合治理，现行河道将比明清故道维持更长的时间。[⑧] 他又对现行河道南决夺淮后，决口以下黄河入

---

① 钮仲勋，等. 历史时期黄河下游河道变迁图. 北京：测绘出版社，1994.

② 王京阳. 清代铜瓦厢改道前的河患及其治理. 陕西师范大学学报（哲学社会科学版），1979（1）.

③ 王质彬，王笑凌. 清嘉道年间黄河决溢及其原因考. 清史研究通讯，1990（2）.

④ 韩昭庆. 黄淮关系及其演变过程研究. 上海：复旦大学出版社，1999.

⑤ 颜元亮. 清代铜瓦厢改道前的黄河下游河道. 人民黄河，1986（1）；颜元亮. 清代黄河铜瓦厢决口及新河道的演变. 人民黄河，1986（2）.

⑥ 钱宁. 1855 年铜瓦厢决口以后黄河下游历史演变过程中的若干问题. 人民黄河，1986（5）.

⑦ 徐福龄. 黄河下游河道历史变迁概述. 人民黄河，1982（3）.

⑧ 徐福龄. 黄河下游明清时代河道和现行河道演变的对比研究. 人民黄河，1979（1）.

淮泛道的历史进行回顾，认为泛水河道与决口位置存在一定关系；通过对东坝头以上、东坝头以下及今兰考县境内决口位置和泛水河道的考察，得出不同的泛道对下游的影响范围不一样，决口位置愈靠上，影响范围愈大，给淮河带来的灾难也愈大。①

自然科学方法在黄河改道地理背景的研究中作用非常突出。庄积坤结合文献所载及水文学原理、计量统计等方法，着重研究 1572—1855 年黄河沁河口至铜瓦厢段的情况，绘制出黄河下游沁河口至东坝头河势变迁略图、1572—1855 年黄河沁河口至铜瓦厢河段决口示意图，进而估计 1572—1855 年的河道形势，并为制定防洪措施提出了一些建议。②

学界早已研究得出，黄河下游决口地点具有自下而上的分布特征和演变趋势。王守春选取堤防系统相对完善和河道相对稳定的 1566—1855 年、1875—1938 年这两个特定时段，进行黄河下游决溢时空变化统计、分析，结果表明这两个时段内黄河下游的决溢地点不仅存在自下而上的移动趋势，还存在自上而下的移动趋势，而以前种移动趋势为主，决溢地点多在河道由宽变窄处，而决溢的时空变化除与人为堤防系统有关外，中游的旱涝期也对其有一定影响；文末指出，当时东坝头以上河段河槽淤积已很突出，临背河高差大，遇特大洪水可能会出现危险，应特别警惕。③

（三）黄河下游其他改道

清代黄河除了铜瓦厢决口外，其实也曾发生过其他为数不少的决口，但相对而言，受关注度较低。对于明末河决，学界曾一度以为到清初自复故道。20 世纪 60 年代初，赵世暹明确指出，清顺治初年黄河并未自复故道。④ 20 多年后，宋秀元又详细探讨了顺治初年黄河并未自复故道的真相。⑤ 1984 年，水利部黄河水利委员会编写《黄河水利史述要》，也认为明末河决开封，口门尚未堵合而明已亡，清顺治元年

① 徐福龄. 黄河现行河道决口夺淮的流道考略. 黄河史志资料，1985 (4).

② 庄积坤. 一八五五年前后黄河沁河口至铜瓦厢河段情况初探. 人民黄河，1982 (1).

③ 王守春. 黄河下游 1566 年后和 1875 年后决溢时空变化研究. 人民黄河，1994 (8).

④ 赵世暹. 清顺治初年黄河并未自复故道//中华书局上海编辑所. 中华文史论丛：第 2 辑. 北京：中华书局，1962.

⑤ 宋秀元. 顺治初年黄河并未自复故道. 历史档案，1983 (4).

(1644) 堵塞决口后，黄河回归故道。[①] 可见，明末河决清初并非自复的观点成为学界共识。

(四) 黄河上、中游河道摆动

黄河改道并非仅发生在下游，上、中游的部分河道也经常发生变更，或东西侵蚀，或上下摆动，典型的如银川平原、河套地区、山陕交界的小北干流地段。20 世纪 80 年代以来，学界对这些河段河道变迁逐渐有所研究。

1. 兰州河段

鲜肖威综合利用钻孔地层资料、历史文献资料，以及考古与历代文物发掘和考察、调查访问所得，概述历史上兰州东部平原地带的黄河河道变迁，指出影响本区河道变迁的主要因素是地质基础和自然地理环境，但人为因素也不可忽视，尤以近代为甚，人类活动使这段黄河不断向北摆动，最近一次较大移动距今不过百年，另有两条更早的废黄河河道之间还有一些汊道，都是在距今千余年内自然发展而形成的。[②]

2. 宁夏河段

黄河出今甘肃境内黑山峡，进入宁夏境内，至石嘴山长近 400 公里，因平原地势平坦，河道变宽，所以历史上曾多次来回摆动。其中银川平原段河道宽、变迁较大，是著名的游荡性河床。汪一鸣、卢德明先后撰文，以文献记载为据，探讨历史时期黄河银川平原段河道变迁情况。两文均将该处黄河河道分为上、中、下三段，分别从历史上灵州城址迁徙、怀远旧城和高台寺的崩没、省嵬城位置变化，来论证古今黄河的变迁情况。汪文认为，两千年来河道呈从西到东的跳跃式东徙趋势，指出汉代和北魏的河道在今河道之西，现河道是历史时期相对稳定的河道，20 世纪 50 年代青铜峡等水库建成后，整个河段河床稳定、变化很小，不过下段仍有较明显的左右摆动。[③] 卢文后出，研究较汪文更系统、详细，认为：西汉到北宋的 1 300 年间，上段河道没有发生大的变迁，明清时期有几次东西移动；西汉到唐初年间中段河道变迁明显，明

---

① 水利部黄河水利委员会《黄河水利史述要》编写组. 黄河水利史述要. 北京：水利电力出版社，1984：298.

② 鲜肖威. 历史上兰州东平原的黄河河道变迁. 兰州学刊，1982 (1).

③ 汪一鸣. 历史时期黄河银川平原段河道变迁初探. 宁夏大学学报（自然科学版），1984 (2).

末清初中段河道主流东移，与今河槽位置相近，中段河槽的小范围左右摆动始终不断；明清时期黄河下段河道东移 15 里，最明显的是清初顺治年间大水后，主河道由省嵬城西移到省嵬城东；黄河出黑山峡、青铜峡后，进入开阔平原，水流由急变缓，卵石、泥沙淤积堆存，天长日久阻塞了河道的畅流，于是出现了左右递变，有“三十年河东、三十年河西”之说，而河道淤高—改道—再淤高—再改道是黄河出峡谷后流态的自然规律。[①] 黄立均撰文专论历史上宁夏河道变迁与陶乐县（2003 年撤销）的河患问题，将银川平原段河道迁徙趋势分为 677 年河床极度西移、1384—1650 年的 260 年间河床东趋为主、1784—1901 年的 110 余年间河床以西迁为主、1910 年至今（1993 年，黄文发表之年）的 80 余年间以河床东迁为主，共四个时期分别探讨。[②]

3. 内蒙古河段

朱士光分析内蒙古河套地区历史时期河湖水系的变迁与土壤盐渍化问题及其原因，认为：历史时期这一地区河湖水系变化频繁，尤以后套为甚；黄河干流改道频繁，明以前主流一直是北河，南河是支流，清初河势主流逐步南趋，乾隆年间南河成为主流；谭其骧认为同治时北河改称乌加河，其后继续淤塞，至道光年间绝流的观点是正确的；经过历代垦殖，到清末南、北河间已建成八大干渠，河流水系发生了很大变化。[③] 李炳元等结合遥感影像、地貌沉积、历史文献及舆图等，将两千年来内蒙古后套平原黄河河道的演变分为西部冲积扇平原、东部泛滥冲积平原两个部分详细探讨，认为到 18 世纪黄河主河道从河套平原的北部山前南移至平原南部，19 世纪中叶“北河”淤塞，现代黄河形成。[④]

4. 中游小北干流段

20 世纪 90 年代到 21 世纪初，史念海对历史时期黄河中游的侵蚀、

---

① 卢德明. 宁夏黄河的河道变迁. 黄河史志资料，1995 (1).

② 黄立均. 历史上的宁夏河道变迁与陶乐县的河患. 黄河史志资料，1993 (1).

③ 朱士光. 论内蒙古河套地区历史时期河湖水系的变迁与土壤盐渍化问题. 人民黄河，1989 (1).

④ 李炳元，葛全胜，郑景云. 近 2000 年来内蒙后套平原黄河河道演变. 地理学报，2003 (2).

河道摆动及其演变趋势有系统研究，为后来者深入研究奠定了基础。①

黄河中游龙门口到潼关段河道变宽，历史时期左右摆动频繁，有“三十年河东、三十年河西”之说。李春荣根据史志所载，从蒲州古城的变化来看历史上蒲州河道的变迁过程，其中元中期到清末（1300—1911年）为动荡泛滥期，清代河道摆动频繁，摆动幅度可达20多里，是多方面原因造成的。② 焦恩泽探讨黄河小北干流南段，即夹马口到潼关段的河道变迁，以东岸蒲州城、西岸朝邑城及大庆关为关键参考点分为四个时期，认为清代河患增多、泥沙增大、河道摆动较前为多、灾情记载亦很多，有“揭底”时高含沙量记载，指出河床主槽淤浅、横比降增大是河道摆动的前提条件，大洪水是主槽摆动的动力条件，工程措施是限制河道摆动的有力措施。③ 王元林探讨清代黄河小北干流河道变迁的过程和规律，通过分别探讨韩城与河津间，临晋、荣河与郃阳间，永济与朝邑间河道变迁的情况，得出清代黄河小北干流河道继续恶化，特别是韩城与河津间段变迁比明代更为明显，而临晋、荣河与郃阳间河道变迁也与明代有所不同，永济与朝邑间河段较明代更趋复杂，河道更趋混乱。④ 黄河、渭河、洛河之间的汇流关系也因黄河小北干流河道东西摆动而发生变化。李春荣认为，清代大部分时间洛水都注入黄河，至光绪二年（1876）洛水才又注入渭河。人为因素、黄河因素、渭河淤塞、潼关河床升降、大水大沙等均是影响黄河、渭河、洛河变化的因素。⑤

明清时期黄河河道的频繁摆动导致两岸沙洲、滩地有时在东，有时在西，山陕沿岸人民滩地之争、划界纠纷不断，还产生了许多重大纠纷，因此有学者专门研究黄河小北干流明清至民国时期的争滩纠纷。⑥ 这种借鉴社会学、人类学方法进行黄河河道变迁与人地纠纷的研究，极大丰富了黄河变迁研究的内涵。

---

① 史念海. 黄河流域诸河流的演变与治理. 西安：陕西人民出版社，1999；史念海. 黄土高原历史地理研究. 郑州：黄河水利出版社，2001.

② 李春荣. 蒲州河道变迁初探. 黄河史志资料，1985（1）.

③ 焦恩泽. 黄河小北干流南段河道变迁分析. 黄河史志资料，1988（3）.

④ 王元林. 清代黄河小北干流河道变迁. 中国历史地理论丛，1997（2）.

⑤ 李春荣. 黄河、渭河、洛河汇流关系演变. 黄河史志资料，1987（4）.

⑥ 原保平. 明清及民国时期黄河小北干流的争滩纠纷. 黄河史志资料，2001（2）；原保平，阮会芹. 黄河小北干流山陕划界方案的诞生. 黄河史志资料，2001（3）；胡英泽. 流动的土地——明清以来黄河小北干流区域社会研究. 北京：北京大学出版社，2012.

辛亥革命以来的清代黄河改道研究，长期夹杂于黄河变迁史、黄河水利史及相关研究成果中，专门研究成果少见，直到 20 世纪 80 年代才发生转变。百年来的研究经历了民国时期的咸丰五年（1855）大徙概述、新中国成立初清代黄河史变迁分阶段研究、20 世纪 80 年代以来全面论述研究这三个阶段。在历史地理学界、水利史学界、水文学界的共同研究下，现今成果对历史时期黄河演变之趋势、特征、原因等有了较为清晰的认识。进而在此基础上，对清代黄河重大改道，即咸丰五年（1855）改道的前因后果研究获得喜人成绩，对清代其他时段黄河下游河段变迁的研究也有一定进展。还通过对现行河道与明清故道的对照研究，对今天河道如何治理提出了较为科学的建议。此外，学界对清代黄河上、中游典型河段的河道摆动也有较为深入的探讨，掌握了其摆动的大体规律。

鉴于现今学界主要研究的是黄河下游河道变迁，而上游相对较少，未来要适当加强对黄河上游河道演变的研究。要说明的是，现今黄河下游河道变迁研究成果尽管很丰富，但黄河下游河道变迁非常复杂，不少故道难以辨识，一些史实还未完全搞清，目前研究只是论及清代黄河下游较大的决溢改道而并非全部，并且其关注河段是决口以下河道，而对决口后口门以上河段的演变，文献记载甚少，学界一般也少有研究。实际上决口造成的溯源冲刷给口门以上河道带来的影响还是相当大的，因此，今后清代黄河下游河道变迁或改道研究仍需继续深化、完善。

学界研究成果带有明显的古为今用目的，河道变迁与现今黄河治理联系紧密，经世致用特征突出。因自古以来河患与人民生活息息相关，清代河患及治理更是关乎国计民生的大事，故百年来黄河变迁史研究成为政府部门、水利机构及高校科研单位共同关注的研究领域。研究中不同专业的学者各有所长，采取的研究方法多样，研究的技术手段也日新月异。在当今学科交叉的研究背景下，要关注新的技术手段的运用，包括遥感图像的应用和三维模拟，以提高研究的科学性。但需要留意的是，无论是水利学者、河务工作者、水文学者，还是历史地理学者，其研究前提和基础均是明清文献资料，各类研究所得结论或计算结果，包括河道决口地点、流经范围、具体摆动情况的分析及淤冲速率、抬升高度等数据的推算，最原始依据还是文献资料所载，文献资料的收集、整理与应用依然在历史自然地理研究中发挥着相当重要的作用。

对于明清时期而言，对小区域河道的研究仍然在很大程度上仰仗于对高精度资料和数据的解读，清代留存的资料比较详细，但以往研究还谈不上深入整理和利用，对档案资料的解读与舆图的收集，对近代水文资料整理，等等，都还有待提高。文献资料的运用范围也需扩大，不仅学界一贯所用的水利志书，而且清宫档案和奏折、清代所绘河道及治河图、近代调查资料及水文观测数据等，均可作为研究的基础材料，考辨各史料和数据的真伪，逐步深挖、探索，同时充分利用相关学科的研究方法和最新技术手段，由此得出的结论才更切合历史变迁真相，这也将有力促进今后的清代河道变迁研究。

此外，在河道变迁研究中，一方面仍然需要重视河道变迁的地理变化；另一方面也需要将“人”置于其中，讨论环境与人的互动关系。只有这样，历史地理学的学科特性才能在人地关系的格局下得到更好的体现。

第三节　动植物分布范围之消长

动植物作为陆地生态系统的主体，在我国历史时期的分布范围发生了很大变迁。我国古代拥有非常丰富的动植物资源，然而随着人类活动对自然环境的影响，其分布范围消长明显。特别是进入清代以来，人类活动加剧，不少珍稀动物分布范围大为缩小，甚至走向绝灭，对生态环境造成非常消极的影响。

历史植物地理和历史动物地理是历史自然地理学的两大分支，也是历史地理研究的重要组成部分。相较国际学界而言，我国学界的历史动植物地理研究起步较晚。长期以来，学界对清代动植物分布范围消长的研究多隶属于笼统的历史动植物地理研究，专门性研究相对较少。文榕生整理文焕然的论文集《中国历史时期植物与动物变迁研究》，收录文氏生前写的以历史时期动、植物变迁为研究主题的论文共 22 篇（部分论文与他人合写），其中研究历史时期植物变迁的论文 9 篇、动物变迁的论文13篇（其中具体研究中国珍稀动物变迁的论文1篇，研究南海诸岛动物变迁的论文1篇，研究各种珍稀动物的论文11篇，分别为扬子鳄、孔雀、鹦鹉、野象、野犀、大熊猫、野马和野驴、野骆驼、长臂猿，其中多有涉及清代的内容）。① 20世纪90年代初，何业恒历经十余年心血完成的“中国珍稀动物历史变迁丛书”（共5部）先后出版，各书从考古和文献资料入手，对我国珍稀兽类、爬行类、两栖类、鱼类、鸟类的变迁做出系统研究，探讨动物分布演变与环境变迁的关系。这套丛书是20世纪末，也是迄今为止我国历史动物地理研究的主要代表性著作，标志着长期以来学人甚少涉足的中国历史动物地理领域正式迈入系统研究的新阶段。②

（一）清代动物分布范围研究

1. 清代珍稀动物变迁研究

从辛亥革命到20世纪60年代末，历史动物地理领域学界几乎尚未触及，直到20世纪70年代，始有零星的几篇关于大熊猫、麋鹿、熊及区域动物变迁的研究成果问世。进入20世纪80年代，以文焕然、何业恒为首的学者正式开始了对中国珍稀动物的历史分布演变及相关地理环境变迁的初步研究，形成了历史动物地理研究的基本面貌。21世纪初，侯甬坚先后指导一批学生，主要从生态环境史的视角，着力研究人与动物分布变迁的关系，侧重于分析人类活动对动物分布范围缩小、数量减少甚至消亡的影响。

就现今成果而言，既有对历史时期中国珍稀动物变迁的宏观概述，也有按类别对兽类、爬行类、两栖类、鱼类、鸟类这五大类珍稀动物变迁的研究，还有对区域动物演变与生态环境变迁的研究。何业恒在这一领域的研究成果最为集中，结合何氏及其他学者的研究成果，可知学界共探究了珍稀兽类60种、爬行类20种、两栖类6种、鱼类29种、鸟类31种，总计146种，具体列表如下：

---

① 文焕然，等. 中国历史时期植物与动物变迁研究. 重庆：重庆出版社，1995.

② 何业恒著“中国珍稀动物历史变迁丛书”（共5部）分别为：中国珍稀兽类的历史变迁. 长沙：湖南科技出版社，1993；中国珍稀鸟类的历史变迁. 长沙：湖南科技出版社，1994；中国虎与中国熊的历史变迁. 长沙：湖南师范大学出版社，1996；中国珍稀爬行类两栖类和鱼类的历史变迁. 长沙：湖南师范大学出版社，1997；中国珍稀兽类的历史变迁：II. 长沙：湖南师范大学出版社，1997。

表6-1　中国珍稀动物变迁研究成果所覆盖的动物种类不完全统计

单位：种

动物类别	动物名称	总计
珍稀兽类	大熊猫、紫貂、貂熊、云豹、金钱豹、雪豹、金丝猴、叶猴、长臂猿、亚洲象、犀牛、野马、蒙古野驴、西藏野驴、麋鹿、梅花鹿、海南坡鹿、白唇鹿、野骆驼、野牛、野牦牛、扭角羚、藏羚、高鼻羚羊、普氏原羚、塔尔羊、北山羊、白鱀豚、河狸、中国虎、中国熊、猩猩、猕猴、侏狨、穿山甲、水獭、小熊猫、大灵猫、小灵猫、金猫、猞猁、豺、貉、江豚、麝、河麂、小麂、黑麂、毛冠鹿、黄猄、马鹿、水鹿、驼鹿、狍子、苏门羚、黄羊、青羊、岩羊、盘羊、竹鼠	60
珍稀爬行类	地龟、三线闭壳龟、云南闭壳龟、四爪陆龟、凹甲陆龟、绿毛龟、蠵龟、绿海龟、玳瑁、太平洋丽龟、棱皮龟、鼋、山瑞鳖、大壁虎、鳄蜥、巨蜥、蟒、扬子鳄、马来鳄、湾鳄	20
珍稀两栖类	大鲵、新疆北鲵、山溪鲵、镇海疣螈、虎纹蛙、中国林蛙	6
珍稀鱼类	黄唇鱼、松江鲈鱼、克氏海马鱼、胭脂鱼、唐鱼、大头鲤、金钱鲃、新疆大头鱼、大理裂腹鱼、北方铜鱼、兴凯青梢红鲌、鳗鲡、花鳗、乌鱼、鲥鱼、香鱼、川陕哲罗鲑、秦岭细鳞鲑、哲罗鱼、黑龙江茴鱼、银鱼、太湖短吻银鱼、鳇、史氏鲟、中华鲟、达氏鲟、白鲟、暗色东方鲀、文昌鱼	29
珍稀鸟类	短尾信天翁、斑嘴鹈鹕、白鹳、黑鹳、朱鹮、大天鹅、小天鹅、疣鼻天鹅、鸳鸯、海东青、藏马鸡、蓝马鸡、褐马鸡、白鹇、黑鹇、蓝鹇、金鸡、铜鸡、绿孔雀、灰鹤、丹顶鹤、白鹤、白枕鹤、白头鹤、黑颈鹤、蓑羽鹤、大鸨、大绯胸鹦鹉、绯胸鹦鹉、灰头鹦鹉、红嘴相思鸟	31
总计		146

说明：何业恒著“中国珍稀动物历史变迁丛书”及相关研究论著，在此不一一列出。

由表 6－1 可知，珍稀兽类的变迁是学界探讨的重点，这一分类学界最早探讨，成果相对丰富。其中，多数研究均是跨时代的，以下仅回顾以清代变迁为主要时段或与清代关系较密切的成果。

野象 20 世纪 30 年代，姚宝猷从历史时期野象等动物分布界限南移的现象来分析我国宋代以来气候转冷的趋势。① 20 世纪 70 年代末以来，先后有文焕然、何业恒、蓝勇、张丕远、龚高法、王守春等撰文研究中国野象的分布演变、阶段性趋势及其特征，尤其对野象北界南迁的界点问题探讨较多，认识也逐渐清晰。王守春结合近年考古发现和历史文献指出：据《乾隆府厅州县图志》，明代到清乾隆朝野象分布北界不应有很大变化，大概在贵州和四川东南部向北突出，最北部在重庆府的綦江、南川二县，达北纬 29°，另外在广西东南部与广东毗邻地区、云南西南部形成两片野象独立分布区；乾隆朝以来亚洲象分布迅速向南退缩，19 世纪中叶后两广地区不再有关于野象的记载，而云南地区野生亚洲象分布地区也迅速缩小，到 20 世纪中叶只剩下几个彼此隔离的小片地区。②

对于亚洲象分布范围逐渐缩小的趋势，不少学者注意到了野象自身因素、气候变化及人类活动等对其南迁的影响。何兆雄指出，气候变化不是导致亚洲象南移的根本原因，明清尤其清代人口增长、森林毁坏严重是导致中国野象南移的重要原因。③ 张洁以人类对亚洲象资源的利用为视角，发现人类对亚洲象的深层了解过程正是亚洲象资源的需求及利用加剧的过程，并以象贡为例，说明人类日益增多的猎捕、驯化、利用使其日趋减少甚至濒危。④

犀牛 我国历史时期犀牛是仅次于大象的最大陆栖兽类，是更新世以来犀类的残存。文焕然等通过对野犀遗骨和古籍记载的考证，认为：我国野犀分布区域较广，主要是小独角犀和苏门犀，而大独角犀是否存

---

① 姚宝猷．中国历史上气候变迁之另一研究——象和鳄鱼产地变迁的旁证．国立中山大学研究院文科研究所历史学部史学专刊，1935，1（1）．

② 王守春．历史时期野生亚洲象与犀牛地理分布变化与气候环境变迁若干新认识//中国地理学会历史地理专业委员会《历史地理》编辑委员会．历史地理：第 18 辑．上海：上海人民出版社，2002．

③ 何兆雄．中国野象南移与森林破坏．生态学杂志，1984（5）．

④ 张洁．历史时期中国境内亚洲象相关问题研究．陕西师范大学硕士学位论文，2008．

在还有待印证；中国古代野犀分布变迁经历了殷代到战国以前、战国到北宋、南宋到19世纪30年代这三个时期，其分布北界从安阳殷墟逐渐南移到云南西双版纳趋于绝灭，分布范围变迁之大超过野象；据清代志书记载，道光年间岭南地区还有犀牛，但19世纪30年代以后逐渐绝灭，云南历史时期野犀分布颇广，尤以滇西南为主，大约在19世纪末20世纪初该区的野犀最终消失，这一地区的野犀可能是我国境内最后绝灭的野犀；野犀分布变迁原因与野象相似，但也有其特别之处，野犀是喜温性很强的热带、亚热带动物，温度对其影响很大，特别是森林植被的毁坏使野犀分布北界逐步南移，人类大量捕杀以及野犀自身繁殖能力低导致我国的犀牛资源逐步枯竭。① 刘洪杰区分出中国古籍所载两种独角类动物，大型的为独角犀，中小型的是偶蹄类动物；独角犀主要分布在热带、亚热带森林沼泽地区，历史时期分布范围变迁巨大，北界逐渐南移，数量也不断减少，其分布北界到道光年间仅有车里（今景洪东北）、廉州一带，今天我国境内已绝迹；另一种偶蹄类动物则可能是亚热带、温带动物，历史上分布范围应更靠北，但史料记载少见，目前可能还有残存。② 蓝勇在前人研究的基础上，对历史时期中国野生犀牛分布北界做进一步探索，并得出新的结论，认为清初以前川黔交界的北纬28°～29°，即贵州绥阳和四川酉阳间仍有野犀生存。因此，文焕然、刘洪杰认为元、明、清时期中国野犀分布北界在北纬25°，分布区域仅限于滇南及岭南地区的观点有待修正。③

就野生犀牛绝灭的原因而言，前人一般认为气候、动物自身的习性和人为等因素共同作用导致了犀牛绝灭。而王振堂等推算出三千多年来人口压力对犀牛分布区缩小到最终绝灭的影响值，得出结论认为犀牛在中国灭绝的根本原因是人口压力。④

---

① 文焕然，何业恒，高耀亭. 中国野生犀牛的灭绝. 武汉师范学院学报（自然科学版），1981（1）；何业恒. 中国珍稀兽类的历史变迁. 长沙：湖南科技出版社，1993：137－154.

② 刘洪杰. 中国古代独角动物的类型及其地理分布的历史变迁. 中国历史地理论丛，1991（4）.

③ 蓝勇. 历史时期中国野生犀象分布的再探索//中国地理学会历史地理专业委员会《历史地理》编辑委员会. 历史地理：第12辑. 上海：上海人民出版社，1995.

④ 王振堂，许凤，孙刚. 犀牛在中国灭绝与人口压力关系的初步分析. 生态学报，1997（6）.

21 世纪初，王守春、黄家芳等据近年考古发现进行研究，将学界对历史时期野犀分布变迁的认识往前推进了一步。① 王文认为清代早中期已形成四川和贵州毗邻地区、广西东南部和两广毗邻地区的南段、云南西南部这三大片彼此隔离的分布区，到 19 世纪前期，四川和贵州毗邻地区已不见关于野犀的记载，这个地区的野犀可能在 18 世纪末或 19 世纪初就已消失，广西东南部和两广毗邻地区南段的野犀在 19 世纪中期消失，云南西南部的野犀最晚消失，作者赞同蓝勇的调查结果，认为大约在 20 世纪 40 年代野犀已不再见。

麋鹿、麝等鹿科动物　现今学界共研究了鹿科动物 14 种，可分为两类：国家一级保护动物 4 种，分别为麋鹿、梅花鹿、海南坡鹿、白唇鹿；国家二级保护动物 10 种，分别为麝、河麂、小麂、黑麂、毛冠鹿、黄猄、马鹿、水鹿、驼鹿、狍子等。② 学界重点探讨的是麋鹿的历史变迁。

麋鹿，又称四不像，是我国可与大熊猫媲美的另一种珍稀动物。20 世纪 70—90 年代，曹克清相继发表多篇文章，分别对野生麋鹿绝灭的时间、地区、原因等进行初步探讨。③ 20 世纪 80 年代以来，计宏祥、何业恒等撰文对麋鹿的地理分布变迁做出系统研究。④ 学人们在中国不同地区之野生麋鹿的绝灭时间上看法不一，一般认为华北地区之野生麋鹿的绝灭时间在西汉以后，长江中下游地区之野生麋鹿的绝灭时间在唐代。何业恒对此提出了不同看法，他以明末清初方志记载为据，指出 17—18 世纪东北、华北、江浙、台湾、两湖、广东等不少地区还有野生麋鹿存在，但已大量减少，19 世纪末 20 世纪初麋鹿在山西、陕西、湖

① 王守春. 历史时期野生亚洲象与犀牛地理分布变化与气候环境变迁若干新认识//中国地理学会历史地理专业委员会《历史地理》编辑委员会. 历史地理：第 18 辑. 上海：上海人民出版社，2002；黄家芳. 中国犀演变简史. 陕西师范大学硕士学位论文，2009.

② 何业恒. 中国珍稀兽类的历史变迁：Ⅱ. 长沙：湖南师范大学出版社，1997：119－181.

③ 曹克清. 野生麋鹿绝灭时间初探. 动物学报，1978（3）；曹克清. 野生麋鹿绝灭地区的初步探讨. 动物学研究，1982（4）；曹克清. 野生麋鹿绝灭原因的探讨. 动物学研究，1985（1）；曹克清，陈彬. 关于野生麋鹿绝灭原因的再探讨. 四川动物，1990（1）.

④ 计宏祥. 四不象鹿属地理分布的变迁. 古脊椎动物学报，1985（3）；何业恒. 中国珍稀兽类的历史变迁. 长沙：湖南科技出版社，1993：177－197；周跃云，何业恒. 试论野生水牛、四不像鹿和中国鼍在黄河中下游的绝迹. 第四纪研究，2002（2）.

南、江西、江苏等省区最后绝灭，1900 年八国联军攻入北京，使麋鹿从此在我国销声匿迹，麋鹿是在清代最终绝灭的，过去学界认为野生麋鹿绝灭后 1 500 年间中国只有人工喂养的麋鹿，这是不符合事实的。

关于麝的研究，何业恒等确定我国发现的野麝可分为原麝、马麝、林麝和黑麝四种，历史时期我国麝的分布范围远比现今广，到唐代麝香成为朝廷贡品，唐以后到宋元时期野麝和麝香资源分布虽有不少变化，但一直主要分布在青藏高原、黄土高原及其附近地区，明清以来野麝分布变化更为明显，直到 20 世纪 60 年代我国还是世界上野麝资源十分丰富的国家，分布范围约占国土面积的 1/4。① 文榕生结合文献所载及麝和獐的物种差异，对两者的不同形态特征、栖息环境、空间分布做出区别、研究与鉴定，“有无麝香”是区分成年麝、獐之最简便的办法，并画出两种动物的分布区域图，认为历史时期气候转冷的趋势使獐之分布北界南迁，而麝的分布变迁与气候变化关系不大。② 陈海龙研究台湾岛西部平埔地区鹿类的分布变迁过程，认为：明末以前该地区鹿场遍布、鹿资源颇丰，明末清初以来随着政区设置的扩大，鹿的分布范围逐渐退缩，康熙前西部平埔地区还有部分地区有鹿，到康熙末年已少有鹿的踪迹，乾隆时鹿群已退隐山林；人类占据鹿的生存空间及捕鹿行为是促使鹿资源匮乏的两大主要原因，而明末以后捕猎鹿变成赋税形式，不同于原来的原住民狩猎行为，域外市场及相关商人的刺激是鹿资源匮竭的主要因素。③

大熊猫 大熊猫是我国特有的珍稀动物，被誉为“国宝”“活化石”。1974 年，裴文中已撰文概述大熊猫发展简史。④ 其后，王将克等主要从自然环境变化、物种演变及人类因素等方面，分析大熊猫在地质时期和历史时期的变迁。⑤

20 世纪 80 年代以后，文焕然等结合动物学、考古学、地理学及调

---

① 何业恒，周跃云. 中国麝地理分布的变迁和麝香生产的消长//上官鸿南，朱士光. 史念海先生八十寿辰学术文集. 西安：陕西师范大学出版社，1996.

② 文榕生. 历史时期中国麝与獐的区分. 中国历史地理论丛，2006（3）.

③ 陈海龙. 台湾岛西部平埔地区野生鹿类资源分布变迁研究. 陕西师范大学硕士学位论文，2009.

④ 裴文中. 大熊猫发展简史. 动物学报，1974（2）.

⑤ 王将克. 关于大熊猫种的划分、地史分布及其演化历史的探讨. 动物学报，1974（2）；朱靖，龙志. 大熊猫的兴衰. 动物学报，1983（1）.

查资料，对近五千年来豫、鄂、湘、川间的大熊猫分布及其变化情况进行研究，认为长江中游地区的大熊猫一直存续到 19 世纪。19—20 世纪初人口剧增，人类开发破坏了生态平衡，由此导致大熊猫趋于绝灭，人类活动是造成该地区大熊猫绝灭的主导因素。[①] 何业恒对地质时期和历史时期大熊猫的地理分布及演变做出系统研究，认为 16 世纪以来大熊猫分布区域逐渐缩小，尤其 19 世纪缩小幅度最大，现在已全退缩到青藏高原东缘和秦岭南坡彼此隔离的六块高山深谷地区，目前还在继续缩小，迫使其迅速退缩的主要原因是人类活动增强。[②] 孙欣研究了历史时期川渝鄂地区大熊猫分布区域逐渐缩小的过程，指出 19 世纪以后大熊猫分布范围急剧缩小，大熊猫自身因素的限制是导致其分布区域缩小的根本原因，而人类不断扩大垦殖、盗猎捕杀等行为是影响大熊猫生栖地缩小的直接原因。[③]

中国虎 虎是清代动物地理研究的热点。何业恒著《中国虎与中国熊的历史变迁》，系统探讨历史时期虎、熊及其各亚种的分布变迁情况。[④] 曹志红从人虎关系着手，对历史时期我国新疆、陕南、福建、江西、湖南及东北地区虎的分布演变进行研究，结论证实新疆自古有虎，否定了新疆无虎、新疆虎为过境虎的说法，认为新疆虎不属于任何亚种，而是一个单独亚种。明清时期是我国历史上第一个打虎高潮期，将虎从平原和低山区推向中山和高山区，但并未对虎造成毁灭性打击，新中国成立后 20 世纪 50—70 年代的除害兽运动将虎推向了绝灭之境。[⑤]

20 世纪 80 年代以来，学界利用明清时期地方志所载特定地区的虎患来分析这一地区虎的分布变迁情况，进而反映出明清时期该地区生态环境的演变。就现今成果来看，除了东北地区，我国不少地区，如长江三角洲、江西、山西、陕南、新疆、四川、东南沿海等，都有涉及。

---

① 文焕然，何业恒. 近五千年来豫鄂湘川间的大熊猫. 西南师范大学学报（自然科学版），1981（1）.

② 何业恒. 试论大熊猫的地理分布及其演变//中国地理学会历史地理专业委员会《历史地理》编辑委员会. 历史地理：第 10 辑. 上海：上海人民出版社，1992.

③ 孙欣. 历史时期川渝鄂地区大熊猫的分布及其变迁. 陕西师范大学硕士学位论文，2008.

④ 何业恒. 中国虎与中国熊的历史变迁. 长沙：湖南师范大学出版社，1996.

⑤ 曹志红. 老虎与人——中国虎地理分布和历史变迁的人文影响因素研究. 陕西师范大学博士学位论文，2010.

表 6-2　　明清虎患研究成果不完全统计

区域	作者	篇名	发表或出版情况
华东地区	村愚	《明清江南虎踪》	《中国史研究》1987年第1期
	何业恒	《试论华南虎在长江三角洲的绝迹》	《历史地理》第11辑（上海：上海人民出版社，1993）
	张剑光	《近代以前上海地区的老虎活动——以方志为中心的考察》	《史林》2011年第6期
	刘兴亮	《明清时期江西境内的虎患及相关问题研究》	《古今农业》2009年第2期
	龚志强 江小蓉	《明清时期庐山虎患及其生态环境问题》	《农业考古》2008年第6期
西北地区	曹志红 王晓霞	《明清陕南移民开发状态下的人虎冲突》	《史林》2008年第5期
	曹志红	《历史上新疆虎的调查确认与研究》	《历史研究》2009年第4期
	王晓霞	《明清商洛地区虎患考述》	《农业考古》2013年第3期
	刘正刚	《明末清初西部虎患考述》	《中国历史地理论丛》2001年第4期
西南地区	蓝　勇	《清初四川虎患与环境复原问题》	《中国历史地理论丛》1994年第3期
	郑维宽	《明清时期广西的虎患及相关生态问题研究》	《史学月刊》2007年第1期
东南地区	刘正刚	《明清闽粤赣地区虎灾考述》	《清史研究》2001年第2期
	闵宗殿	《明清时期东南地区的虎患及相关问题》	《古今农业》2003年第1期
	周正庆 曹丕丕	《从虎患看清代广东生态环境的变迁》	《农业考古》2011年第1期
华北地区	程　森	《清代山西虎患与生态环境问题》	《农业考古》2012年第6期

中国熊　今天我国境内熊的数量虽比虎多，但在我国历史时期熊的分布变迁也很明显，目前濒危状况甚是惊人。20 世纪 80 年代中期以来，何业恒、周跃云先后对棕熊的地理分布变迁做出研究。① 何业恒对我国熊的地理分布与历史变迁做出更为系统的研究，认为：我国的熊应分为棕熊、黑熊、马熊和马来熊四种，历史时期熊的分布几乎遍布全国，19 世纪以来华北、长江流域、岭南及西南各地棕熊相继消失，东北、西北分布区域逐渐缩小，形成今天的格局；黑熊是我国分布最广的熊类，大约在 19 世纪以来先后在冀北山地、太行山与吕梁山地、豫西山地、大别山地等处绝灭，江南、西南地区也相继减少，形成孤岛状的分布点；马熊分布在青藏高原，成为我国的特有种；马来熊历史时期曾分布在四川南部和鄂西山地，现仅分布在云南南部。②

长臂猿　我国高等灵长类动物，现为国家一级保护动物。高耀亭等据诗文等历史文献所载，撰文探讨历史时期我国长臂猿的分布变迁情况，文献记载表明 18 世纪以前，云南、两广地区可能连续有白眉长臂猿和黑长臂猿存在，但现仅见于海南岛和云南省南缘，其分布范围较历史上大为缩小，文中绘有我国长臂猿古今分布图。③ 文焕然、何业恒也专门论述我国长臂猿的地理分布变迁史。何业恒对长臂猿历史分布演变做出更为详细的分析，指出我国有黑长臂猿、白眉长臂猿、白掌长臂猿共三种，历史时期中国长臂猿分布范围较广，18 世纪以前开始减少，19 世纪继续减少，19 世纪末 20 世纪初江北分布的残存点最后消失，岭南、福建、台湾、广东、广西的长臂猿相继绝灭，目前长臂猿已为国际濒危动物。④

金丝猴　金丝猴是我国著名的珍稀动物，自中更新世以来一直存在，历史时期分布变迁明显。何业恒探讨 19 世纪以前武陵山区金丝猴的地理分布及其变迁，认为历史上金丝猴在武陵山区的分布范围远较现

---

① 何业恒. 历史时期湖南有棕熊吗?. 湖南教育学院学报（自然科学版），1985（1）；周跃云. 中国棕熊地理分布的历史变迁. 湖南师范大学自然科学学报，1992（1）.

② 何业恒. 中国虎与中国熊的历史变迁. 长沙：湖南师范大学出版社，1996.

③ 高耀亭，文焕然，何业恒. 历史时期我国长臂猿分布的变迁. 动物学研究，1981（1）.

④ 文焕然. 我国长臂猿地理分布的变迁. 地理知识，1980（11）；何业恒. 中国珍稀兽类的历史变迁. 长沙：湖南科技出版社，1993：89－109.

今为广，一直到19世纪在贵州东北地区还有存在。① 何业恒在另一篇文章中详细论述金丝猴的地理分布及其演变，指出目前我国共有川金丝猴、滇金丝猴和黔金丝猴共三种，而滇金丝猴是三种中进化地位最高的一种。历史时期金丝猴的分布较现今为广，分布缩小趋势开始于18世纪，但主要是19—20世纪，以19世纪缩小幅度最大。② 文榕生《金丝猴的考辨与古今分布》指出，我国历史时期存在川、滇、黔三个亚种，并主要对文献所载金丝猴的别名进行考辨，概括出古今金丝猴分布演变的特点：北界南移、东界西退、由连片大面积向断续斑点状变化、由大种群向零星数量变化。③

猕猴 今为我国二级保护动物。文焕然等《华北历史上的猕猴》指出，过去认为猕猴天然分布仅限于横断山脉以东、秦岭以南地区，华北地区根本没有猕猴分布的说法是错误的，历史上燕山和太行山北段、太行山南段和中条山一带、陕甘秦岭以北的地区均有猕猴分布。④ 华北猕猴最先是在明代环县、庆阳一带绝灭，赞皇等地次之，在20世纪初以前燕山和太行山南段，因森林植被遭到破坏和人类捕杀，猕猴分布地区缩小，数量减少，逐步走向绝灭，由此否定了近百年来"直隶猴子"外来的推断。⑤

大猩猩 何业恒、文焕然《历史时期中国有猩猩吗?》认为，历史时期华南、西南地区猩猩是长期存在的，直到20世纪40年代才最后绝灭。⑥

马来鳄、扬子鳄等 文焕然等初步研究历史时期中国马来鳄的分布变迁及其原因，得出：历史时期马来鳄活动范围不限于海湾，其中文名应为马来鳄，而不是湾鳄；长期以来，华南地区马来鳄分布广且数量多，宋代以后由于人口增多，对马来鳄大肆捕杀和严重破坏森林，再加

---

① 何业恒. 武陵山区金丝猴的地理分布及其变迁. 湖南师范大学自然科学学报，1988 (2).

② 何业恒. 试论金丝猴的地理分布及其演变. 中国历史地理论丛，1991 (4).

③ 文榕生. 金丝猴的考辨与古今分布. 自然杂志，2003 (1).

④ 文焕然，何业恒，徐俊传. 华北历史上的猕猴. 河南师范大学学报（自然科学版），1981 (1).

⑤ 何业恒. 中国珍稀兽类的历史变迁：Ⅱ. 长沙：湖南师范大学出版社，1997：12-22.

⑥ 何业恒，文焕然. 历史时期中国有猩猩吗?. 化石，1981 (2)；何业恒. 中国珍稀兽类的历史变迁：Ⅱ. 长沙：湖南师范大学出版社，1997：1-11.

上气候转冷，马来鳄逐步减少，清初以后广西内陆东南部的马来鳄趋向绝灭，大概于 20 世纪我国马来鳄绝迹。① 文焕然等撰文论述扬子鳄的地理变迁，认为：明清时期长江中下游扬子鳄分布范围的缩小规律为江北较早、江南较迟，中游较早、下游较迟，大江沿岸较早、山地丘陵较迟；19 世纪中叶扬子鳄的分布范围迅速缩小，数量减少，主要原因是《南京条约》签订，码头开放，破坏了扬子鳄的生活和栖息环境，中外争相购买扬子鳄标本、人类围湖垦田等也导致其大量减少。文章最后列出了 19 世纪 50 年代以前和 19 世纪后期以来扬子鳄的分布地点。② 其后，何业恒又研究扬子鳄的分布演变及其原因，认为：距今 3 000 年前到 1900 年，黄河流域、淮河流域、长江中下游、钱塘江下游、闽江下游都有扬子鳄分布，而长江中下游为分布中心；据 20 世纪以来的科学报告，其分布仅限于江西、安徽、江苏、浙江四省邻长江及支流一带，而今仅限于安徽省长江以南、皖南山系以北地区。③ 刘洪杰据 20 世纪 70 年代出土的珠江三角洲鳄鱼骨骼及其研究成果，对华南古代鳄类的属种问题等进行澄清，证实华南地区曾存在鳄鱼，珠江三角洲的鳄鱼为中南半岛的淡水鳄类，译为“马来鳄”，进而认为文焕然之文中将“湾鳄”译为“马来鳄”欠妥。④ 此后，何业恒纠正并完善了此前的观点，指出我国古代华南的鳄鱼至少有马来鳄和湾鳄两种，其分布范围包括闽台区、潮梅区、广惠区、郁林区、邕横区、钦州区，唐宋时期马来鳄、湾鳄仍然分布较广、数量亦多，南宋后分布区域逐渐缩小、数量逐渐减少，鳄鱼在内陆消失时间较早、在沿海较迟，具体在内陆也有早晚差异，直到清代，闽台区、广惠区、邕横区、海南仍有关于鳄鱼的记载。⑤

鹦鹉 何业恒等认为，我国历史时期华北地区、长江流域、华南地区鹦鹉的分布变化很大，道光以前黄土高原西部兰州、陇山一带的鹦鹉

---

① 文焕然，何业恒，黄祝坚，等. 历史时期中国马来鳄分布的变迁及其原因的初步研究. 华东师范大学学报（自然科学版），1980（3）.

② 文焕然，等. 试论扬子鳄的地理变迁. 湘潭大学学报（自然科学版），1981（1）.

③ 何业恒. 中国珍稀爬行类两栖类和鱼类的历史变迁. 长沙：湖南师范大学出版社，1997：33-52.

④ 刘洪杰. 关于华南古代鳄类问题的一点澄清. 中国历史地理论丛，1993（1）.

⑤ 同③.

久已绝灭，清中叶以后长江流域从滇东北、黔西北、成都附近到安徽南部、浙江东部鹦鹉也已绝迹，华南、滇南的鹦鹉分布范围和数量在道光后也有很大的缩小和减少，目前华南的鹦鹉主要分布在海南岛、广西西南部、香港、澳门等地，中国鹦鹉分布演变在一定程度上反映着我国森林的变迁。① 他认为历史时期云南省鹦鹉分布很普遍，数量也较多，西藏也是有鹦鹉的，并总结得出古今鹦鹉分布演变很大，从北纬39°南移到北纬31°。② 刘文飞详细梳理了文献所载我国历史时期本土鹦鹉的分布演变，以及外来鹦鹉的输入对本土鹦鹉分布的影响，认为明清时期本土鹦鹉数量已大大减少，分布范围也由北向南推移，以鹦鹉为地名的遗存反映了古代鹦鹉的存在。③

2. 清代区域动物分布演变与环境变迁研究

学界曾结合区域动物分布演变与环境变迁的关系进行研究，现今成果主要涉及我国华北、东北、华东、华中、西北、西南、华南多数地区，具体情况列表如下：

表6-3　区域动物分布演变及环境变迁研究成果不完全统计

区域	作者	篇名	发表或出版情况
华北地区	赵珍	《清代塞外围场格局与动物资源盛衰》	《中国历史地理论丛》2009年第1期
东北地区	王守春	《全新世中期以来西辽河流域动物地理与环境变迁》	《地理研究》2002年第6期
华东地区	钱克金 李取勉	《从珍稀动物渐次灭绝看长三角地区环境的演变——以虎、麋鹿、鹤为例》	《社会科学战线》2008年第8期
华中地区	彭恩	《清代湖北区域经济开发与野生动物分布变迁》	《农业考古》2013年第4期
	何业恒	《湖南珍稀动物的历史变迁》	长沙：湖南教育出版社，1990

① 何业恒，文焕然，谭耀匡. 中国鹦鹉分布的变迁. 兰州大学学报，1981（1）.

② 何业恒. 中国珍稀鸟类的历史变迁. 长沙：湖南科技出版社，1994：235-256.

③ 刘文飞. 中国古代鹦鹉的分布及变迁研究. 暨南大学硕士学位论文，2010.

西北地区	李健超	《秦岭地区古代兽类与环境变迁》	《中国历史地理论丛》2002年第4期
西南地区	杨伟兵	《历史时期长江三峡地区野生动物分布与变迁》	《重庆社会科学》1998年第6期
	朱圣钟	《历史时期四川凉山地区主要野生动物资源开发利用及其变迁》	《西南师范大学学报》(人文社会科学版)2006年第2期
华南地区	杨志远	《环境与历史——清代台湾野生鹿消失的原因分析》	《高雄师大学报》(人文与艺术类)总第28期，2006年
	文焕然	《中国古籍有关南海诸岛动物的记载》	《动物学报》1976年第1期

这些成果中以1990年何业恒著《湖南珍稀动物的历史变迁》最为突出，作者以古动物学文献为基础，研究湖南部分珍稀、奇异动物的历史变迁与环境演变，其中珍稀兽类20余种、鸟类11种、鱼类和两栖类共12种，共50多种。①

辛亥革命以来的清代动物地理研究，迟至20世纪70年代才展开，主要包含于历史动物地理变迁研究成果中，少有专门探讨。总体而言，现今成果对我国珍稀兽类、爬行类、两栖类、鱼类、鸟类共5大类140余种珍稀动物的历史分布变迁做出了研究，可谓是研究范围广、涉及动物种类多。其中，珍稀兽类历史分布变迁是学界探讨的重心，研究成果相对丰富，而对其余四类动物的历史变迁大多只是简单勾勒，尚未系统研究。研究结论表明，尽管各种动物分布范围缩小趋势、消亡时间不尽一致，区域动物演变趋势也互有差异，但学界较为一致地认为，明清时期尤其清后期是大多数动物的迅速缩减甚至消亡期，这主要是人口增加、土地垦殖破坏森林的结果，而人类大肆捕获、气候变冷及动物自身因素也对其缩减起到了一定作用。

清代动物地理研究中，以文焕然、何业恒的研究成果最为集中和丰富，而其他学者成果较少，这是本专题不同于其他专题研究的明显特

① 何业恒. 湖南珍稀动物的历史变迁. 长沙：湖南教育出版社，1990.

征。我国历史时期的野生动物资源非常丰富，分布变迁也很明显，一些动物如野犀已在我国绝迹，还有不少都是濒危动物，而现今被列入国家重点保护的珍稀动物仅为其中的一小部分，而学界选择研究的主要是珍稀动物中的一些。据统计，我国有爬行类动物 400 多种、两栖类动物近 300 种、鱼类 2 000 余种。现今成果主要研究了兽类中的 10 余种，大多数珍稀兽类的历史分布变迁探讨不深入，爬行类中仅对鳄有较深研究，而两栖类、鱼类、鸟类研究更是刚刚起步。因此，当下的清代动物地理研究仍处于起始阶段。

学界选择研究的 100 余种动物大多历史时期分布范围变迁较大，今天所存较少、分布范围已很有限。通过研究其分布演变，可反映出古今植被和气候、环境的演变趋势。如野象、野犀，六七千年来分布范围南移达 10 个纬度之上，是中国野生珍稀动物界分布变迁最为明显的，这也是学界较早给予重点关注的原因。尽管如此，大多数珍稀动物的历史分布演变情况，学界尚未一一展开探讨。这固然与一些动物本身的历史分布变迁不具有代表性及研究意义有关，但主要还是学界对历史动物地理关注不够、研究不足的结果。可见，未来的历史动物地理变迁研究还有广阔的前景。

在近代动物分类学传入之前，我国历史文献记载的动物名称还没有统一的标准，往往同一种动物在不同时期、不同地区记载不一，称呼各异。这种情况，如不仔细分辨，很容易弄错，从而给历史动物地理研究带来一定的困难。再者，关于动物的历史文献记载比较细碎和分散，必须一点一滴地搜集，这也是文焕然、何业恒的研究特别值得后辈学习的地方。后人如欲将这一研究推向新的高度，除了研究方法的推陈出新，还需要在资料收集上超过前人。当然，当代的有利条件在于数据库搜寻技术的提高及文献的易于获取，这为超越前人的研究提供了可能。

在研究方法上，现今学界已开始运用考古学、历史学、动物学、地理学等多学科研究方法和技术进行综合研究。近年来，有学者开始试图构建历史动物数据库，显示出这一方向研究方法更新的前景。如能将动物地理的研究时段继续向前推进到新旧石器时代，那么，将能更深刻地与考古学结合，并参与到对农业起源和动物驯化等重大问题的讨论中。

(二) 清代植被变迁研究

辛亥革命以来的清代植被演变研究大体分为三个阶段：民国初年，学界始对东北地区植被变迁有所研究，这一时期的森林史料汇编为后来的研究奠定了基础；20 世纪 60 年代，陈桥驿详细探讨了绍兴地区森林的破坏过程及其教训；20 世纪 70 年代末 80 年代初以来，以文焕然、史念海、凌大燮为首的学者对我国历史时期森林变迁趋势和原因做出总体研究，中国森林变迁史、中国植被历史变迁、各省森林史、区域植被演变与生态环境史的研究成果相继问世。1997 年，马忠良等编著《中国森林的变迁》一书问世，开创了系统研究中国森林变迁趋势和覆盖率演进趋势的新局面。① 21 世纪初以来，各区域森林与生态环境变迁研究成果大量涌现。以下按研究主题和成就分别探讨：

1. 森林变迁与森林覆盖率定量估算研究

在文焕然、陈桥驿、史念海进行历史时期植被变迁趋势研究的同时，凌大燮侧重对历史时期森林变迁与森林覆盖率减少做定量估算，开辟了历史上植被变迁研究的另一条新途径。凌大燮撰文对我国北方（长江以北地区）、南方（长江以南地区）、东北、西方（新疆、青海、西藏）地区森林资源的历史变迁过程进行概要叙述，分析近代以来森林损失严重的原因，并对现代植林保护措施及存在问题进行评述，认为数千年中我国森林资源减少不过一半，而 1700—1949 年的 200 余年间，我国森林资源损失大大超过之前的历史时期，至抗战前夕森林面积减少到 9.143 万余公顷，森林覆盖率下降到 8.19%；近代以来，除了中外掠夺、战争及毁林开荒外，森林遭到破坏的原因还有垦田、滥伐、森林火灾等；他还在文中列出了公元前 2700 年我国森林面积估计表、1700 年我国森林面积估计表及 1937 年我国森林面积估计表。② 赵冈认为中国历史上生态环境变迁愈到后来愈快，最为剧烈的是大片森林消失，其次是草原缩减与沙化；我国历史时期原始森林覆盖率应为 56%，达 80.7 亿亩，到公元前 220 年降为 49%，到 1740 年降为 28%，1900 年降为 18%。③ 而凌文估算出 5 000 年前我国森林覆盖率为 89%，1700 年为

---

① 马忠良，宋朝枢，张清华. 中国森林的变迁. 北京：中国林业出版社，1997.

② 凌大燮. 我国森林资源的变迁. 中国农史，1983 (2).

③ 赵冈. 中国历史上生态环境之变迁. 北京：中国环境科学出版社，1996.

38.8%。樊宝敏以今天的国土面积为基准，推算我国历史时期的森林面积，通过史料分析影响森林资源消长的基本因素，得出4 000年前森林覆盖率达60%以上，但随着历史发展，森林资源日趋减少，明初为26%，1840年前后约17%，新中国成立前夕降为12.5%，指出中国近代是森林资源遭受破坏最严重的时期，森林资源的消长与人口数量及社会生产力水平有关。①

其后，何凡能等撰的《近300年来中国森林的变迁》是一篇详细梳理、定量估算清代以来我国森林面积、森林覆盖率的代表性成果。该文通过对清代到民国时期各省森林变迁相关史料的梳理和分析，重新估算1700年各省森林面积和覆盖率统计值，认为凌文中黑龙江、吉林等17个省区的森林数据具有一定的合理性，而辽宁、山西等9个省区的森林数据明显不合理，基于此定量重建了1700—1949年我国各省区每50年森林面积与森林覆盖率的变化序列；并与现代森林清查资料衔接，进一步分析近300年来我国森林变迁的时空分布特征，认为从1700—1960年，受人口增长、土地垦殖等因素的影响，森林面积从约2.5×10^8公顷锐减至1949年的1.1×10^8公顷，森林覆盖率从25.8%下降至1949年的11.4%，共减少森林面积达1.4×10^8公顷，近300年来中国森林消长西部均小于东部地区，东北、西南和东南三区是森林面积缩减最多的地区，大部分省区覆盖率下降超过20个百分点，其中黑龙江达50个百分点，吉林达36个百分点，川渝地区达42个百分点，云南达35个百分点。②

2. 近代俄、日侵略与东北森林锐减研究

1912年，陶昌善《南北满洲森林调查书》基本反映了清末民初东北的森林覆盖情况。③ 其后，跟进者寡少。

1987年，陶炎《东北林业发展史》问世，标志着东北森林变迁史系统研究的正式开始。陶著认为，长期以来东北森林一直保存比较完整，直到近代遭到俄、日侵略和掠夺，才发生巨大变化。书中估算出3 000多年前东北地区森林覆盖率很高，黑龙江在93%以上，吉林、辽

① 樊宝敏，董源．中国历代森林覆盖率的探讨．北京林业大学学报，2001（4）．

② 何凡能，葛全胜，戴君虎，等．近300年来中国森林的变迁．地理学报，2007（1）．

③ 陶昌善．南北满洲森林调查书．地学杂志，1912（5/6）．

宁两省也在70%左右；到1840年，东北树木蓄积量估计为140亿立方米，两次不平等条约失去80亿立方米；到19世纪70年代，辽宁省覆盖率下降为13.1%，而吉林、黑龙江地区森林变化不大；20世纪初到30年代末，减少的森林蓄积量为20亿立方米左右，即便如此，吉林、黑龙江森林覆盖率仍然很高，只是改变了东北森林的原始面貌。① 伍启杰根据近代以来俄、日学者及今人著作中推算出的东北森林面积和蓄积量，绘出1896—1948年东北森林面积和蓄积量表，以此考察清代后期至新中国成立前夕东北森林面积和蓄积量变化过程，由表中可知1896年森林面积在4 000万公顷以上，1917年下降到3 300万公顷；指出俄、日两国的掠夺破坏是造成森林面积下降的最主要的原因，移民垦殖与毁林开荒也是近代黑龙江森林面积和蓄积量锐减的一个原因。② 范立君等从生态环境的视角，对中东铁路与近代松花江流域森林资源开发及其对区域环境的影响做了考察。③ 张学珍等撰文研究东北地区17世纪后期的自然植被格局。④

3. 清后期承德放垦与森林由盛转衰研究

袁深波略述明清时期塞外承德地区森林的砍伐、垦殖过程，并对其后果进行反思，认为到嘉庆朝这一地区动物已基本绝迹，清末围场完全招垦后，森林惨遭浩劫，到新中国成立前夕森林覆盖率已由清初的70%下降至5%。⑤ 钮仲勋等撰文《历史时期承德、围场一带的农业开发与植被变迁》，指出这一地区为清代皇室狩猎区，农业开发较迟，清中叶承德一带开始大规模农垦，而围场直到清末才放垦，引起生态环境的恶化。⑥ 郭松平等认为凌源林木的毁坏始于避暑山庄的建立，雍正二年（1724）后大量移民迁入，开始了大规模的毁林垦荒活动，但至乾隆

---

① 陶炎．东北林业发展史．长春：吉林省社会科学院，1987.

② 伍启杰．近代黑龙江地区森林的变迁及原因探微——以森林面积和蓄积量变化为视角的历史考察．学习与探索，2007（3）.

③ 范立君，曲立超．中东铁路与近代松花江流域森林资源开发．吉林师范大学学报（人文社会科学版），2009（3）.

④ 张学珍，王维强，方修琦，等．中国东北地区17世纪后期的自然植被格局．地理科学，2011（2）.

⑤ 袁深波．围场的过去和现在．地理知识，1979（4）.

⑥ 钮仲勋，浦汉昕．历史时期承德、围场一带的农业开发与植被变迁．地理研究，1984（1）.

三十六年（1771）远山林木还未遭到破坏，此后才逐渐减少，到民国后已是岩石裸露，带来了严重生态恶果。①

20 世纪 80 年代末以来，景爱先后发表几篇文章探讨围场及其以北地区森林的破坏与沙漠化问题。其文《木兰围场的破坏与沙漠化》指出，木兰围场建立之初生态环境良好，然而频繁的木兰秋狝活动使得这里的自然环境遭到破坏，特别是同治年间（1862—1874 年）毁林开荒，使之遭到巨大破坏。② 他的另一篇文章论述平地松林的变迁与西拉木伦河上游的沙漠化，认为清后期流民蜂拥而至西拉木伦河流域开荒垦田，进一步加速了对森林的破坏，到 20 世纪 50 年代初森林几乎被毁坏殆尽。③ 另外，韩光辉《清初以来围场地区人地关系演变过程研究》④、高俊虎《三百年来承德地理环境演变趋势初探》⑤、邓辉《清代木兰围场的环境变迁研究》⑥、赵珍《清代塞外围场土地资源环境变迁》等⑦，都述及清代围场地区森林及生态遭到破坏的具体情形。

4. 晋陕蒙农林牧交错带植被交替研究

文焕然、何业恒对“三北”防护林区历史时期的森林变迁及自然灾害进行了专门研究。⑧ 史念海认为，鄂尔多斯高原的森林到清代前期仍相当茂盛，主要分布在高原的北、东和南部，西部和西南部较少；清初禁蒙汉往来，明长城实际成为一条人为的农牧业分界线；清后期禁令松动，陕北人逐渐迁移到其南缘开垦土地，由此带来一系列沙化问题，库布齐沙漠就是清代形成的，乌兰布和沙漠在清代不断扩大。⑨ 郝文军对

---

① 郭松平，吴明心，李国华. 凌源森林盛衰和自然灾害. 农业考古，1986（1）.

② 景爱. 木兰围场的破坏与沙漠化. 中国历史地理论丛，1995（2）.

③ 景爱. 平地松林的变迁与西拉木伦河上游的沙漠化. 中国历史地理论丛，1988（4）.

④ 韩光辉. 清初以来围场地区人地关系演变过程研究. 北京大学学报（哲学社会科学版），1998（3）；韩光辉. 木兰秋狝话围场. 地理知识，1994（6）.

⑤ 高俊虎. 三百年来承德地理环境演变趋势初探. 干旱区研究，1998（2）.

⑥ 邓辉. 清代木兰围场的环境变迁研究. 北京大学学报，1992（历史地理学专刊）.

⑦ 赵珍. 清代塞外围场土地资源环境变迁. 中国人民大学学报，2007（6）；赵珍. 清代盛京围场处. 历史档案，2009（4）；赵珍. 资源、环境与国家权力：清代围场研究. 北京：中国人民大学出版社，2012.

⑧ 文焕然，何业恒. 历史时期“三北”防护林区的森林——兼论“三北”风沙危害、水土流失等自然灾害严重的由来. 河南师大学报（自然科学版），1980（1）.

⑨ 史念海. 两千三百年来鄂尔多斯高原和河套平原农林牧地区的分布及其变迁//河山集：第 3 集. 北京：人民出版社，1988.

清初伊克昭盟（即鄂尔多斯）的水体变化、牧场与沙漠分布情况进行复原研究，得出清初100年间是鄂尔多斯地区可用牧场最大化和实际利用最优化时期。[①] 景爱初步复原古代呼伦贝尔草原的地理面貌。[②] 文焕然遗稿探讨了内蒙古地区森林变迁经历的广阔—缩小—恢复—再缩小—有所恢复的过程，认为清代到20世纪40年代末为森林大紧缩期。[③] 刘彦威撰文研究清代漠南蒙古及东北地区的林木砍伐情况。[④]

5. 黄土高原地区植被演变考辨与水土流失研究

关于黄土高原的范围，学界意见尚不一致，我们在此采用史念海的观点。[⑤] 关于黄土高原历史时期是否生长过大范围的森林，学界长期曾有争议。李希霍芬认为黄土高原是黄土风积而成，不适于林木生存，不会有原始森林。1955年，中国科学院考察队通过实地考察，认为黄土高原地区历史时期是有森林的。20世纪80年代以来，国内学界对黄土高原的原始植被状态如何，其主体植被到底是什么，森林覆盖率到底有多少等问题进行了深入讨论，形成了两种观点：一种观点认为主体是森林草原，后因人为破坏，植被稀少，引起水土流失，以史念海、朱士光为代表[⑥]；另一种观点认为主体是草原地带，只是沟谷、山地有成片森林，土壤侵蚀自古就有，只是历史时期逐渐加剧，以张鹏云、唐少卿等为代表。[⑦] 其后，王乃昂撰文认为这两种观点各有偏重，也各有认识不够

---

① 郝文军. 清初伊克昭盟牧场复原研究//陕西师范大学西北历史环境与经济社会发展研究中心. 历史环境与文明演进——2004年历史地理国际学术研讨会论文集. 北京：商务印书馆，2005.

② 景爱. 呼伦贝尔草原的地理变迁//中国地理学会历史地理专业委员会《历史地理》编辑委员会. 历史地理：第4辑. 上海：上海人民出版社，1986.

③ 文焕然. 历史时期内蒙古的森林变迁//文焕然，等. 中国历史时期植物与动物变迁研究. 重庆：重庆出版社，1995.

④ 刘彦威. 清代漠南蒙古及东北地区的森林砍伐. 古今农业，2005（4）.

⑤ 史念海. 黄土高原历史地理研究. 郑州：黄河水利出版社，2001.

⑥ 史念海. 黄土高原及其农林牧分布地区的变迁//中国地理学会历史地理专业委员会《历史地理》编辑委员会. 历史地理：创刊号. 上海：上海人民出版社，1981；朱士光.《历史时期甘肃黄土高原自然条件变化的若干问题》中需要辨明的几个问题. 兰州大学学报（社会科学版），1987（1）.

⑦ 张鹏云. 甘肃种草种树的科学论证：试用现代科学观点探讨黄土高原的林木. 兰州大学学报（社会科学版），1983（4）；唐少卿，伍光和. 历史时期甘肃黄土高原自然条件变化的若干问题. 兰州大学学报（社会科学版），1984（1）；伍光和，唐少卿. 再论历史时期甘肃黄土高原自然条件变化的若干问题——兼答朱士光同志. 兰州大学学报（社会科学版），1987（2）.

的地方，至于黄土高原的原始森林覆盖率，史念海估计为50%①，而王氏修正为30%。② 后来，王守春又提出一种新观点，认为古代在渭河以北、长城以南、吕梁山以西、六盘山以东这片黄土高原的主体部分，险域地带的植被为疏林（稀树）灌丛草原，但延安—庆阳一线的南面和北面，树木的种类构成存在差异。③ 综上研究成果，可以看出学者们的研究依据和方法几乎相同，而得出的结论却存在一定的差异，这主要是对文献的解读差异所致。今后还有待继续进行文献资料考辨，深究该问题。现将黄土高原植被历史变迁研究的具体情况详述如下：

山西　20世纪80年代以来，学界研究山西地区历史时期森林变迁的成果不少，其中以景广学研究较早，翟旺研究成果最为突出。景广学认为山西到明清时期森林亦颇为繁茂，清代太岳山西侧、吕梁山仍是主要林区，太行山、晋北大同、五台山皆有茂密森林，清中期以后逐渐开垦、乱砍滥伐才使得荒山秃岭的现象出现。④ 王国祥主编《山西森林》第二章“森林历史变迁”由翟旺执笔⑤，认为山西古代森林草原茂密、生态环境良好，但随着人口不断增长，森林范围越来越小，到明、清、民国时期拓垦已扩展到山区，森林受到摧毁性破坏，虽然文献对山林的记载较多，但多成为点、片状分布，已没有大面积的森林。翟旺等著《山西森林与生态史》，系统研究山西全省及下辖晋南、晋东南、晋西、晋北等各区域森林的变迁过程，到清末全省残、破、败林总共不超过1 000万亩，覆盖率降到5%左右，残林大都分布在各河流及诸支流上游分水岭两侧的高山地带。⑥ 邱仲麟从生态环境变迁史角度，对明清晋北的山地开发与森林砍伐进行了深入研究。⑦

---

① 史念海. 黄土高原历史地理研究. 郑州：黄河水利出版社，2001.

② 王乃昂. 历史时期甘肃黄土高原的环境变迁//中国地理学会历史地理专业委员会《历史地理》编辑委员会. 历史地理：第8辑. 上海：上海人民出版社，1990.

③ 王守春. 历史时期黄土高原的植被及其变迁. 人民黄河，1994（2）；王守春. 古代黄土高原“林”的辨析兼论历史植被研究途径//左大旗. 黄河流域环境演变与水沙运行规律研究文集：第1集. 北京：地质出版社，1991.

④ 景广学. 历史时期山西地区森林植被之概观. 山西大学学报（哲学社会科学版），1983（3）.

⑤《山西森林》编辑委员会. 山西森林. 王国祥，主编. 北京：中国林业出版社，1992.

⑥ 翟旺，米文精. 山西森林与生态史. 北京：中国林业出版社，2009.

⑦ 邱仲麟. 明清晋北的山地开发与森林砍伐//夏明方. 新史学：第6卷　历史的生态学解释. 北京：中华书局，2012.

宁夏 以陈加良为代表的学者，对宁夏历史时期植被变迁的研究取得了较为突出的成绩。他指出宁夏古代植被分布演变过程大致分为秦汉、唐宋元、明到清前期、清后期至民国四个阶段。到明清时期，贺兰山森林进一步退化，清代已无造船巨木可采；宁南地区明中叶以后森林锐减，大量开垦及养马对六盘山森林产生重大影响，宁南森林破坏虽比宁北晚，但反复性大，破坏较为彻底。宁夏森林历史变迁较大与大气环流有关，但主要还是人类盲目性活动所致。① 后来，陈加良撰写专文论述六盘山古代森林演变情况，先从出土古木肯定固原山区历史上的确存在过以六盘山为主体的广大森林和森林草原区，16世纪开荒导致这一带植被格局被打破，固原以北早已成荒山，固原以南逐渐演变为次生森林植被。② 此文对先前学界的一种观点即黄土高原历史上不曾有过大面积森林，因此现今大面积造林是徒劳的观点做出了有力否定。

甘肃 鲜肖威等相继对甘肃全省、祁连山及陇东地区植被做出专门研究。鲜肖威研究指出，甘肃森林草原的大规模破坏是在明代以后，特别是在清初才发生的。③ 学界对祁连山区森林演变探讨较多。李并成认为直到唐代祁连山区林草基本状况仍较今日为好，到明清时期随着河西走廊大规模的农业开发和人口大增，加上战争毁林现象时有发生，祁连山林草破坏加剧，其后果在乾隆朝就很突出，清末以来林草破坏更为剧烈。④ 他的另一篇文章结合大量史料和实地考察，对历史时期河西走廊绿洲边缘荒漠植被的破坏状况做出细致研究，结果表明早在汉代河西地区荒漠植被的破坏就已开始，到明清时期伴随着河西绿洲更大规模的开发，绿洲边缘灌丛和草被的采伐更为惨重，这引发了沙漠化。⑤ 任泉香等撰文提出明清时期陇东地区的森林分布仅限于山区，清代到民国时期森林分布面积、区域均呈缩减态势；文中列出了清代陇东地区森林分布

---

① 陈加良，文焕然．宁夏历史时期的森林及其变迁．宁夏大学学报（自然科学版），1981（1）．

② 陈加良．论六盘山的古森林及其历史启迪．陕西师范大学学报（哲学社会科学版），1987（3）．

③ 鲜肖威．历史上甘肃的森林和草原．经济地理，1984（3）．

④ 李并成．历史上祁连山区森林的破坏与变迁考．中国历史地理论丛，2000（1）．

⑤ 李并成．河西走廊历史时期绿洲边缘荒漠植被破坏考．中国历史地理论丛，2003（4）．

情况表、民国时期陇东地区各县林区分布面积表，基本反映出清代到民国时期的森林分布变迁情况。[①]

此外，对于各个省区的森林研究成果也非常多，值得关注的是蓝勇的研究。蓝勇等研究历史时期西南地区，主要是四川、三峡地区森林分布变迁，并集中探讨了明清时期皇木采办及其对森林的影响。蓝勇综合利用文献和实地考察资料，论述了历史上三峡地区森林的分布变迁过程及其演变规律，研究得出明清时期是三峡地区森林分布的大起大落期，清中叶以来三峡地区森林遭到史上最严重的耗损，极大地影响了三峡经济开发中林副业产出的多样性，恢复三峡森林资源应为当务之急。[②] 后来，蓝勇、杨伟兵又撰文，结合不同时期的垦殖指数、文献所载林木分布情况及野生动物分布情况、森林地名分布等，进一步探讨三峡地区植被分布演变过程，得出结论认为明清之前三峡地区保持着很高的森林覆盖率，人类活动对其影响有限，但明清以后大规模移民所带来的山地垦殖、盐业开发、厂矿兴起以及清廷皇木采办等严重摧残了三峡地区的森林植被，到清末三峡腹地森林资源破坏严重。[③] 蓝勇撰文专门研究历史时期中国楠木的地理分布变迁情况，得出明清时期江南和中南地区成林楠木已开采殆尽，四川、云南、贵州等地成为楠木的主要采伐区，经过明清时期的采伐，这些地区的楠木分布区不断缩小，只在四川峨眉山、云南东南的西畴和麻栗坡存有成林楠木；他由此分析认为，无节制的开采是楠木地理分布区缩小的最主要因素，而气候日趋变冷对亚热带楠木也有一定影响。[④] 蓝勇的另一篇文章探讨明清皇木采办及其对后世森林资源的影响，指出明清皇木采办是对中国楠木资源卷地式的扫荡，也是使原来分布广泛的楠木资源枯竭的重要原因之一。[⑤] 蓝勇、黄权生对近两千年来长江上游燃料换代与森林分布变迁的关系进行专题讨论，认为

① 任泉香，侯甬坚. 清至民国陇东森林分布的变迁及林业发展概况. 中国历史地理论丛，2004（2）.

② 蓝勇. 历史时期三峡地区森林资源分布变迁. 中国农史，1993（4）；蓝勇. 历史时期西南经济开发与生态变迁. 昆明：云南教育出版社，2003.

③ 蓝勇，杨伟兵. 历史时期长江三峡地区森林植被分布的演变研究//中国地理学会历史地理专业委员会《历史地理》编辑委员会编. 历史地理：第16辑. 上海：上海人民出版社，2000.

④ 蓝勇. 历史时期中国楠木地理分布变迁研究. 中国历史地理论丛，1995（4）.

⑤ 蓝勇. 明清时期的皇木采办. 历史研究，1994（6）.

清中叶以前长江上游生物质燃料总体十分富足，说明森林分布广泛，清中叶以来随着人口膨胀，森林破坏日益严重，长江上游地区薪材采伐越来越困难，由此进入生物质燃料向非生物质燃料的转换时期，燃料转换虽在一定程度上减缓了对森林资源的破坏，但这种转换在空间和层度上有限，清末民国以来燃料匮乏以及人类对长江上游森林资源破坏的趋势并没有发生根本性改变。① 蓝勇还从人口分布变迁入手，探讨长江上游植被的变迁，发现长江上游亚热带山地中低山大量的草甸和灌草坡景观形成历史甚短，大多是近四五百年来形成的，而非学界一般认为的历史早期，人类的不合理开发是造成这种变化的重要因素，因此，现在长江上游亚热带高山一些草甸沼泽区向陆生乔灌木区演化是历史上的一种回归，而不完全是一种退化。② 蓝勇的一条列研究堪称区域森林分布与环境变迁研究的典范。

百年来的清代植物地理研究开展较早，但进展缓慢，直到新中国成立后，尤其是 20 世纪 80 年代以来才获得较大进展。在农、林学研究者与历史地理学研究者的共同努力下，现今成果主要以文献资料为据，综合利用孢粉分析、^{14}C 测年技术等，对历史时期三大植被带的空间格局、演变趋势和界线走向变化，以及各区域的森林变迁与生态问题，尤其是清代典型性区域，包括近代俄、日侵略与东北森林锐减问题、承德放垦及森林盛衰问题等，均做出了较为系统的研究。结果表明清代为我国森林的大幅度消减期，而东北、西南和东南地区森林缩减最多，多数地区覆盖率下降超过 20 个百分点，东北、西南山地丘陵地区尤为突出，森林缩减时间以清乾隆朝以后更为明显；高产旱地作物的推广、人口的大量增加、外族入侵及其他社会、自然因素带来我国历史上植被格局的又一次空前巨变，并导致一系列生态恶果和经济损失，为今天生态环境保护与区域经济和谐发展提供了深刻历史教训。具体各区的植被演变情况因时因地而异，存在着植被带垂直分布和空间分布的差异。

因历史文献中记载与植被相关的资料较为分散，研究过程中爬梳、整理资料耗时费力，若非长期钻研，很难从中有所发现，这也是植被变

① 蓝勇，黄权生．燃料换代历史与森林分布变迁——以近两千年长江上游为时空背景．中国历史地理论丛，2007（2）．

② 蓝勇．近 500 年来长江上游亚热带山地中低山植被的演替．地理研究，2010（7）．

迁研究的一大难点，也导致了今天的研究存在些许不足。比如，史料中只会简单地记载某地有林或某种林，并没有关于其分布面积的记载，故而现今据文献所载复原出的清代森林分布变迁情况，难免会出现以点代面的错觉；再如，文献记载中存在着清前期没有森林，清后期却有森林的情况，依常理看，这应是前期资料没有记载，而并非真正无林，这也给研究带来一定的困难。而据文献记载换算出的森林覆盖率数据，到底有多大的科学性，能否反映清代的状况，还有待学界继续探讨。因此，未来如何更为科学、客观地复原出清代森林分布演变情况，或计算出森林覆盖率变化或下降数据，学界还有待探寻合理的研究方法和手段。

还有，现今成果中多阐述人口增长、毁林开荒、山地垦殖、乱砍滥伐及其他人类利用方式对森林的破坏，而不同地区森林的消退过程、演替方式是非常复杂的，因此未来的研究还需要将天然森林的具体破坏过程、次生林的演替过程等，结合不同地区之历史社会背景、地形差异进行更为深入的探寻。

总之，清代植被演变研究虽然取得很大进展，但区域植被演变过程还有较大的研究余地和提升空间。

第七章　清史数据库与历史地理信息系统建设

第一节　清史数据库建设

20 世纪 90 年代以来，随着信息化、电子化、网络化给人类社会带来的全面冲击，史学领域数据库建设开始逐渐兴起，一批重要的研究史料被陆续以各种形式电子化并被制作成服务于不同对象的数据库，从而极大地改变了史学的生态，并引起了史学信息获取方式的变革。如今多数年轻学人已习惯于通过数据库的形式获取电子资源，从而使得年轻一代的史学写作方式与前代学者相比，出现了一定程度的代际差异。对这一变革所带来的利弊，学界仍然存在相当大的分歧。①

自 21 世纪初启动“清史工程”以后，清史文献的整理成为四大基础工程之一，一大批文献资料被制作成数据库或影印出版，促进了整个清史学界在 21 世纪初十多年的持续繁荣，目前已建与在建的关于清史资料的数据库在各个断代史中数量可能是最多的。对清史研究而言，数

---

①　梁晨，董浩，李中清. 量化数据库与历史研究. 历史研究，2015（2）. 有关古籍数字化及数据库方面的理论与实践，参见：毛建军. 古籍数字化理论与实践. 北京：航空工业出版社，2009。关于历史研究数据库方法运用的理论阐释，参见：金观涛，刘青峰. 历史的真实性：试论数据库新方法在历史研究中的应用. 清史研究，2008（1）；项洁. 数位人文在历史学研究中的应用. 台北：台湾大学出版中心，2011。

据库以及随之而来的量化研究因在一定程度上克服了之前各代常常存在的缺乏系统性数据、数据缺失严重等弊端，具备一定的“大数据”基础，为数据库的建设与计量方法的应用提供了相当优越的条件。这一领域的研究虽进展迅速，但迄今为止，尚未得到系统的总结。[①] 其中，与历史地理研究有关的数据库也为数不少，我们在此仅就目力所及做一些梳理。需要说明的是，我们针对的主要是目前已上线的较重要的各类数据库，未公开发布的不在之列。

清史研究的最大优势在于史料的丰富程度。戴逸先生在为“国家清史编纂委员会·文献丛刊”所做的序言中将清史文献的特点概括为“多、乱、散、新”，文献典籍“至清代而浩如烟海，难窥其涯矣”[②]。仅就刊印的典籍而言，已堪称汗牛充栋，更不必提及大量以手稿、文书形式存在的未刊文献。

为了便于检索、利用清史资料，早期学界往往会编写索引、年表等工具书。这类工具书分为两类：一类是检索型工具书，一般只提供查找文献信息的线索，不直接回答所要查询的内容，主要指书目、索引等；另一类是参考型工具书，一般不提供资料线索，仅简要提供回答问题的知识，主要指各类字典、词典、类书、年鉴、图录、表谱等。[③] 学界比较重视工具书的编纂，取得了很大的成绩，与地理研究关系较大的工具书有中国社会科学院历史研究所清史研究室与中国人民大学清史研究所合编的《清史论文索引》、中国人民大学清史研究所与中国社会科学院边疆史地研究中心合编的《清代边疆史地论著索引》等；参考型工具书有章伯锋编《清代各地将军都统大臣等年表（1796—1911）》、魏秀梅编《清季职官表（附人物录）》、钱实甫编《清代职官年表》等。[④] 这

---

① 关于灾害史，夏明方教授做了很全面的回顾与总结，参见：夏明方．大数据与生态史：中国灾害史料整理与数据库建设．清史研究，2015（2）。

② 戴逸．清史《文献丛刊》、《档案丛刊》总序//朱诚如，王天有．明清论丛：第5辑．北京：紫禁城出版社，2004：1.

③ 彭莲好，王勇．现代信息检索基础教程．武汉：华中科技大学出版社，2014：38.

④ 中国社会科学院历史研究所清史研究室，中国人民大学清史研究所．清史论文索引．北京：中华书局，1984；中国人民大学清史研究所，中国社会科学院中国边疆史地研究中心．清代边疆史地论著索引．北京：中国人民大学出版社，1988；章伯锋．清代各地将军都统大臣等年表：1796—1911．北京：中华书局，1965；魏秀梅．清季职官表（附人物录）．台北：“中央研究院”近代史研究所，1977；钱实甫．清代官职表．北京：中华书局，1980．黄爱平主编的《清史书目（1911—2011）》（北京：中国人民大学出版社，2014）专门列有“工具书”一项，系统收录了1911—2011年的百年间与清史相关的综述、地图、年表等工具书的书目。

些工具书，包括老一辈学者用以记录资料的卡片，与今天的数据库具有很大的相似性，只是表现形式差别较大而已。那时也开始利用这些年表做一些量化分析，只不过数理统计依赖于手工而已。

20 世纪 80 年代以后，随着信息技术的发展，以网络环境搭建清史数据库的工作就开始了，台湾是这一领域的先行者。1984 年台湾"中研院"历史语言研究所为"史籍自动化"计划的延伸而开始了"汉籍全文资料库计划"，目标是收录对中国传统人文研究具有重要价值的文献，清史地理文献就是其中的重要部分。① 这一领域的标志性事件是 1999 年上海世纪出版集团上海人民出版社、香港迪志文化出版有限公司推出的《文渊阁四库全书》电子版，迅速受到学界的欢迎。

21 世纪以后，随着网络技术的发展，尤其是个人电脑用户的剧增，数据库的建设迎来了前所未有的发展契机，史学类数据库的建设也日渐兴盛。清史研究资料的庞大，为数据库的大规模建设提供了良好的契机。借助文献资料的大规模整理与检索手段的引入，学者可以更快地掌握某一领域较为全面、丰富的学术资源。清史数据库建设还有另外一个优势，即系统性史料的留存较为显著，具有较好的数据基础。清代的制度建设颇为严密，在 200 余年的政府实践中，留存了一些具有连续性、系统性的资料。这些数据相对说来制作标准比较统一，将其处理为数据集较为容易。与清史地理相关的有雨雪分寸的资料，可以为研究清代气候变化提供相当精准的定量基础，《缙绅录》提供了相当完整的清代官员的出身、籍贯等标准化的数据。

因是之故，近一二十年来，清史领域的数据库建设发展迅速。依照通常将数据库分为的检索与计量两类②，目前检索型数据库数量最多，已形成基本涵盖清史的基本文献数据库与专题文献数据库齐头并进、共同发展的繁荣态势。所谓的基本文献数据库，指的是清史领域最基本、最常用、最重要的文献及其集成，包括档案、实录、政书、地方史志等；专题文献数据库则多以纸本资料集为依托，结合学界已有的研究而

① 参见"汉籍电子文献资料库"的说明. [2016－09－01]. http://hanchi.ihp.sinica.edu.tw/ihp/hanji.htm。

② 项洁，翁稷安. 数位人文和历史研究//项洁. 数位人文在历史学研究中的应用. 台北：台湾大学出版中心，2011. 检索指数位典藏和资料库的发展，计量指计量史学所进行的统计实验。（同上，13 页）

制作，如清代权威人名档等，其中既有若干档案保管机构出于档案整理的便利而进行的数据库建设，也包括各科研单位基于自身研究优势所建设的各类专题数据库。前者覆盖面广，几乎为多数清史研究工作者所使用；后者则专业与特色比较明显，往往建立在前期丰硕的研究成果之上。

档案是清史地理研究的生命。台北“中研院”历史语言研究所的“明清档案工作室”从1996年开始将所藏“内阁大库档案”数字化，2001年起提供网络线上阅览和复印服务，只是目前大陆地区开通账号使用权限的高校与科研院所还为数甚少，但可以进行档案目录的检索。① 台北故宫博物院保存的档案资源十分丰富，该机构早年即已开始数字化工作，并建立了相当完备、自成体系的数据库系统，包括清代宫中档奏折及军机处档折件全文影像资料库、清宫奏折档台湾史料目录、清代权威人名档案资料库、大清国史人物列传及史馆档传包传稿资料库、清代文献档案总目、同人辑清史书目。台北故宫博物院的数据库是以自身丰富的清史档案馆藏为基础的，收录的多数资料为该馆所独有，且设计精良、界面友好、权威性强，目前已成为清史工作者必须常常查阅的权威数据库。此外，台北故宫博物院还对中国第一历史档案馆所藏的清代满汉文朱批奏折汇编、活计档作名建立了目录检索系统。②

中国第一历史档案馆是最大的清宫档案收藏机构，从21世纪初清史工程启动以后，中国第一历史档案馆将整理馆存档案并服务《清史》纂修作为工作的重中之重，为此专门制定整理规划，对该馆所藏档案进行系统的整理、编目、扫描、拍照。2006年10月开始为期一年的清代档案数字化试点工作，并且成立了“清代档案数字化试点工作小组”等机构，制定了《中国第一历史档案馆清代档案数字化试点工作实施方案》。③ 经

---

① 参见明清档案工作室官网介绍，http://archive.ihp.sinica.edu.tw/。另外参见：洪一梅. 明清内阁大库档案数位管理机制：整合式档案管理自动化系统//2005年6月第三届两岸三院信息技术与应用交流研讨会论文集. 会议自印本. 2005。

② 台北故宫博物院“典藏资料库系统”的网址是：http://www.npm.gov.tw/zh-TW/Article.aspx?sNo=02000021。

③ 中国第一历史档案馆. 清代档案数字化试点工作总结报告//国家档案局技术部. 档案信息资源开发利用试点经验汇编. 北京：中国档案出版社，2008.

过近十年的努力，中国第一历史档案馆的数字化工作取得的进展是非常明显的，阅档条件也在逐步改善。目前，该馆已建立了可供查阅的档案系统，其中收录的数据资料主要有该馆所藏的朱批奏折和录副奏折，也包括部分户科题本、刑科题本、上谕档、随手档，还包括清代灾赈档、内务府奏案等，《清实录》与《大清会典》等史料也提供检索，为研究者提供了较大的便利。[①] 然而，不足的是，该馆所建档案系统目前只能在馆内查阅，无法远程登录，对于京外学者尤其不便。国家清史编纂委员会“数字图书馆”收录了中国第一历史档案馆的这些档案，不过主要是为参加清史纂修工作的专家提供阅档服务，涵盖范围极其有限。将来条件成熟时，如能将这一系统建设为可远程登录、查询的开放型数据库，相信对整个清史研究的推动意义是无法估量的。值得一提的是，中国第一历史档案馆从 2014 年起逐步在官网上分期分批开放馆藏数字化档案目录，首批已在网站推出汉文朱批奏折档案目录，尽管离学界的需求还有很长一段距离，但毕竟已是一个可喜的进步。[②] 另据爱如生公司官网介绍，爱如生公司将推出“明清档案库”，该库汇辑海峡两岸陆续公布的明清官私档案，包括宫中档、理藩院档等，也包括各部衙公务文书、各州府赋役清册、民间档案等，共约 30 万件、10 亿字，拟分为 5 集，2017 年起陆续出版。[③]

与此同时，地方档案的数字化工作取得了显著进步。清代的县级档案保存下来的比较重要的有台湾淡新档案、四川巴县档案和南部县档案、获鹿县档案、顺天府档案等。[④] 其中淡新档案保存在台湾大学图书馆[⑤]，边

---

① 中国第一历史档案馆开放阅览胶片、数字化档案目录. [2015 - 08 - 01]. http://www.lsdag.cn/cdxz.jhtml.

② http://www.lsdag.cn/dacx/index.jhtml.

③ 爱如生官网，http://er07.com/home/pro_15.html。

④ 胡忠良. 全国各地档案馆所藏清代档案基本情况调查报告. [2015 - 08 - 01]. http://www.lsdag.com/yjbg/709.jhtml. 该报告为清史纂修工程启动以后，清史编纂委员会对全国清代档案保存情况进行的摸底调查，报告共四个部分（未刊），包括：《中国第一历史档案馆所藏清代档案基本情况调查报告》《散失在境外清代档案文献调查报告》《清代画图收藏情况和价值调查报告》《全国清代档案出版情况调查报告》。（马大正. 开局顺利　任重道远——清史纂修工程简介//中国史学会秘书处，陕西师范大学历史文化学院. 中国历史学研究现状和发展趋势. 北京：中国社会科学出版社，2006）

⑤ 黄静嘉. 中国法制史论述丛稿. 北京：清华大学出版社，2006：第 5 章“台湾‘淡新档案’与所谓台湾‘旧惯’之搜集及整理”第 2 节“‘淡新档案’介绍”.

整理、边出版、边数字化，被纳入项洁教授主持的台湾历史数位图书馆（THDL），形成了比较完备的淡新档案数据库，且对公众开放，这是一项堪称典范的数据库建设样本。① 巴县档案早已整理，出版过《清代乾嘉道巴县档案选编》《清代巴县档案汇编（乾隆卷）》《清代四川巴县衙门咸丰朝档案选编》《清代巴县档案整理初编（司法卷·乾隆朝）》等，在此基础上建立了巴县档案数据库，四川省档案局在网上提供巴县档案目录检索。② 四川南部县保存的清代档案极其丰富，从顺治十三年至宣统三年（1656—1911）之兵房、吏房、工房、户房、刑房、礼房、盐房的档案都保存得比较完整，对研究清代地方司法、行政等均有极大的史料价值，备受海内外学界关注。自清史工程启动以后，南部县档案的数字化整理与出版就被纳入资助项目，近年来出版了《清代南部县衙档案目录》《清代四川南部县衙门档案》。巴县档案与南部县档案在中华文史网“数字图书馆”中可进行档案查询和阅览，只是开放程度还相当有限。中国第一历史档案馆提供顺天府档案胶片阅览。此外，中华文史网的“数字图书馆”也提供阿拉善左旗档案馆所藏阿拉善档案、青海省档案馆所藏循化厅档案的目录检索与全文阅览，但存在的主要问题是开放程度有限。

《清实录》与《大清会典》是清史地理研究的基本史料，与档案相比，其更加系统与全面，不少档案需要借助《清实录》相关条文的记载才得以明确其上奏的背景，因此，即使清代档案保存的数量如此之多，《清实录》与《大清会典》仍然具有非常重要的史料价值。在清代档案利用尚未成熟的过往清史研究史上，《清实录》与《大清会典》是最常用的史料集，尤其是《清实录》，由于部头庞大，不便利用，以往学界根据需要，分门别类制作了各类专题摘编，如《〈清实录〉北京史资料辑要》《清实录藏族史料》《〈清实录〉准噶尔史料摘编》《清实录经济史资料》《清实录中朝关系史料摘编》《清实录类纂·科学技术卷》等，至少有10余种。目前这样分类摘编的工作已意义不大，中国第一历史档案馆与北京书同文数字化技术有限公司合作制作了“大清历朝实录”和

① http://thdl.ntu.edu.tw/index.html.

② http://221.10.28.84:22343/hxtextform_scda/website/scda/arch!getInfoByArchName.action.

“大清五朝会典”数字化成果，实现了全文可检索，台湾“中研院”与韩国国史编纂委员会合作开发的“明实录、朝鲜王朝实录、清实录”资料库最近也已免费开放。①

大型资料集中有关清史的内容也非常丰富。比较重要的除了《文渊阁四库全书》电子版外，还有台湾“中研院”的“汉籍电子文献资料库”（又称“瀚典”全文检索系统，与清代有关的子系统有汉籍全文资料库、台湾文献丛刊、清代经世文编系列、“内阁汉文题本专题档案：刑科婚姻类提要”、新清史一本纪等）。爱如生公司建立的十多个古籍数据库中，与清代有关的占了很大一部分，如中国基本古籍库、中国方志库（共分5集，初集于2008年出版，收录省、府、厅、州、县2 000种；二集于2013年出版，也收录方志2 000种）、中国谱牒库（拟收录宋、元、明、清历代家谱7 000余种、年谱1 200余种、仕谱300余种、日谱500余种，合计10 000种，目前初集于2010年面世，共收录2 000种）、中国类书库（包括《古今图书集成》）、中国俗文库、中国经典库、历代别集库、中国丛书库等，构成了一个庞大的数据库系统。由籍古轩研制的“中国数字方志库”是另一套大规模数字化的综合地方志系统，涵盖了1949年以前约11 000部志书，且含有一些极其难见的地理类著作，如晚清各省纂修《大清会典》后出版的省级舆图等。中国国家图书馆实施了“数字方志”工程，将该机构所藏数千部方志公开发布，扫描件比较清晰，但其界面及浏览速度、卷次著录等方面还存在较大改善空间。台湾“中研院”以中国科学院北京天文台1985年编纂出版的《中国地方志联合目录》为基础，参照1996年新出版的《中国地方志总目提要》，建立了“中国大陆各省地方志书目查询系统”，基本涵盖了宋、元、明、清各时期及1949年后新编地方志目录。②

清史各专题数据库的建设也卓有成效，与清史地理研究相关度比较大的比较重要的有台湾“中研院”近代史研究所的“清代粮价数据库”，这是“中研院”王业键院士自1970年代持续到2008年进行的清代粮价清单搜集及粮价资料库建置的成果。该库以自乾隆元年（1736）开始各省向皇帝奏报之各省府、直隶州厅的主要粮食价格所形成的“粮价清

① http://hanchi.ihp.sinica.edu.tw/mql/login.html.

② http://webgis.sinica.edu.tw/place/.

单”为基础，进行了数字化处理，可以系统展现粮价、人口等资料的时间与空间分布特性。目前，该数据库在清代经济史研究中发挥了巨大作用，也为经济地理研究提供了很好的计量条件。关于清代人物查询，有台北故宫博物院的“清代档案人名权威档”，该数据库是以军机处折件为基础制作的，具有较强的权威性，共有 6 000 余人的信息，而且该人名数据库与台北故宫博物院所藏的宫中档、录副奏折档建立了关联，功能十分强大。由哈佛大学燕京学社、台湾“中研院”历史语言研究所、北京大学中国古代史研究中心合作开发的“中国历代人物传记资料库”（简称 CBDB）收录了近 60 000 条清代人物数据，包括了籍贯、室名字号、著述等信息，并与地理信息系统实现了关联①；李中清、康文林教授团队正在进行《缙绅录》数据库的建设工作，可望建立一套大规模的、分析型的清代职官信息数据，其中含有籍贯信息。浙江省档案局利用中国第一历史档案馆所藏的清代浙江官员引见档案，建立了从康熙五十八年至宣统二年（1719—1910）约 200 年的清代浙江官员履历表数据库，共 1 145 个条目，每个条目由姓名、籍贯、职官、年代、出处五个字段组成。② 台湾大学数位人文研究中心建有“清季职官表查询系统”。③ 近年来，国家大型科技和基金项目也开始注重数据库的开发与建设，预计未来数年将会有多种新的数据库建成。

纵观清史数据库的发展，可以看出科研机构的推动与商业公司的运营是两大发展动力，前者利用自身积累的学术资源，借助政府科技计划的支持，发展出具有较高专业性的专题数据库，且不少面向学界与公众免费开放；后者借助商业开发模式，大力发展各种规模较大的数据库建设计划，如爱如生公司等开发的单个数据库，字数均可达数亿之多，并借此形成了一定的盈利模式，数据库的规模迅速扩张，并占据了较大份额的数据库市场，具有了较大的议价能力，各高校图书馆数据库采购与续订的经费连年增长，已引起较大的反弹。④

---

① http://isites.harvard.edu/icb/icb.do?keyword=k35201.

② http://www.zjda.gov.cn/dadb/dzda/qdda/.

③ http://ssop.digital.ntu.edu.tw/.

④ 舒薇，周芬，李亮先. 高校图书馆数据库资源续订的调查与分析——以中南大学图书馆为例. 学理论，2015 (16)；《科学导报》编辑部. 学术数据库免费时代何时来临. 科学导报，2016-04-29.

数据库的建设给清史研究带来的改变显而易见。清史研究与之前各断代史研究的资料基础的最大不同就在于，资料的丰富程度非其他断代可比，故学界前辈常常提倡的“穷尽史料”的研究方法尽管仍是基本的指导性原则与追求目标，但实际上对于清代而言，任何一个狭小的领域所涉及的资料都已非单个研究者所能把握，更不要说整个清史领域了。因此，借助一定的手段，用较短的时间获取尽可能多的资料是清史研究工作者不得不面临的选择，数据库恰恰就提供了这种方便。

在研究方法上，大数据也将为清史研究带来一场全新的革命。以往学者曾经对史学研究中常用的一些逻辑方法进行了批评，李伯重以“宋代经济革命说”这一成说的形成为例，认为“选精”“集萃”两种方法的错误在于将某些例证所反映的具体的和特殊的现象加以普遍化，从而使之丧失了真实性，实际上，“选精法”与“集萃法”在史学研究中是极为通行的做法。[①] 在历史研究中，由于材料的缺失包括研究者个人收集资料的精力投入，“选精法”与“集萃法”在某些具体史学问题上仍不得不使用，但如果建立了较大规模的数据集，运用适当计量学的方法作为辅助，则上述方法论的缺陷也许可以得到一定程度的弥补，这也是数据库建设之于史学研究的最大意义。对于清史研究而言，尤其如此，利用数据会给清史研究带来一些全新的结论。这是许多倡导量化研究的学者一再强调的，讨论也比较多，此处不再赘述。[②]

传统上资料获取便利程度的差异带来的资料“鸿沟”是一个事实，资料保存地点进而发展成重要的研究中心几乎是司空见惯的学术现象。清代中央一级的档案基本保存在北京和台北故宫博物院，因此，在档案数据库建设之前，北京和台北的学者往往有“近水楼台”之便，外地学者阅读档案的时间成本和经济成本变得几乎难以忍受。即使是那些已经刊印的奏折资料，也由于印数极少，刊印时间较早，不少学校未能购买。可以看到，过去许多清史论文不仅未刊档案利用得不多，就是已刊档案也很难讲得到充分利用。不能充分掌握第一手资料，这极大地降低

---

① 李伯重.“选精”、“集粹”与“宋代江南农业革命”——对传统经济史研究方法的检讨. 中国社会科学，2000 (1).

② 梁晨，董浩，李中清. 量化数据库与历史研究. 历史研究，2015 (2). 陈志武等倡导推动的“量化历史讲习班”已举办四届，他们还创办了《量化历史研究》辑刊，已出版两辑。

了清史研究的水准。就理想状态而言，利用数据库系统，不仅使得身处不同地区的研究者获取资料和信息的速度大大加快，也有力地促进了海内外与国内各地区之间的学术交流，使得学术工作者在大致平等的资料面前展开自由竞争。尽管仍然存在资料获取便利程度上的差异，但无疑这种差异是可以被缩小的。当未来学者之间占有资料的差距缩小至最低限度时，学术研究模式将发生新的变化，过去靠占有独家资料从事学术研究的模式可能无法持续，这将对学者面对同一资料提出问题的能力提出更高的要求。

清史数据库是一把双刃剑，如果处理欠妥，就可能造成新的资料“鸿沟”。目前，清史领域的数据库除了一部分是免费的公开资源外，不少重要数据的使用仍然受到较大的地域与人员限制，以档案数据库的使用最为显著。若干大型资料集由商业公司开发并按照商业模式运行，收费高昂，业已引起若干学校的反弹。可以想见的是，作为以公益为主的数据库建设，如果受到不合理的费用与身份的限制，将会给一些非重点科研单位的研究者带来新的资料“鸿沟”。

在数字化时代，史学中的考证学将迎来“春天”。黄一农先生在从事“红学”研究中提出了“e-考据”的学术理念，并引起了学界的争论。[①] 数据库尤其是各类史料的数据化，将使得对具体史学问题，尤其是那些“关键词”较为确定的史事的考证非常有益，在史料利用范围的扩充上，信息时代的学人将具有天然的优势。事实上，我们已经看到最近若干年的学术论文在清史材料的使用上非常丰富，不仅常见史料娴熟使用，就是收藏于海外图书馆的文献及边边角角报刊上的信息都能被采集到，新见资料层出不穷。因此，对清史工作者而言，今后的问题将不大可能是材料不足的难题，而是材料过多，亟须提高史料剪裁能力的问题。史料的易于搜寻与考证学的兴起也将带来新的问题，这便是已经引起学界高度重视的史料的“肢解式”理解与“碎片化”问题在“数字化时代”未必会有改观，相反，还有可能更加恶化，对史料的贯通理解与

---

① 谢乃和. 别让“e-考据”成为“伪考据”. 中国社会科学报，2013-01-25；张瑞龙. e-考据是“立体”史学而非“伪考据”. 中国社会科学报，2013-09-23.

对宏观历史的把握仍将持续成为清史研究的难题。①

清史数据库建设目前呈现方兴未艾之势。可以看出，档案类文献的数据库由于收藏单位的集中，中央一级的档案中宫中档、录副奏折档等基本整理完毕，目前只是有待扩大开放范围。吏科题本等其他档案也基本都已在中国第一历史档案馆的整理计划之中，按照目前数据库建设的成熟程度，预计会在不太长的时间内将清代档案全部建设为数据库。至于地方所藏的清代档案尤其是县级档案，如巴县档案、南部县档案等，在国家清史工程的推动下，也取得了很大的成绩，这一领域的数据库建设预计将会在不久的将来基本建设完毕。因此，未来清史数据库建设的一个方向将更多是专题数据库的建设。

一般而言，大型数据库的建设所需资金往往过于庞大，除非有国家专门的财政资金投入或特大型科研课题经费支持或进行商业开发，否则建设难度很大。而专题数据库由于数据量较小且数据来源比较集中，建设起来难度要小得多，尤其是考虑到全国若干主要的清史研究机构都在过去几十年中形成了各具特色的研究领域，积累了相当丰富的研究史料，而且出版过各类资料集，这类资料集大多经过精心收集与整理，因此，专题数据库的工作可以建立在对以往研究资料或成果的转化上，其难度自然大大降低。目前，各个学校已有若干清史专题数据库的研发计划，如上海交通大学“中国地方文献数据库”刚刚开通运行，一期入库3.5万件，近10万页，包括徽州文书、石仓契约文书、鄱阳湖文书等宝贵的地方资料，这是上海交通大学历史系近年来在徽州、浙江省松阳县、江西鄱阳湖区收集明清以来地方文献的结果。② 中国人民大学清史研究所正在进行清代灾荒纪年暨信息集成数据库、清末民国社会调查数据库的建设，未来还将继续建设中小规模的各类数据库。其他各清史研究的主要学术单位也大多有类似的数据库建设计划。

但是，国内的数据库建立还面临着较多挑战，突出表现在：

第一，从宏观来说，数据库建设缺乏长远规划和协调。国内的数据库建设依赖于项目支撑和各类工程、计划的引导，因此往往要在短期内

---

① 参见《近代史研究》2012年第4期、第5期上刊发的一组“中国近代史研究中的‘碎片化’问题笔谈”论文。

② http://www.datahistory.cn/pc/.

见成效，这与数据库建设所需要的较长周期和人力、资金的持续投入构成明显的冲突。国内建设的数据库并不能说不多，但真正高质量的数据库却不多，尤其是得到学界广泛引用，对相关学术领域有重大推进作用的数据集可谓凤毛麟角。有的数据库建设还存在一哄而上的情况，重复建设时有发生，如关于近代报刊和地方志的数据库，重复收录的现象比较突出。更为恶劣的是，极个别数据库是将国外免费公开的数据资源下载后制作成数据集，但又不交代数据出处，转而进行商业开发与销售。如果不在数据库建设的开始阶段进行长远的规划，最终将带来学术资源的极大浪费。

第二，从信息共享角度来说，国内尚普遍缺少资源共享的自觉意识。不少极其宝贵的史料，国内各典藏机构视作珍宝，不愿公开，当然就更无制作成数据库的意愿；即使勉强同意进行数字化开发，也多当作获取经济资源的一张“王牌”，要求大量资金的投入，几乎是被动地“推着走”；不少数据库的开发只是供单一机构或者某个课题组使用，不愿公开发布；数据库的开发即使公开，大多也比较粗糙，缺乏稳定的数字化质量标准，与日本、美国等国家的数据质量差距十分明显，凡是经常使用国内与海外数据库资源的学界同行，都能直观而清醒地认识到，国内与海外数据库建设最大的差别不仅是技术层面的，也是学术理念和责任心方面的。

第三，就数据库的建设而言，缺乏稳定的、专项的资金投入。目前，世界各国都在加强大数据的开发与研制，未来世界的竞争一定程度上是数据、信息的竞争，史学领域一样如此，因此，加强对数据库开发的支持，迎头赶上国外先进同行是学界的一项急迫任务和责任。目前，国家自然科学基金和社会科学基金对数据库相关项目给予了一定支持，但支持力度还不太大，尤其是社会科学基金由于资金投入规模和经费使用的限制，更影响了大规模人文社会科学数据库的开发进程。人文社会科学数据库对于资金的需求已远远超过了以往印象中一个人、一批书籍的作坊式单打独斗，它同样需要资金和技术的持续投入与团队协作。

第四，数据库的数据质量需要有标准化控制。传统的书籍出版有着严格的评审、校对等流程，业已形成业内公认的一些规范，尽管不免有鱼龙混杂之作，但总体质量是可以得到保证的。数字化时代的一个特点是可以形成便利的纠错机制，不少学者将其视作较传统出版物的优越之处。不过，可能是由于上述心理的影响，目前多数数据库的数据质量并不尽如人意，除了经济史研究中因为有了清代粮价数据库这样高质量的数据集而产生一大批研究成果外，其他领域真正利用数据库所做出的示范性研究还为数甚少，而且那些高质量的、得到学界认可的数据库往往是在已经做了大量基础性工作、出版了高质量纸质文献的领域建成的。这将影响学界对数据库使用和量化方法运用的信心。在我们看来，无论是数据库还是传统的工具书，对数据质量的要求都应该是严格的。

第二节　清史地理信息系统建设与数字人文

地理信息系统（GIS）从20世纪四五十年代就有了萌芽，借用计算机辅助手段，可以实现对空间的快速有效管理，故很快被引入地理学研究中，促使地理学研究从定性的描述过渡到对地理空间的分析和空间模型的建构。历史地理学作为地理学的一个分支，必然会强烈受到这股趋势的影响，GIS 被引入史学研究中，就有了 HGIS（Historical Geographic Information System，历史地理信息系统）的出现。

史学研究运用GIS有三大优势：其一，数据结构化和有效整合，看似不兼容的材料能被整合在一起；其二，数据可视化，动漫或虚拟景观；其三，空间分析。① 与传统史学相比，在分析手段、可视化等方面，历史地理信息系统均显示出其独有的优势。② 特别要考虑的是，由于清史资料的丰富程度，在建设历史地理信息系统时，其潜在的优势会更加凸显，这方面建设的成绩也最为突出。目前，这方面的研究情

---

① 王大学．国际学界国家历史地理信息系统建设与利用的现状及启示．江苏师范大学学报（哲学社会科学版），2016（3）．

② 关于历史地理信息系统研究在中国的发展，参见：潘威，王哲，满志敏．近20年来历史地理信息化的发展成就．中国历史地理论丛，2020（2）；潘威．“数字人文”背景下历史地理信息化的应对——走进历史地理信息化2.0时代．云南大学学报（社会科学版），2018（6）；潘威，孙涛，满志敏．GIS进入历史地理学研究10年回顾．中国历史地理论丛，2012（1）。

况是：

第一，清史地理信息平台建设。最著名的是复旦大学历史地理研究中心与哈佛大学合作开发的中国历史地理信息系统（China Historical Geographic Information System，简称 CHGIS）。这套系统于 2001 年开始建设，目标是建设一套共享的数字化基础历史地理信息，其中与清史相关的基础数据有：1820 年、1911 年清代基础地理数据，其中 1820 年因为有谭其骧主编之《中国历史地图集》第八册《清时期》这一高质量的工具书作为基础，同样也有在编纂此图集时所留下的众多考证与释文作为制作 GIS 数据的基础，故而基于此建设的数据质量具有保证。复旦大学和哈佛大学提供了对这套数据的免费下载，故而其在目前清史地理学界应用最广，对 GIS 在史学研究中的实际应用做出了重要贡献，不仅克服了纸本《中国历史地图集》只能表现一个或两个年份的弊端，更重要的在于它可以将空间信息与其他信息进行叠加，从而大大扩大了《中国历史地图集》历史数据的应用潜力。根据复旦大学官网对这套数据的介绍，1820 年的基础数据共有 10 845 个点数据、352 个面数据，其中县以下 8 661 个点，厅县级 1 859 个点，府州级 301 个点、320 个面，省级 24 个点、32 个面；1911 年的基础数据共有 40 298 个点数据、1 784 个面数据，其中县级下 38 589 个点，厅县级 1 422 个点、1 499 个面，府州级 270 个点、267 个面，省级 17 个点、18 个面。[①]

台湾“中研院”建设了“中华文明之时空基础架构”，其基础数据来源是谭其骧主编之《中国历史地图集》，但增加了新的材料予以整合，除了政区的图层，也有“明清交通图层”。与清代相关的数据有明清档案人名权威资料库、清代人口史研究资料库、中国地方志书目查询系统，为研究者提供了很大便利。但是，这一数据库尚不提供下载服务，故使用者需要将数据上传至系统以便进行分析。

中国人口地理信息系统（China Population Geographic Information System，简称 CPGIS）是由侯杨方负责建设的与人口地理相关的 GIS 系统，目前发布的与清史相关的主要是 1820 年、1911 年的人口数据。台湾还开发了“台湾百年历史地图”，将《台湾堡图》处理为 GIS 数据，并与当代台湾地图实现了叠加，为台湾地理研究提供了很大便利。

① http://yugong.fudan.edu.cn/views/chgis_map.php.

近期公开上线的还有张萍教授主持的“丝绸之路历史地理信息开放平台”，据主持人介绍，该平台集数据库技术与模型分析于一体，针对两千年丝绸之路沿线的生态环境、遗址遗迹、民族宗教、交通商贸、文化传播等要素开发出了一个完备的历史地理信息数据库，旨在反映丝绸之路沿线区域的自然与人文环境变迁过程。为有利于数据的利用，该平台还综合了一整套地理模型分析系统，包括地理剖面分析、核密度分析、缓冲区分析、时态分析、区域河网提取分析等，方便学者利用该平台数据进行个性化研究。① 该平台与清史相关的信息有：清代交通点和交通线、清代新疆军台路线、清代新疆驿路、清代商贸数据、近代地图等。曹树基主持的“中国历史地图地理信息平台”将 4 000 余幅近代大比例尺地图与今图进行了配准校正。

此外，正在进行中的还有潘威等主持的“数字黄河”项目，南京师范大学的“华夏家谱 GIS”项目、“《读史方舆纪要》GIS”项目等，韩昭庆主持的“《皇舆全览图》数字化”项目，等等。其他各家研究机构也都陆续发布了一些信息平台建设计划，因大多尚未上线公开，故暂不予以回顾。

第二，历史 GIS 技术理论探讨。GIS 一般处理的是静态地理数据而不涉及时间问题。历史 GIS 系统中如何处理时间数据，在避免产生冗余数据方面，满志敏教授做出了突出贡献。他创造性地提出“生存期”理念，较好地解决了这一问题，并在 CHGIS 的建设中实践了这一理念，即每个地名只记录起止年代，而不是每一年份断面均要存储全部数据，由此大大节省了存储空间。② 到目前为止，处理历史地理数据，“生存期”仍然是最佳技术选择之一。

第三，关于 GIS 在史学研究中的应用。在这一领域有典范意义的文章是满志敏所撰《光绪三年北方大旱的气候背景》，确立了“文献爬梳—数据提取—建立模型—空间分析”的技术路线，将直隶、山西受灾

---

① 张萍. 地理信息系统（GIS）与中国历史研究. 史学理论研究，2018（2）.

② 关于“生存期”理念和技术路线的阐释，参见：满志敏. 走进数字化：中国历史地理信息系统的一些概念和方法//中国地理学会历史地理专业委员会《历史地理》编辑委员会. 历史地理：第 18 辑. 上海：上海人民出版社，2002；满志敏. 关于 GHGIS 第二阶段数据模型的定义问题//中国地理学会历史地理专业委员会《历史地理》编辑委员会. 历史地理：第 19 辑. 上海：上海人民出版社，2003。

村庄处理为可以分析干旱影响的空间差异数据，同时在制作旱情指数分布图的计算中使用 Kriging 算法，将全部资料空间划分成等分的网格，利用已有数据的网格对空缺的网格做多项式计算插补并计算连续分布，显示出直隶、山西两省大旱的空间差异。① 此外，在气候研究中，GIS 作为一种基本的空间分析方法已得到广泛应用。GIS 作为一种可视化手段，开始在真正解决传统史学无法解决的问题方面显现价值。路伟东利用 GIS 方法和甘肃人口数据探讨"人口重心"变化，进而验证《中国人口史》第五卷和第六卷对宣统人口调查结果的不同意见，这就并不是传统人口地理或人口史研究通过文字比勘、校正等方法所能解决的。② 潘威利用"格网"方法重建长江口南支冲淤状况（1861—1953 年），证明了"格网"方法在处理历史水系和流域问题上的有效性。③ 另外，GIS 在历史名城保护等领域的应用已愈来愈普遍。在历史经济地理领域，吴松弟及其团队对近代贸易网络的 GIS 分析日趋娴熟，显示了 GIS 在经济地理领域的巨大潜力。④

近几年，历史地理学界越来越深刻地认识到历史地理信息系统对于学科发展的重要意义，不断举办各类研讨会，其中比较重要的是"历史地理信息系统沙龙"，已连续于 2015 年在复旦大学、2016 年在陕西师范大学、2017 年在华南师范大学、2018 年在南京师范大学、2019 年在北京联合大学、2020 年在云南大学举办六届，对于推动历史学界对 GIS 方法的运用起到了良好效果。此外，在中国地理信息科学理论与方法学术年会上也不断设立历史 GIS 专场。各个学校也纷纷建立实验室或数字人文中心以推动对 GIS 方法的探索，如复旦大学历史地理研究中心的

---

① 满志敏. 光绪三年北方大旱的气候背景. 复旦学报（社会科学版），2000（6）. 据满志敏此文介绍，Kriging 算法是目前使用较多的等密度空间插补方法，基本原理是把全部资料空间划分成等分的网格，然后利用已有数据的网格对空缺的网格做多项插补，并计算连续分布。

② 路伟东. GIS 支撑下的长时段区域人口变动规律分析——以 1776 年至 1953 年陕甘地区人口为例//中国地理学会历史地理专业委员会《历史地理》编辑委员会. 历史地理：第 30 辑. 上海：上海人民出版社，2014.

③ 潘威. 1861—1953 年长江口南支冲淤状况重建及其相关问题研究. 中国历史地理论丛，2009（1）.

④ 王哲，吴松弟. 中国近代港口贸易网络的空间结构——基于旧海关对外—埠际贸易数据的分析（1877—1947）. 地理学报，2010（10）；王哲. 晚清—民国埠际贸易的网络体系（1885～1940）——基于海关数据的分析. 史学月刊，2010（9）；等等。

“历史空间综合分析实验室”、陕西师范大学西北研究院的“历史地理信息系统实验室”、中国人民大学清史研究所的“数字清史实验室”、南京大学的“数字人文与超媒体 GIS 工作室”等。

尽管历史地理信息系统已被学界普遍认为是推动中国历史地理学发展的重要动力，也已在若干领域表现出一定的研究潜力，但毋庸讳言的是，就发展现状而言，真正利用 GIS 方法的学者还较少，除了可视化，利用 GIS 方法做出不同于传统研究结果的典范研究还不多。这背后的原因很复杂，特别是对于清代这样一个数据众多的时代，尤其应当特别予以留意。其一，由于学科背景的差异，对于一般史学工作者而言，GIS 仍然是带有较高门槛的一种方法；其二，可用的高质量的基础 GIS 数据还不够多，不足以使 GIS 应用到更广范围的研究中，更不足以在互联互通的基础上有新的史学发现；其三，由于历史地理专业与地理学的联系近些年来有所削弱，因此在 GIS 平台建设上如何对日新月异的 GIS 技术进行追踪，保持技术路线上的一致性与共通性，这依然是困扰历史 GIS 的症结。

近些年来，数字人文可谓是学科发展的“风口”，但亦伴随争议，或誉为“预流”，或高呼“警惕”。尽管认识有不同，但数字化时代已然来临，正如印刷时代取代写本时代一样，机遇与挑战就摆在眼前。人文学科面对的不是要不要数字化的问题，而是如何数字化的问题。因此，对于历史地理学而言，除了应坚持建设历史地理信息系统之外，同样应该关注数字人文对历史地理学新的学科方法与思维方式的冲击和影响。

数字人文被引入历史学的时间不长，近五年来相关机构不断设立，学术活动日趋火爆，甚至稍显浮躁，这时更需冷眼看热潮，方可行稳致远。数字人文对传统史学而言，不是颠覆重构，而是如虎添翼。一些历史学学者对数字人文存在的非议，特别在史料收集与考证方面，严格来说，是将数字人文较为狭隘地理解为检索工具所致。数字人文对历史学的助力，不仅是技术工具的外部冲击所致，而且是历史学科发展的“内部理路”所致。

第一，回归“宏大叙事”。近 40 年来，史学研究碎片化日益突出，学界已有较多反思，并不断呼吁重建历史学的“宏大叙事”。但这绝非要回到 20 世纪五六十年代的史学窠臼，而应是在新的高度、方法上的回归。这一进程并非易事，它需要理论思想的驾驭，但数字人文亦将成为重要工具，它能够帮助我们更好地嫁接起碎片化的经验研究与富有想象力的结构研究之间的有机联系，将整体与个案、定性与定量结合起来，诞生新的“宏大叙事”。

第二，转为“问题导向”。历史学在近代以来分科治学中产生，学科不断分化，迄今已十分庞杂，学科发展内卷化日益突出。当代世界正不断面临超越地域、国家和学科的重大问题，仅靠单一学科显然无法有效回应时代和社会的需求。未来学术发展当以问题为导向，而非以学科为基础，画地为牢。数字人文为历史学的这一转向提供了新的可能，它将为人文科学、社会科学与自然科学建立起互联互通的平台，并在这一融合中以历史学的人文特性改善技术的工具化取向，亦将大大扩大历史学的学科影响。

第三，培养“文理兼通”之复合型人才。中国教育多在高中时代即已文理分科，高校历史系从文科生中选拔人才，在培养人才的过程多数高校又放弃了对所选学生之数学和技术方面素养的培养，导致人才培养知识结构单一，已成一大弊端。数字人文为历史学在人才选拔、人才培养和就业取向上以文理兼通的复合型为导向提供了新的可能，这也符合教育部“新文科”建设的宗旨。

数字人文的健康发展，重要的问题并不在于列入学科目录、确定学科边界、划分学科资源等旧方式，当务之急仍是扎扎实实做好基础设施建设，诞生一系列典范研究，在青年人才培养和课程建设上多下功夫，自当“桃李不言，下自成蹊”，避免“风口过后，一地鸡毛”。历史地理学应将数字人文一系列新的尝试与本学科已有的学科问题结合起来，发挥历史地理学长于基础研究和组织集体研究的优长，加上历史地理学本身就是人文学科与自然科学的结合，契合数字人文时代所倡导的方向，从而有望成为数字人文时代的生力军，产生更大的学术影响。

参考文献

著作类

白眉初. 外蒙始末纪要. 北平：建设图书馆，1930.

宝音朝克图. 清代北部边疆卡伦研究. 北京：中国人民大学出版社，2005.

北京大学图书馆. 皇舆遐览：北京大学图书馆藏清代彩绘地图. 北京：中国人民大学出版社，2008.

北京图书馆善本特藏部舆图组. 舆图要录——北京图书馆藏6827种中外文古旧地图目录. 北京：北京图书馆出版社，1997.

曹树基. 中国人口史：第5卷　清时期. 上海：复旦大学出版社，2001.

钞晓鸿. 明清史研究. 福州：福建人民出版社，2007.

陈慧. 穆克登碑问题研究——清代中朝图们江界务考证. 北京：中央编译出版社，2011.

陈伦炯. 《海国闻见录》校注. 李长傅，校注. 陈代光，整理. 郑州：中州古籍出版社，1985.

程发轫. 中俄国界图考. 台北："蒙藏委员会"，1969.

村田忠禧. 日中领土争端的起源——从历史档案看钓鱼岛问题. 韦和平，等译. 北京：社会科学文献出版社，2013.

杜瑜. 舆地图籍——《异域录》与《大清一统志》. 沈阳：辽海出版社，1997.

樊明方. 唐努乌梁海历史资料汇编. 西安：西北大学出版社，1999.

方国瑜. 滇西边区考察记. [出版地不详]：国立云南大学西南文化研究室，1943.

方国瑜. 中国西南历史地理考释. 北京：中华书局，1987.

冯明珠. 经纬天下——饭塚一教授捐赠古地图展. 台北：故宫博物院，2005.

冯明珠，卢雪燕，洪健荣，等. 笔画千里——院藏古舆图特展. 冯明珠，林天人，主编. 台北：故宫博物院，2008.

傅林祥，林涓，任玉雪，等. 中国行政区划通史：清代卷. 上海：复旦大学出版社，2013.

顾颉刚，史念海. 中国疆域沿革史. 长沙：商务印书馆，1938.

郭丽萍. 绝域与绝学：清代中叶西北史地学研究. 北京：三联书店，2007.

郭双林. 西潮激荡下的晚清地理学. 北京：北京大学出版社，2000.

郭毅生. 太平天国历史与地理. 北京：中国地图出版社，1989.

韩昭庆. 黄淮关系及其演变过程研究. 上海：复旦大学出版社，1999.

何炳棣. 1368—1953 年中国人口研究. 葛剑雄，译. 上海：上海古籍出版社，1989.

何业恒. 中国珍稀兽类的历史变迁. 长沙：湖南科技出版社，1993.

何业恒. 中国珍稀鸟类的历史变迁. 长沙：湖南科技出版社，1994.

何业恒. 中国虎与中国熊的历史变迁. 长沙：湖南师范大学出版社，1996.

何业恒. 中国珍稀爬行类两栖类和鱼类的历史变迁. 长沙：湖南师范大学出版社，1997.

何业恒. 中国珍稀兽类的历史变迁：II. 长沙：湖南师范大学出版社，1997.

胡英泽. 流动的土地——明清以来黄河小北干流区域社会研究. 北京：北京大学出版社，2012.

华林甫. 中国历史地理学五十年（1949—1999）. 北京：学苑出版社，2001.

华林甫. 英国国家档案馆庋藏近代中文舆图. 上海：上海社会科学院出版社，2009.

华林甫. 中国历史地理学・综述. 济南：山东教育出版社，2009.

华企云. 蒙古问题. 上海：黎明书局，1930.

华企云. 西藏问题. 上海：大东书局，1930.

华企云. 新疆问题. 上海：大东书局，1931.

华企云. 满蒙问题. 上海：大东书局，1929.

华企云. 云南问题. 上海：大东书局，1931.

华企云. 中国边疆. 南京：新亚细亚学会，1932.

华强. 太平天国地理志. 南宁：广西人民出版社，1991.

侯德仁. 清代西北边疆史地学. 北京：群言出版社，2006.

侯仁之. 中国古代地理学简史. 北京：科学出版社，1962.

胡渭. 禹贡锥指. 邹逸麟，整理. 上海：上海古籍出版社，1996.

贾建飞. 清代西北史地学研究. 乌鲁木齐：新疆人民出版社，2010.

姜长斌. 中俄国界东段的演变. 北京：中央文献出版社，2007.

靳生禾. 中国历史地理文献概论. 太原：山西人民出版社，1987.

金应春，丘富科. 中国地图史话. 北京：科学出版社，1984.

井上清. 关于钓鱼岛等岛屿的历史和归属问题. 北京：三联书店，1973.

鞠德源. 日本国窃土源流　钓鱼列屿主权辨. 北京：首都师范大学出版社，2001.

鞠德源. 钓鱼岛正名——钓鱼岛列屿的历史主权及国际法渊源. 北京：昆仑出版社，2006.

蓝勇. 长江三峡历史地理. 成都：四川人民出版社，2003.

李花子. 清朝与朝鲜关系史研究——以越境交涉为中心. 香港：香港亚洲出版社，2006.

李花子. 明清时期中朝边界史研究. 北京：知识产权出版社，2011.

陈维新. 失落的疆域——清季西北边界变迁条约舆图特展. 李天鸣，林天人，主编. 台北：故宫博物院，2010.

李孝聪. 欧洲收藏部分中文古地图叙录. 北京：国际文化出版公司，1996.

李孝聪. 美国国会图书馆藏中文古地图叙录. 北京：文物出版社，2004.

李之勤. 西北史地研究. 郑州：中州古籍出版社，1994.

梁二平. 中国古代海洋地图举要. 北京：海洋出版社，2011.

廖克，喻沧. 中国近现代地图学史. 济南：山东教育出版社，2008.

廖克，喻沧. 中国地图学史. 北京：测绘出版社，2010.

林天人. 治水如治天下——院藏河工档及河工图展. 刘铮云，主编. 台北：故宫博物院，2004.

冯明珠，郑永昌，林士铉，等. 河岳海疆——院藏古舆图特展. 林天人，主编. 台北：故宫博物院，2012

林天人. 皇舆搜览——美国国会图书馆所藏明清舆图. 台北："中央研究院"数位文化中心，2013.

刘文鹏. 清代驿传及其与疆域形成关系之研究. 北京：中国人民大学出版社，2004.

刘远图. 早期中俄东段边界研究. 北京：中国社会科学出版社，1993.

郑永昌. 水到渠成——院藏清代河工档案舆图特展. 宋兆霖，主编. 台北：故宫博物院，2012.

《中国测绘史》编辑委员会. 中国测绘史：第2卷　明代至民国. 北京：测绘出版社，1995.

刘子扬. 清代地方官制考. 北京：紫禁城出版社，1988.

卢良志. 中国地图学史. 北京：测绘出版社，1984.

吕秋文. 中俄外蒙交涉始末. 台北：成文出版社，1976.

吕一燃. 中国北部边疆史研究. 哈尔滨：黑龙江教育出版社，1991.

牛平汉. 清代政区沿革综表. 北京：中国地图出版社，1990.

《沙俄侵略中国西北边疆史》编写组. 沙俄侵略中国西北边疆史. 北京：人民出版社，1979.

瞿同祖. 清代地方政府：修订译本. 范忠信，何鹏，晏锋，译. 北京：法律出版社，2011.

苏演存. 中国境界变迁大势考. 上海：商务印书馆，1915.

孙宏年. 清代中越宗藩关系研究. 哈尔滨：黑龙江教育出版社，2006.

孙靖国. 舆图指要：中国科学院图书馆藏中国古地图叙录. 北京：中国地图出版社，2012.

孙喆. 康雍乾时期舆图绘制与疆域形成研究. 北京：中国人民大学

出版社，2003.
台湾“国史馆”编纂小组. 清史稿校注：第 3 册. 台北：商务印书馆，1986.
谭广濂. 从圆方到经纬：香港与华南历史地图藏珍. 香港：中华书局，2010.
中国科学院《中国自然地理》编辑委员会. 中国自然地理·历史自然地理. 北京：科学出版社，1982.
谭其骧. 清人文集地理类汇编. 杭州：浙江人民出版社，1986—1990.
谭其骧. 中国历史地图集：第 8 册　清时期. 北京：中国地图出版社，1987.
谭其骧. 简明中国历史地图集. 北京：中国地图出版社，1991.
谭其骧. 中国历代地理学家评传：第 3 卷　清、近现代. 济南：山东教育出版社，1993.
佟佳江. 清史稿订误. 长春：吉林大学出版社，1991.
汪前进，刘若芳. 清廷三大实测全图集. 北京：外文出版社，2007.
文焕然，等. 中国历史时期植物与动物变迁研究. 重庆：重庆出版社，1995.
吴天颖. 甲午战前钓鱼列屿归属考——兼质日本奥原敏雄诸教授. 北京：社会科学文献出版社，1994.
吴廷燮. 东三省沿革表. 台北：文海出版社，1965.
萧德浩，黄铮. 中越边界历史资料选编. 北京：社会科学文献出版社，1993.
萧樾. 中国历代的地理学和要籍. 桂林：广西师范大学出版社，2002.
谢彬. 中国丧地史. 上海：中华书局，1925.
谢彬. 蒙古问题. 上海：商务印书馆，1926.
杨正泰. 中国历史地理要籍介绍. 成都：四川人民出版社，1987.
尤中. 中国西南边疆变迁史. 昆明：云南教育出版社，1987.
尤中. 云南地方沿革史. 昆明：云南人民出版社，1990.
余定国. 中国地图学史. 姜道章，译. 北京：北京大学出版社，2006.
于志嘉. 卫所、军户与军役：以明清江西地区为中心的研究. 北京：北京大学出版社，2010.

张伟然，等. 历史与现代的对接——中国历史地理学最新研究进展. 北京：商务印书馆，2016.

张修桂. 中国历史地貌与古地图研究. 北京：社会科学文献出版社，2006.

张在普. 中国近现代政区沿革表. 福州：福建省地图出版社，1987.

张植荣，王俊峰. 东海油争——钓鱼岛争端的历史、法理与未来. 哈尔滨：黑龙江人民出版社，2011.

章巽. 古航海图考释. 北京：海洋出版社，1980.

赵泉澄. 清代地理沿革表. 上海：开明书店，1941.

赵荣，杨正泰. 中国地理学史：清代. 北京：商务印书馆，1998.

赵中孚. 清季中俄东三省界务交涉. 台北："中央研究院"近代史研究所，1970.

真水康树. 明清地方行政制度研究——明两京十三布政使司与清十八省行政系统的整顿. 北京：北京燕山出版社，1997.

郑海麟. 钓鱼台列屿之历史与法理研究. 香港：明报出版社，1998.

郑锡煌. 中国古代地图集——城市地图. 西安：西安地图出版社，2005.

中国国家图书馆，测绘出版社. 北京古地图集. 北京：测绘出版社，2010.

钟兴麒，王豪，韩慧. 西域图志校注. 乌鲁木齐：新疆人民出版社，2002.

周振鹤. 中国地方行政制度史. 上海：上海人民出版社，2005.

朱竞梅. 北京城图史探. 北京：社会科学文献出版社，2008.

朱昭华. 中缅边界问题研究：以近代中英边界谈判为中心. 哈尔滨：黑龙江教育出版社，2007.

邹逸麟. 千古黄河. 香港：中华书局，1990.

邹逸麟. 中国历史人文地理. 北京：科学出版社，2001.

北京师范大学清史研究组. 清史论文索引上编（1644—1840）. 油印本. 北京：北京师范大学出版社，1973.

杜瑜，朱玲玲. 中国历史地理学论著索引（1900—1980）. 北京：

书目文献出版社，1986.

复旦大学历史系资料室. 中国近代史论著目录（1949—1979）. 上海：上海人民出版社，1980.

华东师范大学中国行政区划研究中心，华东师范大学图书馆. 中国行政区划文献目录. 上海：华东师范大学出版社，1992.

黄爱平. 清史书目：1911—2011. 北京：中国人民大学出版社，2014.

李国强，寇俊敏. 海南及南海诸岛史地论著资料索引. 郑州：中州古籍出版社，1994.

林恩显. 近代中国边疆研究论著目录. 台北：台湾政治大学边政研究所，1986.

林庆彰. 乾嘉学术研究论著目录（1900—1993）. 台北："中央研究院"中国文哲研究所筹备处，1995.

辽宁《清史简编》编写组. 清史论文索引（1949. 10—1975. 9）：上编　鸦片战争前. 沈阳：辽宁人民出版社，1976.

江苏师范学院图书馆. 建国十年来中国近代史论著目录. 苏州：江苏师范学院，1960.

王文杰. 中国民族史论著总目（1874—1992）. 西安：陕西人民教育出版社，1995.

严敦杰. 中国古代科技史论文索引（一九〇〇——一九八二）. 南京：江苏科学技术出版社，1986.

中国社会科学院近代史所图书馆. 中国近代史论著目录（1979—2000）. 上海：上海人民出版社，2005.

张海惠，王玉芝. 建国以来中国史学论文集篇目索引初编. 北京：中华书局，1992.

中国社会科学院历史研究所清史研究室，中国人民大学清史研究所. 清史论文索引. 北京：中华书局，1984.

中国人民大学清史研究所，中国社会科学院中国边疆史地研究中心. 清代边疆史地论著索引. 北京：中国人民大学出版社，1988.

刘弋，黄咸阳. 西域史地论文资料索引. 乌鲁木齐：新疆人民出版社，1988.

中国农业博物馆资料室. 中国农史论文目录索引. 北京：林业出版社，1992.

周惠民. 1945—2005 年台湾地区清史论著目录. 北京：人民出版社，2007.

马大正，刘逖. 20 世纪的中国边疆研究——一门发展中的边缘学科的演进历程. 哈尔滨：黑龙江教育出版社，1997.

厉声，李国强. 中国边疆史地研究综述（1989—1998 年）. 哈尔滨：黑龙江教育出版社，2002.

文章类

巴兆祥. 论《大清一统志》的编修对清代地方志的影响. 宁夏社会科学，2004（3）.

白眉初. 片马考. 地学杂志，1928（1/2）.

毕庆昌. 中国边疆之两大瓯脱地——帕米尔与江心坡. 民立学生，1931（1）.

曹树基. 湖南人由来新考//中国地理学会历史地理专业委员会《历史地理》编辑委员会. 历史地理：第 9 辑. 上海：上海人民出版社，1990.

曹婉如. 近四十年来中国地图学史研究的回顾. 自然科学史研究，1990（3）.

陈吉余. 长江三角洲江口段的地形发育. 地理学报，1957（3）.

陈业新. 清代皖北地区行政区划及其变迁. 清史研究，2010（2）.

成一农. 中国地图学史的解构//彭卫. 历史学评论：第 1 卷. 北京：社会科学文献出版社，2013.

承志. 满文《乌喇等处地方图》考. 故宫学术季刊（台北），2006，26（4）.

承志. 尼布楚条约界碑图的幻影——满文《黑龙江流域图》研究. 故宫学术季刊（台北），2011，29（1）.

丁名楠. 中印西段边界问题由来的片断考察. 中国边疆史地研究报告，1991（3/4）.

邓庆平. 卫所与州县——明清时期蔚州基层行政体系的变迁. “中央研究院”历史语言研究所集刊，2009，80（2）.

董枫. 清代府县级行政单位划等问题的再审视——以乾嘉时期浙江省县级单位划等情况的讨论为例//中国地理学会历史地理专业委员会《历史地理》编辑委员会. 历史地理：第 25 辑. 上海：上海人民出版社，2011.

J. B. 杜赫德. 测绘中国地图纪事. 葛剑雄，译//中国地理学会历史地理专业委员会《历史地理》编辑委员会. 历史地理：第 2 辑. 上海：上海人民出版社，1982.

范金民. 政繁赋重，划界分疆：清代雍正年间江苏升州析县之考察. 社会科学，2010 (5).

樊明方. 清朝对唐努乌梁海地区的管辖. 中国边疆史地研究，1996 (2).

樊明方. 19 世纪 60 年代唐努乌梁海西部中俄边界的划定与阿穆哈河地区割归俄国. 中国边疆史地研究，1997 (1).

方豪. 康熙五十八年清廷派员测绘琉球地图之研究. 台湾大学文史哲学报，1950，1.

房建昌. 中锡边界研究. 中国边疆史地研究报告，1992 (1/2).

房建昌. 中尼边界初探. 中国边疆史地研究报告，1992 (3/4).

房建昌. 西藏测绘史略. 西藏研究，1994 (1).

房建昌. 近代中印中段边界史初探. 中国边疆史地研究，1998 (1).

冯宝琳. 康熙《皇舆全览图》的测绘考略. 故宫博物院院刊，1985 (1).

冯宝琳. 记几种不同版本的雍正《皇舆十排全图》. 故宫博物院院刊，1986 (4).

冯立升. 乾隆时期西北地区的天文大地测量及其意义. 中国边疆史地研究，1999 (3).

冯明珠. 西康建省的渊源——赵尔丰与川边土司的改土归流（上）. 故宫学术季刊（台北），1984，1 (4).

冯明珠. 西康建省的渊源——赵尔丰与川边土司的改土归流（下）. 故宫学术季刊（台北），1985，2 (1).

冯贤亮. 疆界错壤：清代“苏南”地方的行政地理及其整合. 江苏社会科学，2005 (4).

冯贤亮. 明清中国地方政府的疆界管理——以苏南、浙西地域社会的讨论为中心//中国地理学会历史地理专业委员会《历史地理》编辑委员会. 历史地理：第 21 辑. 上海：上海人民出版社，2006.

傅辉. 河南插花地个案研究（1368—1935）//中国地理学会历史地理专业委员会《历史地理》编辑委员会. 历史地理：第 19 辑. 上海：上海人民出版社，2003.

傅辉. 插花地对土地数据的影响及处理方法. 中国社会经济史研究，2004（2）.

傅林祥. 清代抚民厅制度形成过程初探. 中国历史地理论丛，2007（1）.

傅林祥. 清初直隶州的推广与行政层级的简化. 历史档案，2010（4）.

傅林祥. 政区·官署·省会——清代省名含义辨析. 中国历史地理论丛，2011（1）.

高儁. 明清两代全国和省区地图集编制概况. 测绘学报，1962（4）.

高茂兵. 清末民初钦廉改隶之争探究. 中国边疆史地研究，2012（2）.

公一兵. 江南分省考议. 中国历史地理论丛，2002（1）.

顾诚. 卫所制度在清代的变革. 北京师范大学学报（社科版），1988（2）.

顾廷龙.《国史地理志》稿本跋//顾廷龙文集. 上海：上海科学技术文献出版社，2002.

关玲玲. 许景澄与帕米尔交涉（一八九一——一八九五）. 食货月刊，1978，8（2）.

广西社科院中越边界沿革史课题组. 中越边界广西段历史研究的回顾与展望. 中国边疆史地研究报告，1992（3/4）.

郭润涛. 新疆建省之前的郡县制建设. 西域研究，2013（1）.

郭声波. 飞地行政区的历史回顾与现实实践的探讨. 江汉论坛，2006（1）.

韩光辉. 梁份与《秦边纪略》. 自然科学史研究，1989（4）.

韩光辉. 孙兰的地理学贡献. 自然科学史研究，1992（3）.

韩光辉. 清雍正年间的政区勘界. 中国方域，1997（4）.

韩结根. 从琉球语“友昆姑巴甚麻”及久米赤岛等地名考释看钓鱼岛及其附属岛屿的主权归属. 复旦学报（社会科学版），2013（6）.

韩昭庆. 清初贵州政区的改制及影响（1644—1735 年）//中国地理

学会历史地理专业委员会《历史地理》编辑委员会. 历史地理：第 23 辑. 上海：上海人民出版社，2008.

韩昭庆. 从甲午战争前欧洲人所绘中国地图看钓鱼岛列岛的历史. 复旦学报（社会科学版），2013（1）.

何凡能，葛全胜，戴君虎，等. 近 300 年来中国森林的变迁. 地理学报，2007（1）.

侯德仁. 乾隆年间新疆地区的舆图测绘. 文史知识，2008（8）.

侯仁之. 记英国国家图书馆所藏《清雍正北京城图》——补正《北京历史地图集》明清北京城图//中国地理学会历史地理专业委员会《历史地理》编辑委员会. 历史地理：第 9 辑. 上海：上海人民出版社，1990.

胡恒. 关于清代县的裁撤的考察——以山西四县为中心. 清史研究，2011（2）.

胡恒.《清史稿・地理志》纂修考. 文史，2011（1）.

胡恒. 厅制起源及其在清代的演变. 文史，2013（2）.

华国樑. 论雍正年间的政区变动. 苏州大学学报（哲学社会科学版），1991（3）.

华林甫. 我国古代的双附郭县. 中国方域，1993（6）.

华林甫. 英藏清军镇压早期太平天国地图考释. 历史研究，2003（2）.

华林甫. 关于《皇朝地理志》的几点初步认识. 故宫学术季刊（台北），2007，24（3）.

华林甫. 清前期"属州"考//刘凤云，董建中，刘文鹏. 清代政治与国家认同. 北京：社会科学文献出版社，2012.

黄盛璋，钮仲勋. 近年我国历史地理研究的进展. 中国史研究动态，1979（3）.

黄盛璋. 黄河上源的历史地理问题与测绘的地图新考//历史地理论集. 北京：人民出版社，1982.

黄盛璋. 晚清对丝绸之路的勘察和实测地图的发现. 西域研究，1991（1）.

季士家. 江苏建省考实. 东南文化，1989（2）.

季士家. 江南分省考实. 中国历史地理论丛，1990（2）.

姜道章. 近九十年来中国地图学史的研究. 地球信息科学，1997（3）.

姜道章. 二十世纪欧美学者对中国地图学史研究的回顾. 汉学研究通讯，1998 (2).

金毓黻. 清代统治东北之二重体系//孙进己，冯永谦，冯季昌. 东北历史地理论著汇编：第 5 册　清代. 沈阳：辽宁省社会科学院历史研究所，东北民族历史考古资料信息研究会，1986.

景辉. 中印东段边界真相. 国际问题研究，1988 (1).

君约. 清代卫所因革录//存萃学社. 清代掌故缀录. 台北：三人行出版社，1974.

蓝勇. 近代三峡航道图编纂始末. 近代史研究，1994 (5).

蓝勇. 明清时期的皇木采办. 历史研究，1994 (6).

蓝勇，金兰中. 清乾隆《金沙江全图》考. 历史研究，2010 (5).

李大龙. 试论中国疆域形成和发展的分期与特点. 中国边疆史地研究，2011 (3).

李嘎. 雍正十一年王士俊巡东与山东政区改革//中国地理学会历史地理专业委员会《历史地理》编辑委员会. 历史地理：第 22 辑. 上海：上海人民出版社，2007.

李国强. 中老边界历史形成探微//邢玉林. 中国边疆研究通报. 乌鲁木齐：新疆人民出版社，1995.

李国强. 中越陆路边界源流述略. 中国边疆史地研究导报，1989 (1).

李花子. 康熙年间中朝查界交涉与长白山定界//余太山，李锦绣. 欧亚学刊：第 5 辑. 北京：中华书局，2005.

李龙如. 魏源《海国图志》的要旨及其版本考. 湖南文献，1994，22 (3).

李尚英. 雍正行政区域的变化//商鸿逵教授逝世十周年纪念论文集编委会. 商鸿逵教授逝世十周年纪念论文集. 北京：北京大学出版社，1995.

李孝聪. “国立故宫博物院”图书文献处藏清代舆图的初步整理与认识. 故宫学术季刊（台北），2007，25 (1).

梁启超. 清代学者整理旧学之总成绩（三）//中国近三百年学术史：新校本. 北京：商务印书馆，2011.

林涓. 清代统县政区的改革——以直隶州为中心. 中国历史地理论丛，2000 (4).

林汀水. 辽东湾海岸线的变迁. 中国历史地理论丛，1991 (2).

林汀水. 福建政区建置的过程及其特点//中国地理学会历史地理专业委员会《历史地理》编辑委员会. 历史地理：第 10 辑. 上海：上海人民出版社，1997.

林拓. 福建县级政区建置的地域分异及其整合过程——兼论自然区与行政区的关系. 地域研究与开发，2001 (3).

刘远图. 中苏东段边界乌苏里江至图们江口界段考察记要. 中国边疆史地研究导报，1988 (4).

刘远图. 关于历史上中俄边界“耶”字界牌的考察. 社会科学战线，1994 (5).

刘铮云. “冲、繁、疲、难”：清代道、府、厅、州、县等级初探. “中央研究院”历史语言研究所集刊，1993，64 (1).

刘铮云. 《清史稿·地理志》失载厅县补遗. 大陆杂志（台北），1993，87 (4).

刘铮云.《清史稿·地理志》府州厅县职官缺分繁简订误. “中央研究院”历史语言研究所集刊，1994，65 (3).

龙永行. 中越界务会谈及滇越段勘定. 中国边疆史地研究报告，1991 (3/4).

龙永行. 中越边界桂越会谈及勘定. 中国边疆史地研究报告，1992 (1/2).

陆俊巍，韩昭庆，诸玄麟，等. 康熙《皇舆全览图》投影种类的统计分析. 测绘科学，2011 (6).

陆韧. 清代直隶厅解构. 中国历史地理论丛，2010 (3).

路伟东. GIS 支撑下的长时段区域人口变动规律分析——以 1776 年至 1953 年陕甘地区人口为例//中国地理学会历史地理专业委员会《历史地理》编辑委员会. 历史地理：第 30 辑. 上海：上海人民出版社，2014.

路伟东，王新刚. 晚清甘肃城市人口与北方城市人口等级模式——一项基于宣统“地理调查表”的研究. 复旦学报（社会科学版），2015 (4).

吕一燃. 中俄霍尔果斯河界务研究——从《伊犁条约》到《沿霍尔果斯河划界议定书》. 近代史研究，1990（5）.

吕一燃. 图理琛《异域录舆图》托讷山碑非中俄界碑考——与刘远图先生商榷. 中国边疆史地研究，1995（3）.

马琦，韩昭庆，孙涛. 明清贵州插花地研究. 复旦学报（社会科学版），2012（6）.

满志敏. 走进数字化：中国历史地理信息系统的一些概念和方法//中国地理学会历史地理专业委员会《历史地理》编辑委员会. 历史地理：第18辑. 上海：上海人民出版社，2002.

满志敏. 1542—2001年青浦县界变迁//中国地理学会历史地理专业委员会《历史地理》编辑委员会. 历史地理：第25辑. 上海：上海人民出版社，2011.

孟凡松. 安福、永定二县的设置与清代州县行政管理体制在湘西北的确立. 中国历史地理论丛，2008（1）.

米庆余. 钓鱼岛及其附属岛屿归属考——从明代陈侃《使琉球录》谈起. 历史研究，2002（3）.

牛润珍，张慧.《大清一统志》纂修考述. 清史研究，2008（1）.

潘威. 1861—1953年长江口南支冲淤状况重建及其相关问题研究. 中国历史地理论丛，2009（1）.

潘振平.《瀛寰志略》研究. 近代史研究，1988（4）.

钱穆. 跋康熙丙午刊本《方舆纪要》. 禹贡半月刊，1935，4（3）.

乔素玲. 基层政区设置中的地方权力因素——基于广东花县建县过程的考察. 中国历史地理论丛，2010（1）.

沈咸恒. 论中国东北角海岸线及图们江口问题. 中国边政（台北），1978，61；1978，62.

施和金. 中国古代战争的地理分布//中国地理学会历史地理专业委员会《历史地理》编辑委员会. 历史地理：第12辑. 上海：上海人民出版社，1995.

施和金. 论《读史方舆纪要》稿本出版的价值和意义. 南京师大学报（社会科学版），1997（1）.

施坚雅. 城市与地方体系层级//中华帝国晚期的城市. 叶光庭，徐自立，王嗣均，等译. 北京：中华书局，2000.

苏北海. 一八八四年《中俄续勘喀什噶尔界约》的签订及其勘界问题. 新疆师范大学学报（社会科学版），1983（2）.

苏北海. 强加在帕米尔地区的俄英帝国主义地名考//西域历史地理. 乌鲁木齐：新疆大学出版社，1988.

孙涛.《清廷三大实测全图集——康熙皇舆全览图》错排纠谬//中国地理学会历史地理专业委员会《历史地理》编辑委员会. 历史地理：第 26 辑. 上海：上海人民出版社，2012.

谭剑峰. 1907—1915 年间沙俄对外蒙的侵略. 北京大学学报（哲学社会科学版），1982（6）.

谭其骧. 上海市大陆部分的海陆变迁和开发过程. 考古，1973（1）.

谭其骧.《清史稿·地理志》校正（直隶）//长水集：上册. 北京：人民出版社，1987.

谭其骧.《清史稿·地理志》校正（奉天）//长水集：上册. 北京：人民出版社，1987.

谭其骧. 历史上的中国和中国历代疆域. 中国边疆史地研究导报，1988（3）.

谭其骧. 浙江省历代行政区域——兼论浙江各地区的开发过程//长水集：第二版：上册. 北京：人民出版社，2009.

谭其骧. 清代东三省疆理志//长水集：第二版：上册. 北京：人民出版社，2009.

陶懋立. 帕米尔形势及中俄英分界述略. 地学杂志，1914（3）.

王恢. 整修清史稿地理之商榷. 国史馆馆刊（台北），1991，11.

王均，陈向东，宇文仲. 历史地理数据的 GIS 应用处理——以清时期的陕西为例. 地球信息科学，2003（1）.

汪前进. 康熙铜版《皇舆全览图》投影种类新探. 自然科学史研究，1991（2）.

王耀. 清代京杭大运河全图初探. 故宫博物院院刊，2008（2）.

魏巧燕.《乾隆内府舆图》满语地名探析. 满语研究，2011（2）.

翁文灏. 中俄国界史地考. 地学杂志，1928（1/2）.

翁文灏. 清初测绘地图考. 地学杂志，1930（3）.

吴松弟. 温州沿海平原的成陆过程和主要海塘、塘河的形成. 中国历史地理论丛，2007 (2).

吴滔. “插花地”的命运：以章练塘镇为中心的考察. 史林，2010 (3).

吴雪娟. 清代满文舆图概述. 满语研究，2006 (2).

吴正心. 清代厅制研究. 台湾中正大学硕士学位论文，1995.

项洁，翁稷安. 数位人文和历史研究//项洁. 数位人文在历史学研究的应用. 台北：台湾大学出版中心，2011.

肖之兴. 葱岭上的乾隆纪功碑. 历史研究，1977 (6).

谢本书. 从片马事件到班洪事件——中缅边界历史沿革问题. 云南社会科学，2000 (4).

谢湜. 清代江南苏松常三府的分县和并县研究//中国地理学会历史地理专业委员会《历史地理》编辑委员会. 历史地理：第 22 辑. 上海：上海人民出版社，2007.

辛黎. 沙俄出兵侵占我国伊犁的原因——驳新沙皇的“防止”论. 新疆大学学报（社会科学版），1977 (1).

徐德源. 穆克登碑的性质及其凿立地点与位移述考——近世中朝边界争议的焦点. 中国边疆史地研究，1997 (1).

徐建平. 行政区域整理过程中的边界与插花地——以民国时期潼关划界为例//中国地理学会历史地理专业委员会《历史地理》编辑委员会. 历史地理：第 24 辑. 上海：上海人民出版社，2010.

徐建平. 政区归属中的地缘与血缘——以皖浙边区荆州盆地为例//中国地理学会历史地理专业委员会《历史地理》编辑委员会. 历史地理：第 26 辑. 上海：上海人民出版社，2012.

许鹏. 清代政区治所迁徙的初步研究. 中国历史地理论丛，2006 (2).

薛虹. 库页岛在历史上的归属问题. 历史研究，1981 (5).

严耕望.《读史方舆纪要》与《嘉庆重修一统志》. 汉学研究，1985, 3 (2).

严懋德. 中缅界务纠纷之回顾与前瞻. 亚洲世纪月刊，1948 (1).

杨宝康. 论中缅南段边界问题与班洪事件. 云南师范大学学报（哲学社会科学版），2003 (2).

杨伟兵. 清代前中期云贵地区政治地理与社会环境. 复旦学报（社

会科学版)，2008 (4).

于逢春. 论中国疆域最终奠定的时空坐标. 中国边疆史地研究，2006 (1).

於福顺. 清雍正十排《皇舆图》的初步研究. 文物，1983 (12).

余绳武，徐曰彪，刘存宽，等. 中俄《北京条约》订立前沙俄对中国西北的侵略. 近代史研究，1979 (2).

于志嘉. 犬牙相制——以明清时代的潼关卫为例. “中央研究院”历史语言研究所集刊，2009，80 (1).

曾庆锡. 中俄划界蹙地考. 地学杂志，1915 (12).

张承宗. 张穆、何秋涛对边疆历史地理的研究. 史学史研究，1983 (3).

张萍. 地理信息系统 (GIS) 与中国历史研究. 史学理论研究，2018 (2).

张忍顺. 苏北黄河三角洲及滨海平原的成陆过程. 地理学报，1984 (2).

张珊珊. 行政区划调整与省级核心区——以清代湖北为例//中国地理学会历史地理专业委员会《历史地理》编辑委员会. 历史地理：第 21 辑. 上海：上海人民出版社，2006.

张胜彦. 清代台湾之厅制——以淡水厅为例. 台湾史研究，1998，5 (1).

张鑫敏，侯杨方.《大清一统志》中“原额人丁”的来源——以江南为例. 清史研究，2010 (1).

张修桂. 金山卫及其附近一带海岸线的变迁//中国地理学会历史地理专业委员会《历史地理》编辑委员会. 历史地理：第 3 辑. 上海：上海人民出版社，1983.

张修桂. 上海地区成陆过程概述. 复旦学报 (社会科学版)，1997 (1).

张修桂. 崇明岛形成的历史过程. 复旦学报 (社会科学版)，2005 (3).

张永江. 论清代漠南蒙古地区的二元管理体制. 清史研究，1998 (2).

张振国. 清代道、府、厅、州、县等级制度的确定//朱诚如，王天有. 明清论丛：第 11 辑. 北京：紫禁城出版社，2001.

张植荣. 论中缅边界问题. 中国边疆史地研究报告，1991 (3/4).

张子建. 关于“片马事件”的研究. 云南民族大学学报 (哲学社会科学版)，2008 (5).

赵寰熹.《皇舆全览图》各版本对比研究. 满族研究，2009 (4).

赵俪生. 顾炎武《天下郡国利病书》研究//袁英光. 中国史学史论集：二. 上海：上海人民出版社，1980.

真水康树. 雍正年间的直隶州政策. 历史档案，1995 (3).

真水康树. 清代“直隶厅”与“散厅”的“定制”化及其明代起源. 北京大学学报（哲学社会科学版），1996 (3).

郑大华，喻春梅.《瀛寰志略》与《海国图志》之比较. 晋阳学刊，2008 (6).

钟翀. 近代上海早期城市地图谱系研究. 史林，2013 (1).

周伟洲. 历史上的中国及其疆域、民族问题. 云南社会科学，1989 (2).

周源和. 珠江三角洲的成陆过程//中国地理学会历史地理专业委员会《历史地理》编辑委员会. 历史地理：第 5 辑. 上海：上海人民出版社，1987.

周西村. 中俄疆界的变迁. 大陆杂志（台北），1953，6 (9).

周振鹤. 行政区划史研究的基本概念与学术用语刍议. 复旦学报（社会科学版），2001 (3).

周振鹤. 范式的转换——沿革地理—政区地理—政治地理的进程. 华中师范大学学报（人文社会科学版），2013 (1).

朱玉麟.《新疆识略》成书考//西域文史：第 1 辑. 北京：科学出版社，2006.

朱昭华. 清末片马事件的发生及其影响. 史学月刊，2005 (12).

庄吉发. 从“故宫”档案看清代台湾行政区域的调整. 台湾文献，1998，49 (4).

邹逸麟，吴松弟. 重视历史地理学在经济建设中的作用. 求是，1993 (7).

马正林. 中国历史地理学三十年//史念海. 中国历史地理论丛：第 1 辑. 西安：陕西人民出版社，1981.

秋山元秀. 中国历史地理学界现状. 乐祖谋，译. 中国史研究动态，1982 (10).

侯仁之. 近年来我国历史地理学发展的主要趋势. 地理学报，1983 (2).

邹逸麟. 回顾建国以来我国历史地理学的发展. 复旦学报（社会科

学版)，1984 (5).

史为乐. 中国历史地理研究概述 (1949—1984) //中国史研究概述. 南京：江苏古籍出版社，1987.

杜瑜. 建国以来中国历史地理学的发展. 中国史研究动态，1989 (10).

谭其骧，葛剑雄. 回顾与展望——中国历史地理学四十年//肖黎. 中国历史学四十年. 北京：书目文献出版社，1989.

谭其骧，葛剑雄. 中国历史地理研究的新进展. 地理学报，1990 (2).

陈桥驿，邹逸麟，张修桂，等. 近十年来历史地理的新进展. 地理学报，1994 (增刊).

华林甫. 二十世纪的中国历史地理学. 社会科学管理与评论，2001 (3).

华林甫. 二十世纪中国历史地理学的成就. 华东师范大学学报 (哲学社会科学版)，2002 (1).

葛剑雄，华林甫. 二十世纪的中国历史地理学研究. 历史研究，2002 (3).

葛全胜，何凡能，郑景云，等. 20 世纪中国历史地理研究若干进展. 中国历史地理论丛，2005 (1).

侯甬坚. 历史地理学的学科特性及其若干研究动向述评//陕西师范大学中国历史地理研究所，西北历史环境与经济社会发展研究中心. 历史地理学研究的新探索与新动向——庆贺朱士光教授七十华秩暨荣休论文集. 西安：三秦出版社，2008.

侯甬坚. 1978～2008：历史地理学研究的学术评论. 史学月刊，2009 (4).

华林甫，王社教，等. 2001—2010 年中国历史地理研究回顾与评论. 中国历史地理论丛，2011 (3).

景爱. 战前东北历史地理研究述评. 学习与探索，1981 (4).

朱士光. 简论我国黄土高原历史地理研究工作. 地理研究，1984 (2).

蓝勇. 十多年来中国西南历史地理研究综述. 西南师范大学学报 (人文社会科学版)，1993 (4).

李治亭. 东北地方史研究的回顾与展望. 中国边疆史地研究，2001 (4).

李治亭. 东北地方史研究的回顾与思考——写在建国 60 周年. 云南师范大学学报 (哲学社会科学版)，2009 (2).

张永帅. 近十年西南历史地理研究进展. 文山学院学报，2012（5）.

许德庆. 近十年来国内河西地区历史地理研究概述. 河西学院学报，2011（4）.

韩宏霞. 西宁历史地理研究综述. 文学界（理论版），2012（11）.

王质彬. 黄河史研究的回顾与展望. 黄河史志资料，1988（2）.

朱士光. 中国历史自然地理学的回顾与前瞻. 北京大学学报（历史地理专刊），1992.

王云. 近十年来京杭运河史研究综述. 中国史研究动态，2003（6）.

满志敏. 历史自然地理学发展和前沿问题的思考. 江汉论坛，2005（1）.

朱士光. 清代生态环境研究刍论. 陕西师范大学学报（哲学社会科学版），2007（1）.

周书灿. 20世纪中国历史气候研究述论. 史学理论研究，2007（4）.

贾国静. 二十世纪以来的清代黄河史研究述评. 清史研究，2008（3）.

杨煜达，王美苏，满志敏. 近三十年来中国历史气候研究方法的进展——以文献资料为中心. 中国历史地理论丛，2009（2）.

郑景云，邵雪梅，郝志新，等. 过去2000年中国气候变化研究. 地理研究，2010（9）.

杨煜达. 历史自然地理研究十年：总结与展望. 中国历史地理论丛，2011（3）.

张连伟. 中国古代森林变迁史研究综述. 农业考古，2012（3）.

陈跃. 改革开放以来清代东北环境变迁研究述评. 中国史研究动态，2013（2）.

杜韦. 河南黄河水患研究综述. 黑龙江史志，2014（1）.

厉声. 中俄伊犁交涉研究概述. 中国边疆史地研究导报，1989（1）.

李国强. 我国边疆史地研究近况. 新疆社会科学，1989（1）.

吴为. 江苏建省时间问题综述. 江海学刊，1989（4）.

吕一燃. 中国边疆史地研究的回顾和展望. 中国边疆史地研究，1991（1）.

吕一燃，李国强. 近十年中国边疆史地研究//中国史学会《中国历史学年鉴》编辑部. 中国历史学年鉴：1991年版. 北京：三联书店，1991.

吕一燃. 二十年来边疆史地研究的回顾和展望. 史学理论研究，1992 (1).

马大正. 1978 年以来中国近代边疆问题研究述评（上）. 中国边疆史地研究，1994 (3).

马大正. 1978 年以来中国近代边疆问题研究述评（下）. 中国边疆史地研究，1994 (4).

马大正. 二十世纪的中国边疆史地研究. 历史研究，1996 (4).

孙代兴. 近现代云南边疆问题研究述评//李国强，方铁. 中国边疆研究通报：二集・云南专号. 乌鲁木齐：新疆人民出版社，1998.

管守新. 清代新疆军府制度研究概述. 中国史研究动态，1997 (6).

赵云田. 50 年来的中国近代边疆史研究. 近代史研究，2000 (4).

李国强. 在探索中开拓中国边疆史地研究的新局面——中国边疆史地研究中心 20 年来科研成就综述. 中国边疆史地研究，2003 (3).

张子建. “片马事件”研究回顾. 云南民族大学学报（哲学社会科学版），2004 (4).

刘中民，滕桂青. 十余年来国内南海问题的历史地理和法理研究. 河南科技大学学报（社会科学版），2006 (1).

张佐良. 近三十年来的古代中央与地方关系研究综述. 中国史研究动态，2007 (12).

华林甫. 近两年清史地理研究点评. 清史研究，2008 (2).

邓庆平. 明清卫所制度研究述评. 中国史研究动态，2008 (4).

厉声. 改革开放 30 年来中国边疆史地研究学科的繁荣与发展——兼述中国边疆史地研究的第三次研究高潮. 中国边疆史地研究，2008 (4).

孙宏年. 中国边疆与周边地区关系史研究 60 年. 中国边疆史地研究，2009 (3).

刘清涛. 60 年来中国历史疆域问题研究. 中国边疆史地研究，2009 (3).

杨昭全. 中朝韩三国关于中朝边界沿革及界务交涉的研究//邢玉林. 中国边疆研究通报. 乌鲁木齐：新疆人民出版社，1995.

马大正. 东北边疆历史研究的回顾与思考. 北华大学学报（社会科学版），2005 (1).

于逢春. 60年来东北边疆研究论衡. 中国边疆史地研究，2009 (3).

吕文利. 新中国成立60年来北部边疆研究评述. 中国边疆史地研究，2009 (3).

厉声，贾建飞. 60年来西北边疆史地研究的回顾与展望. 中国边疆史地研究，2009 (3).

方铁. 西南疆域史研究综述 (1989—1998). 中国边疆史地研究，2001 (4).

方铁. 云南边疆学的现状与展望//郑晓云，靳昆萍. 2006～2007云南省哲学社会科学学科现状与建设报告. 昆明：云南大学出版社，2007.

方铁. 西南边疆史研究60年的回顾与展望. 中国边疆史地研究，2009 (3).

张永攀. 边疆史视野下西藏研究60年. 中国边疆史地研究，2009 (3).

李国强. 新中国海疆史研究60年. 中国边疆史地研究，2009 (3).

丁超. 十年来中国历史人文地理研究评论. 中国历史地理论丛，2011 (3).

王晓鹏. 国内学术界南海问题研究：回顾与思考. 云南师范大学学报（哲学社会科学版），2013 (1).

曹婉如. 近四十年中国地图学史研究的回顾. 自然科学史研究，1990 (3).

刘子刚. 二十世纪下半叶历史地图编制出版述略. 中国测绘，2001 (1).

华林甫. 二十世纪正史地理志研究述评. 中国地方志，2006 (2).

华林甫. 十年来中国历史地理文献研究的主要成就. 中国历史地理论丛，2011 (3).

潘晟. 十年来中国的历史地图研究. 中国历史地理论丛，2011 (3).

安敏. 中国古地图研究综析. 测绘科学，2012 (5).

蓝勇. 中国历史地图集编绘的历史轨迹和理论思考. 史学史研究，2013 (2).

高翔. 五十年来的清史研究——庆祝中华人民共和国成立五十周年//张捷夫. 清史论丛：1999年号. 石家庄：河北教育出版社，2001.

何龄修. 清史研究的世纪回顾与展望. 中国史研究动态，2002 (1).

后　记

本书为教育部人文社科重点研究基地项目“百年清史研究史”之历史地理卷的最终成果。

本书的写作任务原交予清史研究所历史地理教研室，在教研室主任，也是历史地理学科负责人华林甫教授的组织下，教研室其他成员丁超、胡恒、李静参与讨论多次，并确定了大纲和任务分工。随后，朱江琳博士在华林甫教授的指导下加入研究与写作中。后因种种原因，分工又有一些变动。各章之初稿撰写者如下：导论，胡恒；第一章，朱江琳、胡恒；第二章，胡恒、朱江琳；第三章，胡恒；第四章，朱江琳；第五章，华林甫、朱江琳；第六章，朱江琳；第七章，胡恒。初稿完成后，由胡恒进行统稿工作，对各章节的安排和叙述进行了较大调整，并对各章节的内容进行了较大幅度的增删、修订，主要是增补遗漏和最新研究，删除一般性研究，修改表述，重点增加对研究状况的评论。书后参考文献及正文脚注格式的调整得到了胡存璐、谢长龙两位同学的协助。在一定程度上，本书集中了教研室其他同人和有关同学的智慧与努力，另外，罗晶编辑对本书进行了精心编校，一并致谢于此。

历史地理学的特点是研究内容宽广，实证性强，多针对具体问题。本书虽尽力广泛收集相关研究成果，并择要进行梳理和总结，力图为学界了解相关领域的研究进展提供便利，但因各专题皆为专深领域，研究成果丰硕，著者所知有限，收集、论述未必全面，评论未必到位，亦因时间、精力所限，各专题覆盖并不齐全，只能留待他日补足，恳请读者谅解。

胡恒

2020 年 5 月

图书在版编目（CIP）数据

百年清史研究史. 历史地理卷 / 胡恒，朱江琳著
. --北京：中国人民大学出版社，2020.12
ISBN 978-7-300-28747-8

Ⅰ. ①百… Ⅱ. ①胡… ②朱… Ⅲ. ①中国历史—研究—清代②历史地理—研究—中国—清代 Ⅳ. ①K249.07②B928.649

中国版本图书馆 CIP 数据核字(2020)第 215436 号

国家出版基金项目

黄兴涛　夏明方　杨念群　主编
百年清史研究史·历史地理卷
胡　恒　朱江琳　著
Bai Nian Qingshi Yanjiu Shi · Lishi Dili Juan

出版发行	中国人民大学出版社		
社　　址	北京中关村大街 31 号	**邮政编码**	100080
电　　话	010－62511242（总编室）		010－62511770（质管部）
	010－82501766（邮购部）		010－62514148（门市部）
	010－62515195（发行公司）		010－62515275（盗版举报）
网　　址	http://www.crup.com.cn		
经　　销	新华书店		
印　　刷	北京联兴盛业印刷股份有限公司		
规　　格	160 mm×230 mm　16 开本	**版　　次**	2020 年 12 月第 1 版
印　　张	24.25　插页 3	**印　　次**	2020 年 12 月第 1 次印刷
字　　数	375 000	**定　　价**	149.00 元